Aconteceu na Galileia

O Nazareno

EDITORA EME

Solicite nosso catálogo completo, com mais de 400 títulos, onde você encontra as melhores opções do bom livro espírita: literatura infantojuvenil, contos, obras biográficas e de autoajuda, mensagens espirituais, romances, estudos doutrinários, obras básicas de Allan Kardec, e mais os esclarecedores cursos e estudos para aplicação no centro espírita – iniciação, mediunidade, reuniões mediúnicas, oratória, desobsessão, fluidos e passes.

E caso não encontre os nossos livros na livraria de sua preferência, solicite o endereço de nosso distribuidor mais próximo de você.

Edição e distribuição

EDITORA EME
Avenida Brigadeiro Faria Lima, 1080 – Vila Fátima
CEP 13360-000 – Capivari-SP
Telefones: (19) 3491-7000 | 3491-5449
Vivo (19) 9 9983-2575 | Claro (19) 9 9317-2800
vendas@editoraeme.com.br – www.editoraeme.com.br

Claudia Ayres de Almeida
ditado pelo espírito Pedro

Aconteceu na Galileia

O Nazareno

Capivari-SP

Os direitos autorais desta obra foram cedidos pela autora para a Editora EME, o que propicia a venda dos livros com preços mais acessíveis e a manutenção de campanhas com preços especiais a Clubes do Livro de todo o Brasil.

A Editora EME mantém o Centro Espírita "Mensagem de Esperança" e patrocina, junto com outras empresas, instituições de atendimento social de Capivari-SP.

1ª edição – janeiro/2022 – 5.000 exemplares

CAPA | André Stenico
DIAGRAMAÇÃO | Victor Benatti
REVISÃO | Letícia Rodrigues de Camargo

Ficha catalográfica

Pedro, (Espírito)
Aconteceu na Galileia, volume 2 – O Nazareno / pelo espírito Pedro; [psicografado por] Claudia Ayres de Almeida – 1ª ed. jan. 2022 – Capivari-SP: Editora EME.
304 pág.

ISBN 978-65-5543-062-2

1. Romance mediúnico. 2. Romance dos princípios do cristianismo.
3. Passagens do Novo Testamento. 4. Personagens históricos.
I. TÍTULO

CDD 133.9

Nota de esclarecimento (da Editora):

Pela amplitude desta narrativa, a Editora optou por dividir o livro em dois volumes, o primeiro com o subtítulo *O despertar*, e o segundo com o subtítulo *O Nazareno*, que podem ser lidos separadamente, mas que também se complementam, formando assim esta história narrada com o título *Aconteceu na Galileia*.

Neste volume, *O Nazareno*, continuaremos a acompanhar personagens que viveram ao tempo de Jesus e tiveram o privilégio de entrar em contato direto com sua figura ímpar. Nem todos, porém, conseguiram entender o alcance de sua mensagem renovadora, na qual nos apresentava um Deus que é Pai de bondade e misericórdia. O tempo, que segue à revelia da vontade dos homens, se encarregará de fazer brotar a chama da verdadeira fé no seio da humanidade.

Reencontraremos aqui as seguintes personagens:

Elisha, doutor da lei, ambicioso, que não poupa esforços para galgar postos de poder no sinédrio, nem que para tanto tenha que sacrificar a própria família.

Marta, casada com Elisha por ordem de seu pai, Barnabé, mas apaixonada desde a juventude por seu primo, Caleb, com quem mantém um relacionamento secreto. Juntos planejam uma fuga, levando com eles Job, filho de Marta e Elisha.

Dan, marido de Orlit, que, ao se ver atingido por uma febre maligna, que o deixa cego, simula sua própria morte para fugir da vergonha de se sentir inútil, deixando sua esposa em mãos inescrupulosas.

Mia, irmã adotiva de Elisha, pelo qual ela nutre uma paixão desmedida; agindo de forma invejosa e fútil, trama ardilosamente intrigas para ocupar o lugar de Marta, a quem odeia.

A par dos dramas envolvendo essas personagens, temos o cristianismo se iniciando na Terra, e a convocação de homens simples e trabalhadores para servir na divulgação da mensagem de Jesus, que ao longo desta narrativa realiza seus "milagres", fazendo nascer uma nova era na face do planeta.

Nota

A palavra *D-us*, ou *D'us*, é uma das formas utilizadas por alguns judeus lusófonos para se referirem a Deus sem citar seu nome completo, em respeito ao terceiro mandamento recebido por Moisés, pelo qual Deus teria ordenado que Seu nome não fosse invocado em vão. O judaísmo então cumpriu o mandamento não escrevendo o nome de Deus em nada que se consuma; exemplificando: ao se escrever o nome de Deus em um papel, o fogo pode consumi-lo. Outra forma utilizada pelos judeus para o mesmo fim é *HaShem*.

Por outro lado, muitas pessoas entendem "erroneamente" que a razão pela qual um judeu escreve o nome D'us desta forma seja para não O pronunciar em vão! Mas esta é uma questão de escrita e não de fala; a razão é outra: "tratar o nome de D'us com reverência é uma maneira de mostrar respeito a D'us. Este respeito adicional não reside no temor de infringir um mandamento e sim no amor pelo seu Criador".

Sumário

Primeira parte

Segunda parte

Primeira parte

1. A enfermidade

Jerusalém se movimentava mediante as pregações de Yeshua. As famílias que dominavam o templo desejavam uma maior atitude por parte do clero. Foi então que Deoclécio foi chamado a falar com o sumo sacerdote. Ficou acertado que Elisha tomaria à frente das caravanas, porém o sumo sacerdote falou:

– Este homem não possui a linhagem correta para tanto, o melhor será pô-lo a seu serviço, em segundo plano, com atitudes assim, a maioria do clero ficará satisfeita.

E Deoclécio, sentindo que era o melhor, preparou-se para comunicar Elisha das alterações enviando a devida mensagem.

* * *

Em casa de Orlit, após os ritos de sepultamento de Barnabé, seu pai, que não suportando a vergonha por ter contraído lepra, optou pelo suicídio, enforcando-se, todos estavam completamente perdidos sem saber o que fazer. Reina nenhuma opinião manifestara, estava aguardando Elisha para que, com o administrador da casa de Elad, tomasse as atitudes pertinentes.

Estando Orlit sentada na sala junto com Reina, foram interrompidas pelo alarido no pátio, crendo ser Elisha ergueram-se para averiguar, mas o servo logo anunciou um homem imponente com barba longa e túnica transpassada, do modo como os grandes doutores e detentores de dinheiro usavam. Ele se apresentou diante delas, logo em seguida o administrador da casa de Elad o seguia, seus dedos cravejados de anéis, cintilavam o rubi, a safira e a ágatha, o olhar firme agradou-se da jovem viúva. Foi neste instante que o administrador, homem baixo, de extrema calvície e barriga acentuada, apressou-se em falar:

– Senhoras, venho trazer-lhes informes urgentes acerca desta casa.

Reina, aproximando-se como que já preparada para algo pior, falou:

– O senhor poderá nos informar, pois na ausência de um varão sou eu a mais idosa a responder pela casa de Elad.

– Senhora, seu irmão concedeu todos os bens e propriedades a este senhor, Efraim de Savhar.

E o olhar perplexo de Reina caiu sobre os olhos de Orlit, que num ímpeto de desolação disse:

– Não, meu esposo jamais faria tal feito.

– Sinto notificar-lhe, senhora, que os papéis aqui estão com o selo do mesmo e a assinatura desta casa.

Efraim de Savhar aproximou-se do administrador e baixo ao ouvido disse:

– Ficarei com a esposa, ela muito me agrada, diga que ela é minha propriedade e retribuir-lhe-ei grandemente.

O administrador ambicioso olhou para a jovem Orlit e aduziu.

– A senhora também pertence a este senhor, está no acordo.

O golpe foi duro em demasia, Orlit ajoelhou-se em pranto. Reina, tomando a palavra, disse:

– Espero que tenha a dignidade de aguardar o cunhado dela para que tudo se esclareça.

Efraim de Savhar, olhando a senhora com simpatia, falou em tom firme:

– Aguardarei por sete dias, ao final deste prazo retornarei para tomar posse de meus bens, – e olhando laconicamente para Orlit falou – e você vai para minha casa como esposa.

E retirou-se com altivez. O administrador saiu com um cínico sorriso nos lábios.

Orlit chorava compulsivamente. Reina, vendo-lhe o pranto abraçou-a e enxugando suas lágrimas, disse:

– Seja forte, filha, seja forte, D'us que tudo vê nos socorrerá.

Orlit, porém, olhando para ela falou com voz cheia de emoção:

– Eu não suportarei tal fato, não conseguirei, por D'us.

Reina a abraçava como a embalar uma doce criança.

* * *

Ananias se despedia de sua vida antiga. Ele agora encontrava motivos para seguir o Messias, sim, ele o seguiria, ele o louvaria, aquele olhar penetrou-lhe o ser, a suavidade da voz era música a encher-lhe a alma. Preparou-se para o dia, agora havia paz em sua consciência, amor, justiça. Ele louvaria D'us.

Rumou à procura dos doze, ia sem medo, com a alma elevada, não demoraria a achá-los, estavam nas cercanias. Então, tomado de extrema vontade, rompendo a multidão que cercava o Mestre, se prostrou junto a seus pés e o adorou. Pedro, notando sua presença e desejoso de que ele não atrapalhasse o Mestre, interviu, mas Yeshua, percebendo sua intenção, disse:

– Deixa-o, pois não devemos temer os homens.

E erguendo a voz continuou:

– Digo-lhes, meus irmãos, não temam os que matam o corpo e depois não têm mais o que fazer, eu lhes mostrarei a quem devem temer, temam aquele que depois da morte tem poder para lançar no inferno, sim, digo-lhes, a este temei. Não se vendem cinco passarinhos por dois centis? E nenhum deles está esquecido diante de D'us, e até os cabelos de sua cabeça estão contados, não temam, pois mais valem vocês do que muitos passarinhos. E digo-lhes que todo aquele que se confessar diante dos homens, o Filho do Homem os confessará diante de D'us, mas quem negar será negado diante dos anjos de D'us, e todo aquele que disser uma palavra contra o Filho do Homem, ser-lhe-á perdoado, mas ao que blasfemar contra o Espírito de Verdade, não será perdoado. E quando lhes conduzirem às sinagogas, aos magistrados e potestades não estejam solícitos de como ou do que haverá de responder, nem do que haverá de dizer, por que na mesma hora os ensinará o Espírito de Verdade o que lhes convenha falar.

E um homem sedento de ambição, erguendo-se da multidão, disse-lhe:

– Mestre, Mestre, diga a meu irmão que reparta comigo a herança.

E Yeshua respondeu:

– Homem que me pôs por juiz de repartir entre vocês, acautele-se e guarde-se da avareza, por que a vida de qualquer um não consiste na abundância do que possui.

E anunciou uma nova parábola para a multidão:

– A herdade de um homem havia produzido em abundância e ele pensara consigo: "Que farei? Não tenho onde recolher meus frutos". Então meditando falou: "Farei isto, derrubarei meus celeiros e edificarei outros maiores e aí porei todas as minhas colheitas e meus bens e direi a minha alma: alma você tem em depósito muitos bens por muitos anos, descansa, come, bebe e folga, aproveitando dos prazeres mundanos". D'us, percebendo o intento, disse: "Louco esta noite pedir-lhe-ão sua alma e o que tem preparado, para quem será?" Assim é aquele que pensa em si, ajunta tesouros e não é rico para D'us.

O homem, compreendendo a usura, baixou os olhos e saiu da multidão.

Ananias, porém, acompanhou-lhe o verbo Divino e acolhido por Pedro endereçou ao mesmo a sua beatitude, dando longa quantia ao grupo das bem-aventuranças. Pedro, após as parábolas começou a palestrar com Ananias acerca das dificuldades do grupo e dos discípulos em servir ao Mestre. Em sua narrativa deixa claro o seu raciocínio e sua fé inabalável no novo Reino que chegaria. Palestraram por longo tempo e Pedro, sentindo em Ananias a boa vontade e a simplicidade de seu coração, convidou-o para acompanhá-lo a Cafarnaum.

* * *

A CAMINHO DE Jerusalém a caravana partira, o dia transcorria célere e a caravana com Caleb, Elisha e Marta já percorrera longa extensão de terra.

Job inquietava-se, o calor era exaustivo e todos começavam a demonstrar sinais de cansaço. Caleb, percebendo a instabilidade da criança e o nítido cansaço na face de Marta, adiantou-se a escolher um local onde todos pudessem se refrescar e alimentar-se. Saiu em disparada com sua montaria, não demorou a encontrar pequeno regaço com extensa vegetação, onde pequenos animais saciavam a sede, viu que era local seguro, pois a água jorrava cristalina, não aparentando estar contaminada e dirigindo-se à caravana falou com Elisha que concordou com a parada, pois já se passaram oito horas de viagem.

Marta sentiu extremo alívio ao descer no pequeno oásis e Job correu ao encontro da fonte a brincar com a água fresca molhando os pequenos pés.

Caleb auxiliava os servos com as tendas para que ali pernoitassem a fim de prosseguirem viagem no próximo dia. Estava preocupado pelo estado de sua amada, temendo que algum malefício lhe ocorresse devido ao estado que se encontrava. Débora se encarregava de preparar a refeição.

Após as tendas terem sido erguidas e o fogo trepidar exalando o saboroso odor de carne de carneiro, Marta se recolhera a sua tenda, era a maior, pois nela pernoitaria com Job e Débora. Marta retirou o véu soltando os cabelos negros e lisos, presos por extensa trança. Era uma bela cabeleira chegando à altura da cintura, os seus cabelos majestosos eram o bem mais precioso que julgava possuir, pois nunca o houvera cortado. Estava a se refrescar na bacia com água quando notou a presença de Elisha a tocar-lhe nos ombros. Ele olhava-a com intenso desejo. Sim, havia muitas luas que ele não a tinha como esposa. Marta, percebendo o olhar, baixou os olhos e falou:

– O que deseja, meu esposo?

– O que posso desejar, Marta? Como uma esposa esquece de servir seu esposo e põe-se a lavar-se sem servi-lo?

– Desculpe, meu marido, é que me sinto muito cansada.

Elisha, aborrecido, aduziu autoritário:

– Marta, o que uma mulher deve fazer?

E Marta, olhando-o, falou:

– Servir.

– Então faça sua tarefa, sirva-me.

E Marta erguendo-se, retirou-lhe a túnica pesada, lavou seus pés e as mãos, buscou o alimento necessário para saciar sua fome e ao seu lado, em pé, permanecia servindo-lhe a comida e a bebida até que se desse por satisfeito. Os pés doíam-lhe em demasia.

Caleb a tudo observava de longe e irritado pensava até quando Elisha faria Marta de escrava. Caleb, então, tentando fazê-la repousar, mandou que um servo convidasse Elisha à sua tenda a palestrarem acerca de suas propriedades e assuntos de sua família, pois precisava de orientação sobre certos negócios.

Elisha, ouvindo a solicitação, achou por bem ir ter com ele, talvez este fosse o momento de conhecer os bens que Caleb possuía. Apressou-se em erguer-se, olhando para Marta e falando:

– Basta, agora faça o que lhe cabe – e saiu.

Marta, olhando-o sair, agradeceu a D'us a oportunidade do descanso.

Caleb começou a narrar acerca das propriedades de Damasco e do Egito onde a família havia investido em comércio e propriedades, seus bens eram administrados por hábil homem que há muito servia a sua família, e ainda tinha o valor que recebia do templo, mesmo não sendo sacerdote.

Elisha entusiasmava-se mediante tantas descobertas. Em breve ele seria um dos homens mais ricos de toda a Galileia, sonhava, imaginando-se dono de tudo que Caleb possuía, mas para tanto Mia deveria casar-se logo com ele e depois gerar um rebento seu, que seria como dele, seus planos funcionariam.

Um sorriso malicioso anunciou-se em sua face. Logo que suas emissões mentais foram lançadas, as figuras enegrecidas que o acompanhavam, salientavam sua inveja e ambição sorvendo-lhe o fluido animalizado de sua esfera física. Bebiam e comiam com Elisha, rindo-se e galhofando-se dele. Eram irmãos trevosos que ali aguardavam as instruções de seus chefes, nestas horas a mente doía-lhe, mas despojado de qualquer gesto nobre, balançava a cabeça e se deleitava com outro copo de vinho.

Débora estava aflita e triste, o seu semblante traduzia a dor dos que amam e bruscamente se separam. Marta, notando sua face longínqua e triste, aproximou-se pegando em suas mãos e falou:

– Débora, farei tudo para que Abed fique com você, tenha fé, D'us não lhe desamparará.

E a moça, olhando-a, abraçou-a com lágrimas nos olhos.

Tudo ficará bem, tenho plena certeza. Agora procure repousar, Job já dorme tranquilo e as estrelas já começam a aparecer.

Débora buscou aquietar-se, enquanto Marta deitava-se junto a seu filho, Job, em oração.

– Senhor, dê-me forças para tudo suportar.

* * *

Em Cafarnaum, Zimra e sua mãe cuidavam de zelar pelos negócios da família. Embora Pedro se ausentasse, elas tentavam na medida do possível cumprir com suas tarefas. Sara era uma criança esperta, sempre acompanhava sua mãe nas atividades.

Enquanto Zimra preparava a ceia do fim do dia, um grande alvoroço se fez no pátio, era a súbita chegada de Pedro, Tiago, João e um senhor que ela não conhecia.

– Venham, todos são bem-vindos em minha casa – disse Pedro.

– O Mestre está junto? – perguntou Minar que sentia-se feliz com sua presença.

– Não sei – disse Zimra.

E cautelosa rumou para o acolhimento a todos, providenciando água para que todos se refrescassem. Pedro, ao vê-la, exultou:

– Minha esposa, veja que pérola o senhor nos enviou.

Zimra, de olhar baixo, disse:

– Sim, meu esposo.

– Este é Ananias, amigo de seu primo, Caleb, e lhe traz muitas notícias de seus parentes.

E o ancião, cumprimentando-a, adentrou o lar de Pedro.

– E o Mestre? – inquiriu Zimra tímida.

– Bem, o Mestre foi ter com Zebedeu, ele retornará, mas vamos, sentem-se todos.

E chamando os outros, prostraram-se à mesa comendo e bebendo.

Zimra a tudo ouvia, em pé a um canto, servindo aos homens. Ananias narrara os fatos pertinentes a Mia e Caleb, as impressões que teve de Marta, mas desejoso de não ferir o amigo Dan, ocultou a seu respeito, narrando a desdita de Orlit.

– É difícil a tarefa de sua irmã, Orlit – disse Ananias.[1]

– Deve ser um golpe cruel em seu coração – disse Zimra.

E Pedro, olhando-a como a repreender-lhe a fala no meio dos homens, disse firmemente:

– A verdade é que fomos proibidos de levar a boa nova até a casa de Elisha, ele persegue o Mestre e por inúmeras vezes o agrediu publicamente, mesmo vendo-lhe a bondade e as virtudes de seu coração.

– É lamentável, mas temos que compreender que são chegados novos tempos – disse Ananias.

– Sim, mas até quando nosso povo renegará o Messias? – disse João.

– Não sabemos, mas tenho certeza que o Mestre haverá de fazer grandes coisas.

* * *

A lua prateada, o céu de Cafarnaum e longe dali um coração se debatia em angústias infinitas, era Abed em seu quarto, só sentia que perdera a vista e era um inútil diante da sociedade judaica, sua dor era atroz. Pensou em Débora, tinha vergonha, agora além de samaritano era um aleijado, um aleijado samaritano. As angústias eram grandes, o que esperar de sua vida? Recordou-se do dinheiro que Caleb lhe dera, o que adiantaria aquilo se ele não pudesse estar com Débora?

* * *

Mia em sua pompa desmedida andava a vasculhar a casa. Achara o escritório de Caleb sem nada encontrar, então buscando o auxílio de Nur abriu os aposentos de Caleb e a tudo revirou. Encantou-se com a cama imponente, com a visão do lago, com a luz das lamparinas, visualizou a porta que levava à fonte natural, achou o local refrescante e sedutor, porém notando a outra porta, com astúcia sem medida foi até lá, virou a maçaneta e deparou-se com o quarto de Marta. Ainda podia sentir o seu cheiro.

– Cretina, – exclamou Mia – ela era uma cretina que enganava a ela e a Elisha. Sim, Caleb a fizera de amante bem embaixo dos olhos deles.

1 No vocabulário judeu, irmã é igual a prima.

Em sua raiva quebrou o vaso de água e a bacia, desalinhou os lençóis de linho da cama e gritou com ódio profundo:

– Eu me vingarei, eu a odeio, porque tudo que é meu você rouba, sua maldita.

E olhando ao redor, externando ódio profundo, não percebia as enegrecidas figuras que se vinculavam a ela, como a sugerir-lhe mais maldades, mais vingança. Do seu peito uma fonte viscosa emergia e jorrava a se espargir pelo seu abdômen, o ódio a corroía de tal forma que parecia insana. Ela rumaria para Jerusalém, mas antes aniquilaria com aquele maldito servo que auxiliara Caleb e Marta. E corroendo-se de raiva rumou para o seu aposento atravessando os corredores da bela casa com passadas firmes e com extenso cortejo de espíritos infelizes. Gritou por Nur que logo compareceu.

– Serva inútil, por que não falou da passagem entre os quartos?

E Nur, olhando-a com medo, falou:

– Não pensei que fosse importante.

– E desde quando é paga para pensar, sua tola? É serva, deve servir, vigiar e falar tudo, serva tola, maldita seja você, velha. Mas ainda há tempo, traga-me vinho, quero beber, anda, e não se esqueça, amanhã quando o dia romper peça a Dror que me traga uma corda grossa, pois tenho muito o que fazer. Ande, vá sua inútil!

E empurrou Nur que, com rapidez, foi em busca do vinho para lhe servir. Mia deitou-se entre as almofadas e bebeu, bebeu até adormecer entorpecida pelo álcool.

Logo quando se viu desprendida do corpo físico foi tragada pelos irmãos do vale dos prazeres aos quais já se vinculara. Visualizando um verdadeiro oásis de joias, luxúria e prazeres, porém ela não percebia a triste realidade.

Seu pai, neste momento, vibrava em fervorosa oração na expectativa que Mia acordasse das perigosas ilusões as quais se afeiçoava.

* * *

A NOITE TRANSCORREU tranquila e logo quando os primeiros raios surgiram no horizonte, Caleb já se encontrava de joelhos exaltando ao D'us de Abraão. Orava com fervor erguendo suas mãos na direção do céu e de joelhos louvava ao Pai, "tende piedade, tende piedade" e por horas repetia a mesma frase.

Marta repousava, mas logo foi desperta pelos movimentos de Job. Erguendo-se lentamente vislumbrou Caleb de joelhos na direção do sol em prece, seu coração se encheu de amor e ternura por ele. Ela o amava e não saberia como viver sem sua presença. O que seria de suas vidas? Recolheu-se à tenda, despertou Débora e pediu para que a auxiliasse a enfaixar a pequena saliência que era notada em seu corpo frágil e esguio.

Débora auxiliou-a evitando apertar-lhe em demasia, temia machucar o pequeno ser que ali se encontrava. Em seu coração Débora temia pelas consequências que poderiam surgir com a descoberta do romance de sua senhora e de Caleb. Pensou em Abed, como ele estaria, respirou e disse:

– Senhora, creio que está bem, ninguém notará a sua pequena saliência.

– Sim, Débora, D'us queira que sim, vamos juntar os apetrechos, tenho certeza que em breve Elisha nos chamará.

Após os preparativos do desjejum matinal, a caravana partiu. Elisha ia à frente, estava convicto de suas tramas, esboçava estranho bom humor que assustara Caleb.

A viagem transcorria, a paisagem sempre bela, alguns caravaneiros passavam trazendo notícias acerca dos prodígios do Messias, tudo isto deixava Elisha inquieto, chegava a blasfemar contra as pessoas, agindo de forma intempestiva e grosseira.

Quando o sol ia ao centro do dia, a caravana parou, todos necessitavam refrescar-se. Um grupo de caravaneiros estava alojado no mesmo local. Quando Caleb tentava encher os cantis com água corrente ouviu maravilhado acerca da parábola que o Messias havia narrado e tentando absorver o ensino que era relatado por um senhor, pôs-se a ouvi-lo.

– Sim, – dizia o senhor – eu estive com o Messias e pude ouvir suas narrativas, estava na multidão quando ouvi um doutor da lei perguntar-lhe: "Mestre, que farei para herdar a vida eterna?" E ouça o que este homem de nome Yeshua disse: "Que está escrito na lei? Como lê?"

Naquele ponto Caleb atentamente meditou, e o senhor empolgado em sua narrativa disse:

– O doutor então falou: "amará o senhor seu D'us de todo o seu coração, de toda a sua alma, com toda sua força e de todo seu entendimento e ao seu próximo como a si mesmo".

Caleb estava curioso e, erguendo a voz, falou:

– O que o Messias falou?

O senhor que fazia a narrativa, olhando-o, sorriu e disse:

– O Messias disse, meu jovem, faça o mesmo e viverá. Mas o doutor quis justificar e perguntou ao Mestre: "Quem é meu próximo?" Então Yeshua respondeu-lhe com a seguinte narrativa. "Descia um homem de Jerusalém para Jericó e caiu nas mãos dos salteadores os quais o despojaram e espancando-o se retiraram, deixando-o meio morto. Então descia pelo mesmo caminho certo sacerdote, e vendo-o, passou longe. Então um levita chegando a tal lugar e vendo-o, passou ao longe, mas um samaritano que ia de viagem, chegou ao pé dele e vendo-o, moveu-se de íntima compaixão e aproximou-se dele e atou-lhe as feridas, deitou-lhe azeite e vinho, pôs-lhe sobre o cavalo e levou-o até uma estalagem e cuidou dele. Partindo ao outro dia tirou dois dinheiros e entregou ao hospedeiro e disse-lhe, cuida dele e dai tudo que ele necessitar e eu pagarei quando retornar. Qual destes três lhe pareceu que foi o próximo daquele que caiu nas mãos dos salteadores?" E o doutor então falou: "O que usou de misericórdia para com ele." E o Mestre disse: "vá e faça o mesmo."

Todos ficaram admirados da narrativa. Caleb estava estupefato, como aquele homem havia falado para um doutor da lei com tal autoridade e afastou-se pensativo, "será que este homem era mesmo o salvador de seu povo?" Indagava a si mesmo.

E Elisha, notando seu semblante reflexivo, indagou:

– O que sucedeu?

– Nada, – disse Caleb – estou apenas cansado.

Respondeu desta forma, pois sabia que Elisha poderia causar problemas aos caravaneiros.

* * *

Em Jerusalém, Orlit afligia-se pelo seu destino, não compreendia por que Elad havia cometido tais atrocidades com ela e com os haveres da família.

Reina, habituada a constrangimentos, orava a fim de que o D'us de Abraão apaziguasse sua fúria, pois acreditava que estavam em pecado. Itti era a mais equilibrada da casa, passara mesmo a coordenar todo o serviço e ao fazer isto, em contato com outros servos, ouviu falar do Mestre.

Muitos dos servos já haviam ouvido seus feitos e alguns estavam convictos da verdade que aquele homem santo espalhava. Itti ficou maravilhada ao saber da cura do rapazola da estalagem que era mudo e agora falava. Pensou em como seria bom para Reina ouvir as palavras do Rabi, sim, ela falaria acerca deste homem santo com sua senhora, afinal, todos naquela casa necessitavam de consolação, pensava a serva. Se este homem curava os que estavam à morte, o que deveria fazer com os vivos?

* * *

Em casa de Pedro, todos se admiravam com a simplicidade e sabedoria de Ananias. Aqueles tempos eram dias difíceis em que a dor assolava a alma do povo, época de grandes tribulações e transformação.

Zimra, com sua quietude, tratava de ajeitar um simples quarto para o idoso, que logo fora se recolher. Após as tarefas que lhe cabia, Zimra sentou-se próximo ao jardim, suas mãos estavam calejadas, suas costas estavam doloridas, pensava em Marta.

Pedro, logo vendo-a ali quieta a vislumbrar o véu de estrelas que emoldurava Cafarnaum, foi ao seu encontro. Seu rosto estava abatido, sua pele queimada, o cansaço era nítido naquele olhar impetuoso que com o tempo se transformava. Tocou as mãos de sua esposa.

– O que pensa, mulher?

– Em Caleb e em Marta, eu estou angustiada com a situação em que vejo meus irmãos, temo pela vida de ambos.

– O que podemos fazer?

Zimra olhou-o com afeto e disse:

– Sabemos que burlaram a lei, meu esposo, mas poderemos ofertar nosso auxílio. Quem poderá pagar por suas faltas, somente eles, mas existe uma vida no ventre de Marta, se ela necessitar não poderemos negar-lhe auxílio. O que o Mestre tem nos ensinado? Acolher não importa a quem.

– Zimra, não poderemos dar asilo a eles.

– Então só devemos auxiliar os que passam a nossa porta? Os que mendigam o pão? Só podemos erguer o ânimo do estranho? E o nosso parente e o nosso amigo? Deixamos o nosso dever de ampará-los? Por que necessitamos julgá-los?

Pedro silenciou, sabia que sua esposa estava correta, olhou para ela com os olhos úmidos, apertou as mãos dela com firmeza e disse:

– Mulher, eu ando junto ao Mestre dia e noite, mas sinto que é o seu coração que fala o que ouço, parece que os ensinos do Mestre estão perpétuos em sua alma.

E Zimra, olhando-o, falou:

– Marido, o que sinto é amor, o mesmo amor que percebo nos ensinos do Mestre.

Pedro então, olhando-a, disse:

– Se Yeshua permitir e D'us nos conceder a oportunidade, auxiliaremos Marta e Caleb.

Zimra sorriu mais aliviada.

* * *

Era noite quando a caravana chegou a Jerusalém, Marta sentia-se muito fatigada e Job estava a choramingar no colo de Débora.

As lamparinas permaneciam acesas pelas casas e vielas, não demorou muito até que se achegassem próximos ao templo e mais à frente distanciaram até se defrontarem com adorável casa.

Bastou Elisha aproximar-se do portão para que a criadagem viesse solícita atendê-lo. Todos foram levados ao pátio principal após desmontarem. Marta se encantou com a singela casa, Job correu, os criados estavam dispostos a servi-los, a sala principal bem ornada, as escadas levavam aos quartos.

Caleb a tudo observava, não se sentia bem naquele local. Elisha sentia-se o dono da situação e após entrarem chamou Marta que lhe veio ao encontro, então disse ele:

– O que acha, está do seu agrado?

Timidamente ela respondeu:

– Sim, meu esposo.

– Viu os aposentos?

– Sim – disse ela.

– Então prepare-se, pois, esta noite quero ficar junto a você.

O pavor assolara seu coração, ficou pálida. Elisha, notando sua palidez, olhou e disse:

– Melhor não, apenas desejo dormir, vá cuidar de Job e ordenar aos criados para que me tragam o que comer.

Marta retirou-se. Débora, vendo-lhe a palidez, correu a auxiliá-la.

– Senhora, deite-se em seu aposento, eu mesmo farei tudo – e retirou-se.

Elisha então chamou Caleb e disse:

– Escolha um aposento, banhe-se, amigo, tem a noite toda para descansar e conversar – sorrindo-lhe, mostrou um servo que lhe pediu que o seguisse.

O quarto bem arejado dava ampla visão da cidade, pensou em sua jornada, em Abed, Marta, seu filho, respirou, lavou o rosto, deitou-se em confortável cama junto a almofadas, o sono foi como que chegando, invadindo seu campo mental, seu corpo, vencido pelo cansaço, deixou sua alma libertar-se.

Estava em belo local onde jazia uma cripta, tudo ao redor era de ouro reluzente, viu um homem ajoelhado, reconheceu nele seus próprios traços, era um egípcio, admirado, chorava convulsivamente. Como que acorrentado ao local, notou a presença de uma criatura, em seu pensamento era a figura de bela mulher a rogar-lhe perdão, viu que o homem se desesperava com os pensamentos. Notou que naquele mesmo momento outra figura vinha-lhe à mente, mas um ódio crucial irradiava-lhe do ser, suas feições se cadaverizavam, o punhal em sua mão vertia sangue e logo atado a ele a figura de outro homem agonizava levando-lhe impropérios. Como em uma torrente de veneno, de repente notou que ele se encontrava em local úmido e sombrio, o ar era insuficiente, pesado, então uma luz se mostra, era a mulher que no início aparecera em seu pensamento. O homem prostrou-se de joelhos como a mendigar perdão, estranhamente a bela jovem se aproximou, enlaçou-o em intensa luz, mas olhando para o outro homem ferido, endereçou-lhe intensos jatos e uma luz que o fez adormecer. Em seguida trouxe-os para junto de seu seio e foi como que diminuindo até serem completamente tragados pela bela mulher.

Neste instante, Caleb acordou assustado, era como se fosse ele o homem, sentia que aquela mulher, seu olhar, sua alma doce, era como se ela o conhecesse. Sentiu um calafrio. O que seria tudo aquilo? Como poderia tal fato suceder? Será que estava tendo alucinação?

Ergueu-se e foi à janela, a brisa refrescou-o, melhor seria alimentar-se. Saiu do aposento, notou que uma lamparina estava acesa em um cômodo, foi silenciosamente até lá, era um amplo aposento, cheirava a incenso, olhou e visualizou Marta de joelhos a orar, estava sem o véu, seus cabelos caídos como a noite, orava às escrituras, lia com toda fluência, sentiu orgulho, mas evitou interrompê-la. Desceu as escadas e um alarido intenso vinha do salão, vozes se faziam ouvir. Elisha ria alto e em bom tom. Adentrando a sala, deparou-se com um homem de baixa estatura.

– Vejo que descansou, Caleb, – disse Elisha – venha – chamou com gestos de mãos. – Sente-se.

E chamando um servo, disse:

– Vinho e comida.

Caleb sentou-se.

– Bem, este é o administrador da casa de Elad, estamos conversando – disse Elisha.

– O que conversam? – perguntou Caleb.

– Ora, Elad vendeu a esposa e os bens dele, agora não preciso me preocupar com mais nada, estou livre de responsabilidades.

– E Orlit aceita tal fato? – inquiriu Caleb.

– Caleb, Orlit teria que ficar sob minha tutela, agora não mais.

– E quanto a senhora que mora com ela?

– Bem, – disse o administrador – esta não está no contrato.

– Pois que fique ao relento, velha tola, – disse Elisha – sempre a menosprezei.

– Mas, Elisha, ela necessita de abrigo, foi a sogra de sua irmã.

– Fala com sabedoria, foi, não é mais, mas você, Caleb, como futuro esposo poderá acolhê-la, não creio que sua esposa vá gostar, mas é o homem quem decide.

– Pois então está feito, ela fica em minha casa, sob minha tutela.

E Elisha riu em alto tom.

– Estou cada dia mais admirado de suas atitudes – e ofereceu-lhe mais vinho.

O fato que Caleb não sabia, era que o administrador fora até Elisha a fim de comprar Orlit, a mando de Efraim, fato que foi muito bem-sucedido, pois Elisha logo se interessou pela alta quantia que o mesmo lhe ofereceu, sem sequer se importar com Orlit ou com a propriedade que fora surrupiada.

* * *

O DIA SEGUINTE, vendo a multidão que estava do outro lado do mar, que não havia ali mais que um barquinho, em que seus discípulos entraram; e que Yeshua não entrara com seus discípulos naquele barquinho, mas que seus discípulos sós se haviam ido; porém outros barquinhos vieram de Tiberíades, perto do lugar onde comeram o pão, havendo o Senhor dado graças.

Vendo, pois, a multidão que Yeshua não estava ali, nem seus discípulos, entraram eles também nos barcos, e vieram a Cafarnaum em busca de Yeshua.

E achando-o do outro lado do mar, disseram:

– Rabi, quando chegou aqui?

Respondeu-lhes Yeshua:

– Em verdade, em verdade lhes digo, que me buscam, não pelos sinais que viram, mas pelo pão que comeram, e lhes fartaram. Trabalhem não pela comida que perece, mas sim pela comida que permanece para vida eterna, a qual o Filho do homem lhes dará; porque D'us Pai a este selou.

Disseram-lhe, pois:

– Que faremos, para trabalharmos as obras de D'us?

Respondeu Yeshua:

– Esta é a obra de D'us, que creiam naquele que Ele enviou.

Disseram-lhe pois:

– Que sinal, pois, faz o senhor para que o vejamos, e no senhor creiamos? O que o senhor opera? Nossos pais comeram o maná no deserto, como está escrito: pão do céu Ele lhes deu para comer.

Então Yeshua lhes disse:

– Em verdade, em verdade lhes digo, que Moisés não lhes deu o pão do céu; mas meu Pai lhes dá o verdadeiro pão do céu. Porque o pão de D'us é aquele que desce do céu e dá vida ao mundo.

Disseram-lhe pois:

– Senhor, dá-nos sempre deste pão.

E Yeshua lhes disse:

– Eu sou o pão da vida; quem vem a mim de maneira nenhuma terá fome, e quem crê em mim nunca terá sede. Mas já tenho lhes dito que também me viram, e não creram. Tudo o que o Pai me dá virá a mim; e ao que vem a mim, em maneira nenhuma o lançarei fora. Porque eu desci do céu, não para fazer minha vontade, mas sim a vontade daquele que me enviou; e esta é a vontade do Pai, que me enviou: que de tudo quanto me deu, nada perca, mas que eu o ressuscite no último dia. E esta é a vontade daquele que me enviou, que todo aquele que vê o Filho, e nele crê, tenha a vida eterna; e eu o ressuscitarei no último dia.

Então os judeus murmuravam dele, porque ele tinha dito: "Eu sou o pão que desceu do céu." E diziam:

– Não é este Yeshua o filho de José, cujo pai e mãe nós conhecemos? Como, pois, ele diz: "Desci do céu"?

Respondeu, então, Yeshua:

– Não murmureis entre vocês. Ninguém pode vir a mim se o Pai que me enviou não o trouxer; e eu o ressuscitarei no último dia. Escrito está nos profetas: E todos serão ensinados por D'us. Portanto, todo aquele que do Pai ouviu e aprendeu, esse vem a mim. Não que alguém tenha visto o Pai, a não ser aquele que é de D'us; este tem visto o Pai. Em verdade, em verdade lhes digo, que aquele que crê em mim tem vida eterna. Eu sou o pão da vida. Seus pais comeram o maná no deserto, e morreram. Este é o pão que desceu do céu, para que o ser humano coma dele e não morra. Eu sou o pão vivo, que desceu do céu; se alguém comer deste pão, para sempre viverá. E o pão que eu darei é minha carne, a qual darei pela vida do mundo.

Discutiam, pois, os judeus entre si, dizendo:

– Como este pode nos dar sua carne para comer?

Yeshua, então, lhes disse:

– Em verdade, em verdade lhes digo, que se não comerem a carne do Filho do homem e beberem seu sangue, não terão vida em vocês mesmos. Quem come minha carne e bebe meu sangue tem vida eterna, e eu o ressuscitarei no último dia. Porque minha carne verdadeiramente é comida; e meu sangue verdadeiramente é bebida. Quem come minha carne e bebe meu sangue, em mim permanece, e eu nele. Como o Pai vivo me enviou, e eu vivo pelo Pai, assim quem come a mim também por mim viverá. Este é o pão que desceu do céu. Não como seus pais que comeram o maná e morreram; quem comer este pão viverá para sempre.

Estas coisas ele disse na sinagoga, ensinando em Cafarnaum. Muitos, pois de seus discípulos, ao ouvirem isto, disseram:

– Dura é esta palavra; quem a pode ouvir?

Sabendo Yeshua em si mesmo, que seus discípulos murmuravam disto, disse-lhes:

– Isto lhes ofende? Que seria, pois, se vissem o Filho do homem subir onde estava primeiro? O espírito é o que vivifica a carne para nada aproveitar; as palavras que eu lhes digo são espírito e são vida. Mas há alguns de vocês que não creem.

Porque Yeshua já sabia desde o princípio quem eram os que não criam, e quem era o que o entregaria. E dizia:

– Por isso tenho lhes dito que ninguém pode vir a mim se não lhe for concedido por meu Pai.

Desde então muitos de seus discípulos voltaram atrás, e já não andavam com ele. Disse, então, Yeshua aos doze:

– Por acaso também vocês querem ir?

Respondeu-lhe Simeão Pedro:

– Senhor, a quem iremos? O senhor tem as palavras da vida eterna. E nós cremos e conhecemos que o senhor é o Cristo, o Filho do Deus vivo.

Yeshua lhes respondeu:

– Por acaso não fui eu que lhes escolhi, os doze? Porém, um de vocês há de me entregar.

E então, Yeshua passou a andar pela Galileia. Os judeus procuravam matá-lo.

* * *

O DIA CHEGAVA e a luz despontava no escuro aposento onde Mia se encontrava caída entre as almofadas. Despertou aborrecida e sentindo-se fraca. É que a noite, envolvida nas influências de baixas vibrações, absorveu a vontade de seu espírito. Sentindo-se enfraquecida, ergueu-se do leito com extrema dificuldade, sentia-se tonta, a boca ressequida, o corpo doía-lhe, a luz que alcançava as janelas do aposento lhe incomodava. Recordou-se da descoberta nefasta, se irritou, mas logo parou para refletir na melhor forma de tirar proveito de toda a situação, não deveria expor os fatos de imediato a Elisha, devia usar de astúcia junto a Caleb, sim, ela agiria de forma coerente para que tudo que fizesse lhe trouxesse benefícios. Respirou e caminhando até o local onde faziam as refeições encontrou Nur, a serva. Fez um gesto a fim de que a serva lhe auxiliasse.

Nur, sem pestanejar, correu auxiliá-la a acomodar-se. Mia estava com os cabelos despenteados, sem o véu, sua túnica em desalinho, olhou para a ceia da manhã, sentiu-se mal e crendo ser apenas efeito do álcool, solicitou chá a Nur. Sorveu a bebida em pequenos goles que logo foram estabilizando suas funções orgânicas, olhou para Nur e inquiriu:

– E Abed, onde se encontra?

– Creio, senhora, que no aposento.

– Pois bem, vamos traçar os planos! – e rindo, falou – assim que você me auxiliar no meu banho, peça a Dror uma corda.

– Sim – disse a serva solícita.

Mia, erguendo-se, falou:

– Venha, preciso de seu auxílio, providencie meu banho.

Após banhar-se, Mia rumou para o aposento onde Caleb guardava todas as mensagens e papéis, e se apoderando de antiga correspondência, retirou-se para o aposento onde Abed se encontrava. Dror aguardava do lado de fora do aposento com a corda que Mia lhe pedira. Mia, olhando para o servo que parecia desobedecer às suas ordens, disse:

– Deixe-me a sós com Abed.

Ao encontrar com o rapazola deitado no aposento extremamente simples disse:

– Abed, sinto informar – disse ela com voz lacônica – que Débora foi vendida a um rico senhor de Jerusalém, o qual deseja fazer dela sua esposa.

Quando Mia proferiu tais palavras, o jovem rapaz sentiu-se extremamente mal, mas em sua dor calou-se, convicto de que o que acontecia era o melhor para a sua amada. Mia, tentando entrever o que o rapaz sentia, inquietava-se, pois ele nada falara, e então, cheia de peçonha, aduziu:

– É, creio que deva ser o melhor para ela – disse Mia, como que induzida por estranha influência que lhe soprava ao ouvido as palavras que deveriam ser ditas, a sombra espessa emitiu o pensamento e Mia acolhendo disse: – Afinal, o que poderia esperar de você? É um aleijado e samaritano, inútil se tornou sua existência, creio que se fosse eu, teria a decência de me aniquilar diante da vergonha de sua inutilidade.

E olhando para ele continuou:

– Se tem um pouco de decência faça o certo, Abed, não seja um peso para esta casa – e deixou a corda em uma banqueta.

Olhando-o firme, pegou a mensagem falsa e mostrou-lhe:

– Vê? Isto aqui é real. Débora irá pertencer a outro – e saiu altiva.

As palavras de Mia foram infalíveis mediante a grande aflição em que Abed se consumia. O rapazola assimilava, em sua fragilidade, toda peçonha que Mia destilara. Erguendo-se, pegou a corda, enrolou-a em seu pescoço, jogando o resto em uma madeira mais alta e, após dar um nó, pendurou-se. O ar faltou e debateu-se até que sua vida se expirou.

Nur seguira os passos de sua senhora e notou sua impaciência. Mia andava de um lado a outro pedindo que arrumasse sua bagagem, pois partiria ainda nas primeiras horas. Em sua mente tinha seus planos bem traçados. Ela humilharia Marta e Caleb, este teria que ceder a todos os seus caprichos. Olhando para a serva que lhe seguia, disse:

– O que está esperando? Arrume sua bagagem, você virá comigo até Jerusalém. Não sabe que preciso de você?

E a serva sorriu sentindo-se importante peça para a sua senhora.

Em seguida, foi chamar Dror a pedido de sua senhora.

– Quero que carregue toda bagagem, vamos partir.

Logo Dror surgiu com a face pálida, encontrara o corpo de Abed pendurado, falou com tristeza.

– Senhora, o rapazola se matou.

– E o que mais esperava? Um aleijado, – e sorriu – ora, enterre-o e rápido, antes que sua carne apodreça, estamos partindo, levarei tal notícia a meu futuro esposo.

E Dror então falou:

– Onde irei enterrá-lo?

– Em qualquer canto, afinal era apenas um samaritano – respondeu Mia.

E rumou para a singela caravana, junto a Nur, sua serva, e partiram sem delongas.

Enquanto Dror observava a caravana saindo, lágrimas de profunda tristeza rolavam em sua face, pois tinha grande afeto por Abed. Cuidou de seu corpo, depositando-o em local adequado, fez sentida prece implorando o descanso justo a ele.

* * *

DAN REGRESSAVA PARA sua casa junto com Shayna, havia conseguido algumas moedas e ia feliz entoando louvor ao D'us de Israel, quando ouviu o cego que ficava à entrada de Jericó falar:

– Ajude a um cego que tem fome e sede.

Na mesma hora Dan pensou e disse:

– Bom homem, D'us deu-me a mesma sorte que a sua, – e retirando metade do que havia lucrado, entregou-lhe e disse – eu também sou cego, mas D'us tocou-me o coração.

Shayna sentia-se orgulhosa da atitude de Dan e rumaram pelo caminho até a pequena casa. Shayna então falou:

– Marido, tenho ouvido falar dos grandes prodígios que o novo Messias vem falando e realizando por toda a Galileia, creio que este homem possa lhe auxiliar. Então, o que sente a este respeito?

E Dan então falou:

– Shayna, quando D'us quer, opera prodígios sobre aquele que necessita, venha auxiliar-me a transpor os portões de nossa casa.

A noite já vinha trazendo o bálsamo refrescante, Shayna havia preparado a ceia e cuidava de lavar os pés de Dan e suas mãos. Crendo ser o momento propício, disse:

– Marido, tenho um fato a lhe falar.

– Diga – disse Dan tateando com as mãos a face de sua esposa.

– Creio neste Rabi e desejo que você volte a ver, devemos buscá-lo nas cidades próximas.

– Shayna, se D'us desejasse me ver como um ser normal, não me privava da visão.

– Mas, Dan.

– Shayna o que lhe inquieta? – disse Dan com as mãos seguras na dela.

– Bem, é que temo pelo dia de amanhã.

– Como pode temer o que não veio? Deixe que o amanhã se anuncie da forma que lhe aprouver.

– Acho que posso conceber um filho.

E Dan então ficou parado sem nada falar, após o silêncio, disse:

– Se o senhor nosso D'us o fizer é por um bom motivo, nenhuma vida se perderia, – e segurando-lhe a mão com amor beijou-lhe a face – agora ajude-me, vamos cear.

* * *

Após a fatídica noite em casa de Elisha, em Jerusalém, Caleb despertava para seu dia cheio de energia, da janela de seu aposento podia ouvir o burburinho dos transeuntes, o odor do mercado e os murmúrios das orações do templo. Aquele seria um novo dia, ergueu-se convicto de que D'us lhe mostraria o caminho para salvar a vida de Marta e de seu filho. Pôs uma bela túnica com seu manto de franja e listras negras, estranhamente sentiu um calafrio, mas crendo não ser nada, rumou para a sala onde os servos se encontravam.

Marta estava sentada em um canto alimentando-se, vendo Caleb adentrar, ergueu-se a fim de servi-lo, mas ele com os olhos cheios de amor acenou com a cabeça como a dizer-lhe para permanecer sentada. Os olhares de ambos se completavam em perfeita sintonia de amor. Então Caleb disse:

– Onde está seu marido?

– Saiu bem cedo para o templo.

– E a sua serva e seu filho?

– Débora está com Job no jardim.

– Então já havia feito a sua refeição da manhã?

– Não, esperava por você, mas como não aparecia resolvi me alimentar.

– Preciso falar com você. Existe alguma sala onde possamos palestrar?

– Creio que sim, venha – disse Marta erguendo-se.

O véu cobria-lhe os cabelos e encobria a delicadeza de sua face. Caleb a seguiu como que fascinado pela sua presença. A sala era ampla e continha vários papéis e livros, o sol entrava por uma báscula arredondada.

Caleb fechou a porta e trancou-a, aproximou-se de Marta abraçando-a, retirando-lhe o véu, cheirando-lhe os cabelos, beijando-lhe os lábios com ternura, a saudade parecia corroer sua alma. Murmurava seu nome enquanto ela, trêmula, falava:

– Meu amado, meu amado.

– Marta, temos que fugir, agora estamos em Jerusalém, aqui ficará mais fácil, tenho certeza disto.

– Mas por quanto tempo esperarei?

– Eu vou à casa de um amigo, recorda-se de Ananias?

– Sim, o senhor que cuidou de Mia.

– Sim, ele nos esconderá e fugiremos, não temos tempo.

– Caleb, tem que ser rápido – disse Marta aflita.

– Eu serei, minha amada, prometo! – e beijando-lhe as mãos disse: – quando o Rabi, que todos falam, vier até esta cidade, fugiremos.

– Como?

– Eu tudo lhe revelarei, aguarde.

De repente estranho alarido se fez ecoar na casa, Caleb beijou Marta e abrindo a porta foi verificar do que se tratava.

Eram Orlit e Reina que, sabendo da chegada de Elisha, vieram ter com eles. Caleb as recebeu e logo após descerem de sua montaria, adentraram a aconchegante casa. Marta surgiu com um doce sorriso em sua face, abraçou a irmã e a bondosa Reina:

– Sejam bem-vindas em nome do D'us de Abraão. Orlit, Reina, sentem-se, por favor – dizia Marta com delicadeza.

Caleb, logo que adentraram a casa, disse:

– Lamento pelo ocorrido, nós estamos perplexos com os acontecimentos, não esperávamos que isto ocorresse.

Orlit, olhando para Marta, disse:

– Irmã, imagine que meu esposo me vendeu a outro homem.

– D'us, – disse Marta – pelos profetas, como Elad pôde fazer isto? Tenho certeza que Elisha resolverá isto, aguardemos.

E Orlit, retirando de uma sacola o baú que seu pai lhe havia dado, entregou-o a Marta.

– Tome, irmã, era de nosso pai.

Marta pegou o baú e com certa interrogação abriu-o, ficou maravilhada com a quantidade de joias que ali continha, braceletes cravejados de pedras preciosas, colares, pulseiras e anéis de cores variadas.

– Mas o que é isto, Orlit?

– São as joias de sua mãe.

– Como assim? – perguntou Marta.

– É que nosso pai desejava que elas ficassem com você.

E Marta, fechando o baú, olhou para Caleb e disse:

– Querido primo, guarde esta riqueza para mim.

E Caleb, compreendendo o que Marta pretendia, retirou-se com o baú.

Orlit notou um brilho de cumplicidade nos olhares que ambos trocaram, mas nada disse.

Reina que nada entendeu, observando a casa aconchegante e sentindo a ausência de Débora, falou:

– E minha sobrinha, não está com você?

– Sim, Reina, ela está com Job.

– Ah! O pequeno Job, estou ansiosa para vê-lo.

Não demorou muito para que o pequeno adentrasse a sala em sua minitúnica erguendo a sua voz infantil a chamar pela mãe. Tinha os olhos expressivos de Marta, alegre e astuto a tudo observava e no colo de sua mãe logo perguntou apontando para Orlit:

– Quem é, mamãe?

– É sua tia, vá com ela.

E Orlit, aproximando-se do pequeno tocou em suas mãozinhas, como desejava ter tido um filho de Dan, suspirou.

Débora vendo Reina, foi ao encontro da bondosa matrona e enlaçando-a sentiu a imensa vontade de voltar a viver junto a ela, lágrimas de angústia rolaram de seus olhos, em seu coração sentia que algo ruim acontecera a Abed.

– E você, criança, como está?

– Estou bem e sorriu tentando esconder o que lhe ia à alma.

Logo outro alarido se fez no pátio da casa, era Elisha, parecia transfigurado, aborrecido ao adentrar a sala, logo esbravejou:

– Vejo que as notícias de minha chegada já foram espalhadas como folha ao vento.

Reina falou, tentando amenizar a situação:

– É verdade, Elisha, o vento soprou seu cheiro de dignidade e aqui estamos.

Elisha então sorriu:

– Bem, vamos então aos esclarecimentos dos fatos.

– Diga, Elisha – falou Orlit.

– Estive com o administrador de sua casa.

E olhando ao redor, como que a buscar a presença de algo, disse:

– Marta, onde está seu primo?

– Caleb? – disse Marta.

– Sim, qual outro primo tem?

– Quer que eu o chame?

– Às vezes penso se possui algo em sua cabeça, ora Marta, isto é óbvio, ande, vá chamá-lo, mulher.

E Marta, erguendo-se, foi em busca de Caleb.

Caleb estava em seu aposento, havia guardado as joias quando Marta adentrou o local. Ao vê-la, disse:

– Amada, sei que estas joias nos auxiliarão em nossa fuga, mas imagino que será difícil desfazer-se delas.

– Não, Caleb, difícil é viver sem você, meu marido o chama.

E o silêncio se fez entre eles.

Caleb desceu meditando, "o que Elisha desejava"? Então, ao adentrar a sala foi surpreendido por Elisha que ao vê-lo, falou:

– Pois aqui está o homem que presenciou a conversa com o administrador. É verdade que seu esposo deu as propriedades, pois devia ao senhor e concedeu você a ele, Orlit.

– Mas você pode evitar tal fato, Elisha?

– Não desejo fazê-lo, Orlit, pois o que ganharia eu em tê-la sob minha tutela? Não tem filhos, o que poderia me beneficiar? O melhor que tem a fazer é servir a este homem e honrá-lo, aceite o seu destino.

– Mas e Reina?

E Elisha, olhando para Caleb, falou:

– Diga, Caleb, o que será de Reina?

– Bom, eu desejo tê-la sob minha tutela, já que Elisha não tem interesse em fazer isto.

– Como poderei ser grata a você, meu jovem? – disse Reina.

– Eu só desejo auxiliá-la, Reina – disse Caleb com fraternidade.

– Isto é o que ele diz, mas não tenho tanta certeza quanto a Mia.

– Como assim? – disse Reina.

– Ora, Reina, ainda não sabe?

E Reina, assustada e aflita, disse:

– Sei de quê?

– Mia será a futura esposa de Caleb.

E a matrona sentiu intenso rubor formar-se em seu rosto.

– Não se preocupe, – disse Caleb – ela não se intrometerá, em minha casa mando eu.

Após o diálogo esclarecedor, Reina disse:

– Estou muito grata, agora devo partir para preparar minha vinda para esta casa a fim de partir com você.

Caleb, olhando-a, falou:

– Claro, Reina, seja breve, desejo retornar nos próximos dias.

Elisha, ao ouvi-lo, aduziu:

– E o casamento, quando se realizará?

– No tempo certo, mas e quanto a você? Parece-me aborrecido – disse Caleb a fim de sondá-lo.

– É que não consegui conversar com a pessoa que desejava, mas retornarei.

E saindo de perto de Caleb seguiu acabrunhado para seu aposento.

Orlit, que se despedia de Reina, notara a palidez de Marta e o quanto o semblante de sua meia-irmã estava mudado, não sabia ao certo o que era e desejando auxiliá-la, deixou que a matrona fosse só para sua casa, ficando com Marta para palestrar.

* * *

Ananias passou a fazer parte do grupo que acompanhava o Mestre. Estando eles indo a Jerusalém, passaram pelo meio da Samaria e da Galileia e entrando em certa aldeia, vieram-lhe ao encontro dez homens leprosos, os quais pararam de longe e erguendo a voz disseram:

– Yeshua, Mestre, tem misericórdia de nós.

E Yeshua, vendo-lhes, disse:

– Vão e mostrem-se aos sacerdotes.

E aconteceu que indo eles, ficaram limpos. E um deles vendo que estava curado voltou, glorificando a D'us em alta voz, e prostrou-se aos pés de Yeshua com o rosto ao chão, dando-lhe graças e este era samaritano.

E falou Yeshua:

– Não foram dez os limpos? Onde estão os nove? Não houve quem voltasse para dar glória a D'us senão este samaritano?

E olhando-o, falou:

– Levante-se e vá, a sua fé o salvou.

E Ananias, que a tudo observava, maravilhado ficava com as virtudes daquele Rabi.

* * *

Zimra, a esposa de Pedro, embora fosse mulher, guardava em seu coração os ensinos do Mestre e lhe tinha profunda gratidão. Por várias vezes, em sua singela moradia, ouvia o Mestre que sempre se sentava junto às mulheres, ensinando-lhes e falando do Reino do Pai. Nestas horas, recordava-se de Marta e Orlit e desejava ardentemente que elas pudessem sentir esse amor pelo Mestre e caminhar rumo a este Reinado Celestial.

* * *

Ananias, contudo, sempre fiel aos discípulos, às vezes partia em direção a Jericó ou a Jerusalém, onde procurava se inteirar daqueles que amava, e auxiliar a todos que o buscavam. Era em sua casa que o Mestre se abrigava quando estava em Jerusalém.

Roma naquela época tinha como imperador Tibério que havia sucedido ao imperador Caio Júlio César Otaviano – Augusto – após 46 anos no poder (27 a.C. – 19 d.C.), com uma administração até então jamais vista.[2]

Na Palestina, Pilatos era o prefeito de três regiões, Judeia, Samaria e Idumeia, esta última tinha limites pouco definidos, sendo sempre alvo de rebeliões e conspirações.

Pilatos era tido como homem firme e enérgico que sabia sufocar as rebeliões, foi o que ocorreu quando desejou construir um aqueduto até Belém, e por ter grandes despesas resolveu confiscar o dinheiro do templo, gerando grande rebelião, que foi sufocada por soldados que se infiltraram na multidão, aniquilando a todos.

Pilatos era casado com Cláudia, e residia em Cesareia, cidade erguida por Herodes, o Grande, para lisonjear o imperador Cesar Augusto. Entretanto, nas épocas de grandes festividades deslocava-se para Jerusalém, pois temia uma rebelião e hospedava-se no pretório.

Chegava aos seus ouvidos rumores acerca de Yeshua. Muitos fariseus o acusavam de blasfemar, falava sobre um Reino, mas sempre que questionado deixava claro ser um Reino Celestial. Pilatos procurava coletar informações com cautela. Estando Pilatos em sua residência, ouvia o relato de um de seus homens a respeito do novo Profeta.

– Pois então perguntaram a ele: Mestre, sabemos que fala e ensina bem e retamente e que não considera as aparências das pessoas, mas ensina com verdade o caminho de D'us, diga-nos, é lícito dar tributo a Cesar ou não? Yeshua entendendo

2 Conservador e austero, Augusto fez um governo de ordem e hierarquia. Lutou contra a decadência dos costumes, reorganizou a administração e as forças armadas, tornando-as permanentes e fixando-as nas fronteiras. Como adepto das virtudes romanas, em tempos em que era cada vez maior a tolerância, tentou controlar a moral pública mediante a aprovação da lei suntuária e do casamento. Criou organismos governamentais (conselho do príncipe, prefeitos), dividiu Roma em 14 regiões, para facilitar o censo e a cobrança de impostos, reorganizou a administração das províncias, dividindo-as em províncias senatoriais e províncias imperiais, medidas que tiveram como resultado o aumento da centralização. Em Roma e na Itália esforçou-se para fazer reviver as virtudes esquecidas das antigas tradições e religião. Deu privilégios aos pais de família e combateu o celibato. Construiu o fórum de Augusto que leva seu nome e, no campo de Marte, ergueu as primeiras termas, o Panteão de Roma e outros templos. Seu amor pela arquitetura foi revelado por seu orgulho em "ter encontrado Roma com tijolos e a ter deixado coberta de mármore". Elevaram-se templos à deusa Roma e a Augusto em todo o império. No âmbito econômico, fomentou o desenvolvimento da agricultura na Itália e saneou as finanças do Estado.

a astúcia deles, disse-lhes: "Por que me tenta? Mostrai-me uma moeda. De quem é esta imagem e esta inscrição?" E os homens que o questionavam, entreolharam-se e disseram: "É de Cesar". Disse-lhes Yeshua: "Então, dê a Cesar o que é Cesar, e a D'us o que é de D'us." E os homens calaram-se.

Pilatos que a tudo ouvia, erguendo-se de sua cadeira, meditou andando de um lado a outro, e disse:

– Não me parece que este homem blasfeme, e nem vejo nele um zelote, mas aguardaremos o decorrer dos dias.

* * *

O Mestre, contudo, prosseguia com sua pregação de vila em vila, e eis que certo dia foi interrogado pelos fariseus:

– Mestre,– disse um deles – quando há de vir o Reino de D'us?

E Yeshua olhando com serenidade disse:

– O Reino de D'us não virá com a aparência exterior.

E meditando alguns minutos, erguendo a voz em tom firme, prosseguiu:

– Não direi ei-lo aqui ou ei-lo ali, porque eis que o Reino de D'us está em você.

E olhando para os discípulos falou:

– Dias virão em que desejarão ver um só dia o filho do homem e não o verão, e dir-lhes-ão, ei-lo ali, ei-lo aqui e vocês não veem e nem o seguem, porque como um relâmpago ilumina desde a extremidade inferior do céu até a outra extremidade, assim será também o filho do homem no seu dia, mas primeiro convém que ele padeça muito e seja reprovado por esta geração. E como aconteceu nos dias de Noé, assim será também nos dias do filho do homem, comiam e bebiam, casavam e davam-se em casamento, até o dia em que Noé entrou na arca e veio o dilúvio e consumiu a todos, como também da mesma maneira aconteceu nos dias de Ló, comiam e bebiam, compravam e vendiam, plantavam e edificavam, mas no dia que Ló saiu de Sodoma, choveu do céu fogo e enxofre consumindo a todos, assim será no dia que o Filho do Homem se há de manifestar, naquele dia quem estiver no telhado, tendo os seus utensílios em casa não desça a tomá-los, e da mesma sorte o que estiver no campo não volte para trás, lembrem da mulher de Ló, aquele que procurar salvar a sua vida perdê-la-á, e qualquer que perder sua vida por minha causa, salvá-la-á. Digo-lhes que naquela noite estarão dois numa casa e um será tomado e outro será deixado, dois estarão juntos moendo, um será tomado e outro será deixado, dois estarão no campo, um será tomado e outro será deixado.

E preocupados falaram:

– Onde, senhor?

E Yeshua respondeu-lhes:

– Onde estiver o corpo, aí se juntarão as águias.

* * *

Em Jerusalém, o templo continuava em sua rotina diária, as moedas tilintavam no comércio das oferendas e o comércio das peles dos animais sacrificados continuava crescente.

Elisha se movimentava no pátio central. Agora que conseguira organizar sua rotina, resolvendo todos os problemas que o inquietavam, caminhava para a conversa que travaria com Deoclécio.

Analisara que se livrara do peso de ter que cuidar de Reina e Orlit, tudo transcorreu para seu benefício e ainda rendeu-lhe uma boa quantia. Pensou na posição que lograva conquistar, sim, ele seria prestigiado e honrado por todos, nestas horas sua cabeça doía-lhe, como fisgadas a deixar-lhe tonto.

Não demorou a ser solicitado pelo doutor a quem aguardava. Elisha caminhou até pequena sala, o doutor, sentado, aguardava-o, ao vê-lo, ergueu-se em singelo cumprimento, sentaram-se, alguma coisa incomodava Elisha, como se algo desagradável fosse ocorrer, o silêncio imperava, até que o ancião se pronunciou:

– Recebeu a mensagem?

– Sim e não, pois fatos outros me atingiram e na busca de solução não pude comparecer aqui no tempo desejado.

Deoclécio olhou serenamente e falou:

– Elisha, sabe que muito lhe tenho apreço, mas o sumo sacerdote diante das constantes insatisfações do clero destituiu você do cargo em que se situa.

Elisha empalideceu.

– O fato – prosseguiu o doutor – é que não pertence a uma família da linhagem adequada ao que pede tal cargo, contudo poderá continuar a nos servir com seus préstimos.

E olhando-o, Elisha falou:

– Nada tenho a reclamar, pois confio no D'us que habita neste templo e estou apto a servir ao sinédrio onde me colocarem.

– Nobre atitude a sua, fariseu, estava preocupado com sua reação diante destes fatos.

– Não se preocupe, amigo, estou aqui para servir a esta casa.

– E servirá – disse Deoclécio.

Erguendo-se, Elisha o cumprimentou e retirou-se. Estava transtornado, desejava gritar, esbofeteá-lo, como ousaram retirá-lo do seu posto? Atravessou o pátio, o barulho o incomodava, respirou, sentia o ar preso e prosseguiu firme em seu trajeto de volta para sua casa.

Em casa de Orlit, após todos os fatos tornarem-se reais, Reina preparava sua bagagem para ir à casa de Marta a fim de partir com Caleb para Betsaida. Itti, a serva, atenciosa falava acerca do Mestre:

– Sim, minha senhora, o Messias é este homem, ouço a respeito de suas curas, e da sua forma de pregar, fala que devemos amar nossos inimigos e mais, senhora, ele nos fala palavras de consolo.

– Como sabe tanto, Itti?

– Senhora, eu ouço os servos, e tem uma parábola que este Mestre contou que seria bom ouvi-la para que possa também compreender.

– Se sabe, conte-me – disse Reina.

Sentando-se junto à serva ouviu-a falar como se estivesse estado lá.

– Havia numa cidade certo juiz que nem mesmo a D'us temia, nem respeitava homem algum.

– Este homem não será Elisha? – disse Reina rancorosa.

– Havia também naquela mesma cidade certa mulher e ia ter com ele dizendo, faça-me justiça contra meu adversário, e o juiz por algum tempo não quis, mas depois pensou consigo: "ainda que não temo a D'us nem respeito homens, todavia como esta mulher me molesta, hei de fazer-lhe justiça, para que enfim não volte a me importunar". Então disse o Mestre: "ouviu o que diz este injusto juiz, e D'us não fará justiça a Seus escolhidos, que clamam a Ele de dia e de noite, ainda que tardio para com Ele? Quando, porém, vier o Filho do Homem achará fé na Terra?"

E Reina, ouvindo a parábola, disse:

– Quanta sabedoria vinda deste Rabi.

– Sim, minha senhora, e tenho muitas outras para narrar – os olhos de Itti cintilavam ao perceber que Reina despertava seu coração.

* * *

ORLIT, SENTADA JUNTO a Marta, observava Job a brincar no pequeno regaço que havia nos fundos da casa.

– Minha irmã, que desastre é a minha vida.

– Não se lamurie, – disse Marta – afinal, não será tão difícil viver em Jericó.

– Como não? Estarei à mercê deste homem que nem conheço e longe dos que amo.

– Orlit, não diga isto, sabe que com você estarei sempre em oração, nosso coração será sempre um só.

– Oh!, irmã.

E abraçando-a deixou seu pranto rolar, olhando para Marta acariciou sua face e disse:

– Sei que também sofre, vejo nos seus olhos muita tristeza.

– Não, nada está acontecendo, só estou cansada – disse Marta.

E Orlit, pegando em suas mãos falou:

– Sei que ama Caleb e sinto que ele a ama muito.

– Não diga estas coisas, Orlit, ele se casará com Mia.

– E crê que a ama? – falou Orlit. – Pare de sofrer, Marta, confesse seu amor a Caleb, faça o que for preciso, mas não se deixe abater.

– Orlit, eu sou casada.

– Eu sei, irmã, mas gostaria de vê-la feliz.

– Como posso ser feliz ferindo meu filho?

– É verdade, sou uma tola, esqueça minhas palavras – e sorrindo beijou-a na destra.

Caleb se aproximou e vendo que palestravam falou com voz baixa:

– Marta.

Marta olhando-o, disse:

– Sim, Caleb.

– É que vou resolver assuntos importantes e gostaria de avisá-las que não ficarei com vocês.

– Vai retornar para Betsaida? – indagou Orlit.

– Sim, mas antes tenho que visitar um amigo.

– Bom, então vá com D'us – disse Marta secamente a fim de não despertar a atenção de Orlit.

Marta sabia ser Ananias, Caleb olhando-a, como que a compreender suas palavras, se retirou.

Caleb sabia que poderia contar com Ananias, sim, ele compreenderia a sua situação. Já havia caminhado por longo trecho até aproximar-se da casa do amigo. Grande volume de pessoas estava à porta, eram maltrapilhos, homens e mulheres com algumas crianças. Ananias estava distribuindo pão e peixe para os mais aflitos.

Logo na entrada estava Felipe com Judas a palestrar, pois Ananias havia regressado para Jerusalém com eles.

Caleb, reconhecendo Felipe, cumprimentou-o com tom de alegria.

– *Shalom*, irmão, – disse Felipe, o helenista[3] – entre. Está à procura de Ananias? Ele logo virá – e o apóstolo sorriu-lhe, continuando na tarefa de auxílio aos assistidos de Ananias.

Ananias regressou com pequena criança no colo que havia machucado o pé. Estava risonho no colo de Ananias que lhe ministrava o devido cuidado. Ao notar a presença de Caleb, exultou de alegria.

– *Shalom*! Venha, venha amigo, por aqui.

E na aconchegante morada de Ananias, Caleb chorou ao contato com o bondoso coração de Ananias. Seu coração antes duro se abriu e sem pudor ou vergonha, lágrimas emergiam de seus olhos como a lavar sua alma aflita. Ananias, notando a dor de seu amigo, tocou em seu ombro e disse:

– Amigo, fale o que o aflige, estou aqui para auxiliá-lo.

Caleb, com a voz cheia de emoção, pronunciou apenas:

3 Helenistas, judeus de fala grega.

– Ajude-me.

– Sim, irmão, – disse Ananias – em que posso socorrê-lo?

E Caleb, acalmando o coração, começou a sua narrativa, pela primeira vez falava do seu amor por Marta, de sua culpa por tê-la colocado em tal condição, de seu desprezo por Elisha e de seu ódio por Mia.

Ananias a tudo ouvia em silêncio, sabia que naquele coração havia uma dor profunda, a dor da perda.

Ao final da narrativa, Caleb falou da necessidade de fugir com Marta e do filho que ela trazia ao ventre. Ananias então se pronunciou:

– Amigo e irmão, façamos uma oração. Antes de qualquer palavra busquemos a D'us em nossa tormenta.

Senhor D'us de Israel, amparo de nosso povo, dá-nos a Sua sabedoria para conseguirmos o Seu auxílio.

Ananias silenciou e falou depois de um tempo:

– Caleb, meu irmão, muito tenho aprendido nestes últimos tempos. Yeshua, nosso Mestre, tem nos ensinado a orar pelos nossos inimigos, perdoar, servir a todos e amar a D'us. Não perca sua fé. Sei que pensa em fugir, mas D'us tem um propósito para todas as coisas, muitas vezes cremos tudo saber ou tudo controlar, cremos que agimos de forma errada, mas D'us sabe como vamos agir e nos coloca naquela posição para que Seus desígnios, Sua vontade se cumpra em nós. Marta espera um filho e o amor de seus corações só fere a seus corações. Quanta aflição, amigo, quanta dor para esta mulher, mas nisto também há um propósito, que eu desconheço, mas D'us sabe. Acalma seu coração. Disse que já tentaram fugir e nada deu certo e por duas vezes tem percorrido caminhos que não levam ao local desejado pelo seu coração, então aguarde, D'us está agindo e eu os auxiliarei, no momento em que o Senhor permitir.

Caleb então falou:

– Irá nos ajudar na fuga?

– Eu farei o possível.

E Caleb, retirando o baú que era de Marta, entregou-o a Ananias dizendo:

– Este baú tem as joias da mãe de Marta, se deseja ajudar, auxilie a ela, por favor.

– Sim, Caleb, eu entregá-lo-ei no dia da fuga.

– Prepare tudo para daqui a três dias – disse Caleb.

– Farei o possível, irmão.

E Caleb, erguendo-se, retirou-se com o coração cheio de gratidão. Ananias ficou a meditar e se pôs a orar pelo casal.

* * *

Mia chegara a Jerusalém. Ela recordava-se da cidade e do velho Elad, suspirou e agradeceu a D'us por ele ter sucumbido, odiava-o. Em seu coração acreditava que ele teve o que merecera, afinal, era um traidor, mas a vingança veio, D'us o levou, ela sorriu.

Olhando a cidade barulhenta, os soldados, o templo, logo estava à porta da casa de Elisha. Um servo veio abrir o portão e Mia se fez anunciar. O servo foi informar Marta da súbita chegada de Mia.

Orlit percebera que Marta parecia surpresa e decepcionada em ter a presença de Mia na sua casa. Erguendo-se, rumou ao pátio a fim de recepcioná-la. Orlit acompanhara.

Em sua túnica azul com seus dedos repletos de anéis Mia desceu de sua montaria, analisava a casa, o pátio, as cortinas, as telhas da construção.

– *Shalom*, Mia – disse Marta.

– *Shalom*, Marta – disse Mia.

– O que faz aqui?

– Meu noivo, ou você se esquece que vou me casar? – disse em tom provocativo. – Orlit, meu sentimento – disse fingindo tristeza, mas com polidez em sua voz. O que ela sabia fazer com perfeição era fingir.

Orlit apenas abaixou a cabeça como a aceitar.

– Venha, Mia, entremos, deve estar muito cansada.

– Ah!, sim, estou muito mesmo.

Elisha, que chegara transfigurado, ao perceber o movimento no pátio preocupou-se achando tratar-se de alguma má notícia, entrou em casa com firmeza e deparando-se com Mia, logo questionou:

– O que faz aqui?

E Mia, olhando-o, aduziu:

– Vim em busca de companhia, afinal já se passaram mais de três semanas de sua partida sem que meu noivo regresse.

– É verdade – disse Elisha sem muito interesse, o que a deixou aborrecida.

Débora, trazendo Job à sala, assustou-se com a presença de Mia, mas nada falou. O pequeno logo correu para os braços do pai, o qual o encheu de carinhos, deixando Mia para dar atenção ao filho. Mia sentiu profundo ciúme, mas conteve-se.

Nur, que a acompanhava, já trazia a bagagem para dentro da casa. Marta solicitou que a acompanhasse, levou-a até o andar superior da casa onde a acomodou em discreto quarto sem muita luminosidade e com vistas para o fundo do pátio.

– Vou pedir que lhe tragam água e o alimento – disse Marta.

– E Caleb, onde está? – perguntou Mia com tom de ironia.

Marta, baixando os olhos, disse suavemente:

– Não sei, pergunte a Elisha e ele lhe dirá – e retirou-se trêmula.

Mia então se acercou da janela e dali podia ver Job com Elisha a brincar, notou que os olhos de Elisha brilhavam para aquela criança, temeu não conceber um filho para ocupar o lugar de Job, sentiu mais ciúmes, e saindo da janela, chamou a serva Nur e disse:

– O que espera? Prepare-me um banho, estou exausta.

Mia sentia o ciúme crescer em seu coração, incomodava sentir que Job ocupava um lugar no coração de Elisha, não, aquilo não poderia ficar assim, sentou-se a fim de meditar. Seus pensamentos nefastos foram como que formando sinistra trama e logo densas sombras acercavam-se dela. Ela manipularia Caleb e quanto a Marta, esta seria humilhada, ela pagaria caro por tudo que fez, ela merecia ser punida e Job seria o preço, sorriu. Logo Nur, que cansada da viagem se punha a servi-la, trouxe água para lavá-la e a tina com óleos perfumados. Mia, ao olhá-la, disse:

– Nur, quero que procure saber com os criados onde podemos encontrar a banca de ervas, necessito muito de certos benefícios e de um bom conhecedor do assunto.

A velha serva, olhando-a, disse:

– A minha senhora encontra-se adoentada?

– Não seja atrevida, serva, sirva-me.

E calando-se, Nur ficou pensativa: "o que Mia estaria tramando?".

* * *

Elisha recolheu-se em uma sala onde guardava os manuscritos, ajoelhando-se, ergueu as mãos aos céus como a reclamar a devida atenção de D'us.

Senhor, sou seu servo, honro-O com minha casa, com minhas atitudes diante do templo, esteja comigo D'us nesta batalha que travo contra este falso Messias que ousa desonrar a casa de Israel, as leis de Moisés. D'us, erga-me diante de todos.

Falava com ardor e orgulho, logo as entidades pérfidas que o acompanhavam começaram a insuflar em seu pensamento ideias de estranho cunho. Meditando, Elisha ergueu-se e pensativo falou:

– Todo homem tem seu preço, qual será o deste homem? – e sentindo dores em sua cabeça, sentou-se. Sim, deverá ter alguém que tramaria junto ao Rabi, ele saberia.

* * *

Caleb retornava da casa de Ananias com certo temor, sabia que três dias não seria tempo suficiente, mas confiava que algo, uma força maior os salvaria daquela situação. Ficou pensando em Yeshua, das vezes que pôde ouvir seus ensinos, meditou, talvez fosse o momento de buscar seu convívio, mas e Marta, não poderia abandoná-la, não. Marta era sua vida, seu fôlego, seu sangue, vivia por ela, não, o Messias não era maior que o amor que sentia por aquela mulher, e caminhava pensativo.

* * *

A PALESTINA CAMINHAVA sob forte pressão romana, o povo oprimido se rebelava, porém Yeshua, o Messias, pregava um reino de paz e tolerância. Muitos assimilavam a Boa Nova e já mudavam sua forma de pensar, outros procuravam visualizar as palavras de Yeshua sobre sua vida, muitos, no entanto, acreditavam num reinado dravídico, onde a liberdade do povo seria pela espada, embora o Mestre, a todo o momento, mostrasse o contrário.

Judas não conseguia assimilar as verdades eternas. Julgava que quando o Mestre fosse detido, os céus se moveriam a fim de derrubar as forças romanas e a liberdade viria.

Era bem tarde quando Mia despertou de seu descanso, não sabia ao certo por quanto tempo adormecera, o sol já começava a declinar. Ergueu-se da cama, sentiu-se tonta, o que seria aquele mal-estar? Será que concebera de Elisha? Pensou em Job, teria que pôr seu plano em prática. Chamou Nur, a serva estava na sala ao lado do aposento, onde recostada cochilava. Mia, ao vê-la, chamou-a, acordando-a de súbito, Nur pediu desculpas a Mia e disse:

– O mercado fica no outro lado da cidade, fora das portas do templo.

– Sim, amanhã iremos até lá.

– Mas, senhora, não será perigoso?

– Não, claro que não.

Ajeitou seu véu e sua túnica e desceu de seu quarto à procura de Caleb. A casa estava silenciosa, o cheiro de ervas aromáticas se misturava à comida, logo percebeu a presença de Elisha que junto a Caleb conversava sobre o templo.

Marta está em pé servindo-os em um canto. Notou que singela conversa fluía em tom baixo e discreto. Era Débora e Reina junto a Orlit que lastimava. Suspirou profundamente e rumou para a mesa onde os homens se serviam. Ao notar a presença de Mia, Caleb manteve seu semblante fechado. Elisha, ao contrário, saudou-a e chamando-a com as mãos, disse:

– Aqui está, Caleb, sua noiva. Parece-me que veio em busca do noivo – disse sorrindo.

Mas, Mia, querendo lançar a sua peçonha, logo falou:

– Sinto informar que não foi este o real motivo de estar aqui.

– Não? – disse Elisha – o que ocorreu?

– Bem – disse Mia com tom de falso penar – é que Abed...

E parou meditando em uma forma triste de falar.

– O que tem Abed? – falou Caleb.

– Ele se matou.

– Como se matou? – disse Caleb aflito como a não crer no fato.

– Ele se enforcou – disse Mia.

Marta empalidecera e Débora, ao ouvir o relato, lançou um grito cortante o qual fez Marta condoer-se e rumar em sua direção.

A jovem correu na direção da cozinha. Marta e Reina seguiram-na, porém em sua agonia, lançou-se aos prantos ao chão. Reina sem nada compreender, aduziu:

– Filha, o que foi, era amiga deste rapazola?

A dor de seu coração era muita, nada tinha sentido, o pranto rolava em sua face, existia o vazio a derrubá-la.

Marta abraçou-a e Débora desejou ficar naquele abraço, sem palavras, apenas a dor a extirpar seus sonhos e esperança.

Caleb sentiu-se culpado, seu coração acelerou, erguendo-se, pediu licença e rumou para o pátio da casa. Mia, no entanto, olhou para Elisha e falou sorrindo:

– Ele teve o que merecia!

– É, tenho certeza que você o ajudou – disse Elisha compreendendo que fora Mia que o incentivara a tal fato.

Mia olhou-o e disse:

– Não tenha dúvidas, mas agora devo consolar meu noivo.

Retirou-se na direção de Caleb. Chegou mansamente, Caleb estava sentado, o ar lhe faltava, pensava: "D'us tenha piedade de Abed".

– Caleb – disse Mia.

O simples ouvir da voz daquela mulher inquietava-o. Continuou quieto, melhor seria ignorá-la. Mia achegou-se e disse:

– Sinto pela perda de seu servo, nós temos que conversar.

– Eu nada tenho a lhe dizer.

– Mas eu tenho – disse ela cheia de si. – Sabe, Caleb, eu descobri as passagens em seu quarto.

E Caleb, sentindo a raiva crescer dentro de si, falou:

– O que quer, mulher?

– Quero que se case comigo aqui, e logo.

– Não farei isto – disse ele saindo.

– Fará, sim, pois se não o fizer eu falarei de sua amada para Elisha.

Caleb, erguendo-se, agarrou Mia pela face e pressionando-lhe, disse:

– Se falar, eu mato-a, juro por D'us.

Mia sentiu a força do olhar de Caleb, mas enfrentando-o, retirou sua mão e disse:

– Não farei, é só cumprir sua parte no casamento, caso contrário, antes que me mate verá ela morrer de muitas pedradas – e retirou-se altiva.

Caleb pousou as mãos em sua face em desespero, não sabia o que fazer.

* * *

Dan sentia em seu coração que Shayna desejava vê-lo são, embora acreditasse em seu amor, Dan temia decepcioná-la. Começava a pensar na possibilidade de uma cura. Recordou-se de sua antiga vida, pensou em Orlit, suspirou em sua alma, ainda tinha muito amor por ela. Como seria sua vida? Notou que tudo mudara muito, era como se D'us o tivesse punido, ele não controlava sua vida, não, ele nunca tivera o controle. Desejou que tudo tivesse sido diferente, que ele tivesse tido coragem para deixar sua desdita e coragem para levar tudo ao conhecimento de Orlit, mas havia feito o caminho mais difícil, a rota mais complicada.

A noite já ia alta quando Shayna notou que Dan não estava no leito, ergueu-se e rumou para a pequena sala onde ele se encontrava, quieto, sentiu a aproximação da esposa. Shayna então falou:

– O Senhor tirou-lhe do leito? O que está acontecendo, esposo?

E Dan, sentindo intenso aperto no coração, falou:

– Sinto falta de minha antiga vida.

– Mas que antiga vida? Se você sempre disse não ter ninguém.

O coração de Shayna apertou, sabia que seu esposo tinha muito conhecimento das leis, mas nunca inquiriu a ele nada. Dan suspirou, já era tempo de contar-lhe tudo. Procurou as mãos da esposa, Shayna notando, aproximou-se e Dan falou:

– Perdão se o que falar irá feri-la, mas não devo esconder a verdade, não mais.

E Shayna, ajoelhando-se em frente a Dan, pôs-se a ouvi-lo:

– Houve uma época em que fui um homem honrado, um rabi respeitado em Corazim. Tinha mulher e uma família próspera, muitos bens, mas D'us me pôs à prova e tirou-me a luz dos olhos, então eu renunciei a tudo por crer ser uma vergonha para minha família, para minha casa. Desde então vivo esta mentira.

– Como mentira? – disse Shayna apreensiva.

– Eu, fingindo minha morte, enganei quem mais amava e hoje sou a sombra de um homem.

– Mas por quê? Você fez com que todos sofressem.

– Eu sei, e daria tudo para que pudesse mudar.

– Você não pensou em mim? Por que escondeu tudo isto? Como pôde me enganar, Dan? – dizia Shayna entristecida.

– Não, Shayna, eu não a enganei, eu tentei apagar o meu passado, mas esqueci que sou o reflexo deste passado. Desejava reconstruir minha vida, mas hoje percebo que fiz tudo errado, perdão, doce criança – dizia Dan entre lágrimas. – O meu orgulho me cegou muito mais que esta deficiência. Hoje eu vejo por seu amor, sua doçura me fez ver os valores da vida.

– Então, se eu fiz isto, Dan, se tem alguma dignidade entre nós, procure sua esposa e diga a verdade.

Shayna falava com o coração atormentado, mas sentia que por mais que o amasse, isto era o correto.

– Não posso, Shayna – disse Dan.

– Pode e deve. Como poderemos construir a nossa felicidade, como escolher se privamos os outros de escolher os próprios caminhos? Quem somos nós, Dan, para escolher pelo nosso próximo? Você escolheu por você e por sua esposa, sem ao menos deixar que ela avaliasse o que ia em sua alma. E quanto a mim, Dan, privou-

-me de sua vida, entregou-me a metade do homem que é, não posso aceitá-lo como meu esposo diante disto. Devemos honrar nossas escolhas, mas nunca é tarde para buscarmos a paz diante dos outros. Não podemos escolher pelos outros, fazer o que desejamos sem expor o que somos é como aniquilar qualquer chance de o próximo escolher o seu destino.

Dan calou-se, chorava, então falou:

– Eu fiz por amor.

– Não, não foi por amor, foi por orgulho, por medo, por engano, menos por amor. Quando amamos não escolhemos pelos outros, mas partilhamos e por mais que seja difícil, se o outro nos amar, irá nos acolher e nos aceitar.

– Shayna e quanto a nós?

– Não existe nós, Dan, existe apenas eu e você até que tudo se esclareça.

– Eu te amo, Shayna.

– Não, Dan, você apenas me viu como alguém que caminharia com você, pois a solidão dói. Eu não o julgo, mas desejo que o seu passado se harmonize com o presente, somente assim poderemos pensar se somos nós.

O silêncio era profundo, Shayna não chorava, falava com calma e assim prosseguiu:

– Eu farei o possível para trazer sua esposa até você. Enquanto isto não for resolvido, reservo o direito de ser apenas sua irmã.

Dan estava pálido, não esperava tal atitude por parte dela e buscando suas mãos para tocar sua face, disse:

– Eu estou pronto para ir de encontro ao meu passado e saiba que eu lhe tenho amor.

Shayna beijou suas mãos e, erguendo-se, deixou-o a sós. Rumou para o seu aposento, o coração constrangido, uma dor profunda, sentia-se só, ajoelhou e em prantos orou.

Ouve-me quando clamo, Oh D'us da minha justiça, na angústia me deu largueza, tenha misericórdia e ouve minha oração. Os homens, D'us, até quando converterão a guerra em infâmia? Até quando amarão a vaidade e buscarão a mentira? Eu sei, D'us, que o Senhor separou para Si aquele que lhe é querido, Oh D'us, ouve-me quando clamo ao Senhor. Muitos falam: Senhor, quem nos mostrará o bem? Exalta sobre a minha casa a sua luz, pôs alegria em meu coração mais do que no tempo em que se multiplicaram o figo e o vinho. Em paz, Senhor, me deitarei e dormirei, porque só o senhor, D'us, me faz habitar em segurança.

E erguendo-se, deitou e dormiu.

No dia seguinte o sol ergueu-se esplendoroso, Dan nada mais havia que falar à sua esposa, saiu de sua casa sentindo o refrescar daquela manhã e pôs-se a caminhar para o local onde esmolava. Sentando-se à beira do caminho, ouviu Bartimeu que ali já se encontrava a esmolar, também cego como ele. Dan algumas vezes repartiu os ganhos, quando possível, com o companheiro de jornada. Ouvindo sua voz, falou:

– Bartimeu, posso ficar aqui junto a você? Estou desanimado – disse Dan que se sentia cansado pela noite insone que tivera.

O bondoso amigo, notando a tristeza em sua voz, falou:

– Pode, pois sinto que hoje, apesar do calor do sol, traz a chuva em seu peito.

– É verdade, – aduziu Dan – tenho tido muitas tempestades em minha caminhada.

– Então, amigo, faça como eu, entrega tudo nas mãos de D'us e quem sabe o Todo-Poderoso D'us de Israel lhe envie aquele que anda aliviando as dores de nosso povo.

– De quem fala? – inquiriu Dan.

– Falo do Messias, do rabi chamado Yeshua, o homem que faz falar os mudos e cura os leprosos, ele é o enviado de D'us.

– Que suas palavras sejam ouvidas por D'us para a nossa salvação.

* * *

Ananias, após a conversa que teve com Caleb, muito preocupado ficou com a situação do amigo. Após muito meditar, enviou uma mensagem para que ele aguardasse o tempo do seu retorno, pois deveria seguir viagem com Felipe e na sua volta seria melhor para a fuga com Marta sem maiores interferências, pois o Mestre ali estaria dentro de breves dias.

* * *

Yeshua caminhava pela Galileia e não queria que alguém soubesse, por que ensinava a seus discípulos e dizia-lhes:

– O Filho do Homem será entregue nas mãos dos homens e matá-lo-ão e morto ele ressuscitará no terceiro dia.

Mas os discípulos não compreendiam suas palavras e receavam interrogá-lo.

Chegaram a Cafarnaum e entrando em casa de Pedro foram recebidos por Zimra que acolheu a todos com o alimento e refazimento que necessitavam após longa viagem. E estando todos sentados para cear, perguntou Yeshua:

– Que estavam vocês discutindo pelo caminho?

Entreolhando-se os apóstolos calaram-se, pois pelo caminho tinham disputado quem seria o maior. E ele, compreendendo, falou aos doze:

– Se alguém quiser ser o primeiro, seja o derradeiro e o servo de todos.

E a esposa de Pedro que os servia, ouvindo isto, calou-se de pé a um canto da sala. E Yeshua, olhando para eles, prosseguiu chamando Sara, a filha de Pedro, pôs no meio de todos e tomando-a nos seus braços, disse-lhes:

– Qualquer que receber uma destas crianças em meu nome, a mim me recebe e qualquer que a mim me receber, recebe não a mim, mas a quem me enviou.

E a pequena Sara, olhando para o Mestre, sorriu-lhe deixando-o e abraçando sua mãe, que, emocionada, absorvera os ensinos do Mestre.

João, no entanto, respondeu:

– Mestre, vimos um que em seu nome expulsava demônios, o qual não o segue e nós lhe proibimos por que não o segue.

Yeshua, olhando-o, disse:

– Não o proíba, porque ninguém há que faça milagres em meu nome e possa logo falar mal de mim, pois quem não é contra é por nós, porquanto qualquer que lhe der de beber um copo de água em meu nome, porque é meu discípulo, em verdade lhe digo, não perderá seu galardão.

E continuou:

– E digo-lhes que qualquer que escandalizar um destes pequeninos que creem em mim, melhor lhe fora que pusessem ao pescoço uma grande pedra de moinho e que fosse lançado ao mar, pois se sua mão lhe escandalizar, corta-a, melhor é para si, entrar na vida aleijado do que tendo duas mãos e ir para o inferno, para o fogo que nunca se apaga; e se seu pé o escandalizar, corta-o, melhor é para si, entrar coxo na vida do que tendo dois pés e ser lançado no inferno, no fogo que nunca se apaga; e se seu olho o escandalizar, lança-o fora, melhor é para si, entrar no Reino de D'us com um só olho do que tendo dois olhos e ser lançado no fogo do inferno; porque cada um será salgado com fogo, cada sacrifício será salgado com sal, bom é o sal, mas se o sal se torna insonso com que temperará? Tenha sal em vocês mesmos e paz uns com os outros. E todos se calaram.

* * *

Ananias enviara a mensagem a qual Caleb leu em profundo desespero. Não D'us, isto não podia acontecer, ele não conseguiria se casar com aquela odiosa mulher. Caminhava de um canto a outro no aposento.

Após o odioso diálogo com Mia e a imensa culpa que sentia em seu coração pela morte de Abed, o servo amigo, sentia que a única forma de se libertar daquela situação era aniquilando aquela mulher. Não, ele jamais sujaria suas mãos, mas qual seria a outra alternativa? Desejava falar com Marta, tinha que conversar com ela. Pensou em Orlit, sim, sua prima não se negaria em auxiliá-lo. Desceu as escadas à procura de Orlit, encontrando-a no pátio conversando com Reina, que estava muito triste pela terrível tragédia com o servo e pela tristeza de Débora. Caleb achegou-se cumprimentando a ambas e inquieto falou:

– Orlit, necessito falar-lhe.

Orlit notou que sua voz estava carregada e afastou-se de Reina.

– Sim, Caleb, diga-me.

– Preciso de um favor seu.

– O que puder farei.

– Preciso que convide Marta para ir com você à sua casa amanhã, pois necessito falar com ela a sós.

– Por que não conversam aqui?

– Não faça perguntas, Orlit, por favor.

E notando-o nervoso, disse:

– A que horas?

– Pela manhã, por favor, pela manhã.

– Está bem, eu farei, sabe que logo daqui partirei.

– Sim, Orlit, eu serei grato eternamente se me socorrer.

– Sim, eu vou falar com ela.

– Está bem, aguardo a resposta aqui.

E Orlit apressada foi ao encontro de Marta, que estava junto a Elisha, ouvindo-o.

– Pois saiba, Marta, que me sinto aliviado com a morte deste servo.

– Marido, não diga isto, Abed sempre lhe serviu.

– Sim, é verdade, se ele não tivesse se apaixonado por Débora e tentado fugir, – disse Elisha em tom áspero – nada disto ocorreria.

Marta então calou-se, temia que seu esposo penetrasse em questão que ela não saberia responder. Orlit achegando-se, falou em tom ameno:

– Marta, pode vir aqui? Quero conversar.

Marta olhou para Elisha como que a pedir permissão, no entanto, Elisha falou:

– Não existe segredos nas paredes desta casa, Orlit, diga o que deseja.

Orlit então ensaiou um sorriso e falou:

– Bem, é que amanhã gostaria que Marta me auxiliasse com a escolha do que devo levar para minha nova casa, se puder ir comigo a minha casa atual.

Elisha respondeu:

– Então, sim, é bom que vá, Marta.

E erguendo sua mão, disse:

– Preciso sair para resolver certas questões, mas Marta poderá ir com você. Quando partirá?

– Creio que amanhã será meu último dia em Jerusalém.

– Fico feliz em sabê-lo – e retirou-se.

Orlit então, achegando-se da irmã, falou:

– Caleb, ele quer falar com você amanhã.

– D'us, o que será?

– Não sei, Marta, mas deve ser grave, estava muito aflito.

– Eu irei – disse Marta.

– Está bem, vou avisá-lo.

Caminhou apressadamente. Caleb estava impaciente e Orlit, não querendo levantar suspeitas, balançou a cabeça como um sinal de sim, o qual Caleb compreendeu e afastou-se da casa a fim de fazer uma caminhada pelas vielas de Jerusalém. Angústia e desespero em seu coração impediam qualquer raciocínio, caminhando sentia a brisa penetrar-lhe os pensamentos, sentia que estava preso aos caprichos daquela terrível mulher chamada Mia.

* * *

Mia, após a conversa com Caleb, estava confiante: "ele não poderá fazer nada contra mim", pensava ela sorrindo. Chamou Nur altiva e disse:

– Vamos sair, quero ir até o mercado, leve-me lá.

– Mas agora, senhora? O dia declina, é perigoso.

– Não seja medrosa, vamos ande, venha comigo.

E pondo seu véu, desceu as escadas do seu aposento e rumou sorrateira para fora da casa. Caminharam longo trecho até chegar ao local onde um homem de aspecto sujo e pouco confiante arrumava certas quantidades de ervas. Aproximando-se, Mia falou:

– É Bartolo, o raizeiro?

– Sim – disse o homem com expressão astuta.

– Preciso de certa raiz.

– Qual? – disse o velho com as mãos enrugadas e a face macerada pelo tempo.

– É na verdade uma erva que falha a respiração.

E o velho, compreendendo do que se tratava, falou:

– Eu não possuo tal raiz.

– Eu entendo.

E tirando alguns dracmas de sua roupa colocou no balcão junto com uma de suas joias.

O velho, notando o valor, virou-se e pegou um pequeno frasco e pôs na mesa recolhendo o dinheiro.

– Só uma gota todos os dias, ao final de catorze dias, ele sucumbirá.

– Está bem – disse Mia sorridente.

Nur a tudo assistia assustada, e Mia, olhando para serva, falou:

– Se falar qualquer fato que aqui ouviu, eu mato-a.

* * *

A noite vinha chegando. Dror, em Betsaida, sentia-se cansado e desanimado pelas atitudes de Nur. Naqueles últimos tempos a companheira havia revelado um comportamento que ele desconhecia, sentia que ela era uma estranha agora, que vivia sozinho na propriedade. Começava a analisar sua vida, não possuía filhos com ela, por que continuar nesta jornada junto a ela? Ele já estava velho e abatido, necessitava de uma companheira, de alguém que o entendesse, respirou olhando a bela paisagem do lago à sua frente.

* * *

Mia chegou à casa de Elisha justamente na hora em que a ceia noturna ia ser servida. Débora encontrava-se em completo estado de prostração, negando a alimentar-se, não parava de chorar pela perda daquele que lhe era tão querido. Elisha brincava com seu filho dedicando-lhe toda a atenção, o que deixava Mia aborrecida. Tentou aproximar-se, mas Elisha não desejava falar-lhe e ignorando-a, fez com que ela sentisse raiva e ciúme da criança.

Caleb não retornara e a casa parecia vazia, sem apetite, rumou para seu aposento.

* * *

Shayna, naquele dia, não fora ao encontro de Dan, sabia que ele estava triste, pois sentia em seu coração o mesmo peso. Cuidou de seu lar, do pomar onde cultivava as frutas que vendia. Preparava a ceia quando Dan retornou trazendo o companheiro de desdita consigo. Adentraram a casa humilde com dificuldade.

– Shayna, temos visita para esta noite – disse Dan com a voz cheia de alegria.

E Shayna, achegando-se, falou:

– Sim, Dan.

– Este é Bartimeu, filho de Temeu, ele ficará conosco nesta ceia, eu o trouxe para que ouvisse acerca do Mestre, do Rabi de nome Yeshua, ele sabe muitas coisas a seu respeito.

– Então sentem-se, eu vou buscar a água para lavá-los.

E, naquela noite, Shayna e Dan abraçaram a causa da Boa Nova.

* * *

E no dia seguinte, Yeshua e os discípulos foram para o território da Judeia, além do Jordão, e a multidão se reuniu em torno dele e começou a ensiná-los como era seu costume. Então, os fariseus aproximaram-se e perguntaram:

– Mestre, é lícito ao homem repudiar sua mulher?

Mas ele, percebendo o intento, falou:

– Que mandou Moisés?

E eles responderam:

– Moisés permitiu escrever carta de divórcio e repudiar.

Yeshua então falou:

– Pela dureza de seus corações, lhes deixou Moisés escrito este mandamento, porém desde o princípio da criação, D'us fez macho e fêmea, por isto deixará o homem, seu pai e sua mãe, e unir-se-á a uma mulher e serão os dois uma só carne, portanto, o que D'us juntou, não o separe o homem.

E muitos traziam crianças para que lhes tocasse, mas os discípulos repreendiam os que lhes traziam, porém, Yeshua, vendo isto, os repreendeu:

– Deixai vir a mim os pequeninos, não os impeçais por que deles é o Reino dos Céus, em verdade, em verdade, lhes digo que qualquer que não receber o Reino de D'us como uma criança, de maneira nenhuma entrará nele, e tomando-os nos braços, impondo as mãos os abençoou.

E pondo-se a caminho de Cafarnaum, correu para ele um homem, o qual se ajoelhou diante dele e lhe perguntou:

– Bom Mestre, que farei para herdar a vida eterna?

E Yeshua, olhando-o, falou:

– Por que me chama de bom? Ninguém é bom senão um, que é D'us. Você sabe os mandamentos, não adulterará, não matará, não furtará, não dirá falsos testemunhos, não defraudará, honrará seu pai e sua mãe.

O jovem, porém, disse-lhe:

– Mestre, tudo isto tenho guardado.

E Yeshua, olhando para ele com amor, falou:

– Falta-lhe, pois, uma coisa, vai, vende tudo quanto tenha e dê aos pobres e terá um tesouro no céu, depois, vem e segue-me.

Mas o jovem, contrariado por aquelas palavras, retirou-se triste por que possuía muitas propriedades. Então Yeshua, olhando o rapaz, disse aos discípulos:

– Quão difícil será para os que têm riquezas penetrarem no Reino de D'us.

E os discípulos admiraram-se de suas palavras, mas Yeshua, tornando a falar, disse:

– Filhos, tão difícil é para os que confiam nas riquezas entrar no Reino de D'us, é mais fácil passar um camelo pelo fundo de uma agulha do que entrar um rico no Reino de D'us.

E os discípulos admirados, falaram:

– Quem poderá, pois, salvar-se?

Yeshua, olhando para eles, disse:

– Para os homens é impossível, mas para D'us não, por que para D'us todas as coisas são possíveis.

E Pedro começou a dizer-lhe:

– Eis que eu tudo deixarei e o seguirei.

E Yeshua respondeu-lhe:

– Em verdade lhes digo, que ninguém há que tenha deixado casa, ou irmã ou irmão, ou pai ou mãe ou mulher e filhos ou campos, por amor a mim e ao Evangelho que não receba cem vezes tanto, já neste tempo, em casas e irmãs e irmãos e mãe e filhos e campos com perseguições e no século futuro, a vida eterna. Porém, muitos primeiros serão derradeiros e muitos derradeiros serão primeiros.

E os discípulos se calaram.

E estando junto ao Mestre, Ananias se inquietou e pensando em Caleb e Marta, perguntou ao Mestre acerca do divórcio. E Yeshua, percebendo sua inquietude, falou:

– Qualquer que deixar a sua mulher e casar com outra, adultera contra ela e se a mulher deixar a seu marido e casar com outro adultera com o outro.

Ananias, não satisfeito, o inquiriu novamente:

– Mas Mestre, o que se uniu com amor, adultera?

E o Mestre, notando sua aflição, falou:

– O que faz o homem deixar seu pai e sua mãe? Portanto, o que D'us ajuntou não o separe o homem.

E Ananias, compreendendo que só o amor era o laço real de uma união, se calou.

* * *

O DIA INICIARA cedo para Caleb que não pernoitara em casa de Elisha a fim de manter-se longe de Mia. Providenciou sua estada em uma hospedaria próxima ao templo, sentia-se sufocado com a presença daquela mulher. Lavou a face e, pensando em Marta, rumou para a casa de Orlit. O sol acalentava seu coração, o céu azul e o movimento dos transeuntes, o ir e vir despertaram-no. Ele tinha que buscar junto a Marta uma solução.

A casa de Orlit era agradável, os jardins, tudo era belo, ela já estava a ingerir seu desjejum quando Caleb se fez anunciar. Orlit pediu para que o servo o trouxesse a fim de que tomasse o chá da manhã com ela.

Caleb, cumprimentando Orlit, aceitou sua oferta, pois sentia-se fraco. Orlit nada questionou acerca de Marta ou sobre o que conversariam, sabia que algo grave ocorria, só não sabia o que era.

O silêncio era grande, mas logo foi quebrado pela chegada de Marta que, com sua túnica salmão e o seu véu rosa, encheu de luz a visão de Caleb. Orlit percebeu o olhar amoroso de ambos e desejando não atrapalhar, falou:

– Eu pedirei a meu servo que os conduza a um local a fim de que conversem, tenho certeza que ninguém os importunará. É só segui-lo.

E Marta, abraçando a irmã, agradeceu.

Tratava-se de uma parte afastada da casa, caminharam pelo jardim até chegar a uma pequena casa ornada por pessegueiros e figueiras com o ar agradável. O servo abriu a porta depositando a chave nas mãos de Caleb. Ao entrarem, agradável visão, flores e vasos ornavam o ambiente, almofadas, uma mesa de madeira bela e singela, cozinha e cama compunham o ambiente que deveria ser o alojamento de algum servo.

Caleb aproximou-se de Marta, retirou o seu véu, tocou seus cabelos, beijou-lhe a destra até o pescoço, os lábios com delicadeza e paixão, puxou-a para si, abraçando-a com amor. Marta correspondeu com carícias em sua face, em suas mãos, beijando-as. Os olhos de Caleb encheram-se de lágrimas, retirou delicadamente a túnica de sua amada, tocando-lhe com respeito e amor, um amor que não cabia em sua alma, que lhe retirava o ar, amou-a intensamente desejando jamais perdê-la. Deixaram que as horas passassem, ficaram ali a se tocarem como se fosse pela última vez. Caleb sentia cada parte de Marta como se fosse parte de seu corpo, de sua alma. Marta então falou delicada:

– Amado de minha vida, o que está acontecendo? Sinto seu coração aflito.

– E estou, Marta.

Marta, sentando-se, olhou para Caleb e disse:

– Alivia as suas angústias, pois as suas angústias também são minhas.

E ele, tocando em seu ventre, percebendo a vida que ali crescia, falou:

– Mia deseja que me case, caso contrário falará para Elisha sobre nós. Ela agora tem provas, as passagens que utilizamos em nossos quartos.

Marta começou a chorar, não desejava perder Caleb, não queria ser apedrejada, mas tudo caminhava para isto.

– O que faremos? – disse ela entre lágrimas.

– Não chore, Marta, meu amor, não aguento vê-la sofrer.

– Eu me casarei com ela, ganharei tempo para que Ananias retorne.

– Mas você disse que ele nos auxiliaria.

– Marta, precisamos ganhar tempo para que o Messias aqui esteja a fim de fugirmos, me entende, amada?

– Não, não quero vê-lo casado.

– Eu juro que não a tocarei.

– Não fale o que não pode cumprir.

– Não temos escolha.

– Eu sei, Caleb, eu sei.

E abraçando-o, permaneceram em silêncio.

* * *

Mia estava exuberante naquela manhã, sabia o que deveria fazer e faria. Rumou para sala onde serviam as refeições, notou a ausência de Marta, então, vendo Débora com Job, falou:

– Onde estão todos?

Débora estava muito abalada, então Reina respondeu:

– Marta saiu rumo à casa de Orlit, Elisha foi para o templo e Caleb, seu noivo, parece que não dormiu nesta casa – disse Reina com um sorriso desafiador.

– Ora, o que está a sorrir? Eu irei me casar com ele.

– Eu sei, mas tenho certeza que ele não será como meu filho.

Mia então calou-se, chamou Nur para que a servisse.

Job brincava no jardim e Mia sorrateira, aproximou-se do menino dissolvendo a erva em um suco e ofereceu ao pequeno que, sem notar o gesto, ingeriu o malefício. Mia, olhando-o com desprezo, sorriu a fim de cativar o pequeno. Débora, notando que o menino estava com ela, aproximou-se:

– Ele é muito belo – disse ela. – Sinto falta dele, saiba que eu cuidava desta criança – disse Mia.

– Sim, eu sei – falou Débora.

– Bem, irei ao mercado, deseja algo Débora?

– Não! – disse a moça com cerimônia.

Não demorou muito para que o pequeno começasse a sentir falta de ar e cansaço. Débora, ao notá-lo cansado, achou por bem chamar por Reina que a auxiliou levando o pequeno para dentro e banhando-o para que recobrasse o ânimo até que sua mãe chegasse. Não demorou muito até o retorno de Marta que se despediu de sua irmã com profunda gratidão. Orlit nada mencionou, sabia que algo estava ocorrendo, mas desejou respeitar a ambos.

Ao regressar, Marta encontrou seu filho adoentado. Vendo-o desanimado e combalido seu coração apertou, o pequeno ao ver a mãe exigiu-lhe o colo onde repousou sua fragilidade chamando-a de mãe. Começava para Marta seu tormento, recolheu-se ao seu quarto e junto consigo, seu filho.

Caleb, ao retornar à casa a fim de avisar de sua mudança para estalagem, foi surpreendido pelo relato de que o pequeno não estava bem.

Reina, com seu conhecimento, tentava auxiliar. Mas Mia, com sua astúcia, auxiliada por Nur, continuou a envenenar a criança que a cada dia se abatia. Ao sétimo dia, Reina já havia tentado de tudo, e o pequeno não reagia. Elisha, extremamente aflito, requisitou a visita de um médico, porém o único médico que havia era Ananias e no momento não se encontrava. Marta não dormia, temia perder o filho que amava, orava e chegou a implorar a Elisha para que chamasse o Rabi que fazia milagres.

– O que me pede, Marta, que eu permita que este blasfemador venha à minha casa? Quer minha desonra?

– Elisha, mas falam que ele cura. Deseja a morte de nosso filho?

– Não me atormente, Marta.

Saiu deixando-a com maior aflição, Job lutava com seu corpo infantil. No entanto, Mia inescrupulosa, sempre achava uma forma de continuar a envenená-lo.

Quase todas as manhãs quando Marta saía para seu descanso, ela, se fazia de criatura prestativa, ocupando o local até Débora terminar os afazeres, que eram alimentar o pequeno, banhá-lo e trocar suas roupas. Ao término, Débora sempre pedia que o olhasse a fim de buscar mais roupas ou algum brinquedo que o alegrasse; Mia, nesse momento, auxiliada por Nur, ministrava-lhe o veneno. Sem ter consciência de nada o pequeno Job ingeria como se fosse remédio. Nestas horas, a serva Nur sentia sua consciência alertá-la do grave ato que cometia, porém, Mia ameaçava-lhe todas as vezes que a serva idosa falava.

– Senhora, por D'us, é só uma criança.

– Cale-se, serva maldita, ou pagará com a sua vida.

2. A verdade do passado

Jericó, a segunda cidade do Jordão, apelidada de Cidade das Palmeiras, situava-se ao norte do mar morto e a nordeste de Jerusalém, nas bases da montanha da Judeia, doada por Augusto a Herodes, o Grande, o qual a embelezara. Ergueu um palácio atrás da cidade.

Foi para esta bela cidade que Orlit fora, a mesma que seu amado Dan morava. Após vinte e sete quilômetros de viagem, sua caravana aproximava-se dos portões de Jericó.

Orlit estava exausta, mas a cidade lhe cativava a atenção, porém, notando a presença do cego que ali esmolava, a fim de praticar uma doação para que fosse abençoada sua estadia, pediu que parasse a caravana ordenando que um dos servos atirasse algumas moedas aos infortunados. Sentiu vertigem ao olhar para tal homem, seu coração acelerou, era como se estivesse vendo Dan, o servo rapidamente retornou e a caravana seguiu adentrando pela cidade.

Orlit ficara inquieta diante da face daquele homem. Será que D'us estaria lhe testando, será que tivera uma alucinação? Temendo pedir o retorno, calou-se e deixou-se recostar no assento. Não demorou muito até que se defrontasse diante da bela propriedade, os portões abriram-se e bela fonte ela pôde visualizar logo à entrada, e a seguir, o pátio de sua nova casa. A caravana chegara a seu destino, Orlit desceu e logo foi recebida por duas jovens que se apresentaram como Cali e Doni, eram suas servas. Cali, risonha e alegre, logo disse:

– Senhora, seu esposo aguarda no interior da casa, podemos guiá-la para que tudo possa conhecer.

Doni era mais séria e pegando a bagagem nada disse.

A jovem serva levou Orlit à presença de seu esposo, homem educado e reservado que a olhando, pediu que a serva os deixasse a sós.

– Espero que tenha feito uma boa viagem – disse ele em tom ameno.

– Sim – disse Orlit sem encará-lo.

– Bem, Orlit é seu nome?

– Sim, meu senhor.

– Espero que me sirva e honre esta casa, Orlit. Deve ter percebido que sou homem abastado e sei ser generoso e bom para aqueles que me honram, espero que compreenda que eu a comprei por muito me sentir só, e desejo que seja uma boa companhia.

E Orlit, observando-lhe a face morena, os olhos profundos e a boca marcante, notou que era um belo homem de meia-idade e a barba trançada não lhe tirava a beleza da maturidade.

Notando que ela o observava, ficou em silêncio esperando que ela se pronunciasse, vendo que nada dizia, inquiriu:

– Sabe dançar?

– Sim – disse Orlit tímida.

– Esta noite quero que dance para mim, comprei para você roupas novas. Não desejo minha esposa com velhas roupas, tudo aqui deve reluzir.

E sorrindo-lhe, chamou Cali que logo adentrou levando-a ao seu aposento.

A casa era exuberante, servos iam e vinham, fontes, jarros enormes e prata, o seu aposento mais parecia uma casa. Duas antessalas com janelas e sacadas que davam para o pátio central, flores perfumavam o ambiente, a cama coberta por peles de animais e almofadas de pura seda, lamparinas e incenso. Orlit não acreditou no que via, vestidos de vários tons, véus bordados com pedras, sapatos e sandálias cobertas de seda para seus pés, tudo era luxo e beleza, havia joias para cada tipo de roupa, uma riqueza sem fim. "Por que esse homem nunca se casou?", pensara, e vendo Cali que a auxiliava a escolher a roupa adequada, inquiriu:

– Ele nunca se casou?

E a jovem sorriu e disse:

– Sim, ele casou-se sete vezes, mas por sete vezes foi amaldiçoado, as esposas o traíam e ele as apedrejou.

– Como pode?

– Ninguém fala, – disse Cali – mas ele procura a mulher perfeita.

– Como a mulher perfeita?

– Ele testa suas esposas, entende?

E Orlit então assustada, falou:

– E todas o traíram?

– Sim, parece que elas falhavam e ele as apedrejava.

– Que horror – disse Orlit temerosa.

– Mas sinto que a senhora será diferente.

E Cali, olhando para certificar-se que ninguém a ouvisse, disse:

– Ele a comprou e as outras foram todas por contrato, entende?

– Sim, então acho que é um bom começo.

– Sim, é sim, – disse Cali sorrindo – agora venha, vou banhá-la, deve estar bela para sua núpcia e descansada.

Orlit aceitou de bom grado o auxílio da jovem serva que ganhou sua simpatia.

* * *

O CORAÇÃO DE Dan por aqueles dias estava modificado após o diálogo que tivera com Shayna. Ele percebera que seria inútil qualquer recomeço sem que seu passado estivesse em paz, aceitou que Shayna não lhe tivesse como esposo até que ele fosse em busca de sua esposa e lhe revelasse o que de fato ocorrera. Esperava o retorno de Ananias, o bom amigo iria ter com ele dentro de algumas luas, tinha medo do que pudesse ouvir, mas sabia que o melhor era enfrentar as consequências de seus atos descabidos.

Dan envelhecera nos últimos tempos, os cabelos já estavam grisalhos, a face perdera o viso de antes, era um homem amargurado pelas dores de seu passado. Naquele dia em especial, sentia em seu coração que sua vida mudaria. Como, ele ainda não sabia, mas sentia após a doação de uma generosa esmola, que dividiu com Bartimeu, que sua vida ia mudar. Resoluto, ergueu-se e rumou instantaneamente para sua casa, seu coração inquietava-se, sabia que havia uma cura para tudo aquilo e o nome desta cura era a verdade. Seguiu lentamente pelo caminho, já conhecia cada pedaço do trecho que o levava até sua casa.

* * *

A NOITE VINHA chegando e Orlit estava preocupada em como seria sua primeira noite naquela casa. Na antessala de seu aposento, os servos se revezavam na montagem de pequeno banquete.

Orlit tremia, sentia por vezes que ia perder o ar, logo o aroma da comida envolvia todo o ambiente, suave música começou a ser ouvida, era uma cítara que entoava doce canção. Cali, adentrando em seu aposento, disse:

– Senhora, seu esposo requisita-lhe a presença.

Em uma túnica rosa, com véu bordado e belas pedras de rubi a adornar-lhe o corpo, Orlit se apresentou ao seu esposo. Ele, olhando-a com olhos de águia, disse:

– Venha, quero vê-la.

E Orlit aproximou-se.

– Tire o véu – disse ele displicente, sorvendo o vinho.

Orlit obedeceu.

– Solte os cabelos, quero vê-los.

E Orlit, soltando sua trança, deixou que seus belos cabelos caíssem pelos ombros.

– Agora quero vê-la dançar, filha de Davi.

"D'us, que homem era aquele?", pensou Orlit, e respirando profundamente começou a mover seu corpo com delicadeza e harmonia. Seu esposo alimentava-se olhando-a dançar, achou graça em como suas mãos se movimentavam, ela era bela.

Ao fim da música pediu que ela o esperasse no aposento. Orlit, trêmula, foi para seu quarto, sentou-se à cama, não conseguia controlar o tremor de seu corpo, tinha medo, a música suave, os criados se foram, as portas de seu aposento se abriram, era seu dono que se aproximava, chamou-a com voz rouca e firme:

– Orlit – disse ele.

E aproximando-se, cheirou seus cabelos, desatou-lhe a túnica e deixando seu corpo exposto, observou-lhe a fragilidade e a delicadeza. Ela tremia e ele, enlaçando-a, falou:

– Chama-me pelo meu primeiro nome.

Orlit, sentindo as mãos que a abraçavam com força e paixão, perguntou com voz quase imperceptível:

– Qual é o seu nome?

– Belchior.

E olhando o fogo da paixão em seus olhos, pronunciou seu nome, sentindo apenas o toque dos lábios de seu esposo em sua boca, ali iniciou sua núpcia.

Na manhã seguinte, despertou assustada com o barulho dos servos, estava só em seu leito. Seu esposo não dormia junto a ela, ele possuía seu próprio aposento. Sentia que aquele homem era diferente, não fora grosseiro, mas sincero, não a molestara, mas a tocara com um sentimento que nunca ninguém o fizera, não se sentia suja ou enojada. Pensou no cego, em como se parecia com Dan, sentou-se. Será que ela poderia sair? Melhor perguntar, afinal, ela acabara de chegar e não conhecia nada ali, ergueu-se, pois Cali, sua serva, apareceu para alimentá-la e vesti-la.

– Cali – disse Orlit.

– Sim, minha senhora.

– Será possível que eu possa conhecer esta cidade?

– A senhora diz andar por ela?

– Sim.

– Só com seus servos, senhora, é que seu esposo não deixa a esposa caminhar só, nem mesmo ir ao mercado sem a presença de um servo.

– Mas posso então conhecer toda a cidade?

– Creio que é melhor lhe perguntar.

– É verdade, e onde meu esposo se encontra?

– Cuidando dos camelos e cavalos.

– Como assim?

– A senhora não sabe? Ele tem muitos camelos e muitos cavalos, fornece animais para os romanos e para as competições.

E Orlit, assustada, calou-se. “D'us, quem era aquele homem?”

– Mas posso enviar uma mensagem por um servo.

– Então faça isto.

E Cali chamou a serva Doni para que providenciasse tudo.

A manhã passava lenta até que tudo se ajeitasse. Por volta da terceira hora, Orlit se aprontava com sua pequena comitiva para conhecer a cidade. Sua casa mais parecia um palácio, havia portas e portas por vários lados e muitos servos entravam e saíam todo tempo. Em sua montaria percorreu o mercado e solicitou sua ida até onde estava o cego. Ao chegar lá, só viu Bartimeu e sentindo-se decepcionada, deu-lhe um denário e voltou para sua casa. Sim, ela deve ter tido uma alucinação, aquele homem em nada se parecia com Dan, estava vendo coisas onde não existia.

* * *

Em Jerusalém, a situação de Job só se agravava, Elisha estava em completo desalento. Em seu coração, a sua casa estava sendo amaldiçoada pelo Rabi, ele com certeza sabia que ele, Elisha, o fariseu, o perseguia e lançava mais uma blasfêmia contra sua casta. Orava no templo e pedira um novo sacrifício pelo seu filho.

O pequeno já não se erguia da cama, Marta permanecia junto ao seu leito dia e noite, não conseguia se alimentar, orava, chorava, clamava a D'us pelo seu filho amado, sentia que D'us a punia pelo amor que a fizera sucumbir ao adultério, D'us a punia.

Reina a auxiliava como podia, Itti, contudo, falara a Marta dos feitos do mestre Yeshua e Marta desejava ardentemente a cura de Job, desejava levar seu filho até Yeshua. Certamente não suportaria ver seu filho em agonia. Aproximou-se de seu esposo e falou:

– Marido, por misericórdia, deixe que o Rabi cure nosso filho.

Elisha ao ouvi-la, disse em tom áspero:

– Cale-se, você blasfema nesta casa, crê neste falso profeta?

– Sim, Elisha, eu creio neste homem, pois que até os mortos ressuscita.

– Não repita isto, Marta, você é esposa de um fariseu, um doutor da lei, quer minha derrota? – dizia Elisha aos gritos.

Marta, pondo-se de joelhos, implorava entre lágrimas por D'us de Abraão.

– Eu lhe imploro, deixe Yeshua vir aqui curar seu filho.

– Cale-se.

E andando em sua direção, esbofeteou sua face.

Caleb, que ouvia os gritos e impropérios de Elisha, foi em direção a eles, porém Mia, vendo isto, o seguiu na direção da sala, segurou-lhe o braço e disse:

– Se for, eu a delatarei, deixe que sofra, é uma imunda.

E Caleb, olhando-a com ódio, retirou-se para o outro lado da casa, seu coração encheu-se de ódio, desejou a morte daquela mulher, passava as mãos pela barba. Elisha estava abusando de sua esposa e exclamando disse:

– Meu Senhor, eu não posso suportar isto.

E, num impulso, atravessou a casa na direção da sala onde Elisha gritava:

– Blasfema, maldita, não vê que D'us está conosco, não com aquele Rabi?

Caleb notou que Marta jazia no chão em prantos convulsivos, a cena era a pior. Olhando para Elisha, desejou esbofeteá-lo a fim de que se calasse, porém, contendo-se, achegou-se de Elisha e falou:

– Amigo, eu irei buscar o médico pela manhã, eu o conheço.

– Vê, mulher, vê? D'us está conosco, por que não me disse isto, homem?

– Estava aguardando que ele regressasse, mas sei onde está e amanhã parto para que este sofrimento acabe. Marta, por favor, deixe-me auxiliá-la – disse Caleb tentando erguê-la e vendo a marca dos dedos de Elisha em seu rosto, o odiou. – Vá para seu quarto, amanhã eu trarei o médico, prometo.

E Marta, olhando-o em desespero e confiança, retirou-se.

Mia, no entanto, a tudo assistia e ao vê-lo sair, falou:

– Você me desobedeceu.

– Faça o que desejar, mulher, mas eu não cederei aos seus caprichos, fale para ele e jamais será minha esposa – e retirou-se.

Mia sentiu a raiva crescer dentro de si, como aquele homem se atrevia a desafiá-la?

Job respirava com dificuldade, Débora, próxima ao pequeno ficava em oração.

Reina conseguira acalmar o coração de Débora, contara sobre o Mestre, as parábolas que Itti narrava, desta forma Débora se conformava com a perda de Abed. Embora sentisse muito sua ausência, orava por ele e por todos naquela casa, parecia que uma tormenta se instalara naquele lar.

Na realidade, vários espíritos das trevas acompanhavam Elisha e Mia, se alojando nos arredores, à mesa, no pátio, onde a luz não estivesse eles se instalavam, insuflando desarmonia e discussão de toda forma.

Marta recolhera-se para seu aposento a fim de lavar-se. Caleb fora atrás, em silêncio, para não despertar atenção, entrou com ela no aposento, segurou suas mãos, abraçou-a e beijou-lhe a face marcada.

– Sinto vontade de matá-lo.

– Não diga isto, meu amado – disse ela, tocando-lhe a face.

– Como pode fazê-la sofrer, a você e a meu pequeno. Eu buscarei Ananias, farei o possível para trazê-lo aqui, minha amada, e depois disso, fugiremos, nós três e seu filho.

Abraçava-a com todo amor, nada mais importava, e olhando-a com carinho, disse:

– Confia em mim?

– Sim, meu amor, sempre – disse Marta com afeto.

– Agora preciso deixá-la, não tema, eu trarei Ananias.

– Eu sei, eu sei, meu amado.

E Caleb retirou-se do aposento com o coração apertado.

* * *

Mia, com sua alma pérfida, aproximara-se de Elisha e notando sua preocupação, aduziu:

– Faz bem em proibir a entrada deste blasfemador aqui, Elisha, afinal você é um doutor.

Elisha, olhando-a, disse:

– E o que você entende disto?

– Entendo que deve usar de atitudes para desmascará-lo, talvez eu possa auxiliar.

– Você? – disse Elisha surpreso. – Já possuo muitos problemas, dê-me uma boa notícia.

Mia, olhando-o, disse:

– Estou grávida.

Elisha, surpreso, falou:

– D'us, que bom, agora pode casar-se.

– Sim, agora posso.

– Por que não me disse isto?

– Não quis aborrecê-lo.

– Não fale tolice, é uma ótima notícia, amanhã pela manhã encomendarei os preparativos do seu casamento, isto é o que faremos – disse Elisha sorrindo.

* * *

A NOITE TRANSCORRIA lenta, as estrelas cativavam o olhar de Caleb. Estava absorto em seus pensamentos, ele tinha que encontrar Ananias, o amigo falara que regressaria e já se passara uma semana e nada do seu regresso. Ele deveria estar com Yeshua, seria fácil encontrá-lo, onde houvesse multidão, Yeshua estava. Pedia a D'us para que ele conseguisse vencer todos os obstáculos, mas, neste momento, chorava.

* * *

YESHUA E SEUS discípulos iam a caminho de Betsaida e lá chegando trouxeram-lhe um cego e pediam que lhe tocasse, e tomando o cego pela mão, levou-o para fora da aldeia e cuspindo-lhe nos olhos e impondo-lhe as mãos, perguntou:

– Vê alguma coisa?

E o cego, erguendo os olhos, disse:

– Vejo homens, pois eu vejo como árvores que andam.

Então Yeshua tornou a pôr as mãos nos olhos e o fez olhar firmemente e ficou restabelecido, e já via ao longe e distintamente a todos. E Yeshua mandou-o para sua casa, dizendo:

– Não entre na aldeia, nem diga a ninguém.

E seguiam Yeshua e seus discípulos para a cidade de Cesareia de Felipe, e no meio do caminho Yeshua perguntou a seus discípulos:

– Quem dizem os homens que eu sou?

E eles responderam:

– João Batista, e outros Elias, e outros, um dos profetas.

– Mas vocês, quem dizem que eu sou?

E Pedro respondeu:

– O senhor é o Cristo.

E advertiu-lhes, que a ninguém dissessem dele.

Então Yeshua começou a ensinar-lhes que importava que o Filho do Homem padecesse muito, que fosse rejeitado pelos anciãos e pelos príncipes dos sacerdotes, pelos escribas e que seria morto, mas depois de três dias ressuscitaria e falava claramente estas palavras, mas Pedro começou a repreendê-lo e ele, virando-se e olhando para seus discípulos, disse:

– Retira-se diante de mim satanás, por que não compreende as coisas que são de D'us, mas as que são dos homens.

E entraram em uma aldeia e aproximaram-se dele os publicanos e pecadores para ouvi-lo, e os fariseus e os escribas murmuraram dizendo:

– Este recebe pecadores e come com eles.

Então Yeshua, olhando-os, passou a narrar esta parábola:

– Que homem dentre vocês tendo cem ovelhas e perdendo uma delas não deixa no deserto as noventa e nove e vai procurar a perdida até achá-la, e achando-a a põe sobre seus ombros com júbilo, e chegando a sua casa convoca os amigos e vizinhos dizendo-lhes: "alegrem-se comigo, pois que achei minha ovelha que estava perdida". Digo-lhes que assim haverá mais alegria no céu por um dos pecadores que se arrepender do que noventa e nove justos que não necessitam de arrependimento. Ou qual mulher que tendo dez dracmas, se perder uma, não acende a candeia e varre a casa e busca com diligência até achá-la? E achando-a convoca as amigas e vizinhas para alegrar-se consigo, pois achou a dracma perdida. Assim lhes digo que há alegria diante dos anjos de D'us por um pecador que se arrependeu.

E todos se calaram. Ananias ficou em Betsaida a fim de resolver alguns assuntos.

* * *

A MANHÃ SURGIA radiante no céu de Jerusalém. Caleb andava com a luz dos primeiros raios de sol, rumou apressado para a cozinha a fim de fazer ligeira refeição. Havia preparado sua bagagem, partiria para Betsaida e Cafarnaum, com toda certeza encontraria Ananias. Sorveu um gole de chá e um pouco de leite de cabra, arrumou os mantimentos e a montaria, olhou para a casa, orou pedindo proteção e amparo a D'us. Caleb partiu ansioso em resolver todos os problemas de sua vida.

Elisha despertara logo depois e notando que Caleb partira, ficou acabrunhado para logo em seguida tomar as atitudes que lhe cabiam. Organizaria o casamento de Mia e quando Caleb regressasse com o tal médico ele encontraria Mia à espera para a cerimônia de casamento.

Naquela manhã, Marta não saiu do aposento onde Job encontrava-se, seu coração materno desejava ficar junto ao filho. Isto impediu que Mia desse sua dose diária de veneno ao pequeno, o que a deixou um tanto inquieta. Ao dirigir-se à sala a fim de sorver sua ceia matinal, defrontou-se com Elisha que lhe disse:

– Bom dia, Mia.

– Bom dia, Elisha – disse ela de pé.

– Sente-se, desejo falar-lhe.

E assentando-se, Elisha prosseguiu:

– Eu pretendo lhes casar assim que ele retornar, está de acordo?

– Sim – disse Mia.

– Então controle-o, faça com que ele se deite com você, simule, desta forma ele acreditará que este filho que espera é dele.

– Farei isto.

– Ótimo, – disse Elisha – agora preciso me retirar.

* * *

Débora conversava com Itti sobre o Reino de D'us quando Reina interviu dizendo:

– Devemos auxiliar a todos nesta casa, mas principalmente a Marta, temo pela saúde de Job, creio que ele não responda.

– Não diga isto, senhora, confiemos em Yeshua – disse Itti.

– Sábias palavras, Itti, sábias palavras – disse Reina rumando para acompanhar Marta.

* * *

Caleb não tardou a chegar em Betsaida, as horas da longa viagem passaram céleres e a inquietude de seu coração era tamanha que ele não conseguira dormir, chegou em sua propriedade um tanto combalido, fora recebido por Dror que, solícito, o auxiliou.

– Senhor, *shalom* – disse o servo feliz em recebê-lo e esperançoso do retorno de sua esposa Nur.

Caleb nada falou, seu semblante estava pesado, adentrou a propriedade e Dror apenas guardou a montaria, alimentou o animal e foi em auxílio do seu senhor.

Caleb rumara para seu aposento, banhara-se na fonte e recobrara a coerência de suas ideias. Após breve refazimento solicitou a presença de Dror, o servo logo compareceu.

– Servo, – disse Caleb em tom firme – conte-me o que sucedeu aqui em minha ausência, diga-me a verdade.

Dror então relatou as atitudes de Mia e de sua companheira, disse como ela revirara a casa e a estranha atitude da corda e da conversa sigilosa com Abed, o que resultou em sua morte.

Caleb não teve dúvidas, juntou os fatos e aterrorizado com o comportamento de tal mulher, disse:

– Dror, a partir de hoje partirá comigo.

– Mas e a casa? – disse o servo.

– Eu a venderei, se Elisha e esta mulher querem consumir o que possuo nada terão, amanhã partiremos em busca do Messias, tem notícias deste homem?

– Senhor, o povo fala de suas curas, ele anda por Betsaida, curou um homem cego.

– É bom saber disto, arrume suas bagagens, partiremos.

Após a conversa, Caleb orou fervorosamente ao Senhor D'us de Abraão.

"Ergue-me largamente para que eu possa, com Sua mão, me conduzir".

Erguendo-se em direção ao aposento, pensou em Marta, deitou-se em seu leito, sentia sua ausência, pensou em Job, seu coração afligiu-se e disse:

– Oh, D'us, tem compaixão de nós.

Sentia uma tristeza profunda em sua alma.

Naquela noite em Jerusalém, Marta ao lado de seu filho orava, rogava em prantos que D'us o curasse.

Já haviam se passado três dias desde que Caleb se fora sem nenhuma notícia, seu coração de mãe sofria grandemente ao ver seu filho amado ir-se. Sua mãe, ao seu lado, notara o sutil desprendimento de seu filho. Marta orava e segurando o pequeno ao colo, pedia:

– D'us, Senhor de Israel, perdão pelos meus atos, perdoa, rogo-lhe, fere-me a alma, que eu seja amaldiçoada, mas não leve meu filho.

Chorava e tocando a face do pequeno, pediu:

– D'us, eu creio no Messias, entrego meu filho nas mãos deste homem.

Neste momento, grande luz se fez no recinto, entidades que acompanhavam o Mestre, tocadas pela fé de Marta, vieram solícitas auxiliá-la no desenlace do pequeno.

Sua mãe, que ali se encontrava, amparava o pequeno Job em sua agonia, ministrando-lhe passes que o fizeram adormecer. Acolhera-o em seu colo, as irmãs que ali compareceram, por influência do amor de Marta, desligaram o frágil corpo físico que estava combalido, sem as tristes sensações de sufocamento.

Marta, com seu filho no colo, percebeu o último suspiro do pequeno, não havia palavras, apenas a dor cortante que sufocava sua voz. Seu filho morrera, lágrimas e dor inundava seu ser. Marta apertava Job e em sua agonia infinita gritava:

– Meu D'us, não!

O som cortante despertou toda a casa, Elisha correu e vendo a cena de sua esposa em prantos apertar o filho nos braços, percebeu a tragédia que se abatera em sua casa, caiu ao chão em profunda dor clamando a D'us piedade.

Neste momento, Ester já recolhera Job a plano de repouso evitando que sentisse as emanações fluídicas. As irmãs que o ampararam, dispersaram as energias de seu frágil corpo infantil, evitando que outros espíritos infelizes se aproximassem.

Reina logo surgiu a fim de consolar Marta, que em sua dor não aceitava a perda de seu filho. Aquela dor visitou o coração de Elisha, que, transtornado, sentia-se incapaz diante da determinação divina.

Logo Mia soube do resultado de sua atitude maléfica, no entanto, sentia-se feliz, ela esperava um filho de Elisha e este seria o legítimo e único herdeiro.

Nur não compartilhava da felicidade de Mia, ao contrário, a idosa serva sentia que cometera algo terrível auxiliando Mia a tirar a vida daquela criança.

* * *

Estranhamente, Caleb sentia uma tristeza profunda, não conseguia adormecer e o dia chegou cedo para ele. Logo nas primeiras horas rumou à procura do Mestre.

Dror dispensou os servos e toda a propriedade fora fechada.

Caleb agora rumara para Cafarnaum a fim de ter notícias de Ananias. Não demorou em Betsaida, foi ao templo onde negociou o valor de sua propriedade com um dos rabis que muito se interessou por ela. Soube que o Messias costumava pregar naquelas cercanias, Dror e Caleb partiram para Cafarnaum.

Em Cafarnaum, Caleb recordou-se do quanto necessitou do auxílio de Zimra e Pedro, no entanto, negou-se a ir à casa de sua prima, não desejava incomodá-la, sentia-se abandonado e esquecido pelo amigo e pela prima, estava com seu orgulho ferido.

Dror, no entanto, trouxe-lhe a notícia de que Ananias estava em Cafarnaum, na casa de Pedro. Então Caleb pediu ao servo que fosse até ele e lhe solicitasse a presença com urgência. Logo Dror retornou com Ananias que, vendo o amigo, se alegrou.

– Irmão – disse Ananias.

– *Shalom,* – disse Caleb – estou aflito.

– O que aconteceu?

– Não temos tempo, Ananias, pois o filho de Marta está muito doente, necessito de seu auxílio.

– Sim, claro, partamos sem demora.

* * *

Em casa de Elisha, o luto fora proclamado, Marta não tinha forças para combater o mal de sua alma, desejava morrer junto com seu filho Job, sentia que D'us a punira, seu coração se mortificava e a culpa lhe corroía. "Se não houvesse caído em adultério, Job estaria ali", pensava Marta, deixando a tristeza tomar seu coração.

Sua mãe espiritual a tudo assistia sem interferir, sabia que este era o momento de sua filha, o momento de crescimento, de colheita. Mesmo notando as influências que a cercavam com pensamentos malfazejos, ela se punha apenas a orar pelos espíritos infelizes que ali ficavam emitindo dor, pranto e desesperança.

Marta permaneceu reclusa em seus aposentos negando-se a sair, a ver a luz do sol, não se erguia para alimentar-se, o vazio, a dor da perda fora demasiada para sua alma fragilizada.

Débora, sua fiel serva, no entanto, permanecia ao seu lado comungando da mesma dor, pois amava o pequeno Job, o qual tratava como se seu filho fosse. Mas em seu coração, a luz da boa nova já fincara raízes, ela acreditava em um Reino de paz e de amor, passava a crer neste Reino através dos ensinos ministrados por Itti, que todas as noites se reunia junto a Reina para falar dos feitos e ensinos do rabi Yeshua, o Salvador do seu povo, o Libertador.

Débora criara em seu coração a fé consoladora e tentava a todo o momento auxiliar Marta, sentia que ela poderia sucumbir, pois grávida e frágil, negava-se a ingerir alimentos que lhe suprissem as devidas necessidades do seu estado. Débora procurava agradá-la levando frutas e pães, os quais ela mordiscava e deixava de lado, sentia-se fraca, nestes momentos pensava em Caleb.

Quando o sol se punha, seu coração se recordava do seu amado, as primeiras estrelas surgiam fazendo com que seu pensamento fosse até ele. Chorava a dor da perda do filho e o imenso amor que nutria por Caleb a fazia sofrer, sofria por amá-lo e não conseguia notar o sentimento que se alojara em sua alma, culpava-se, então buscava o consolo de D'us entre a dor e o amor. Orava:

– D'us de Israel, D'us dos profetas, derrama Sua ira sobre esta serva infiel que sou. D'us levou o que mais eu tinha de precioso, sabe a dor que me atormenta, fere-me a alma se lhe aprouver para que eu contemple o Seu semblante, deixe que eu veja Sua face com dignidade. D'us fere-me no coração, cobre minha pele de chagas para que não me esqueça de honrá-Lo, fere minhas mãos com espinhos para que eu jamais esqueça de agradecer, curva-me o corpo por enfermidade para que eu jamais me esqueça de servi-lo, mas dá-me Sua presença, ó D'us, dá-me Sua paz e os Seus anjos me guiarão ao Seu caminho.

O pranto descia pela face de Marta, de seu coração emanava suave luz que acolhida no éter retornava como uma chuva alaranjada sobre seu corpo. Sua mãe ao seu lado, chorava agradecendo e dizendo com suavidade:

– Filha, minha doce criança, não sabe o que pede, as suas palavras encontraram valor diante do Eterno.

Elisha, no entanto, apresentava normalidade, afinal ele era um fariseu, o seu orgulho o dominava, ele e sua casa haviam sido testados. Embora D'us tivesse levado seu filho, ele, Elisha, não se deixava levar pela presença do rabi Yeshua, ele era exemplo para muitos, estava sob a proteção de D'us e aquele Rabi tinha parte com satanás, era um homem amaldiçoado, recebê-lo em sua casa seria a sua derrota, respirou aliviado.

Sentando-se em sua sala preferida onde guardava seus manuscritos pensou: "logo serei pai, Mia está grávida, devo prover o mais rápido possível o seu enlace com Caleb, sim, tudo dará certo". Pensou em Marta: "Ah, Marta!, tão frágil, D'us, não será possível que terei que sepultá-la", aborreceu-se e erguendo-se, chamou Reina. A idosa compareceu a sua presença estranhando sua atitude.

– Bom, creio que sua presença aqui é de suma importância para o momento que atravesso.

– Como assim? – questionou ela.

– Sente-se, por favor, – disse Elisha com cautela – sabe que Marta não está reagindo e temo que adoeça. Então peço que faça algo por ela, confio em sua sabedoria, por D'us, livre-me de ficar viúvo.

– Está bem, Elisha, farei o possível, mas nada prometo – e retirou-se.

Nur que ouvira a conversa por estar próxima à sala, rumou para o local onde Mia se encontrava a fim de revelar o que Elisha pedira a Reina. Estando Mia no jardim, ao avistar a serva falou:

– O que houve?

– Senhora, seu meio-irmão.

– Sua tola, ele não é meio-irmão, diga.

– Ele pediu para que a velha bruxa salve Marta.

– O quê? Como salvar Marta?

Mia sentiu-se atraiçoada, então ficou em silêncio. Salvar Marta?... hoje mesmo esta mulher se arrependerá.

– Venha, Nur, preciso de seu auxílio.

Rumou para seu aposento refletindo acerca de como derrotá-la. Nur andava inquieta. Desde a morte do pequeno Job a serva se angustiava. Ao adentrarem no aposento de Mia, ela falou:

– Senhora, por que deseja tanto mal a esta mulher?

Mia sentia a fúria crescer dentro de si, como se tudo que ela sentisse aflorasse naquele momento e curvando-se disse:

– Sua tola, estou me vingando por todos os anos que a servia para poder ficar próxima a Elisha. Como foi humilhante tê-la como dona da casa que sempre pensei que seria minha, vendo Elisha amá-la, ter filho com ela... eu a odeio, odeio a sua voz, o seu olhar, o seu cheiro, eu a odeio... agora me entendeu?

E Nur estremeceu diante da densa carga que ela deixava externar no ambiente, limitando-se a afirmar com a destra.

– Então, preste atenção, vigie a serva Itti, tudo que faz e me conte, tenho a intuição que há algo nisto.

E a espessa sombra que envolvia a sua mente, tomando forma humana saiu com a serva a direcioná-la.

Reina, após a conversa, palestrava com Débora na cozinha da aconchegante casa. Itti mexia as panelas e um cheiro adocicado perfumava o ambiente.

– Débora, seria muito bom se Marta pudesse ouvir Itti em suas palestras conosco.

– Eu sei, – disse Débora – porém devemos nos preservar. Se Elisha descobre que falamos do Messias nos punirá.

– É verdade – aduziu Itti. – Eu não me importo em ser punida, mas e os outros servos desta casa que conosco comungam os ensinos?!

– Tem razão, – disse Reina – melhor será conversar com Marta antes.

– Reina, – disse Débora – em meu coração D'us tem falado para que esperemos, eu tenho certeza que ela reagirá.

– Mesmo assim, Débora, hoje ao cair da tarde eu levarei caldo para que ela se alimente e conversarei.

– Está bem – disse Débora.

Nur, no entanto, notando que aquele talvez fosse o momento oportuno, adentrou a cozinha em silêncio e, aproximando-se de Itti, disse:

– Estou me sentindo tão só no fim das tardes, onde estão todos os servos?

E Itti, olhando-a desconfiada, respondeu:

– Eu não sei – e continuou a mexer a comida.

Nur então, olhando para Débora, falou:

– E você, o que tem a me dizer?

– Nada, afinal, sirvo a dona Marta – e retirou-se.

Nur sabia que algo ocorria no início da noite, o melhor era esperar. Retornou para o aposento onde Mia se encontrava e relatou o acontecido, o que deixou Mia muito animada, e afagando o ventre, disse:

– Vê, filho, D'us está conosco, iremos derrubar nossos inimigos.

O gesto, cheio de energia magnética, foi como um despertar de inquietude para o espírito ligado ao feto.

Em sua luta inconsciente, Efrat (seu marido que havia sido assassinado por sua ordem e que agora se ligava ao feto para nova experiência na carne) não conseguia se libertar das amarras fluídicas que o uniam à nova realidade e que ele não conseguia coordenar. O modelo de seu corpo não iria ser completo, pois o espírito impregnado de energia densa não conseguia organizar os processos vocais, deixando claro que toda sua laringe ficara comprometida, recordando o ato trágico de seu desenlace, a espada que atravessara a sua garganta. Mia, no entanto, só se recordava de tal fato quando fora do corpo e sem as companhias perversas as quais se aliara. Neste momento, sua consciência a buscava e ela em desatino caía nas malhas dos espíritos endurecidos.[4]

* * *

A TARDE VINHA descendo em Jerusalém. Em seu aposento, da janela de seu quarto, Marta olhava sem esperanças. A sua aparência frágil, o rosto pálido e os olhos profun-

---

4 *Missionários da luz,* Chico Xavier, pelo espírito André Luiz, cap. 12 e 13, "A reencarnação de Segismundo".

dos demonstravam um sofrimento constante. Seu bebê mexia em seu ventre como a recordá-la que precisava de sua força e vitalidade para viver. Nestas horas lágrimas rolavam, afagava o ventre sentindo o pequeno ser que parecia deslizar a mão na sua barriga quase imperceptível, era o fruto de seu amor, do amor profundo que nutria por Caleb. "Onde Caleb estaria, onde D'us?", suspirava desejando que ele retornasse, que algo ocorresse e a libertasse daquela dor, daquele sofrimento que a corroía.

A porta rangeu e Débora, acompanhada por Reina, adentrou. Um perfume de grão de bico misturado a ervas inebriou o local. Marta ajeitou os cabelos e sentando-se no leito, olhou com afeto para a idosa matrona que, aproximando-se e pegando em suas mãos, disse:

– Filha, sabe que D'us é justo e eu sei o quanto sofre, pois também compartilho sua dor, mas devemos prosseguir, a vida requisita a nossa presença. Tem um esposo que lhe tem apreço, faça por merecer a vida que tem, quantos não desejariam estar em seu lugar, sendo a dona de uma casa como esta, não seja ingrata, agradece a D'us e segue.

Marta, olhando para Reina, disse:

– Eu tenho horror a este que diz ser meu esposo, eu não o escolhi como meu marido, fui entregue a este homem quando ainda era prometida a outro, nada represento em sua vida a não ser o bom nome e a aliança que lhe outorgou trânsito pelo templo. Este homem que me deu um filho foi o mesmo que me esbofeteou quando desejava salvá-lo entregando-o ao Messias, pois sua posição de doutor era maior que nosso filho. Eu tenho horror a ele e se D'us permitir, ficarei feliz em morrer.

A dor expressa nas palavras de Marta traduzia bem uma vida de amargura, onde seus desejos foram substituídos, onde sua vida foi ignorada.

Reina, sentindo a amargura, segurou em suas mãos e falou:

– Filha, somos mulheres, que valor tem a palavra de uma mulher ou o seu desejo? Reerga-se e aceite o que os homens escolheram.

Então Marta disse:

– Não tenho feito de outra forma, entreguei meu corpo a um homem que nunca amei, servi-lhe da forma que ele desejava, dei-lhe um filho varão quando me acusava de imprestável e estéril, cuido dele nos ataques noturnos onde sua enfermidade o perturba, cuido da casa, servi e sirvo, mas já não tenho forças.

– D'us proverá, tente alimentar-se.

E compreendendo que Marta estava magoada e amargurada, saiu do aposento pensando em como havia se enganado crendo que Marta era feliz. O que ela via era só uma jovem que seguia os costumes de seu povo, como um vaso serve ao transportar a água, sentiu tristeza, pois ela a tinha com grande estima. Débora achegou-se dela dando-lhe o caldo de grão de bico. Marta então disse:

– Tem notícias?

– Não, senhora, não tenho.

Sabia que Marta desejava saber de Caleb, ele talvez fosse a única pessoa que de fato faria com que ela mudasse, tomou um pouco do caldo e pediu para ficar só. Débora, preocupada, então falou:

– Senhora, seu ventre tem uma criança, alimente-se.

E Marta, olhando-a, disse.

– Deixe-me.

A serva, entristecida, recolheu-se.

Após as refeições da noite, os servos se recolhiam cautelosamente para os fundos da casa, onde em pequeno jardim, sob a luz das lamparinas ouviam as notícias que eram divulgadas no mercado acerca do Mestre. Então um dos servos disse que em Jerusalém havia um homem que andava com o Mestre e sempre auxiliava os necessitados em sua casa, era um homem de idade que realizava curas. Itti então falou:

– Sei quem é, pois ouvi certo dia esta parábola dos seus lábios no mercado junto aos mais simples.

Porém, Nur, que observava que todos foram para o pequeno pátio, saiu sorrateira a fim de saber o que se passava. Achegando-se vagarosamente não foi percebida, pois todos estavam interessados na narrativa de Itti.

– Certo homem tinha dois filhos, e o mais moço deles disse ao pai: pai, dá-me a parte na fazenda que me pertence; e ele repartiu a fazenda, e poucos dias depois o filho mais moço ajuntou tudo e partiu para uma terra longínqua e ali desperdiçou a sua fazenda vivendo dissolutamente. E havendo ele gastado tudo, houve naquela terra uma grande fome e começou a padecer necessidades. Foi então que se achegou a um cidadão daquelas terras, o qual o mandou para os seus campos apascentar os porcos; e desejava encher seu estômago com as bolotas que os porcos comiam e ninguém lhe dava nada e caindo em si disse: "quantos trabalhadores de meu pai têm abundância de pão e eu aqui pereço fome, levantar-me-ei e irei ter com meu pai e dir-lhe-ei, pai, pequei contra o céu e perante o senhor, já não sou digno de ser chamado seu filho, faze-me como um dos seus trabalhadores". E levantando-se, foi para casa de seu pai, e quando ainda estava longe, viu-o seu pai, e se moveu de íntima compaixão, e correndo, lançou-se ao seu pescoço e o beijou.

O silêncio neste momento da narrativa era total, a brisa, as estrelas davam o seu testemunho diante dos olhos emocionados ante a bela narrativa que Itti fazia. Nur estava tocada por estranha sensação de paz que movia seu coração. Itti, a serva, com toda humildade, continuava a narrativa.

– E o filho lhe disse: "pai, pequei contra o céu e perante o senhor e já não sou digno de ser chamado de filho". Mas o pai disse aos seus servos, "tragam depressa a melhor roupa e vistam-no e coloquem um anel nas mãos e sandálias nos pés, e traz o bezerro cevado e matem-no e comamos e alegremo-nos porque este meu filho estava morto e reviveu e tinha se perdido e foi achado", e começaram a alegrar-se. E o seu filho mais velho estava no campo e quando veio e chegou perto da casa, ouvindo a música e a dança chamou um dos servos e perguntou-lhe o que era aquilo e ele respondeu: "veio seu irmão e seu pai matou o bezerro cevado porque o recebeu são e salvo". Mas ele se indignou e não queria entrar, saindo o pai foi até ele e ele disse ao pai: "eis que lhe sirvo há tantos anos sem nunca transgredir seu mandamento e nunca me deu um cabrito para alegrar-me com meus amigos, vindo, porém este seu filho que desperdiçou a sua fazendo com meretrizes mandou matar o bezerro cevado". E o pai disse-lhe, "filho, você sempre está comigo e todas as minhas coisas são suas, mas era justo nos alegrarmos e regozijarmos, por que este seu irmão estava morto e reviveu, tinha se perdido e foi achado".

E os servos, cada qual entendia de uma forma, alguns achavam que o pai fora correto, outros iam contra o filho, até que Itti falou:

– Irmãos, tenham calma, pois o Mestre fala de perdão nesta parábola, o perdão que devemos ter em nossa família, em nossa vida.

Nur, que olhava e escutava tudo, ficou encantada, retirou-se silenciosa. Ficou meditando, "por que ela fazia aquelas coisas? Afinal, o que esperar de Mia? E quando Mia não precisasse mais dela?". Calou-se e rumou para o aposento, quando lá adentrou, Mia olhou-a com olhar inquisitivo e ela então disse:

– Não há nada, senhora, só histórias antigas.

3. O inesperado

Caleb, Dror e Ananias viajaram. Embora a viagem fosse longa, muitos acontecimentos interferiram para que ela fosse ainda mais demorada. Os caravaneiros que vinham em busca do Mestre paravam requisitando do pequeno grupo informações e Ananias as dava com grande alegria.

Algumas vezes Ananias auxiliava os enfermos necessitados e com isso maior tempo ia gastando. Fazia catorze dias que Caleb partira e, em seu coração profunda tristeza se aninhara, temia que o pequeno Job não resistisse. Sentia seu peito oprimido, pensava em Marta e no seu filho que crescia em seu ventre. Temia pelo pior, nestes momentos orava, era como se a prece fosse um alívio.

Estando eles próximos a Jerusalém, resolveram pernoitar, pois estavam exaustos do dia. Escolheram um recanto onde pedras estavam cobertas por vegetação, acenderam pequena fogueira e após breve refeição procuraram dormir. A noite estava abafada, embora a temperatura caísse. Naquela noite, porém, foi diferente, alta madrugada e um gemido surdo de dor atravessa a escuridão noturna. Caleb desperta assustado e logo percebe Dror contorcendo-se de dor. Ao erguê-lo, um animal esguio e negro se evadiu nas pedras, era um escorpião. Ananias sabia que nada poderia fazer e Caleb num impulso de aliviar a dor do servo, pega a espada a fim de libertá-lo, porém Ananias o detém dizendo:

– Filho, quem decide a vida e a morte é D'us.

– Mas ele sofre dor atroz.

– Não podemos interferir na vontade de D'us.

– Quero aliviá-lo.

– Se fosse para ser de outra forma ele não teria sido picado pelo escorpião, a dor deste homem, de alguma forma, irá auxiliá-lo, confiemos.

E Caleb, deixando a espada, começou a auxiliar Dror com as compressas que Ananias fazia e orações.

Nas primeiras horas da manhã, Dror parou de respirar ingressando no Reino de D'us. Após o sepultamento, Ananias e Caleb prosseguiram viagem.

A chegada em Jerusalém foi um alívio para Caleb que estava aflito por Marta e Job. Chegaram à casa de Elisha de forma silenciosa, o criado abriu a porta e o sinal de luto estava em tudo. Caleb sentiu o seu coração apertar, ele chegara tarde.

Elisha o recebeu:

– *Shalom*, Caleb, sinto informar que Job morreu.

– Então minha viagem foi em vão, sinto muito Elisha.

– Não, Caleb, D'us o trouxe aqui, Marta está muito fraca, temo por ela. Você trouxe o médico, por favor, leve-o até ela, não suportarei outra perda sobre minha casa.

E chamando Débora, que logo se apresentou feliz por ver Caleb, pois sentia que só ele poderia fazer com que Marta se erguesse, pediu que os conduzisse ao aposento de Marta, que agora dormia quase o tempo todo. A tragédia aliada à gestação a deixava sonolenta, como se o corpo desejasse poupar-lhe qualquer esforço.

* * *

Ao adentrar, o coração de Caleb condoeu-se, sua amada estava pálida, olhos profundos, face magra, aproximou-se. Marta, ao vê-lo tão próximo, tocou em sua face como a desejar certificar-se que era real, ele ajoelhou-se e a abraçou. Lágrimas rolaram de ambos, o sentimento reprimido, a dor e a tristeza eram sentidas pelos dois. Ananias, em silêncio, observava a tormenta das duas almas. Caleb, olhando-a, tocou em seu ventre sentindo o pequeno ser mover-se, então, segurando suas mãos, disse:

– Não faça isto, nós precisamos de você, eu estou aqui, por favor, Marta.

As lágrimas não cessavam. Marta sentia como se sua alma estivesse sendo levada, tamanha dor pela ausência do ser amado. Enxugando seu pranto, Caleb disse-lhe:

– Faça tudo para se fortalecer, nós iremos embora, eu levarei você.

E chamando Ananias, disse:

– Recorda-se do amigo?

Ao que Marta acenou com a cabeça. Ananias procurou examiná-la sabendo da gestação, após avaliar seu estado, chamou Caleb e disse:

– Está muito fraca, necessita de repouso, banhos de sol e alimentação, o principal, alimentação reforçada, irei preparar um elixir à base de óleo de peixe e trarei aqui para que ela possa se fortalecer, eu virei todos os dias, ela não deve se aborrecer, o bebê deve ser poupado, eu falarei com Elisha assim que ele regressar, creio que deve ter ido ao templo.

E despedindo-se do amigo, Ananias rumou para sua residência. Caleb então transmitiu as ordens a Débora que falou com Reina e Itti, que se revezavam na dieta de Marta e nos cuidados com ela. Nada comentou acerca do filho que Marta trazia no ventre.

Mia, quando soube do retorno de Caleb, sentiu-se extremamente perturbada, pois Nur narrara o fato de Ananias estar cuidando de Marta.

Diante de tal situação Mia se aborrecera, afinal, D'us estava ou não ao seu lado, ela merecia se ver livre de Marta e ganhar o posto de esposa de Elisha, dona daquela casa e de todo o seu amor e afeição. Pressionou a serva:

– E então, não descobriu nada que incrimine aquela velha?

Nur recordou-se da noite da parábola e então disse:

– Não, minha senhora.

– Mas é inútil mesmo.

Nur, no entanto, passara a ouvir junto com as demais servas a Boa Nova, e mesmo que não compreendesse tudo, sentia um grande alívio em ouvir aquelas belas narrativas. Pensou em Dror, o esposo merecia ouvir todas as histórias. Neste momento, desceu a fim de coletar maiores informes. Caleb, avistando-a, chamou-a:

– Nur – disse ele.

– Sim, meu senhor.

– Venha, trago notícias de Dror.

– O que houve?

E Caleb, de forma rápida e fria, narrou o inesperado acontecimento que retirou a vida de Dror.

Nur chorava, agora nada mais importava, ela estava só, sem nenhum amparo. Caleb, notando as lágrimas de Nur, falou:

– Não precisa mais me servir, pode muito bem buscar o auxílio de algum parente e será livre.

Retirou uma sacola com dinheiro e disse:

– Isto é o preço dos anos de fidelidade de seu esposo, sei que ele valia muito como homem, mas no momento é o que posso lhe ofertar.

E Nur, agradecendo-o, retirou-se. Estava decidida a ir embora, não fazia sentido permanecer ali, sofrer e fazer outros sofrerem por capricho de uma mulher leviana. Pela primeira vez em sua vida, Nur sentia que deveria recomeçar em outro local, esquecer os malefícios que fizera, sua consciência pesava quando pensava em Job, tinha horríveis pesadelos e agora era o momento de se retirar. Aproveitou a oportunidade e desceu as escadas em silêncio, não desejava despertar a atenção, principalmente de Mia. Quando no pátio da entrada da casa viu Caleb, num impulso aproximou-se e falou:

– Senhor, irei partir. Vou, pois, minha mente está cansada com o peso dos atos horríveis por mim praticados. Peço que me perdoe, mas devo confessar.

Caleb ouvindo-a e notando estar ela atormentada, abriu o portão principal e falou:

– Venha, vamos até o mercado, de lá parta para onde desejar, eu não lhe perturbarei, apenas me confesse sua dor.

Ao chegarem ao mercado, Nur começou:

– Senhor, sua noiva, – disse Nur com as mãos trêmulas e os lábios esbranquiçados – ela me obrigou...

– Diga Nur, – falou Caleb impaciente – eu não farei nada contra ti.

– Ela envenenou o pequeno filho de Marta, – disse a serva trêmula e chorando – estou em dívida com D'us, agora que Ele me privou de Dror, imagino a dor desta mãe.

– D'us! – exclamou Caleb não desejando crer no que ouvia – por que ela fez isto? Por quê? – disse ele aflito.

– Senhor, ela está grávida.

– Como assim?

– Senhor, o filho é de Elisha e eles tramam contra o senhor.

Caleb empalideceu, seu rosto transfigurou-se em pedra.

– Maldita, assassina, mentirosa, cobra vil.

– Senhor, devo partir.

E Nur foi sumindo em meio à multidão.

Caleb, horrorizado e encolerizado, concluiu que o que Mia desejava era enganá-lo e roubar-lhe os bens. Como aquela mulher pôde ser tão cruel? Ele a odiava. Foi confuso para a casa de Elisha, ele temia deixar Marta ali, frágil, sem a devida proteção. Ao adentrar, tratou de dar ordens a Débora de jamais dar qualquer alimento a Marta sem antes prová-lo e nunca a deixar a sós. Débora ouvia a tudo assustada. Caleb estava exausto e rumou para o seu aposento a fim de repousar.

* * *

Em Jericó, a notícia da morte de Job não havia chegado até Orlit, pois, embora pertencesse à família, ela havia sido desposada por outro homem. Sua vida, no entanto, estava tranquila, vivia a maior parte do dia presa no mundo de sua casa, que era como um palácio, ouro, pedras e seda estavam sempre a sua disposição e frutos. Ela adorava os frutos que vinham do mercado especialmente para ela.

Certa manhã, estando Orlit a inquietar-se com a figura do cego que se parecia com Dan, ouviu um barulho no pátio e, curiosa, deparou-se com Cali palestrando com uma jovem muito bela. Aparentava calma e entregava várias frutas para Cali. Orlit, a fim de conhecê-la, falou:

– Seus frutos são muito bons.

– Que bom, fico feliz em servir sua casa.

E Cali comentou:

– São dela os frutos que tanto aprecia, senhora.

– Sim, meus figos são os mais apetitosos, as tâmaras também – sorriu Shayna.

– Você mora aqui perto? – perguntou Orlit com simpatia.

– Não, – disse Shayna – eu sempre venho acompanhar meu esposo até a vila e aproveito para fazer as entregas.

– Então seu esposo é um rabi?

– Embora fale muito bem, não o é, senhora.

E Cali falou por Shayna:

– É Dan, o cego que esmola.

O nome fez Orlit tremer, de repente empalideceu. Shayna e Cali, sentindo que ela estava passando mal, ampararam-na temendo que caísse.

– Senhora – disse Cali.

E conduzindo-a até a sala, onde havia grandes cadeiras revestidas de peles e almofadas enormes, a fez assentar-se. Dispensou Shayna que se retirou entristecida, pois a jovem senhora parecia ser uma mulher bondosa. O ar faltava-lhe, então, Cali abanou-a com um leque de plumas a fim de que recuperasse o fôlego. Depois do súbito mal-estar provocado pela resposta, Orlit falou:

– Cali, deixe-me a sós.

– Sim, minha senhora.

Orlit pensava: "não, não havia nenhum mal-entendido, aquele cego do caminho era Dan". Recordou-se que não chegou a tempo para o seu funeral, que já achava posto no túmulo. "Então não era real, tudo fora forjado, mas por qual motivo? Como Dan havia ficado cego? Será que tudo não passava de um mal-entendido?". Orlit mal conseguia coordenar as ideias. Ela iria atrás de respostas, respirou fundo e chamou a serva dizendo:

– Após a ceia quero que me leve até onde este rapaz de nome Dan esmola, preciso contribuir para a felicidade deste casal.

Cali achou a atitude de sua dona extremamente generosa.

Orlit rumou para o seu aposento, separou do seu baú de joias o primeiro anel que Dan lhe ofertou na noite de núpcias, ele saberia que era ela assim que o entregasse, pois estava gravado a letra D no anel, ele mesmo pedira para que fosse escrito a primeira letra de seu nome no anel de ouro e esmeralda.

Orlit nem conseguiu se alimentar de tão perturbada se encontrava, foi com alívio que Cali veio ao seu encontro a fim de levarem alento para o cego.

Caminharam pela cidade, muitos admiravam a beleza de Orlit. Quando iam se aproximando, Orlit sentiu seu coração apertar, a figura que ali estava era do homem que amava, seu esposo, que ela acreditava estar morto. A voz do cego chegou mais perto.

– Uma moeda para o cego, misericórdia, por misericórdia.

Orlit não acreditava, Dan estava envelhecido, os cabelos grisalhos, a face abatida de quem não tem paz, suas roupas velhas e maltrapilhas.

– D'us!

Orlit pôs a mão na boca, não desejava que ele ouvisse sua voz, aproximou-se e Dan falou:

– Senhoras, sei que vêm por bondade, auxiliem a um desditoso desta vida.

Então Orlit retirou o anel que trazia no dedo e o depositou na pequena bacia, o barulho e o peso fez com que Dan o pegasse. Ao toque das pedras que formavam a letra D, Dan compreendeu que era Orlit, tentou erguer-se do chão, procurou o seu cajado e então falou:

– Orlit, sei que está aqui.

Orlit não conseguia falar, a voz sumira, a dor de sua alma era imensa. Cali, a serva, nada compreendia. Orlit não teve forças, correu para longe. Dan havia ficado no passado. E Dan, sentindo as passadas que iam ao longe, compreendeu que ele era um réprobo, um maldito, do qual ela não desejava a companhia. Então, apertando o anel chorou copiosamente.

* * *

Em Cafarnaum, o Mestre sempre ministrava os seus ensinos na casa de Pedro, outras vezes na casa de Zebedeu. Nestes momentos, as esposas de seus discípulos e outras mulheres que o acompanhavam punham-se a beber de seu verbo Divino.

Yeshua gostava de ensiná-las acerca das verdades eternas, sentia que aqueles corações necessitavam de luz. Muitas destas mulheres encontravam nos ensinos do Mestre lenitivo para as suas dores íntimas; as condições impostas pela sociedade da época constrangiam aqueles corações. Yeshua jamais se escusava de ministrar-lhes a palavra e por vários momentos os fariseus se escandalizaram com sua atitude generosa. Necessitados de sua palavra corriam ao encontro da sutileza de seus ensinos.

A tarde caía e a brisa refrescava o calor, as nuvens rosadas enfeitavam o céu e o aroma dos cedros misturava-se ao odor da comida perfumada de temperos e ervas. O Mestre, sentado em casa de Pedro, e cercado de mulheres que o seguiam, começou a narrativa:

– Certo homem – disse ele erguendo com mansuetude a sua voz cheia de complacência – tinha uma figueira em sua plantação e foi procurar nela o fruto e não achando, disse: "eis que há três anos venho procurar fruto nesta figueira e não o acho, corte-a, pois ela ocupa a terra inutilmente."

E Yeshua, olhando-as sedentas de sua palavra, fez uma breve pausa e prosseguiu:

– E respondendo, o homem que cuidava da terra disse-lhe: "deixa este ano até que a escave e a esterque e se der frutos ficará e se não der frutos mande-a cortar".

Neste momento o silêncio se fez, muitas mulheres compreendiam o verbo renovador e curavam suas aflições, aliviavam suas angústias, suas mágoas, pois viam em tudo a luz do Pai que a todos amparava.

Embora fosse motivo de escândalo para a época, algumas ousavam falar-lhe. Neste momento, Judas adentrou o recinto, era o apóstolo mais inquieto, em sua alma havia dúvidas que confrontavam com os ensinos do Mestre. Embora Yeshua procurasse demonstrar que seu Reino não era deste mundo, Judas desejava ver o Reino na Terra, desejava a libertação dos grilhões de Roma, ansiava por uma Palestina livre, e por um reino que derrotasse os outros.

Estava acabrunhado e, sentando-se um pouco afastado, meditava. Talvez ele devesse tomar uma atitude, se Yeshua era o Messias, o que poderia ocorrer? Ele era o todo-poderoso. Judas não percebia que a verdadeira liberdade nasce na alma, na aceitação dos ensinos do Mestre. Estava inquieto e de seus pensamentos emanavam aflições que Yeshua percebia e notando suas emanações, prosseguiu falando às mulheres. E disse ele:

– A quê é semelhante o Reino de D'us? E a quê o compararei? É semelhante ao grão de mostarda que um homem o tomando lançou à sua horta, e cresceu e fez-se grande árvore e em seus ramos se aninharam as aves do céu.

E as mulheres olhando-o, admiraram suas palavras e Yeshua, desejando explicar-lhes com simplicidade, disse-lhes mais uma vez:

– A quê compararei o Reino de D'us? É semelhante ao fermento que uma mulher o tomando escondeu em três medidas de farinha até que tudo levedou.

Judas ouvia, mas sem entender.

* * *

Dan não desejava ser um aleijado. O fato de Orlit ter se afastado só comprovava para Dan que ela jamais o aceitaria. Erguera sua fronte, buscou o cajado e rumou para sua casa. Quando adentrou em seu lar humilde, logo Shayna notou o semblante amargurado de Dan, que depositou o anel de esmeralda em suas mãos. Shayna, vendo a joia, inquiriu:

– Então, me diga Dan, quem lhe deu esta oferta?

E Dan, com a voz entrecortada, falou de seu encontro com Orlit.

O coração de Shayna apertou, sentia a dor que ele atravessava e após o relato, ela disse:

– Dan, não tire conclusões precipitadas, já parou para pensar na dor de Orlit? Pensa que a sua dor é maior que a dela? Acha que é fácil vê-lo nestas condições? E o pior, sentir em seu coração que foi enganada?

– Eu sofria Shayna, todo este tempo tenho sofrido.

– Por Abraão, Dan, pare de ver só as suas feridas, será que não notou as dores que vem causando por muito se preocupar com sua própria dor? Olhe e veja o que fez com a sua família e comigo, quer que tenhamos compaixão com seus feitos, mas não pode perceber as nossas dores. As nossas feridas estão abertas, mas ainda assim deseja que a ignoremos para cuidar das suas. O que aprendeu com isto, Dan?

E Shayna, erguendo-se com dificuldade, rumou para o pequeno pátio a fim de respirar, pois dentro de seu coração sentia profunda decepção, afinal, o que ela representava para ele?

Orlit fugiu para seu palácio, era lá que encontrava refúgio, o marido não se encontrava, ela foi para o local que mais gostava, era uma linda fonte ornada por lírios. As lágrimas emergiam de sua alma, Dan estava vivo, sentiu alegria e tristeza, pois ele a enganara, ocultara dela a sua moléstia. Por que fizera aquilo, por que a dispensara para se unir a outra? Sentiu-se só; pensou em Marta; em sua vida; o que de fato D'us reservava para ela? Logo ouviu os passos, era seu esposo, ele chegou e a chamou.

Orlit secou as lágrimas e compareceu com mansuetude e ele disse:

– Mulher, há muito tenho pedido a D'us por um filho e hoje sei que você é a esposa perfeita para isto, então venho lhe dizer que neste período dormirá em meu aposento para que conceba um filho.

Orlit empalideceu. Como conceberia um filho? Respirou com profundidade e sorriu para o esposo, que lhe olhava com admiração, a fim de disfarçar o terror.

– Deve saber que sou um homem com muitos bens e necessito de um filho varão.

Orlit, notando a severidade dos fatos, calou-se.

* * *

NUR, APÓS A confissão que fizera a Caleb, andava pela rua perdida, não sabia o que faria de sua existência. A sacola de moedas tilintava na cintura atraindo a atenção de pequenos grupos de malfeitores que, notando o pequeno volume, acercaram-se dela, ela então tentou ser rápida, mas infelizmente os larápios roubaram-lhe as moedas, deixando-a sem dinheiro, transformando-a em uma verdadeira pedinte. Nur, então, sentiu que tudo lhe fora tirado, o esposo, seu dinheiro, sua tranquilidade.

A tarde vinha, trazia o aroma das casas, o cheiro dos alimentos, a cada casa que a velha passava, notava a beleza de se ter um lar. Ficou triste, pois um dia ela tivera esta oportunidade e agora ali, sentia que nunca havia dado o devido valor, sentiu que a sua existência havia sido pautada pela ambição, pela inveja e pelas constantes lamúrias. Recordou-se de seu esposo, homem virtuoso que sempre a alertara sobre as atitudes impensadas, da sua tendência excessiva pelo luxo, agora ali, em meio às vielas de Jerusalém percebia o quanto fora imprevidente, sem cautela para com as coisas que tinha recebido em sua existência. Tombada pelo cansaço dos anos, Nur procurou um local onde pudesse repousar, porém nenhum local lhe parecia seguro. Os pés doíam e pensou em retirar as sandálias, mas não poderia, abeirou-se da estalagem de Tibeio, o local era belo e bem frequentado, adentrou, o rapazola que fora curado por Yeshua acercou-se dela a fim de indagar-lhe o que desejava. Nur então falou:

– Meu rapaz, fui assaltada por malfeitores que levaram meu dinheiro, acolhe-me por hoje até que possa lhe pagar com meus préstimos, pois sei fazer de tudo, já fui serva em casas bem maiores que esta estalagem.

O jovem, condoendo-se pelo estado de Nur, dirigiu-se a Tibeio e explicando-lhe a situação, ficou decepcionado ao ver o seu senhor negar-lhe o auxílio, ele, porém pedindo para falar com ela, disse:

– Senhora, o meu senhor não lhe permite ficar, mas conheço um senhor que a abrigaria, seu nome é Ananias – e explicou-lhe como poderia chegar lá.

A velha sentiu-se humilhada, reconhecendo que nenhum dinheiro possuía, foi ao endereço pelo rapaz indicado. A noite vinha chegando e Nur deparou-se com uma extensa fila de pessoas humildes que pareciam aguardar, muitos entravam e saíam, porém outros não deixavam o local. Ao chegar a sua vez, uma jovem acolheu-a dizendo:

– *Shalom*, que D'us possa me auxiliar a lhe servir. O que deseja, senhora?

– Necessito de abrigo, pois malfeitores roubaram-me e nada mais possuo.

A jovem, então, fez com que Nur entrasse, deu-lhe pão e convidou-a a seguir para um local onde mais de vinte pessoas estavam, muitos maltrapilhos, doentes, crianças, jovens senhoras e deficientes. Logo a figura firme de Ananias surgiu, cumprimentando a todos com afeto, fez uma oração e iniciou os ensinos daquela noite. O idoso assentou-se junto aos necessitados com a voz cheia de mansuetude, sob as brisas de Jerusalém falou:

– Meus irmãos, estando eu junto a Yeshua, pude ouvir seus ensinos e lhes digo, nesta noite, que este homem é o Messias, pois qual dos profetas nos diria: *"vêm a mim todos vocês que estão aflitos e sobrecarregados que eu lhes aliviarei"*. E o que vejo, meus irmãos, são as curas deste Rabi se espargir por toda a Galileia e ele nos diz, *"toma sobre si o meu jugo e aprende comigo que sou brando e humilde de coração"*. Qual de vocês, meus irmãos, poderia sentir tamanha simplicidade? Este profeta, que os ouve e acolhe, lhes diz que acharemos repouso para nossas almas. Irmãos, confio todos os meus dias nos ensinos deste homem e lhes convido a acompanhá-lo, a seguir seus passos e seus ensinos, pois o povo encontra-se perdido e a miséria nos flagela. Temos necessidade de amparo para nossas dores, para nossos lares, para nossas almas, o D'us de Israel nos convida para o banquete celestial, venham todos, pois Yeshua é o nosso Salvador.

E dizendo estas palavras de consolo, fluidos magnéticos se expandiam sobre os irmãos ali reunidos, maltrapilhos, sem teto e com fome.

Após a oração, Ananias confortou aqueles que não tinham onde dormir, abrigando-os em camas de sua casa, crianças, mulheres e idosos.

Nur chorava agradecida pelo consolo, seu coração pesava sob os atos praticados, desejava ardentemente servir a este Mestre, somente assim encontraria a paz que perdera.

4. O aviso

Em casa de Elisha, Caleb rumara para seu aposento, na verdade não desejava continuar ali, porém com as informações que colhera de Nur tudo se modificara. Tentava repousar, revirava-se na cama até que o sono veio ao seu encontro. Despertara em um local belo, os raios de sol se despediam do dia e Caleb estava próximo a lindo jardim. Logo viu seu mestre e tutor com seu manto típico e barba longa. Aproximou-se com sorriso brando, a emoção tomou-lhe conta e ficou sem palavras; seu tutor disse-lhe:

– A vingança mais nos atormenta e nos conduz a torturas sem fim, livre-se dos seus apegos e renove sua alma, o homem deve dominar-se para compreender-se.

Caleb despertou, parecia ter dormido por horas, mas apenas por breves momentos descansara. O sonho estranho permanecia vivo em sua mente. Ergueu-se, lavou o rosto e resolveu descer. Quando adentrou a sala principal encontrou Elisha que, ao vê-lo, cumprimentou-o agradecendo:

– *Shalom*, Caleb, foi D'us que o fez regressar. Estou grato, pois Marta começou a se alimentar. Veja, Débora disse que ela está reagindo.

– Que bom – disse Caleb tentando disfarçar a sua alegria com a notícia.

– Bem, agora amigo, venha, sente-se, preciso acertar as questões do casamento com Mia.

Caleb sentiu náuseas só em pensar. Olhou para Elisha e sentou-se no aguardo da palavra dele.

Caleb sabia das suas intenções e sentia pavor em notar toda frieza e falta de caráter de Elisha. Ele estava lidando com pessoas desprovidas de qualquer dignidade. Conteve-se, pois Marta tinha que ser poupada, ela não deveria sofrer, já pagara um preço muito alto com a perda de Job. Enquanto tentava conciliar os pensamentos Elisha tomou a palavra:

– Sabe que a perda de meu filho é muito dolorosa para minha família, mas devemos ser sábios, afinal, minha meia-irmã deve ser amparada. Então, solicitei uma cerimônia rápida a fim de não despertar nenhum comentário, sei que você pertence à linhagem do templo e talvez desejasse o luxo, mas compreenda-me.

E Caleb interferiu:

– Claro, Elisha, compreendo sua atitude, marque o casamento para breve, agora se me permite estou exausto, gostaria de me retirar.

– Sim – disse Elisha com os olhos cintilantes.

Caleb retornara para seu aposento, porém antes preferiu ver Marta e, cautelosamente, buscou seu aposento.

Marta jazia em seu leito, cabelos jogados entre as almofadas, estava recostada olhando através da janela as estrelas que surgiam. Ao ver Caleb sorriu entristecida. Caleb, ajoelhando-se próximo ao leito, pegou sua mão beijando-a.

– Caleb, sabe que não deve vir aqui – disse Marta com voz preocupada.

– Minha amada, tenho que ficar próximo, não quero que nada lhe ocorra e depois...

– O que há, me diga?

– Elisha irá marcar a cerimônia de meu casamento com Mia, mas planejo nossa fuga.

Marta sentiu seu coração apertar, segurou com maior firmeza nas mãos de Caleb e disse:

– Temo perdê-lo, temo por nosso filho. Ah! Caleb, meu amor, não sei se conseguirei suportar tudo isto, estamos cada dia mais endividados com D'us. Job foi-me tirado por minha culpa.

– Marta, nunca mais repita tal loucura, D'us jamais nos puniria com tal crueldade.

– Então por quê, Caleb?

– Minha vida, como eu poderei dizer-lhe?

E Caleb em seu coração sofria, pois sabia que Marta não aguentaria viver ao lado da mulher que assassinara seu filho.

– Apenas creia que D'us é bom, pois não tem sentido que o amor que sentimos fosse motivo de desonra de Sua Lei, amada. Nosso amor é luz que D'us pôs em nossos corações, se Job foi levado desta vida, o foi por outros motivos que só D'us sabe.

Marta, olhando-o, disse:

– Será que um dia o teremos como nosso filho?

– Sim, amada, D'us proverá. Agora descansa, pois em seu ventre existe vida que precisa de sua vida.

E, erguendo-se, beijou-lhe a destra com tanto amor que gotas de luz a envolveram.

Caleb retirou-se, em seu coração ele sabia que não havia sido D'us que causara aquela tragédia e sim a cobiça sem medidas de Mia. Caleb foi inquieto para o seu aposento, temia que algo pior pudesse ocorrer à sua amada e ao seu filho.

Mia, em sua cama, estava aborrecida. "Onde estaria aquela serva?", perguntava-se. Velha inútil, assim que pudesse se livraria dela. E Elisha, por que não a procurava? Então, tentando adormecer, ergueu-se a fim de ir em busca de vinho para que o sono viesse. Descendo encontrou Elisha a saborear a ceia em completa solidão, parecia gostar de estar só. Mia adentrou a sala, ao vê-la ele sorriu e chamou-a com a mão, como a convidá-la a participar, ela então dirigiu-se ao local indicado e sentou-se a fim de saber qual o motivo da felicidade.

– Acertei seu casamento para a próxima semana, será rápido e discreto.

Mia alegrou-se.

– Ele concordou?

– Óbvio, por que não concordaria?

– Está bem, agora me sinto tranquila.

– Quanto a sua serva?

– O que tem ela?

– Caleb me disse que foi embora.

– Como?

– Parece que seu esposo morreu, então ficou meio confusa, foi o que ele disse.

E Mia, temendo que ela houvesse confessado algo, se inquietou, não, ela não seria tola.

– Agora vamos comemorar, aceite este copo de vinho.

E Mia ingeriu a bebida com prazer sentindo-se vitoriosa.

Aquela noite, porém, Caleb não conseguiu adormecer e em seu coração já havia decidido como puniria Elisha e Mia. Sentindo que os primeiros raios de sol se estendiam no horizonte, ergueu-se em direção ao sol e pondo-se de joelhos, orou:

D'us, no Senhor eu confio; nunca seja eu confundido. Livra-me na Sua justiça e faz que eu escape; inclina Seus ouvidos para mim e salva-me. Seja, Senhor, a minha habitação forte à qual eu possa recorrer. Deu um mandamento que me salva, pois, o Senhor é minha rocha e minha fortaleza. Livra-me, meu D'us, das mãos dos ímpios, das mãos do homem injusto e cruel, pois o Senhor é a minha esperança. Senhor D'us, o Senhor é a minha confiança desde a minha mocidade. Pelo Senhor tenho sido sustentado desde o ventre; o Senhor é Aquele que me tirou do ventre de minha mãe; o meu louvor será para Ti constantemente. O Senhor é o meu refúgio forte. Encha a minha boca do Seu louvor e da Sua glória todo dia. Não me rejeite no tempo da velhice; não me desampare quando se for acabar a minha força. Porque os meus inimigos falam contra mim, e os que vigiam a minha alma falam, D'us o desamparou; persegui-o e prendei-o, pois não há quem o livre.

Oh! D'us, não se afaste de mim; meu D'us apressa-Se e ajuda-me; sejam confundidos e consumados os que são adversários da minha alma; cubram-se de opróbrios e de confusão aqueles que procuram o meu mal, e eu esperarei certamente e O louvarei cada vez mais. A minha boca falará das bênçãos da Sua justiça e da Sua salvação. Ensina-me, oh!, D'us. Desde a minha mocidade e até os dias de hoje tenho falado de Suas maravilhas; não me desampara, oh!, D'us. A minha língua falará de Sua justiça todo dia, pois estão confundidos e envergonhados aqueles que procuram o meu mal.[5]

5 Salmos 71.

As lágrimas vertiam abundantes, Caleb, emocionado, deixava a dor de seu coração transbordar em sua súplica, luzes envolviam sua mente como chuva dourada a envolvê-lo. Seu mestre se fez presente, neste momento estava ao seu lado como a ampará-lo em sua caminhada.

Caleb, sentindo-se refeito, ergueu-se e já sabia o que faria. Aqueles seriam dias de muitas mudanças, ele não seria objeto de uso para Mia e Elisha, ele revidaria e os veria derrotados, pois seu coração queria justiça por ele, por Job e por Marta.

* * *

Após o diálogo que Shayna tivera com Dan, ele sentiu que não deveria mais permanecer ali. Naquela manhã, reunindo todas as forças de seu coração aguardou que ela despertasse.

Shayna acordara cedo e estranhara o fato de Dan ali estar quieto e sereno a um canto da casa. Shayna preparou o alimento matinal e convidou Dan para alimentar-se, acreditava que ele desejava lhe falar. Dan rumou lentamente para a mesa rústica e simples e disse de forma séria e grave:

– Esta é a última refeição que aqui faço.

– O que diz?

– Shayna, estou certo de que eu nada posso fazer por você. Não posso lhe dar o meu amor, pois é insuficiente, um amor que não é completo, não é justo que lhe prive do direito de ser feliz junto a quem lhe dê o que precisa, um lar, filhos e a segurança de um varão que cuide de você.

– Dan, você é um bom esposo.

– Não, Shayna, nunca fui, sempre estive ausente de seu coração, sempre preso ao passado, no afeto que o tempo não apagou, no amor de Orlit. Hoje vejo que não desejava substituir o que na verdade não tem como ser substituído. O amor de uma mulher por um homem e de um homem por uma mulher, quando verdadeiro, jamais se apaga. Não existe vazio maior em meu coração, eu estava apenas fugindo de mim mesmo, buscando formas de diminuir a dor que trago em mim, punindo-me na minha luta, desejando aniquilar-me, quando o que não suporto é a ausência dela. Queria ser o mesmo, o varão, o provedor, o homem inteiro que a fazia suspirar.

Shayna chorava silenciosa.

– Você é uma boa mulher, seu coração é virtuoso, mas não devo mais tê-la como esposa, pois minha alma foi injusta fazendo-a sofrer sem necessidade, perdoe-me, sei que o que digo a fere, mas devo ser honesto comigo e principalmente com você. Agora sei que a respeito, pois estou devolvendo sua liberdade, a possibilidade de ser feliz ao lado de outro.

– Mas como viverá?

– Com o amor de D'us que a todos auxilia. Vou partir, meu lugar nunca foi junto a você. Obrigado por tudo! – e beijando-lhe as mãos disse – esta casa é sua, bem como todo o resto.

Erguendo-se com o cajado, Dan partiu levando consigo o coração aliviado e a certeza de ter feito o melhor. Shayna chorava, sentia que Dan havia escolhido, embora o compreendesse, seu coração sofria.

* * *

Em casa de Orlit, seu coração se constrangia, afinal, ela teria que conceber. Pensava em Dan e na sua condição de esposa; sabia que deveria esquecer Dan, pois fora ele que buscara aquele desfecho para ambos, estava magoada. Pensou em Marta, como seria bom se ela ali estivesse. Então pensou em enviar um mensageiro, e foi o que fez. Narraria os fatos para ela e a convidaria a vir à sua casa, sentia saudades de Job. Com certeza o seu esposo concordaria em recebê-la.

* * *

Ananias passara a visitar Marta todos os dias. Em cada visita o bom idoso narrava um feito do Mestre e Marta ficava maravilhada. Ele narrou a cura da mulher paralítica e Débora, que sempre junto a eles ficava, a tudo admirava, ouvindo-lhe a narrativa.

– Estava o Mestre a ensinar na sinagoga e eis que estava ali uma mulher que tinha um espírito de enfermidade havia dezoito anos e andava curvada.

– Nossa, – disse Débora – que horror!

E Ananias sorriu.

– Pois bem, – prosseguiu ele – e o Mestre, vendo-a, chamou-a a si e disse-lhe, "mulher está livre de sua enfermidade", e impôs as mãos sobre ela.

– E o que houve? – quis saber Marta.

– Ela logo se endireitou – falou Ananias sorrindo.

E Marta falou:

– Este homem é o Messias.

– Tem fé no que diz? – perguntou o idoso.

– Sim, – disse Marta – ainda ei de segui-lo, pois em meu coração ele é o Rei de Israel.

Ananias sorriu com franqueza e falou:

– Ora, então você crê no Reino que ele prega?

– Sim, – disse Marta – pois, depois de tudo que você falou tenho certeza que este Reino existe.

– Abençoada seja, filha, que o Senhor lhe conceda a paz – e erguendo-se, retirou-se.

Ananias ficara intrigado em como a fé se alojara naquela alma com tanta facilidade. Descia dos aposentos a meditar, quando Caleb veio-lhe ao encontro e perguntou:

– Como ela está?

– Cada dia melhor, já faz uma semana que aqui venho e só a vejo progredir – disse o idoso.

– Minha gratidão, amigo, – disse Caleb olhando-o – mas está intrigado com algo?

E Ananias sorriu e disse:

– É que tenho falado do Mestre a Marta e ela tem aceitado este Mestre com tanta facilidade que me espanta tamanha fé.

E Caleb, olhando-o, aduziu:

– Marta tem um coração inocente, em tudo crê sem questionar.

– Mas não é só isto.

– Ora, amigo, deste jeito você me deixa preocupado.

– Não se preocupe, ela continua amando-o.

– Eu confio no amor que Marta tem por mim e, pensando no quanto ela admira este Profeta, desejo fazer-lhe uma oferta.

– Diga-me – disse Ananias.

– Sabe que tenho muitos bens.

– Sim.

– Eu os doarei à causa deste Profeta.

– Fala sério?

– Sim, tenho certeza, já possuo o suficiente. Reservei apenas a propriedade de Betsaida, mas para todos, principalmente Elisha e Mia, estou desprovido de todos os meus bens.

E Ananias partiu da casa de Elisha meditando.

Marta sentia o conforto que necessitava em seu coração com as histórias narradas por Ananias, a face mais corada deixava-lhe o semblante menos sofrido.

Sentia em seu coração que Job estava amparado por este Reino Celestial, orava por isto, sua alma, embora ferida, se esforçava para seguir em frente. Sentia o bebê mexer em seu ventre e nestes momentos agradecia a D'us por ter fecundado seu ventre.

Débora via a melhora de sua senhora com alegria, pois sabia o quanto seu coração já sofrera.

Embora já houvesse passado uma semana do tratamento, Marta, às vezes, sentia-se fraca, principalmente quando o assunto era o casamento de Mia com Caleb. Ela evitava participar das ceias familiares, pois o assunto era este pela casa, nestas horas ficava a olhar pela janela para o pequeno jardim de sua casa, tentando evitar o aborrecimento que isto lhe causava. Ela ficava na expectativa de que Caleb não se entregasse àquela união, sentia-se insegura.

"Por que Ananias não os auxiliava já que ela estava se recuperando?", seu coração ficava inquieto, "será que Caleb a amava, ou ele apenas desejava livrar-se da situação embaraçosa?". Neste instante, sentava desanimada, tocando o pequeno ser em seu ventre, tentava se fortalecer.

Débora que a observava sentia a tristeza de sua senhora e acercando-se dela tentava animá-la.

– Senhora, que posso fazer para minimizar sua tristeza?

– Sabe de Caleb?

– Sim, veio hoje pela manhã perguntar pela senhora.

E Débora abaixou o olhar, como a esconder a certeza que sentia do amor de Caleb por sua senhora.

– Débora, quero que leve um recado para ele, diga que desejo vê-lo na casa de Ananias ao fim desta tarde.

– Mas, senhora, não está fraca para sair?

– Não, eu preciso sair das paredes desta casa.

– E Elisha, senhora?

– Fale que iremos ao mercado, ele pouco se importa.

– Está bem, senhora.

Débora retirou-se e saiu ao encontro de Caleb que estava na sala onde Elisha falava alegremente.

– Então será na próxima semana seu enlace, faremos uma singela comemoração.

– Não, Elisha, nada tenho para comemorar.

– Mas, Caleb, devo adiantar que Mia muito triste ficará.

– Pois que assim seja.

– Não compreendo, como pode desejar a tristeza de sua esposa?

– Não desejo ser compreendido, isto basta.

E Caleb ergueu-se aborrecido.

Débora o aguardava próxima à sala, pois ouvira sua voz, deixando-se ali na espreita ficar.

– Senhor, – disse a serva, chamando-o com a mão.

Caleb, compreendendo, seguiu-a até a cozinha.

– Minha senhora deseja lhe falar hoje ao fim da tarde, espera-o na casa de Ananias.

– Mas por que Marta irá até lá? Está enfraquecida.

– Senhor, eu a acompanharei, nada acontecerá, eu lhe prometo.

– Sendo assim, eu irei – disse ele com ar contrariado.

Antes da ceia noturna, Marta vestira-se de forma singela e com Débora rumara ao encontro de Caleb. Seus pensamentos se misturavam à tortura de sua insegurança. Débora, notando seu alheamento, falou:

– Senhora, já estamos próximas à casa de Ananias.

– Por que diz isto, afinal nem caminhamos tanto?

– Senhora, olhe essas pessoas.

Marta, notando o intenso número de pedintes que se aglomeravam em torno do quarteirão, sentiu seu coração compadecer-se diante das crianças feridas, magras e maltrapilhas, mães em desalento e idosos.

À medida que se aproximavam, o número ia aumentando. Reconheceram Ananias distribuindo o que tinha aos famintos e uma senhora auxiliava-o. Débora então exclamou:

– Senhora, veja, é Nur.

Marta empalideceu, mas prosseguiu. O bondoso ancião, notando-a, abriu caminho em meio à multidão e falou sorrindo:

– Venha por aqui, que a paz de nosso D'us esteja em seus corações.

– *Shalom* – respondeu Marta sorrindo.

– O que a traz aqui?

– Ananias, é Caleb, podemos conversar em sua casa?

– Ora, minha casa sempre estará aberta aos amigos, venha – e ao entrar na casa ampla notou que Nur fugira de sua presença.

Então perguntou:

– Aquela é Nur?

E o ancião disse:

– Sim, mas não se sintam ofendidas, ela está perturbada, vive falando que está em pecado, outras vezes fala de uma criança, outras chama o esposo, chegou aqui há alguns dias e desde então foi ficando, não dorme, está sempre atenta, às vezes me auxilia.

– Compreendo, – disse Marta como que lamentando – posso ajudar? Eu e Débora estamos aqui para isto.

E o ancião sorriu:

– Se deseja distribuir o pão para as crianças, elas estão naquela área.

E apontando o cesto, que Débora rapidamente pegou, foram na direção do corredor, eram meninos e meninas que jaziam ao chão, brincando entre si, sob o olhar vigilante de uma serva. Marta notara nos pequenos a tristeza, alguns tão fraquinhos, outros com pequeno brilho achegavam-se dela e diziam "mamãe", ao que ela os olhava e dizia:

– Não, meus pequenos.

Ao fim da entrega, uns seguiam-na puxando sua túnica. Débora, condoída, pegava os pequenos e lhes proporcionava carinhos. Então Marta perguntou à serva que ali se encontrava:

– Onde estão os pais destes pequenos?

A mulher então, abaixando a voz, disse:

– No vale dos leprosos, são filhos deles que Ananias aqui abriga, pois não estão doentes.

Marta sentiu profunda agonia. D'us! Olhava-os com maior ternura e abraçando a um dos pequenos disse:

– Estou aqui – fazendo com que parasse de chorar.

Caleb havia chegado e aguardava por Marta em outro local da casa. Foi quando Ananias veio avisá-la.

Marta deixou a criança com Débora e rumou ao encontro de seu amado com o coração acelerado. Quando entrou na pequena e singela sala, Caleb sorriu indo ao seu encontro.

– Amada! – acariciou sua face, puxou-lhe o véu, abraçando-a.

– Não deve vir aqui, pois tem muitos doentes, temo por você.

– Caleb, estou bem – disse ela entristecida.

– Sei que não está, diga-me o que a aflige – falou, erguendo seu queixo e olhando em seus olhos.

– É sua ausência, seu casamento... Não disse que fugiríamos?

– Marta, sabe que devo me casar com Mia, ela pode nos denunciar e não desejo perdê-la.

– Mas está me perdendo. Não percebe que é isto que ela deseja, a nossa desunião?

E Caleb, notando a insegurança de seu coração, disse:

– Eu não a amo, sabe que meu coração está com o seu.

– Então me diga, quando iremos partir? Nosso filho cresce, o que direi a Elisha?

– Nada, pois assim que me casar com Mia tudo será resolvido.

– Mas como?

– Amada, confie em mim, não suporto pensar que crê que não a desejo e não a amo, me fere o coração quando levanta estas paredes entre nós.

E Marta, sentindo-se tola, abraçou-o e disse:

– Não quero magoá-lo, amado, apenas temo perdê-lo.

– Você nunca me perderá, pois onde estiver, eu com você estarei, farei tudo para que nunca nos separem.

Beijando-lhe os lábios selou as palavras de angústia, tranquilizando seu coração e olhando-a com ternura sem fim, disse:

– Volte para sua casa e aguarde, se pareço distante, saiba que estou perto, não penso em outra circunstância que não seja a nossa fuga, fortaleça-se para que tudo ocorra como espero.

– Promete que não irá me deixar?

– Nunca, não fale isto, já lhe pedi.

E pondo o dedo sobre seus lábios, abraçou-a.

Marta sentiu-se amparada e narrou-lhe a respeito das crianças que Ananias ali cuidava e acerca de Nur que ali estava muito perturbada.

Caleb ouviu-a, mas torturado pelo medo de sua amada vir a adoecer, disse-lhe:

– Sei que deseja ajudar estas crianças, mas estão enfermas, por favor, não se aproxime.

– Caleb! – exclamou Marta assustada.

E ele, olhando-a, tocou em seu ventre e disse:

– É pelo nosso filho, prometa que aqui não virá mais.

– Não sei – disse Marta.

Caleb, sentindo que talvez aquela fosse uma forma dela deixar de sofrer pela ausência de Job, disse:

– Então está bem, venha, mas traga Débora e quando vier eu aqui estarei junto a você.

E Marta, abraçando-o, se alegrou.

* * *

Em Jericó, Dan retornara para as ruas. Não desejava viver sob o peso sufocante que trazia em sua alma, não, ele não privaria Shayna de ser feliz com alguém que realmente a amasse. As noites eram longas e frias e os dias quentes e dolorosos.

Shayna tentara por várias vezes se aproximar, mas Dan rejeitava a sua ajuda, negava ouvi-la, desejava ficar só com suas lembranças, afinal, ele destruíra a sua vida, o seu orgulho, a sua estupidez o conduzira àquele desfecho.

Estando ele certa vez caído pela rua, ouviu o alvoroço que ali se acercava.

– É o Mestre! É o Mestre! – muitos exclamavam.

E ele, tentando erguer-se em meio ao turbilhão que corria pela rua, tropeçou e caiu sem conseguir chegar ao Mestre.

E tendo Yeshua entrado em Jericó, ia passando e eis que havia ali um homem chamado Zaqueu, era este um dos chefes dos publicanos e rico procurava ver quem era Yeshua e não conseguia por causa da grande multidão e sendo ele de pequena estatura, correu adiante e subiu em uma figueira para vê-lo, pois que ali havia de passar. E quando Yeshua chegou àquele local, olhando para cima viu-o e disse:

– Zaqueu, desce depressa, pois que hoje me convém pernoitar em sua casa.

E Zaqueu, apressando-se, desceu e recebeu-o com júbilo, e todos vendo isto começaram a murmurar dizendo que o Mestre entrara para ser hóspede de um homem pecador.

E levantando, Zaqueu disse a Yeshua:

– Mestre, eis que eu dou aos pobres metade dos meus bens, e se em alguma coisa tenho defraudado alguém, o restituo quadruplicado.

E Yeshua, olhando-o com um sorriso, disse:

– Hoje veio a salvação a esta casa, pois também este é filho de Abraão, porque o Filho do Homem veio buscar e salvar o que se havia perdido.

Dan, em seu coração estava aflito, orava pedindo a D'us uma oportunidade de cura, afinal Yeshua estava em Jericó.

E ia Yeshua saindo de Jericó, após sua estadia em casa de Zaqueu. Grande multidão os acompanhava e eis que dois cegos assentados junto do caminho, ouvindo que Yeshua passava, clamavam dizendo:

– Senhor, filho de Davi, tem misericórdia de nós.

E a multidão os repreendia para que se calassem. Dan, porém, junto a Bartimeu, seu amigo de desdita, tinha a certeza de sua cura e mais alto clamava em seu coração, pedindo ao Pai perdão e uma nova oportunidade, e continuavam a clamar:

– Senhor, filho de Davi, tem misericórdia de nós.

E Yeshua, sentindo o olhar daquelas almas, chamou-as:

Dan ergueu-se com dificuldade e amparando-se mutuamente, tateando o caminho em meio à multidão que os ofendiam, chegaram até o Mestre, que disse:

– Que querem que lhes faça?

Disseram-lhe eles:

– Senhor, que nossos olhos sejam abertos.

E Yeshua, movido de íntima compaixão, tocou-lhes nos olhos e a luz se fez para ambos.

Dan, prostrou-se aos pés de Yeshua e lágrimas de eterna gratidão derramou aos pés do Mestre, maravilhado pela cura.

Pedro, que a tudo assistia, reconhecendo Dan, exaltou ao Senhor com júbilos, pois havia perdido um parente, mas agora o reencontrava e a luz do Mestre o libertou fazendo-o a luz do seu caminho.

– Dan – exclamou Pedro.

Ao que Dan respondeu:

– Estou salvo.

E Pedro, tocando-lhe no ombro, falou:

– Que D'us seja eternamente louvado.

E o amigo, apoiando-se no apóstolo, pôs-se a seguir o Mestre.

Rumaram todos para Cafarnaum e Pedro levou Dan à sua casa. Quando Zimra vislumbrou Dan, não acreditou no que viu, ele estava magro, envelhecido, mas era, com certeza, o esposo de Orlit. Pedro, notando o assombro de sua mulher, disse:

– Veja, Zimra, o que o Senhor nos trouxe, estava morto, agora está presente – falava com júbilo e emoção no coração.

Zimra alegrou-se e saudou a Dan, tratando de acomodá-lo da melhor forma. Dan foi conduzido a um aposento, respirava aliviado, pois vislumbrava tudo. O Senhor havia restituído sua visão, mais que isto, sua vida.

Pensou em Shayna e em Orlit, seu coração se apertou. Após lavar-se, colocou roupas limpas que pertenciam a Pedro, rumou para a sala onde Pedro o aguardava para a ceia. Estavam ali João e Tiago que, empolgados, falavam acerca do Mestre, porém, quando Dan surgiu, todos silenciaram a fim de ouvi-lo. Então Dan começou sua narrativa, falou de sua conduta orgulhosa, de seu egoísmo, da perda da esposa, e por fim, do imenso sofrimento que ele mesmo buscou com sua arrogância desmedida. Todos ouviam e em certo momento ele ponderou:

– Agora pretendo reaver meus bens e conduzir minha casa.

– Mas, e quanto a Orlit? – inquiriu Pedro.

– Nada posso fazer por ela, pertence a outro.

– E sua esposa Shayna?

– Ela pertence à vida, não seria justo enganá-la privando-a do encontro de algum bom homem que a ame.

– Vejo que está sendo coerente, meu caro amigo.

– E Caleb? – perguntou Dan olhando para todos.

E Pedro, tomando a palavra, disse:

– Creio que deva estar bem, pois nós aqui não o temos visto nas cercanias.

– Imagino que muitas mudanças hajam ocorrido – disse Dan com ar expressivo, mas o silêncio se fez.

A noite vinha chegando e Dan necessitava de repouso, rumou para seu aposento a fim de descansar.

Shayna havia colhido a notícia da cura dos cegos, em seu coração estava feliz, pois Dan havia reconquistado sua visão, no entanto, após a notícia de sua partida sentiu que nunca mais o veria novamente.

Enquanto Dan restabelecia suas forças, Pedro junto a Zimra falava:

– D'us em Sua divina sabedoria sempre encontrará meios de abrandar nosso coração.

– Por que fala assim, marido? – inquiriu Zimra.

– Ora, mulher, veja a notícia de Dan, ele próprio nos disse o quanto seu orgulho o cegou a ponto de não perceber o amor verdadeiro que nutria por Orlit. E o que ele ganhou com isto? Apenas a dor, e a dor de ferir outros corações.

– Sim, tem toda razão, mas o que importa é que ele teve a chance de mudar e mudou, pois, agora ele vê com o coração – disse Zimra.

E Pedro, sentindo-se tocado pelas doces palavras de Zimra, segurou suas mãos e disse:

– Tenho muito pensado em Caleb.

– Mas por que marido, o que lhe inquieta?

– Não desejava lhe contar, mas há algum tempo um de seus servos veio requisitar o auxílio de Ananias que com ele partiu.

– Será que algum mal aconteceu à família?

– Como sabermos, se Elisha proibiu o contato com sua família, se somos nós a pior de toda casta?

– Sim, como poderemos auxiliar? – lamentava Zimra.

– Oremos, Zimra, sinto em meu coração que eles necessitam de muita oração.

* * *

Naquela noite, sob o céu de Jericó, Shayna orava em agradecimento ao Messias pela cura de Dan. Seu coração enchia-se de júbilo, pois sabia que Dan agora seria ele mesmo. Sentiu-se só, mas deteve os pensamentos de origem egoísta, o que adiantava a ela o amor de um homem sem que este amor fosse fruto de seus sentimentos reais? Pensou em sua primeira esposa, "será que ela sabia da notícia?". Olhando a luz da lamparina, pediu a D'us que ela pudesse aceitá-lo e foi sentindo o sono envolvê-la.

Orlit sentia em seu coração o peso das responsabilidades. Sabia que tinha que gerar um filho e atormentava-se a cada noite. Seu esposo era homem severo e ela temia dizer-lhe que seu ventre era seco, afinal, tantos anos junto a Dan e jamais fora capaz de levar uma gestação até o fim. Naquela noite, Orlit orou a D'us e, entre lágrimas, pediu a misericórdia de conceber um filho varão, sabia que seu esposo logo lhe requisitaria a presença, orava fervorosamente:

Senhor de Abraão, D'us de Israel, enche de Sua graça, faça que de minha carne saiam frutos de Sua misericórdia, concede meu D'us, a graça de um filho que possa honrar esta casa e a sua linhagem.

Orlit ia para o aposento com vários pensamentos, Dan vinha-lhe à mente e nestes momentos sentia profunda tristeza, uma dor, pois a mágoa era constante, sentia-se fracassada.

Ao entrar em seu aposento, seu esposo a aguardava em seu leito, após as núpcias, ele ergueu-se e retirou-se, pois deveria partir para Jerusalém bem cedo a fim de tratar de assunto do seu comércio.

Orlit ficou no leito sentindo-se só, pensou em Marta, como desejava ver a sua irmã, chorou até adormecer. Lentamente foi saindo do corpo até que intensa luz se fez presente. Neste momento, um homem de olhar profundo acercou-se de Orlit e saudou-a:

– Abençoadas são as filhas de Israel – e depositou em suas mãos uma criança.

Orlit, abraçando o pequeno ser, sentiu que ele penetrava em seu ventre e intensa luz resplandeceu em sua cabeça como a coroá-la. Orlit chorava e naquela noite concebeu.

Aos primeiros raios de sol, Belchior partiu para Jerusalém, havia muitos negócios a serem tratados e a pedido de sua esposa, levaria à casa de Elisha notícias suas e de seus familiares traria as boas novas.

A notícia da cura dos cegos era contada por toda Jericó e os servos da casa de Belchior já comentavam as boas novas.

Orlit acordara com o coração mais sereno e logo a serva Cali pôs-se a servi-la.

– Então, senhora, já sabe dos acontecimentos que todos comentam? Dizem que o Rabi de nome Yeshua, fez um grande milagre.

– Qual? – perguntou Orlit.

– Senhora, ele curou os dois cegos.

E Orlit, que tomava seu chá, sentiu grande emoção.

– Como, Cali?

– Não sei, senhora, o que sei é que o povo diz que eles estão vendo.

Orlit começou a sorrir e a chorar de alegria, a serva nada compreendia, mas Orlit na mesma hora pôs-se de joelhos e erguendo as mãos disse:

– Obrigada, meu D'us, quão grande é o Senhor.

Orlit se encheu de esperança, acreditava que Dan retornaria a fim de lhe requisitar como sua esposa.

* * *

Em Cafarnaum, na casa de Zebedeu, Maria Salomé conversava com Maria.

– Maria, não podemos recriminar Yeshua como seus filhos o fazem, acham que ele está louco, querem detê-lo, mas todos veem suas curas, irmã, sei que seu coração se aflige.

E Maria, com olhar de paz, disse:

– Salomé, sei que Yeshua não veio para mim, pois quando ele disse: "quem é minha mãe e meus irmãos?", não me feriu, apenas me fez entender que todos aqueles que buscam o nosso D'us e cumprem com a Lei, são seus irmãos e sua mãe. Pois que o amor que nutre em seu coração é maior que o meu, pois ele vem de D'us, se é aflição o que sinto, é por muito amá-lo, pois eu o compreendo desde o princípio.

– Eu sei, Maria, – disse Salomé – estaremos sempre unidas junto a ele, pois quando José se foi, ele jamais a abandonou honrando sua posição de primogênito.

– É verdade, mas é verdade também que ele é primogênito de D'us e deve honrá-Lo para Sua glória.

Neste momento, Zebedeu adentrou a sala e a brisa daquela manhã encheu a casa com doce perfume de rosas, pois Yeshua vinha com Zebedeu e assentando-se junto à sua mãe, ali permaneceu.

5. O casamento de Caleb

Naqueles dias Marta recebera a mensagem de Orlit reclamando de sua desdita e o gracioso convite para que ela fosse visitá-la.

Marta meditava acerca do infortúnio de sua meia-irmã, sentia que Orlit necessitava de companhia, assim como ela. Respirou profundamente e enviou mensagem de resposta contando à sua meia-irmã da perda terrível de Job, e da fé que nutria em Yeshua, pois agora ela sentia que existia um lugar melhor onde a paz reinava e as dores sucumbiam.

Marta estava cada dia mais disposta e bela, a gestação e o medo da descoberta de seu estado a afligia. Naquele dia em especial, ela sentia-se frágil, era o casamento de Caleb. Embora fosse uma cerimônia singela, Marta se amofinara em seu aposento, pois sentia-se só, como se D'us a tivesse isolado de todos. Seu coração estava gelado, não tinha dor ou raiva, mas apenas uma dureza que a fazia gelar.

Mia, em seu aposento, no entanto, parecia reluzir, ela seria rica e teria o amor de Elisha, sua efêmera felicidade transbordava em seu semblante. Preparava-se para a cerimônia que ocorreria dentro de algumas horas, a túnica de cetim, o véu de bordados reluzentes. Sim, ela estava bela, sentia que agora nada a impediria de conquistar seu lugar.

Os poucos e discretos convidados se achegavam. Não haveria nenhum banquete e, sim, simples refeição que seria servida ao som de uma cítara a fim de distrair os convidados. Elisha andava ansioso a receber os doutores, pediu que Débora chamasse Marta.

– Débora, – disse ele – vá chamar sua senhora. Será que ela se esqueceu do casamento?

– Sim, senhor – disse a serva rumando apressada para o aposento.

Marta encontrava-se ajoelhada em oração quando Débora a chamou.

– Senhora.

E Marta, sabendo ser o momento do enlace, ergueu-se. Estava em uma singela túnica preta, o véu sobre os cabelos negros confundiam-se com a cor de sua túnica, um estado de melancolia a envolvia.

– Sim, Débora, já estou pronta.

– Mas, senhora, está de preto.

– E qual motivo tenho eu para alegrar neste dia, choro a perda de meu filho e hoje a perda de meu amado, que alegria tenho, Débora? – inquiriu Marta amargurada.

– É verdade, senhora, somente D'us é capaz de lhe conceder a paz.

Dando a mão a Débora, desceu com dificuldade, pois seu coração estava contrariado.

Caleb estava calado, não sorria, em pé, como uma estátua permanecia, aguardando em seu aposento o momento do enlace. Em seu coração, um misto de angústia e ódio. Como odiava Mia.

A cerimônia foi breve, os olhos de Caleb e Marta se encontravam e a aflição daqueles corações era nítida. Após a cerimônia, Caleb retirou-se deixando Mia a sós em meio aos convidados, o que a fez ficar muito irritada. Como ele se atrevera a deixá-la ali diante de todos?

Caleb estava furioso, não tinha motivos para comemorar, caminhou desorientado pelas vielas de Jerusalém até chegar à casa de Ananias. O amigo resoluto o recebeu entranhando-lhe a atitude, pois sabia ser o dia de seu enlace. Caleb adentrou a casa, mas, sentindo-se sufocado, pediu ao amigo:

– Seria inoportuno que caminhasse em minha companhia até que meu coração se acalme?

E o idoso, sorrindo, falou:

– Confesso que planejava andar para meditar nos ensinos do Mestre – e puseram-se a caminhar.

Andavam pelas ruas menos movimentadas, a brisa do fim da tarde enchia Caleb de um bem-estar há muito esquecido, sua alma se revigorava. Ananias, notando as angústias do amigo, falou:

– Amigo, às vezes precisamos confiar no que vem ao nosso encontro.

– Como assim? – disse Caleb.

– Vou narrar um fato que ocorreu com os amigos do Mestre. Estavam eles em um barco e iam para Cafarnaum, já estava escuro e o Mestre ainda não tinha chegado perto deles, e então o mar se levantou, pois que um grande vento soprou em direção deles e já haviam navegado uns vinte e cinco ou trinta estádios, e então viram Yeshua andando sobre o mar e aproximando-se do barco, todos temeram, mas ele disse, não tema, sou Eu.

– E o que ocorreu? – inquiriu Caleb.

– Bem, eles então de boa mente o receberam no barco e logo o barco chegou à terra para onde iam. Na verdade, Caleb, às vezes tememos por não confiar no que vem a nós. Veja, os amigos do Mestre o temeram, mas ficando, ele se revelou, eles acreditaram de boa mente, tiveram entendimento, nem sempre será o Mestre que virá até nós, no mar de nossas aflições, mas devemos aceitar o que D'us nos oferece naquele momento como sendo o melhor que devemos ter, amigo, com boa mente, procurando confiar.

Caleb ouvia o amigo à medida que caminhavam, porém, falou:

– Nem tudo que vem a nós é bom como o Mestre.

– Tem razão, mas cabe a nós buscar o melhor na situação que nos chega. Sei que sofre, amigo, mas é preciso ter fé e confiança em D'us.

– Eu tenho, mas me aflige, pois, os dias estão passando, diga-me, quando o Mestre estará aqui?

– Creio que em breve, pois estamos próximos da festa do tabernáculo.

– Então fugirei com Marta, você preparou tudo? – questionou Caleb.

– Já está tudo preparado pelas mãos de D'us, creia.

E Caleb, sentindo-se confortado, pediu ao amigo para pernoitar em sua casa, o que Ananias concedeu sem mais perguntas.

Marta recolhera-se ao seu aposento, sabia que Caleb estava aborrecido e, portanto, saíra daquela forma.

Mia, no entanto, aguardava-o em seu aposento para as núpcias. Após o término do jantar, todos se despediram e Mia aguardava ansiosa, mas acabou por adormecer sem a companhia de seu marido.

Elisha estava preocupado, pois Caleb não retornara, o que significava que ele não desejava Mia como esposa, isto era algo que deveria ser resolvido o mais rápido possível, pois do contrário ele não acreditaria que aquele filho que Mia esperava era dele.

* * *

Após a noite de refazimento, Dan despertou para a retomada de sua vida. Agradeceu a D'us por poder abrir os olhos e ver a luz do dia que penetrava pela janela do seu aposento, lágrimas banhavam sua face, estava agradecido. Foi em busca do alimento matinal e encontrou Pedro a palestrar com Zimra:

– Bom dia – disse Dan entusiasmado.

E Pedro, sorrindo-lhe, falou:

– Vamos seguir viagem para Jerusalém, você nos acompanha?

– Sim, estou pronto para viver nova vida.

– Que D'us o guie, irmão.

E após breve refeição, partiram todos para a casa de Zebedeu, onde Yeshua e os demais discípulos se encontravam e puseram-se a marchar.

Então Yeshua começou a falar:

– Certo homem nobre partiu para uma terra remota a fim de tomar para si um reino e depois voltar. E chamando dez servos deu-lhes dez minas[6] e disse-lhes: "negociem até que eu venha". Mas os seus cidadãos aborreciam-no e mandavam após ele embaixadores dizendo, não queremos que este reine sobre nós. E aconteceu que, voltando ele, e depois de ter tomado o reino mandou que chamassem aqueles servos a quem tinha dado o dinheiro para saber o que cada um tinha ganho.

– E o que eles ganharam, Mestre? – perguntou Tiago.

6 O siclo, a mina e o talento eram peças ou barras de metal (prata, ouro) usadas como meio de pagamento (2 Rs. 18:14).

– Veio o primeiro e disse: “senhor, a sua mina rendeu dez minas”. E ele disse-lhe: “bem está, será bom porque no mínimo foste fiel, sob dez cidades terá autoridade”. E veio o segundo dizendo: “senhor, a sua mina rendeu cinco minas”. E a este disse também, “seja você também sob cinco cidades”. E veio outro dizendo: “senhor, aqui está a sua mina que guardei num lenço por que tive medo do senhor, que é homem rigoroso, que toma o que não pôs e sega o que não semeou.”

– E o que ele lhe falou? – questionou Pedro.

– Porém, ele disse: “mau servo, pela sua boca o julgarei, sabia que eu sou homem rigoroso, que tomo o que não pus e sego o que não semeei, por que não pôs o meu dinheiro no banco para que eu viesse e o exigisse com juros?”. E disse aos que estavam com ele: “tira-lhe a mina e dai-a ao que tem dez minas”. E disseram-lhe eles: “senhor, ele tem dez minas”. O senhor respondeu: “porque eu lhes digo que a qualquer que tiver, ser-lhe-á dado, mas o que não tiver, até o que parece ter será tirado. E quanto aqueles inimigos que não quiseram que eu reinasse sobre eles, traga aqui e mata-os diante de mim”.

E dito isto foram seguindo para Jerusalém.

* * *

Após dois dias afastado da casa de Elisha, Caleb retornou. Estava convicto do que faria. Ao adentrar no pátio principal vislumbrou Marta a banhar-se no sol, tímida com olhar distante parecia sentir sua presença, pois que no mesmo instante olharam-se. O coração de Marta acelerou, desejava correr ao seu encontro, beijar suas mãos e acolher-se em seus braços. Caleb foi em sua direção, cativo do olhar de sua amada, aproximou-se e tocou suavemente em suas mãos:

– Estou aqui – disse Caleb com voz repleta de emoção.

– Eu esperava-o – disse Marta, com suavidade.

– Tenho que informar certos fatos a seu esposo e a minha esposa.

E deixando-a, adentrou a casa. Mia, ouvindo sua voz, desceu ao seu encontro e falou rispidamente:

– Como pôde me deixar no dia do nosso enlace? Desejo partir para minha casa.

Caleb, olhando-a com desprezo e ironia, disse:

– Que casa?

– Ora, a casa de Betsaida.

– Bem, onde se encontra Elisha?

– Foi ao templo – disse ela impaciente.

– Então, à noite eu o informarei.

– Informará de quê?

– Nada possuo, Mia.

– Como assim?

– Simples, eu dei tudo para os pobres e miseráveis.

– Você delira?

– Claro que não. Vê, agora só possuo a roupa de meu corpo, e então, está satisfeita? – inquiriu ele sarcástico. – Eu não tenho um dracma para lhe dar, nada.

Mia estava pálida, não podia ser, aquele miserável a enganara.

– Pois então terá que enfrentar Elisha.

– Creio que não seria bom, Mia, afinal, se algo me ocorrer você será uma viúva pobre e com um filho.

Mia empalideceu.

– O que fala?

– Falo da criança que carrega e que não é minha, falo que você é indigna, pois sei de seus atos de assassina, e a propósito, não dormirei no mesmo aposento que o seu – e, sorrindo, Caleb retirou-se.

Mia estava furiosa, jogou um jarro no chão, chutou as almofadas, derrubou as cadeiras e retirou-se para o seu aposento atirando-se na cama. Sentiu raiva e ódio por Caleb, ele não sabia com quem estava lidando, ela se vingaria, ela não levaria nenhum desaforo daquele homem vil e horrível.

Reina, que quase tudo ouvira escondida, ajoelhou-se e erguendo as mãos ao alto falou, 'D'us, o Senhor é justo', pois sabia que Mia estava colhendo o que merecia.

O dia transcorrera lentamente. Elisha rumara para o templo a fim de participar da reunião que fora convocada pelos anciãos. Estando todos reunidos, um dos anciãos tomou a palavra.

– Muito me preocupa o estado que vem ocorrendo em todas as cidades. Este profeta tem angariado a simpatia do povo que o ouve dizer: "bendito o Rei que vem em nome do Senhor, paz no céu e glória nas alturas". Vejam, o povo o aclama, o povo está com ele.

Um escriba então disse com voz firme:

– E não é só isto, este profeta entrou no templo e expulsou com suas palavras os mercadores, chegamos ao ponto máximo.

Então Elisha ergueu-se e envolvido por intensa nuvem negra que lhe cobria a mente, falou:

– Todo homem tem seu preço, este Rabi não é diferente, devemos sondar seus discípulos a fim de que ele seja entregue a nós.

Escribas, fariseus e doutores o elogiaram concordando com todas as decisões.

Após a assembleia chegar ao término, Elisha caminhou para sua casa. Sentia que estava protegendo sua casta agindo desta forma cruel. Ao adentrar em sua casa deparou-se com Caleb e cumprimentou-o:

– *Shalom.*

– *Shalom* – disse Caleb.

– Então o marido retornou – disse ele em tom de reprovação.

– Sim, caro Elisha, eu retornei, mas não trago boas notícias no que se refere as minhas posses.

– Como assim? – inquiriu Elisha.

– Dei praticamente tudo para auxiliar os meus irmãos que são pobres.

– Como assim? – disse Elisha. – E a sua casa de Betsaida?

– Também a vendi. Portanto, caro amigo, nada possuo a não ser a roupa do corpo.

– Está enlouquecendo... – disse Elisha preocupado.

– Não, apenas digo-lhe que nada poderei fazer por Mia, portanto, devolvo-a à sua casa.

– Isto é uma vergonha para minha família. Como ela ficará?

– Não vejo vergonha em nada, pois eu nem sequer a toquei, mas pergunte a ela se deseja partir comigo.

E Elisha, aborrecido, pediu que chamassem Mia.

Mia estava extremamente irritada, mas desceu ao encontro dos varões. Então Elisha se pronunciou:

– Mia, sabe que seu esposo quer devolvê-la alegando não ter condições de mantê-la, deseja partir com ele?

– Para onde?

E Caleb cinicamente falou:

– Para as vielas de Jerusalém, pois nada tenho, tanto que vou dormir abrigado em casa de Ananias junto aos necessitados que lá ficam. Vamos? – inquiriu Caleb.

E Mia, em profundo desgosto, falou:

– O que meu irmão decidir farei.

E Elisha então disse:

– Se assim é, arrume suas malas e siga com ele.

– Mas como iremos sobreviver? – disse Mia.

E Elisha respondeu.

– Não posso abrigá-los. Melhor que siga com seu esposo, é o que as mulheres fazem.

– Elisha, por D'us! – disse Mia em tom de misericórdia.

– É o correto, Mia, vá e leve Reina também.

Caleb sentia que Elisha desejava livrar-se de Mia e da criança que ele gerara, e aceitou pacientemente a proposta, pois tinha total certeza de que Mia não conseguiria viver junto aos humildes.

Mia foi para os aposentos em prantos. Como Elisha fora capaz de abandoná-la? Como odiara Caleb, toda a sua desdita era por culpa dele e daquela velha medíocre que fugira após contar-lhe a verdade. Mas isto não ficaria assim, ela se vingaria. No momento nada poderia fazer, pois Caleb poderia dizer a Elisha acerca do assassinato de Job. Fez sua bagagem, enquanto Débora auxiliava Reina com a dela.

Marta observava todo movimento da casa em silêncio, tinha certeza que Caleb sabia bem o que estava fazendo, orava em seu coração para que tudo acontecesse como ele desejava. Ela queria ardentemente partir, ir para longe, recomeçar, seu coração enchia-se de esperança. Reina ao vê-la, abraçou-a com ternura e disse:

– Filha, o que necessitar eu farei por você.

E Marta, olhando-a com afeto, abraçou-a.

E todos partiram para a casa de Ananias, o trajeto foi marcado por Mia se lamuriando e Caleb ignorando-a.

– Por que faz isto, homem? Não tem compaixão em seu coração infeliz? – lamuriava-se Mia irritadiça.

Itti tentara auxiliá-la, mas Caleb a impediu.

Caleb seguia firmemente, não se deixava envolver pelos apelos aflitos daquela mulher. Reina a tudo assistia se comprazendo pela situação.

Mia seguia atrás, levava a sua bagagem e a de seu esposo. Estava cansada, pedia para que ele parasse a fim de descansar, no entanto, Caleb estava como que ausente, pensava em Marta e na necessidade de se ver livre daquela mulher.

A chegada à casa do amigo se deu tranquila, pois o ancião já fora aparentemente avisado do que poderia ocorrer. Cumprimentou a todos e Reina observou a tarefa que ali ele prestava, auxiliando aqueles que lhe batiam à porta. A fila de pedintes de pão, crianças órfãs, era um ir e ver de gente, as duas servas que ali ficavam, auxiliavam como podiam.

Reina então logo se ofereceu a servir junto a elas, pois via que era muito trabalho para poucos servos.

– Ananias, me sentiria muito grata se me permitisse auxiliar nas tarefas de acolhimento de sua casa – disse ela.

O ancião, sorrindo, falou:

– Faça o que desejar, pois trabalho é o que mais temos.

Mia, no entanto, estava horrorizada em ver aquelas criaturas miseráveis e não desejava ali permanecer. Então disse asperamente:

– Será que possui um aposento para que eu possa repousar, estou exausta, tive que trazer toda a bagagem.

E Caleb, olhando-a com desprezo, disse:

– Não, você não está aqui como hóspede, sabe que não tenho como pagar uma estalagem, portanto, ponha-se a servir como Reina, veja se aprende algo, mulher – disse com rispidez.

E Mia, olhando-o com ódio, calou-se:

Ananias, tentando poupá-la, aduziu:

– Caleb, deixe que ela cuide da serva que aqui se encontra muito enferma, tivemos que amarrá-la para que não se ferisse.

E Caleb concordou, pois sabia tratar-se de Nur que por remorsos e culpas, surtara, falando todo o tempo frases desconexas, rindo e muitas vezes tentando se enforcar.

A idosa tornara-se alvo de espíritos zombeteiros que pela culpa a manipulavam fazendo com que ficasse em estados de extrema compaixão. Mia não tinha opção, pois sabia que deveria servir a seu esposo. Com ódio em seu coração, foi conduzida a um apertado aposento onde, na cama, Nur estava amarrada a rir e falar coisas sem nexo. Ao vê-la, Mia sentiu-se afrontada e olhando para Caleb disse:

– Não cuidarei desta escrava – exclamou ela altiva.

– Por que não? – disse Caleb.

– Eu sou sua senhora e ela fugiu.

– Ah! Mas ela a serviu tanto que até enlouqueceu, irá cuidar dela, sim.

E empurrou Mia para dentro do aposento a fim de que visse o estado de Nur, Mia sentiu calafrios. Na mesma hora que Nur a visualizou, foi tomada de intensa convulsão e fechando os olhos falava:

– Assassina, meretriz, está aqui! Ela matou por interesse, ela é assassina! Vejam, estas mãos estão repletas de sangue, vou carregá-la comigo!

As emissões das palavras caíam como gotas venenosas em Mia, e os espíritos zombeteiros riam do desespero que sentiam produzir nela.

Ananias, contudo, aproximou-se e tomando sua cabeça, orava em silêncio até que a velha serva ia se acalmando e retornava ao estado de relativa tranquilidade.

Ao ver a cena, Caleb puxou Mia pelo braço e disse:

– Veja o que sua cobiça faz às pessoas.

E Mia, soltando-se de suas mãos, falou:

– Eu me vingarei por tudo que me faz, cedo ou tarde me pagará.

Caleb estava atormentado, desejava se livrar de Mia e ao mesmo tempo puni-la.

Ananias, após conseguir acalmar Nur, aproximou-se de Caleb e sentindo seu coração pesado disse:

– Amigo, este não parece ser o melhor caminho, deixe-a ir, não tome para si a responsabilidade do julgamento e muito menos da prática da lei.

E Caleb, suspirando, aduziu:

– Olho por olho, dente por dente.

– Não mais, Caleb, sabe disto, não mais – disse Ananias retirando-se e deixando-o entregue a seus pensamentos.

Mia fora para um canto da imensa casa e chorava convulsivamente. Odiava aquele homem mesquinho e resoluta rumaria para a casa de Elisha, estava disposta a tudo revelar. Pegou sua bagagem, porém Reina, vendo-a pegar o caminho para a saída da casa, disse:

– Se você for, ele colocará você na rua, conheço aquele filho de belzebu.

E Mia parou, virando-se.

– O que sabe sobre Elisha?

– Sei que ele é um homem que mede suas ações por interesse, tem algo a ofertar-lhe? Se tem, segue o seu caminho, caso contrário, aceita o marido que D'us lhe ofereceu.

Mia então meditou por breves segundos, aquela velha queria vê-la sofrer, mas falava com sabedoria e resolveu ficar até o momento oportuno. Rumou para o singelo aposento que dividiria com Reina, pois Caleb negara-se a assumir sua posição de esposo e compartilhar da mesma cama com ela.

Mia sentia-se humilhada, recolheu-se em seu leito cheia de mágoa e ódio. Caleb pagaria por tudo, ele e Elisha. Fora traída em seus sentimentos mais profundos, saberia vingar-se. E com esses pensamentos adormeceu.

Atormentada, o espírito se desprendeu envolto em uma nuvem enegrecida, alimentando seus pensamentos de ódio.

* * *

Uma semana se passara e a notícia do falecimento de Job deixara Orlit muito abalada, afinal, ela amava o pequeno, imaginou o sofrimento de sua meia-irmã, orou por ela. Estava ansiosa, pois seu esposo não regressara. E com a cura de Dan, Orlit sentia-se atormentada, pois voltava a sonhar com o esposo, alimentava em seu ser a possibilidade de ele desejá-la novamente. Lamentava a sua fraqueza diante do tormento dele. Por que não o auxiliara? Por que se pôs a julgá-lo? Talvez ela não soubesse de fato o que o levara a tais atitudes, lastimava seu gesto diante das circunstâncias, deixava que a mágoa, aliada a seu orgulho, a vingasse. Agora talvez fosse muito tarde para qualquer oportunidade que a vida lhe desse. Respirou.

Cali, aproximou-se a fim de servi-la, e Orlit disse:

– Onde estão as frutas que tanto aprecio?

– Senhora, a sua fornecedora não tem aparecido, temo que algo lhe tenha ocorrido.

– Como, ela não partiu com o esposo? – perguntou Orlit.

– Não, senhora.

– Então deve procurar notícias desta mulher – falou Orlit com preocupação.

– Se a senhora me permitir, irei agora mesmo saber o que ocorreu.

– Vá, pois temo que algo possa ter ocorrido – disse Orlit com sincero interesse.

E Cali retirou-se.

De fato, após a partida de Dan, Shayna sentia-se extremamente só. Nada naquela casa enchia-lhe o coração, pois sentia por Dan verdadeiro amor na alma. Embora madura das experiências da vida, desconhecia tal dor, a dor da perda de um amor.

Os dias para Shayna foram aos poucos se tornando pesados, já não havia necessidades que a fizessem sair da prostração que lhe vinha ao encontro. Orava, pedia forças para suportar a imensa tristeza, pensava em seu pai, sentia falta de companhia.

Os dias passavam com lentidão para ela, já não colhia os frutos, nem regava as plantações, sentia-se morrer. Sabia que deveria lutar, mas não desejava, apenas fora ficando a um canto como se fosse um objeto da casa, deixando que todas as tarefas se avolumassem. Foi então que uma ideia passou a ocupar sua mente: e se ela partisse? E se buscasse Dan e dissesse tudo que sua alma sentia, será que ele a aceitaria?

Fazendo sua mala, que constituía de pequena bagagem, rumaria para Cafarnaum, pois ali estava o Mestre, sentia que a viagem seria perigosa, mas era a solução. Foi quando Cali chamou-a em sua porta fazendo-a deixar tudo que fazia para ir até a serva. Cumprimentou-a com firmeza e Cali então suspirou aliviada:

– Estava aflita pela sua ausência, mas vejo que está bem – disse a serva.

– Cali, estava aqui a preparar-me para partir – disse Shayna.

– Vai embora? – disse a serva.

– Entre, venha, conversemos – disse Shayna.

Cali adentrou, notou a simplicidade em tudo na casa.

– Sente-se, Cali – disse Shayna abatida e com o rosto mais magro. – Creio que sabe da cura de meu esposo.

– Sim, todos assistiram.

– Sim, eu agradeço muito a D'us por esta glória ter sido lançada sobre ele, porém ele partiu, sinto-me muito só em meu viver.

– Compreendo – disse Cali entristecida pela amiga que passara por muitas angústias.

– Então decidi ir até ele, vou procurá-lo e dizer-lhe que preciso muito viver junto a ele.

– Muito honroso, mas será que ele irá querer? – disse Cali.

– Não sei, – disse Shayna – mas tenho que tentar, estou adoecendo com este amor que parece me sucumbir.

– E se ele não a aceitar?

– Eu não sei – disse Shayna angustiada.

Então a serva, tentando confortá-la, falou:

– Shayna, se em algum momento precisar, chama-me, estou junto a você.

E Shayna agradeceu.

A serva regressou ao encontro de Orlit, que aguardava a fim de saber notícias.

A verdade era clara e incomodara Orlit, a mercadora de frutas amava Dan, ela largara tudo para ir em busca do seu amor, enquanto ela, Orlit, se acomodara na posição que ocupava. "Será que eu amava Dan ou desejava reviver os tempos bons de minha vida?", Orlit se questionava.

Shayna, no entanto, sabia dos perigos que correria nesta viagem, então resolveu aguardar que algum grupo de caravaneiros passasse pela sua propriedade a fim de com eles seguir, o que não demorou e o primeiro grupo que passou rumava para Cafarnaum. Sem hesitar, Shayna pediu-lhes auxílio e seguiu a fim de encontrar a sua felicidade, o amor de Dan.

* * *

Enquanto isso, Dan, após alguns dias em companhia de Pedro, Zimra e dos apóstolos, adquirira uma nova visão da vida. Desejava esquecer o passado. Esquecer, como? Não sabia, às vezes sentia-se magoado pela atitude de Orlit, outras vezes se arrependia pela sua atitude diante de Shayna, a companheira desejava apenas a sinceridade do seu coração.

Dan decidiu que deveria ir para Corazim, reerguer sua vida. Buscaria o administrador de seus bens, sabia que muitas propriedades foram perdidas, mas havia algo que ele não perdera, sua inteligência, seu poder de ação, ele reconstruiria sua vida. Diante de suas convicções, ele se sentia confortado. Achegando-se do amigo Pedro, parente distante, mas que no momento mostrou-se um irmão de fé que o aliviou, explicou-lhe seu propósito. Pedro então falou:

– Dan, que D'us o abençoe largamente, pois que agora vê com o espírito.

E abraçando-o deixou que o amigo partisse deixando a lição de sua vida para todos.

Pedro, então, chamando sua esposa, disse:

– D'us em Sua misericórdia, nos dá sempre o que necessitamos, veja, agora um novo homem nasce desta situação.

E Zimra, olhando para o esposo, aduziu:

– Espero firmemente que Orlit possa transformar o coração dela diante deste sofrimento, tão necessário para ambos.

Dan fora com pequena bagagem, onde somente o que precisava usaria, ganhara do amigo algum dinheiro, o qual lhe supriria as necessidades primeiras.

A viagem transcorreu lenta, muitos caravaneiros iam e vinham a fim de conhecer Yeshua.

Quando Dan chegou a Corazim, procurou a casa de um homem de nome Enéas, o qual o recebeu com muita fraternidade, pois conhecia Pedro e os discípulos.

Enéas era um homem alegre, cabelos grisalhos, pele clara; falara para Dan acerca da desdita de seu sogro e da tragédia que resultara na morte de muitos servos. Dan ficou muito abalado, pois sabia que a propriedade era de uma beleza magistral; lamentou pelos servos que há muito serviam naquela casa.

Enéas, notando o interesse de Dan e sua situação difícil, sentiu em seu coração que era a oportunidade de ajudar um ente querido de Pedro, e, tomando a palavra, falou:

– Dan, sem querer ofendê-lo, há muito tenho uma reserva vultosa, a qual desejo empregar, pois não tenho familiar algum, e não seria justo gozar das reservas de D'us sem as utilizar em benefício de meus irmãos.

Dan olhou incrédulo, mas em seu íntimo sabia que necessitava de ajuda para recomeçar a vida. E, voltando-se para Enéas, falou:

– Caro Enéas, como será feito tal negócio, já que não possuo bens e não posso ficar em dívida com você?

Enéas, olhando com largo sorriso, falou:

– Estimo ver aquela propriedade em boas mãos e reerguida. Quanto ao valor que vou lhe emprestar, poderá me restituir assim que os negócios prosperarem.

E naquele momento fecharam o acordo.

Após o devido descanso, buscou o administrador da casa. O administrador informou a ele que Elisha herdara a casa por esta pertencer a Marta, mas que nunca fora erguida, ficando apenas as cinzas. Informou que ele poderia requerer do atual esposo de Orlit, ela e as propriedades, visto que ele não estava morto. Dan meditava acerca de tudo, no seu semblante uma luz se acendeu, resolveu então agir, pediu ao administrador que fizesse pequena e insignificante oferta pela casa destruída e que não revelasse a ninguém que se tratava de sua pessoa. O administrador falou que viajaria para Jerusalém naquela mesma semana trazendo-lhe a resposta sobre os negócios.

6. Diante da lei

Após a saída de Caleb da casa de Elisha, Marta sentia-se insegura. O alívio vinha nos dias em que Ananias ministrava-lhe os ensinos do Mestre. Em uma dessas visitas, Marta abriu seu coração para o ancião e revelou-lhe as suas tormentas:

– Temo por mim e por esta criança que cresce em meu ser. Por que Caleb não deixa Mia, não a liberta a fim de que partamos? – perguntava lamuriosa.

Ananias sentia suas aflições e falava:

– Onde reside o amor, não poderá haver desconfiança, crê no seu amado?

– Sim, mas me sinto só.

– Filha, como Caleb poderá com você estar se ainda não é chegado o momento?

– E quando será? Às vezes penso que ele cedeu aos encantos de Mia.

– D'us, vigia seus pensamentos, ele a tem em conta de esposa, jamais dormiu junto a ela, suas aflições são fruto da falta de fé no amor que tem.

Nestas horas Marta se entristecia.

– Precisa crer no melhor, filha. Acha que vivemos sem o olhar de D'us sobre nós? Crê que fazemos o tempo, que temos as horas e ditamos aos dias, se deve ser de sol ou de chuva, frio ou calor? D'us tem o tempo certo para tudo, até para aquilo que nos parece errado. D'us de misericórdia e poder tudo sabe, entrega seu amor a D'us de Israel e confia.

Marta balançava a cabeça e então falou:

– Seria pedir muito que eu pudesse auxiliar as crianças?

– Oh!, criança, só me daria prazer tê-la em minha casa junto aos pequenos e será bom para Caleb tê-la perto dos olhos. Aguardo-a nesta tarde – e sorrindo, o idoso retirou-se da casa de Elisha.

Elisha, no entanto, andava ocupado com as tramas que tecia em conjunto com o sinédrio a fim de dar termo ao Rabi Yeshua que muito os incomodava. Quase não permanecia em sua residência. Pensava, no entanto, em Mia, desejava-lhe o corpo quente, pois sentia por ela ardente paixão, o que não ocorria com relação a sua esposa, mulher que lhe cativava a atenção, mas não os ímpetos de homem. Estava absorto em seus pensamentos quando foi abordado por emissários que o convidavam ao comparecimento na casa do administrador que ele já conhecia. Rumou a fim de saber o que se passava.

O dia estava ameno e os transeuntes iam e vinham pelas vielas de Jerusalém, chegou à propriedade onde foi recebido pelo administrador de Elad, o falecido, por outro homem distinto e pelo esposo de Orlit. Sentou-se e então o homem desconhecido começou a falar:

– Senhores, é sabido que grande desastre caiu sobre a propriedade de Corazim aniquilando a todos, no entanto, venho informar que um homem se interessou pela propriedade danificada e deseja comprá-la.

Todos se entreolharam e Elisha logo disse:

– Por mim está vendida, afinal é amaldiçoada, o que tenho a dizer mesmo é que não me interesso por ela, mesmo sabendo que pertence à família de minha atual esposa.

– Então está aqui a oferta, peço a vocês que testifiquem este acordo.

E assim, Dan passara a ser dono da antiga propriedade.

* * *

Ao fim da tarde o sol declinava lentamente e a brisa era refrescante, Marta rumara junto a Débora para a casa de Ananias, ia com o coração jubiloso, pois ansiava ver Caleb. Não demorou a chegar à propriedade, os pedintes já se encontravam ali, ao passarem pelo portão foram recepcionadas por Reina, que se alegrou ao vê-las.

– Débora! – disse a matrona indo ao seu encontro. – *Shalom*, Marta – disse risonha. – Venham, venham, – e as conduziu a um amplo salão com pilastras onde o teto formava um côncavo – sentem-se, vejo que está recuperada, Marta.

– Sim, – disse Marta com delicadeza – viemos auxiliar as crianças.

– Sim, Ananias me disse, venha Débora, venha comigo, quero lhe mostrar o quanto tenho aprendido aqui.

– Mas, e Marta?

– Oh!, querida, Ananias pediu que Marta ficasse e aguardasse aqui, pois que alguém necessita falar-lhe em secreto.

E Débora, compreendendo que deveria ser Caleb, deixou-a a sós. A porta trancou-se e logo que o silêncio se fez Caleb surgiu, estava por detrás dos véus que cobriam as janelas. Marta, ao vê-lo, sorriu feliz. Caleb foi ao seu encontro, estava mais magro, sentia-se exausto, abraçaram-se.

– Meu D'us, meu amado, o que houve? Parece exausto – disse Marta tocando-lhe a face.

Caleb passou as mãos sobre os lábios de Marta e tocando-a a fim de tirar-lhe o véu, abraçou-a desprendendo seus cabelos, beijando-lhe os olhos até os lábios com amor. Abraçaram-se como se jamais desejassem se separar. Caleb então falou:

– Nunca mais suspeite do meu amor, por favor, Marta, estou tão aflito quanto você. Ananias contou-me suas angústias, saiba que são as nossas aflições, não tenho outro desejo a não ser estar com você.

– Amado, perdão, estou cansada desta espera interminável.

– Eu sei, mas como fazer? Sabe que se aproxima a festa do tabernáculo e então fugiremos.

– Sim, meu amado, – disse Marta beijando suas mãos – eu esperarei, temo tanto perdê-lo.

– Está louca, crê que eu suportaria viver sem sua presença? Não sabe do amor que lhe tenho, D'us?! Daria minha vida por você.

– Não diga isto, amado – disse ela pousando os dedos nos lábios dele, mas Caleb, segurando-lhe as mãos, disse:

– Digo, pois você parece duvidar de minhas palavras, da honra do nosso amor.

– Perdão, estou sendo egoísta fazendo isto, vamos deixar disto.

E abraçando-o, fez com que suas mãos tocassem o seu ventre. Caleb sentia o filho que crescia dia após dia e beijando-a com ternura, falou:

– Elisha a tem respeitado, anda a feri-la?

– Não, ele nem mesmo fala comigo. Desde que Mia se foi junto a você ele não menciona uma palavra comigo, às vezes anda pela casa como que perturbado, mas eu permaneço no meu aposento em orações, tenho medo nestas noites.

– Faz bem, pois tenho um plano. Aproxima-se a festa do tabernáculo e quero convencer Elisha que estou cumprindo com minhas funções de esposo junto a Mia, pois desta forma ele a receberá, mas o que interessa a Elisha é o que possuo. Marta, é preciso que saiba certas verdades – disse Caleb segurando em suas mãos.

– Quais? – disse Marta, temendo não conseguir perdoar.

– Seu esposo.

– O que tem ele? – inquiriu ela inocentemente.

– Ele tomou Mia como mulher e ela espera um filho dele.

Marta empalidecera.

– Como ele pôde fazer isto? D'us, Elisha é um impuro sob aquela capa de doutor, fez isto com Mia e desejava enganá-la.

– Sim, mas não devemos julgá-los, pois devem nutrir simpatia um pelo outro, devemos aproximá-los para buscarmos uma saída digna para nós.

– Como assim, amado?

– Quando fugirmos, ele deverá assumir o filho que é dele, e o fará sem que cause escândalos aos outros e nós estaremos livres.

– E se Mia se permitiu a isto é porque o ama – disse Marta.

– Sim, ela tudo fará para preencher sua presença – disse Caleb.

– Eu terei paciência, amado.

– Agora preste atenção, Mia encontra-se aqui, evite-lhe a presença, não venha aqui para cuidar das crianças, peço-lhe.

E Marta, olhando-o entristecida, balançou a cabeça com afirmação.

Débora conversava com Reina que alegre lhe falava:

– Aqui tenho aprendido muito no auxílio a tantos enfermos, e nas palavras de Ananias encontro conforto até mesmo para suportar o convívio com Mia.

– Creio que deva ser muito difícil – disse Débora.

– É sim, minha filha, mas existem servos que aqui padecem muito mais. Recorda-se de Nur, a serva de Mia?

– Sim, – disse Débora – o que tem ela?

– Venha, vou contar. Ananias acolheu-a, havia sido assaltada e estava sem haveres. Ficou aqui como a maioria dos miseráveis, no entanto, Ananias nos relatou que ela começou a ter visões, sempre via mãos escuras que a buscavam à noite, não permitindo que dormisse. Outras vezes ouvia choro de criança. Assim, foi ficando cada dia mais atormentada, diz ver o filho de Marta ensanguentado, outras vezes começa a ter delírios com riquezas... O fato é que não se alimenta, está sempre assustada, o mal a espreita.

– Nossa, – disse Débora – está louca.

– Sim, filha, nem nos reconhece. Mas quando Mia dela se aproxima, ela fica completamente diferente, espuma, cospe, fala mal, é muito triste, quer vê-la?

– Sim.

Quando Débora adentrou o cômodo onde Nur estava notou o pavor em seus olhos e achegando-se da idosa percebeu o padecimento. Estava magra, cabelos alvoroçados, olhos vibrantes. Ela, vendo Débora, começou a falar:

– Fujam, fujam das sombras, elas vêm me buscar, buscam a todos os que não têm D'us, eu os vejo, eles vêm, ouçam, falam que sou suja.

Balançava as mãos, começou então a tremer, e neste momento ficou quase que serena.

– Eu o vejo, eu o vejo, sim, ele está aqui – dizia ela.

– Ele quem? – perguntou Débora.

– Ele está com a corda no pescoço, diz que se arrependeu. Oh! D'us, as sombras parecem envolvê-lo, ele diz para você seguir, seguir.

Neste momento, ela começou a rolar no chão em convulsões. Reina então chamou por Mia que compareceu, nem parecia a mesma, agora desprovida das túnicas luxuosas. Pegou a idosa junto com Reina e amarrou-a em seu leito a fim de que não se machucasse. Mia, ao notar o olhar assustado de Débora, falou:

– Isto é o que acontece com servos que fogem. Esta infeliz merece isto – e saiu altiva.

– Vamos, – disse Reina – ela logo ficará serena, deixemo-la a sós.

Débora estava abalada.

– Reina, crê que Abed possa ser este que ela falou ver junto a mim?

– Criança, tem confiança em D'us?

– Sim.

– Então ore, ore por ele e não se assuste.

Marta, após a conversa com Caleb, encontrava-se mais tranquila e auxiliava Ananias com os pedintes quando Débora surgiu assustada narrando a ela os acontecimentos. Ananias interviu:

– Filha, não devemos dar importância demasiada aos espíritos das trevas, pois que desejam pesar o seu coração para com isto penetrá-lo, roubando-lhe a paz.

Confia em D'us que tudo sabe, eu irei agora cuidar desta enferma e rogo-lhe que, assim como eu, ore por ela.

Após isto elas partiram para casa.

* * *

Caleb estava traçando o plano, sabia do horror que Mia sentia naquele local, e a fim de ganhar sua confiança, falou naquela noite com ela:

– Mulher, sei que deseja o retorno à casa de Elisha, e eu também, pois me encontro exaurido e não desejo ser um peso a mais para Ananias. Então direi a seu irmão que tenho que lhe deixar sob a sua tutela a fim de buscar o lucro das propriedades de Damasco que vendi. Concorda em adentrar aquela casa como minha esposa, mas sem me tocar como seu marido, ou prefere esta casa?

Mia então, ajoelhando-se, falou:

– Por misericórdia, vamos ainda hoje, eu concordo com tudo que desejar.

– Então organize seus apetrechos, pois pela manhã partiremos.

Caleb estava confiante, pois sabia que estava próxima a festa do tabernáculo ou festa da colheita[7] que era comemorada sempre no sétimo mês judaico, cinco dias após o dia da expiação. A festa traria várias caravanas, pois tinha como objetivo recordar o tempo em que o povo peregrinou no deserto e que D'us os sustentou ali. A festa duraria sete dias e com as várias cabanas que se estenderiam pelos arredores de Jerusalém, ficaria fácil a fuga deles. Caleb suspirava e angustiado pensava no filho que Marta trazia no ventre, amava aquele ser e faria tudo para libertá-los.

* * *

Marta fora para sua casa ansiosa, sabia que Caleb agiria e confiava nele. Porém, as informações acerca dos fatos que ocorriam com aqueles a quem conhecia a deixavam intrigada: o relato de sua irmã Orlit sobre Dan; a triste constatação do estado de Nur... Marta, sentada em seu leito vislumbrando a chegada da noite, pensava o porquê de tudo aquilo, afinal, tinham uma vida voltada aos costumes de seu povo, eram cumpridores das leis, por que toda aquela tormenta na vida de todos? Pensou em seu pai, em Aristóbulo; em Zimra, sentia falta de sua prima; até mesmo Mia, como se modificara, ou será que ela nunca notara que Mia sempre fora assim; pensou em Caleb, "por que ele retornara, D'us?!". Qual o motivo para tantos fatos inexplicáveis para seu coração? Pensou em Abed, "o que o teria levado àquele ato horrendo, ele sempre fora prestativo".

7 A festa da colheita era para comemorar a libertação do povo do Egito (Lv 23:33-43). Nesta festa toda região próxima a Jerusalém ficava coberta por cabanas feitas de ramos de árvores, daí o nome hebraico SUCOT. Era a festividade mais alegre de Israel, quando o povo estava repleto das graças de D'us, pois era realizada após a colheita do trigo. (Nota do autor espiritual)

Estava divagando quando Débora adentrou no aposento. Trazia a face entristecida, Marta, percebendo, perguntou-lhe:

– O que há, Débora?

A serva, olhando-a, disse:

– Será que Abed está com D'us?

E Marta, notando suas aflições, falou:

– Se não está, oremos para que ele possa adentrar a casa de nosso D'us, não se aflija por coisas que nos são desconhecidas, oremos por ele e pela misericórdia de D'us.

E Débora então, olhando as primeiras estrelas, elevou o pensamento ao alto e num ímpeto de amor ao namorado, rogou aos céus por ele:

D'us de nossos pais, Senhor de Israel, clemência, ó D'us, peço-Lhe por aquele que muito amo, se Lhe ofendeu ó D'us, peço-Lhe misericórdia, pois em sua simplicidade nada sabia, põe sua brandura sobre o coração deste ser para que ele, Abed, possa em Si encontrar a segurança que o conduza a este Reino de Amor que tanto ouvimos do Seu escolhido.

Após a singela prece, o coração de Débora foi se acalmando, enquanto Marta em seu coração dizia:

– Aceita, Senhor, aceita os pequenos, pois eles necessitam da sombra de suas asas.

* * *

Após duas semanas de espera, Orlit foi agraciada pelo retorno de seu esposo, Belchior, que trazia notícias de seus familiares.

O homem austero chegou sem fazer grandes alardes. À hora da ceia, Orlit foi convidada a ficar ao seu lado enquanto ele lhe narrava os fatos. Disse que sua irmã estava bem, embora não tivesse de fato ido até sua casa, mas através de Elisha soubera que tudo corria bem, relatou o estranho fato da venda das ruínas da casa que era de seu pai, e o casamento de seu primo Caleb.

Orlit a tudo ouvia. Absorvida em seus pensamentos imaginava o sofrimento que Marta estaria passando, este não era tão diferente do seu, pois após a partida da segunda esposa de Dan, ela tinha certeza que o perdera para sempre, sim, ele merecia ser feliz, e quem sabe fosse esta mulher a destinada por D'us a lhe dar filhos e a alegria que ela jamais lhe concederia.

Após o relato de seu esposo, Orlit rumou para suas tarefas de sempre, a arte da tapeçaria que praticava a fim de lhe trazer paz à mente. Sabia que seu esposo esperava resultados das núpcias e ela temia grandemente decepcioná-lo, pois julgava ser estéril como uma ameixa seca. Neste momento, recordou-se das vezes que engravidara, mas que perdera o fruto, sim, ela era estéril, nenhuma semente criava raízes. Pensou em Dan, como era compreensível e bondoso, lágrimas discretas rolavam, gostaria de ser forte como Shayna, largar tudo para busca seu amor. Neste instante pensou, "será que a propriedade que fora vendida... será que Dan a comprara? Não, ele não tinha bens. Como compraria aquelas ruínas?", continuou a tecer o seu tapete quando ligeira tontura lhe fez parar, respirou sem entender o que poderia ser, por temer estar só, chamou Cali, que logo compareceu a fim de auxiliá-la. Orlit, então, disse-lhe:

– Estou indisposta, traga-me um chá a fim de que me recupere.

A serva então acomodou-a em uma cadeira com almofadas para trazer-lhe reconforto e foi buscar o chá.

* * *

Nas duas semanas que se seguiram, Shayna andava em Betsaida tentando encontrar notícias de Dan. Estava mais abatida, seus pés doíam-lhe, pois, as sandálias causavam-lhe machucados que lhe dilaceravam os pés, estava tão cansada que chegava a desanimar. Quando chegou a Cafarnaum, foi com facilidade que encontrou a casa de Pedro, pois todos sabiam ser ele um dos discípulos de Yeshua. Shayna parou diante da entrada, o que ela diria? Algumas mulheres do mercado haviam falado do homem que acompanhava Pedro e a descrição era a mesma de Dan. Shayna ajeitou seu véu, encheu-se de coragem e foi logo atendida por Zimra que, ao vê-la, disse:

– *Shalom,* jovem, em que posso lhe auxiliar?

– Esta é a casa de Pedro, o discípulo de Yeshua?

– Sim – disse Zimra com um sorriso.

– Eu sou Shayna, esposa de Dan, que foi curado pelo Mestre.

Zimra, espantada, disse:

– Por favor, entre, venha por aqui.

E ao adentrar à casa, Shayna mancava, Zimra, notando sua dificuldade, falou:

– Sente-se, trarei água para que se refresque e bandagens para seus pés.

Shayna, notando sua solicitude, falou:

– Obrigada, estou muito cansada, viajo há alguns dias em busca de meu esposo.

Zimra trouxe-lhe água e bandagens que cautelosamente colocou nos pés machucados de Shayna. Logo as duas sentiram extrema simpatia e Zimra convidou-a para que ficasse em sua casa a fim de repousar. Ela, então, passou a narrar que Dan havia partido para Corazim a fim de reerguer sua vida e recuperar sua integridade. Shayna sentiu seu coração encher-se de alegria, pois amava-o, seus olhos brilhavam e Zimra, notando sua alegria, falou:

– Você deve amá-lo muito!

Shayna, sorrindo timidamente, falou:

– Ele preencheu meu coração, não desejo viver sem Dan, sem ele, tudo para mim perde o sentido, tenho grande afeto por ele.

– Pois então repouse para que possa seguir para Corazim, lá você o encontrará, mas por hoje ficará em minha casa como minha convidada.

Shayna sorriu feliz. Zimra a conduziu a um dos aposentos, Minar, a serva, levou água para que se refrescasse.

Só no aposento desatou as bandagens, constatou que seus pés estavam muito feridos, lavou-os cuidadosamente a fim de poupá-los para a viagem a Corazim, lavou seu colo e seus braços com o pano umedecido.

Sentindo o cansaço da viagem, seu corpo frágil ansiava pelo descanso. Trazia em seu semblante a esperança de rever seu amado.

Enquanto isso, Zimra, junto à sua mãe, tecia considerações:

– Minha mãe, o Senhor age por caminhos estranhos. Veja o que ocorreu a Dan, despertou no coração desta criança o amor leal e fiel, pois o que levaria uma mulher percorrer estas estâncias em busca do marido?

– É verdade, minha filha, o amor quando germina em nossa alma é como o sol a nos aquecer e chuva a nos refrescar, mas na ausência do sol e da chuva, a terra de nossa alma fica ressequida e nela só restará o pó das lembranças vividas. Por isto esta mulher percorreu estas distâncias, sua alma está sedenta, não deseja viver dias nublados, onde não há sol nem chuva, deseja a vida sentida em seu coração.

– Belas palavras, minha mãe, desejo que Dan possa rever os conceitos de sua vida e aceitá-la.

– Esperemos, filha, só o tempo amadurece o fruto, e no tempo certo, o fruto retorna à terra doando as sementes que serão novos amores. É assim a alma dos homens, hoje eu sei bem disto.

E o frescor daquela tarde envolvia a todos no aguardo de novas oportunidades que viriam.

* * *

Em Corazim, Dan passara a ocupar-se com o erguimento da antiga propriedade. Embora a população ao redor falasse que a propriedade era amaldiçoada, Dan prosseguia. Tentara explicar na sinagoga que Yeshua era o Messias, mas diante dos argumentos dos doutores, calara-se, limitando-se a se dedicar à montagem de pequeno comércio. Preocupava-se em tornar-se o mesmo homem honrado que sempre fora, porém com a verdade da Boa Nova a preencher seus pensamentos e o coração. Às vezes a melancolia o assaltava perturbando sua alma, pensava em Orlit, não conseguia apaziguar a dor de seu coração, ele a compraria, ofereceria o que fosse possível para tê-la.

Estava naquela tarde admirando a obra que ia bem adiantada e, decidido, resolveu ir a Cafarnaum no dia seguinte a fim de receber mercadorias que pretendia comercializar.

* * *

Reina, em casa de Ananias, sentia-se realizada em poder servir. Quando Caleb narrou-lhe a necessidade de regressarem para a casa de Elisha, a matrona, com singeleza em sua voz, disse-lhe:

– Caleb, sei que é um homem virtuoso e cheio de dignidade, mas aqui encontrei o que buscava para meu coração velho, aqui posso ser útil e Itti também tem se sentido feliz em meio a estas pessoas. Desejo aqui permanecer para compartilhar com este homem os ensinos do Mestre.

Caleb, então, compreendendo que Reina não desejava retornar, falara-lhe:

– Reina, está livre para fazer o que seu coração pede, apenas me preocupo com seu bem-estar.

– Filho, muito me honra suas preocupações, mas sei que deve ter outros planos em sua jornada. Aqui estamos melhores compartilhando com estes irmãos a nossa vida que é tão semelhante à deles.

– Está bem, mas devo falar com Ananias para que me diga se concorda.

E retirando-se, Caleb buscou a companhia do idoso que próximo ao jardim se encontrava, mãos trêmulas, face tranquila. Ao ver Caleb, sorriu:

– Posso sentar-me? – pediu Caleb.

– Sim – disse o ancião.

– Parece-me cansado, Ananias.

– O meu cansaço não é nada, apenas preocupação com meu povo doente e faminto.

Caleb, então, falou:

– Amigo, agradeço por tudo que tem feito por mim, mas devo dizer-lhe que amanhã parto com Mia, sabe que a festa se aproxima.

– Sim, é verdade. Creio que deva preparar-se para sua partida com Marta, pois o Mestre aqui virá.

– Então, amigo, quero que me diga o momento oportuno e dê o sinal para poder partir com segurança. Sabe do estado de Marta.

– Sei e muito me preocupa a fragilidade desta criatura, mas farei tudo como combinamos.

– Ananias, Reina e Itti desejam aqui permanecer para lhe auxiliar, isto lhe agrada?

– Caleb, fico feliz em poder ter quem me auxilie, são tantos necessitados e enfermos, elas são bem-vindas.

Então Caleb aproximou-se e abraçou o amigo com verdadeira gratidão.

– Agora posso me recolher. Amanhã será um dia difícil.

* * *

O DIA COMEÇAVA cedo em casa de Zimra. Shayna despertara cedo a fim de ir para Corazim, enfaixara seus pés para não causar maiores dores, recolhera seus pertences e, com extrema gratidão, partira rumo a Corazim.

Zimra olhava-a seguir em meio as vielas de Cafarnaum, nunca vira tamanha coragem em uma mulher, orou a D'us a fim de que a guardasse de todo o mal.

Shayna estava esperançosa de encontrar Dan, com os pés machucados incomodando-a, a viagem transcorria lenta, pois não suportava a caminhada por muitas horas.

Dan, no entanto, marchava de encontro a Cafarnaum para efetuar sua primeira compra para seu comércio de especiarias. Estava a caminho e refletia se deveria retornar a Jericó com o propósito de rever Orlit. Dan ainda desejava tê-la, seu coração não aceitava os fatos, pois sabia que aquela não poderia ser a sua decisão. A brisa fresca fazia-o suspirar. Pensou em Shayna, ela já deveria ter conseguido um bom homem que a desejasse, afinal era uma bela mulher, embora seu coração não a amasse como deveria, gostava de sua companhia.

Shayna já havia caminhado cerca de duas horas ininterruptas, as bandagens que revestiam seus pés estavam cheias de sangue, então ela procurou abrigo a fim de descansar e cuidar das feridas. O sol já ia alto, o que tornava o percurso difícil, ouviu barulho de um córrego e resolveu buscá-lo para poder lavar os pés. Entrou por pequeno atalho notando que o lugar era de profunda serenidade. Ajoelhou-se e pôs a desatar as bandagens, a luz do sol deslizava entre as árvores, o barulho do córrego enchia o ambiente, estava cansada, a face traduzia a dor que sentia pelos machucados dos pés. Neste momento percebeu estranho barulho e assustada visualizou Dan que estava na outra margem, havia parado para saciar a sede de seu animal. Sim, era ele, o seu querido esposo, chamou-o sem receios, pois sua alma desejava ardentemente a sua companhia, como se ele fosse a cura de suas tristezas.

Dan, que não havia percebido a sua presença, ao ouvir-lhe o chamado ficou surpreso, atravessando a margem acreditou estar diante de uma bela miragem, pois Shayna, com seu véu caído nos ombros, deixava à mostra a face, e a beleza de seu coração transbordava pelo seu semblante. Dan notou seu olhar de alegria e vislumbrou naquela mulher uma nova chance de reconstrução.

– Shayna? – disse ele em dúvida, pois pela primeira vez viu seu semblante.

– Dan, – disse ela sorrindo – sou eu, Shayna.

– O que faz aqui nestas paragens? – perguntou Dan perplexo.

– Vim em busca de sua presença – disse ela entre lágrimas de alegria e dor pelos ferimentos.

Notando ele seu estado delicado, achegou-se e disse:

– Deixe-me ajudá-la.

Agachou-se preocupado com as lesões abertas em seus pés. Lavou-os e secou com afeto. Estava confuso e permaneceu em silêncio até que, enfaixando os pés dela, falou:

– Por que fez isto?

– Dan, – disse Shayna com o coração oprimido – tive tanto medo depois que partiu.

– Medo? – disse ele com espanto.

– Sim, medo de perdê-lo para sempre, eu sei que fui dura com você, mas estava me sentindo menosprezada pelo seu coração. Ah, Dan! Perdoa-me pela atitude egoísta que tive com você, eu o ofendi tentando mostrar o caminho da saída, mas na verdade desejava que visse o meu coração, o amor imenso que lhe tenho, não desejava ser a sombra de uma mulher, mas sim, a sua mulher.

Dan sentiu a sinceridade daquele coração e disse:

– Shayna, meu coração pertence a outra mulher, como poderei ser digno de seu afeto? Como poderei dar-lhe o que anseia? Sinto ter que lhe dizer o que se passa em meu coração e perdoe-me se a ofendo, mas não posso enganá-la.

– Dan, eu sei, mas peço-lhe, deixe que eu fique para servi-lo, nada desejo além de estar próxima ao seu coração.

– Quer ser a sombra de uma mulher?

– Se esta é uma forma que tenho de lhe ofertar meu amor, quero! – disse Shayna.

– Shayna, como pode pedir tal coisa? Não sou digno do seu amor.

E Shayna, segurando em suas mãos, disse:

– Quem não é digna sou eu, pois sou uma samaritana, não mereço outro tratamento.

– O seu coração é o mais puro que já conheci, farei o possível para que tenha o que merece.

E pegando em seus braços, acomodou-a em sua montaria e partiu.

* * *

Orlit, em Jericó, vivia em sua solidão, as horas tornaram-se longas e entediantes, seu esposo, homem sempre ocupado com os ganhos junto aos romanos, fornecendo as montarias para os jogos, quase não permanecia em sua residência.

Orlit era vigiada todo tempo, nada podia realizar sem o seu conhecimento. Os passeios eram-lhe proibidos, e as reuniões eram sempre regadas ao silêncio de suas palavras, sentia-se como uma estátua, mas um fato lhe chamava a atenção, não tinha tido o seu fluxo ainda e estava sentindo-se estranha. Será que concebera? Temia ficar grávida e perder a criança como das outras vezes.

Sentada em seu aposento refletia acerca dos últimos dias. Estava ansiosa, pois não sabia nada acerca de Dan, nem mesmo da moça que lhe fora ao encontro, pois ela não retornara. Naquela manhã em especial, sentia-se incomodada, seu coração parecia aflito, pensava em Dan, como desejava sua presença, como fora tola em colocar seus sentimentos acima do amor que nutria por ele. Ela o afugentara de sua vida. Sentiu-se tonta, falta de ar, tentou erguer-se, mas desmaiou sem sequer chamar a serva. Despertou entre almofadas, Cali a abanava enquanto um senhor de barba longa dava-lhe algo para sentir o odor forte. Seu esposo fora chamado às pressas, então o homem, com um olhar imponente, falou:

– Senhor, parece que sua esposa concebeu.

Orlit, assustada, nada compreendia.

O esposo, satisfeito, retirou-se.

A partir daquele momento toda sua esperança em viver com Dan fora perdida e estranha tristeza invadiu seu coração, estava grávida e não era de seu amado Dan. Chorou copiosamente como se tivesse a certeza de nunca mais tê-lo em sua companhia. Belchior, no entanto, estava entusiasmado com a possibilidade de Orlit conceder-lhe um varão.

O senhor de barbas longas após examiná-la, disse:

– Deixe-a repousar, necessita ficar acomodada até que se recupere – e retirou-se da propriedade em silêncio.

* * *

Após longa conversa com Ananias, o dia chegara para Caleb de forma vitoriosa, pois ele sabia que, a partir daquele momento, estaria próxima a sua fuga com Marta. Chamou Mia para que se despedisse das pessoas. Ela sentia-se extremamente aliviada, afinal não seria obrigada a viver em meio àquela pobreza, em meio àquelas pessoas, que para ela não passavam de miseráveis fedorentos. Partia aliviada, amaldiçoara Nur, no fundo do seu coração sorria pela desdita daquela mulher. D'us estava com ela, pois punia aquela serva infiel e delatora. Agora estava pronta com sua túnica preta. Olhava para Reina como a inquirir-lhe, onde estava a sua bagagem e da serva atrevida.

Caleb, ao olhar para Mia, sentia-se enjoado e sem grandes afetos falou seriamente:

– Tome a sua bagagem e a minha e carregue.

– Não farei isto, peça a esta serva inútil que faça – e apontou o dedo para Itti.

– O que pretende com isto? Ainda não aprendeu o suficiente? Eu sou seu esposo, sirva Mia – disse Caleb ríspido.

– Quer me humilhar – disse ela agitando-se.

– Cale-se ou não irei para a casa de Elisha – replicou Caleb.

E Mia, refreando sua língua, sentia vontade de apunhalá-lo. Tomando a bagagem, rumou para o portão a fim de sair.

Reina, que a tudo assistia, falou:

– Não provoque as cobras, meu filho, elas esperam o melhor momento para morder.

– Obrigado pelo sábio conselho, Reina, que D'us com você fique.

Pelas vielas de Jerusalém, Mia vinha andando trazendo a bagagem, em seu pensamento amaldiçoava Caleb, "eu juro que me vingarei, eu juro", pensava ela, sentindo-se menosprezada.

O trajeto era sofrido para ela, Caleb à frente seguia tranquilo, escolhia as palavras que justificassem sua atitude. Ao aproximar-se da residência, olhou para trás e pegando a bagagem disse:

– Se falar uma palavra, retornaremos.

Caleb, então, adentrou a aconchegante casa e fez-se anunciar. Logo Elisha compareceu como a duvidar do que via.

– O que deseja, Caleb? – inquiriu ele autoritário.

– Elisha, vim aqui pedir-lhe abrigo até a festa do tabernáculo, pois tenho negócios a resolver em Damasco e Mia não poderia ficar sem seu abrigo e proteção, creio que ela está em estado de graça, e agora desejo reaver parte de meus bens.

Elisha, olhando-o com interesse, falou erguendo as mãos:

– Que D'us seja louvado, venha, entre.

E Caleb, fingindo preocupação, falou:

– Minha esposa precisa de repouso, estou apreensivo com seu estado.

Então Elisha chamou Débora e disse:

– Acomode Mia e Caleb.

E Débora, nada falando, os conduziu aos seus aposentos. Quando lá adentraram, Mia procurou o reconforto do leito, mas Caleb falou:

– Você não deita em meu leito, não lhe permito tal feito, é uma mulher imunda.

Mia sentiu a fúria crescer dentro do peito, atirando-se a ele como a desejar atacá-lo, foi contida pelas mãos de Caleb.

– Se fosse mais prudente, não faria isto, posso acusá-la diante do conselho.

E Mia, esforçando-se, abaixou as mãos e disse:

– Onde devo repousar?

– No chão, animais vis como você, vivem no chão, e se eu sentir o seu cheiro no meu leito, a delato – e retirou-se.

Mia explodiu em prantos de amargura e raiva:

– Eu me vingarei, Caleb, eu me vingarei – dizia ela com ódio, esmurrando as almofadas.

Marta esperava ansiosa para vê-lo. Caleb, sorrateiro, rumou para o aposento onde Marta o aguardava, pois havia notado a movimentação na casa. Ao adentrar em seu aposento, notou seu semblante de alegria. Caleb foi ávido ao seu encontro, beijando sua face com paixão e abraçando-a com afeto.

– Minha amada, estou aqui como prometi, venha, sente-se, – e olhando-a com intenso amor, falou: – a festa se aproxima e o Mestre, dentro de breves dias, aqui estará e nós fugiremos, está tudo acertado.

– Caleb, estou aliviada, pois nosso filho pôs-se a agitar em meu ventre, temo que Elisha descubra.

– Não, amada, – disse Caleb pousando as mãos em seus lábios – não diga tal fato. Olhe, vamos passar por tudo isso juntos, D'us está conosco, tenho certeza, teremos a vitória.

E, tocando-lhe o ventre, falou:

– Não sinto nosso filho.

Marta, então, erguendo-se, pediu para que ele desatasse a faixa que estava em sua cintura a prender-lhe a túnica e ao retirar, sua barriga surgiu pequena e pontuda. Caleb, ao notar o esforço que ela fazia para esconder a gestação, chorou. Sentindo seu filho, abraçou-a com ternura beijando-lhe os lábios.

– Não chore, meu amado, se fica triste eu me sinto infeliz – disse ela, notando sua emoção.

– Marta, eu a faço sofrer e nunca desejei isto para você e menos ainda para nosso filho, quero lhe ofertar toda ventura desta vida.

E, sentando-se com as mãos entre a cabeça como a sentir remorso, disse:

– Perdão, minha amada, perdão.

Marta, ajoelhando-se, segurou em suas mãos e falou:

– Tudo isto vai passar, confiemos em D'us, tenho orado para que tudo possa ocorrer conforme a vontade d'Ele.

– Quando fala assim, meu coração fica sereno e pareço sentir a mesma fé que habita em você. De onde vem toda esta certeza? – inquiriu Caleb.

E Marta, olhando-o com amor, disse:

– Tenho certeza de nosso sentimento, o que temos em nosso coração não é adúltero, não é por prazer, é amor, e o amor é o fruto sagrado que D'us põe no coração dos homens.

– Ah, Marta! Seu coração é o perfume de minha alma, – beijou suas mãos – agora tenho que ir, mas saiba que não toco em Mia, aquela mulher me causa náuseas. D'us! Tenho que ter muita tolerância. Tenho que ir, Elisha já deve estar me aguardando para dialogarmos.

Saindo do aposento, Marta sentiu-se aliviada, afinal conseguiriam fugir, olhando para sua barriga, pegou as faixas e pôs-se a enrolar a cintura, ajeitando para que ninguém notasse seu estado.

Caleb descera a fim de conversar com Elisha que o aguardava. Caleb dirigiu-se à sala onde ele guardava seus manuscritos.

– Então minha querida Mia pode estar esperando um varão seu?

E Caleb, olhando-o com desprezo, falou:

– É, parece que sim.

– Disse-me que vendeu seus bens e agora a surpresa de que tem ainda parte de sua fortuna, como sucedeu isto?

– Muito simples, doei parte do que possuo, mas meu administrador não permitiu que me desfizesse das propriedades do Egito e Damasco, pois estão em minha família há muitos anos.

– Ah! Enfim um administrador de palavra – exclamou Elisha.

– É, parece que sim – sorriu Caleb contrariado, mas tentando amenizar as circunstâncias.

– E quando pretende partir?

– Em breve, creio que seria melhor aguardar a festa, afinal as caravanas já estão chegando e muitos viajores das cercanias têm vindo.

– É, será uma bela festa – disse Elisha pensativo.

– Bem, se me permite, Elisha, devo providenciar alguns pormenores a respeito de minha viagem.

– Sim, pode ir – disse Elisha com desdém.

Elisha, resoluto, rumou para o aposento onde Mia encontrava-se. Quando adentrou, Mia o recepcionou de forma fria:

– O que o senhor deseja?

– Saber de você, o que mais?

– Pois bem, para seu interesse, estou ótima, afinal, o meu marido está deveras empenhado em me oferecer uma vida rica e feliz – disse ela com ironia.

Elisha apressou-se e disse:

– Temos um trato.

– Que foi quebrado quando permitiu que ele me levasse desta casa.

– Ora, Mia, não seja rancorosa, fiz o melhor e deu certo.

– Como pôde ser tão cruel? Estou a carregar um filho seu em minhas entranhas, é maldito! Não quero compartilhar nada, sai de meu aposento – disse ela ríspida.

E Elisha, aproximando-se, falou mansamente:

– Não lute contra o que sente – e abraçou-a com força.

Mia virou a face, mas Elisha, segurando-a com as mãos, beijou-a com força. Mia debateu-se, mas acabou por render-se às carícias maliciosas e interesseiras de Elisha. Após o ato sexual consumado, Elisha ergueu-se e disse:

– Faça sua parte que o restante eu providencio.

– Está bem – disse ela feliz.

* * *

Em Cafarnaum, Pedro estando em sua casa, falou com Zimra:

– Mulher, amanhã partiremos para Jerusalém, a festa dos tabernáculos se aproxima e o Mestre deseja lá estar.

– Poderei ir com Sara?

– Melhor não, a viagem será longa e difícil, fique para cuidar de nosso lar, poupar suas energias e cuidar dos negócios.

E ela, olhando-o um pouco triste, retrucou:

– Está certo, farei isto, embora sinta muita vontade de segui-lo.

E Pedro, pegando em suas mãos e acariciando-a, aduziu:

– Ore por nós, suas orações me fortalecem.

* * *

Naquele tempo, Yeshua andava pela Galileia, pois não desejava andar pela Judeia, sabia em seu coração que os judeus desejavam matá-lo. E estando próxima a festa, disseram seus irmãos para provocá-lo:

– Saia daqui e vai para a Judeia para que seus discípulos vejam ali também as obras que faz. Por que não há ninguém que procure ser conhecido que faça coisa alguma em oculto, se faz estas coisas, manifesta-as ao mundo.

E Yeshua, então, falou:

– Ainda não é chegado o meu tempo, mas o seu tempo sempre está posto, pois o mundo não lhes pode achar, mas ele me odeia a mim, pois dele testifico que suas obras são más, subi vocês a esta festa, eu não subo ainda, pois meu tempo ainda não está cumprido.

E havendo lhes dito isto, permaneceu na Galileia.

* * *

Os dias passaram céleres e após Dan ter se reencontrado com Shayna, sua vida se estabelecera novamente, agora em sua casa, erguido seu comércio, começava a frutificar.

Shayna procurava ajudar seu esposo em tudo, dedicando-se às tarefas do lar e servindo-o da forma que o satisfizesse. Porém, ela sentia em seu coração que não lhe preenchia por completo o coração, pois todas as tardes Dan se distanciava e seu olhar vagava perdido pelo horizonte. Nestas horas sentia-se entristecida, pois percebia lágrimas discretas que rolavam em sua face, mas não tendo coragem de perguntar, calava-se, pois acreditava ser por Orlit.

Ela não estava sendo enganada, pois Dan deixara claro para ela que amava a esposa perdida. Embora isto a ferisse, preferia isto a ter que ficar sem a companhia dele. Um dia ele veria o profundo amor que ela lhe devotava.

Na verdade, Dan sentia-se extremamente satisfeito, agradecia a D'us pela oportunidade de reerguer-se, mas em sua alma o vazio permanecia. Orlit nunca deixara o seu coração e ansiava poder revê-la, estar com ela, mas Shayna existia em sua vida e não desejava feri-la mais uma vez. Embora não a enganasse quanto aos sentimentos que por ela nutria, ela era uma boa amiga, a qual ele tinha grande gratidão, e esta gratidão era o que o prendia junto a ela, desejava pagar-lhe todo afeto que derramava por ele. Às vezes, quando a tarde chegava, recordava-se da esposa, do seu jeito de falar, seus modos infantis e seu ciúme sem medidas. Chorava pela sua ausência, suspirava pelos erros que cometera, como pudera supor que sua dor fosse maior que a dela, que sua moléstia fosse motivo que aniquilaria o amor que os unia. Ele sentia que Orlit fugira não por não o amar, mas por Shayna, agora com a cabeça mais equilibrada conseguira raciocinar.

Foi então que Shayna aproximou-se, estava mais bela, a convivência com Dan possibilitara maiores cuidados, que antes não existia. Em sua túnica transpassada branca, seu véu azulado emoldurava a face meiga e serena, os olhos cintilavam, como se neles o amor se apresentasse. Disse com voz afetuosa:

– Dan, meu esposo, não quero lhe importunar, mas é que se aproximam as festividades em Jerusalém e gostaria de participar, eu nunca fui a esta festividade.

Dan, então, sorriu alegre, e pousando as mãos nas suas, disse:

– Diga o que deseja que lhe darei, querida esposa, se quiser ir à festa, iremos.

E Shayna sorriu alegre, pois nestes momentos sentia-se plenamente realizada, parecia que seu esposo lhe tinha apreço. Mesmo sabendo que ele não esquecera Orlit, ela estava ali do seu lado sendo reconhecida, então falou:

– Se iremos, devemos partir sem delongas, pois sabe que tem que montar nossa tenda e desejo um bom local – disse Shayna.

– É verdade, está bem. Assim poderei visitar Ananias e quem sabe o Mestre esteja lá – falou Dan.

– É verdade, esposo, quem sabe você me conduz a este Rabi.

– Então façamos os preparativos – e chamando o servo, puseram-se a organizar o que levariam.

* * *

Em Jericó, Orlit não dividia as mesmas alegrias que Dan, pois logo após ela ter concebido, perdeu o filho. Orlit sentia-se muito infeliz, pois sabia que deveria falar a verdade para seu esposo, que estava muito contrariado com o acontecimento. Na verdade, o que Orlit não sabia era que seu corpo não tinha um determinado hormônio que auxiliava na formação da placenta, por isso era inútil qualquer tentativa.

Seu esposo, Belchior, a olhava com certo desprezo, pois ela perdera a criança que ele tanto desejava. Sentindo-se desprezada, Orlit recordava-se de seu antigo esposo que, naqueles momentos, jamais a condenara, ao contrário, era afetuoso consolando o seu coração. O pranto vinha nestas horas como uma torrente que limpava as dores de sua alma, pois ela sentia-se muito infeliz. Em sua infelicidade, Orlit se culpava pelo tratamento que havia ofertado a Dan. Eram dias difíceis para o seu coração, a serva Cali, que sempre ao seu lado ficava, sentindo a sua aflição, falou:

– Senhora, tenha fé, D'us saberá o momento de conduzi-la à glória de seu outro filho.

Orlit sentia-se melhor, mas não acreditava que poderia ofertar um filho a seu esposo.

Em Jerusalém, após a partida de Caleb e Mia, Reina se dedicava ao auxílio a Nur, a pobre serva cada dia enfraquecia mais. Às vezes tinha momentos de lucidez e suas angústias afloravam, pensava em seus atos criminosos, chorava. Reina, que sempre estava próxima, procurava ouvi-la. Certo dia em especial, Nur estava muito inquieta, então Reina, tentando dar-lhe um conforto, disse:

– Nur, abra seu coração, D'us sempre nos perdoou.

A serva, então, arregalou os olhos e aduziu:

– Será que Ele me pouparia a vida?

– Claro, Nur, D'us é justo.

– Mesmo para alguém como eu?

– Ele é justo para todos, diga-me o que a aflige.

– Marta me aflige – disse a serva com voz rouca.

E Reina sem compreender, mas temendo que algo pudesse ocorrer com Marta, perguntou:

– Por que Marta a aflige?

– Eu cometi um ato atroz.

E Reina, assustada, insistiu:

– Qual?

– Não consigo mencionar – disse Nur arregalando os olhos. – Oh!, D'us, eu os ouço, – disse ela passando as mãos sobre o ouvido – eles estão aqui.

Nur estremecia e amaldiçoava, torcendo-se, balbuciava palavras ininteligíveis, era a crise que chegava inesperada. Reina, segurando em suas mãos, punha-se a orar. Nur começava a se alterar, gritava:

– Não fui eu, foi ela que mandou, eu vejo, eu vejo a criança.

E nestas horas os espíritos malfazejos plasmavam as feições de Job, atormentando a velha serva, que cedia pouco a pouco à indução maléfica. Itti observava a tudo sem nada falar, sentia-se muito mal quando Nur ficava daquela forma, em seu coração orava, pois sentia as presenças que ali penetravam. Logo após conseguirem acalmá-la, Reina disse:

– Itti, creio que deveríamos trazer Marta aqui, talvez isto trouxesse alívio a esta criatura, sei que ela deve trazer o peito em fogo e a cabeça em tormenta, mas se Marta a perdoar, ela ficará em paz.

– Tem razão, – disse Itti – mas devemos ter cautela, não sabemos os atos atrozes que esta criatura tramou. E Marta está em franca recuperação, creio que devemos aguardar, afinal, se for da extrema vontade do nosso D'us, Ele a guiará até esta casa.

– Sábias palavras, Itti, melhor aguardarmos, enquanto a vontade de D'us não se manifesta, oremos.

* * *

Em casa de Elisha, Mia se corroía dia a dia, dividida entre a vingança e o silêncio que era obrigada a manter.

Caleb sempre se ausentava a pretexto que ela desconhecia, dizia tratar de assuntos de dinheiro, mas ela duvidava e não podia delatá-lo a Elisha, pois seria pôr sua segurança em risco, e isto ela não faria, teria que vigiá-lo, mas como? Afinal, não contava mais com o auxílio de sua serva. Até que, naquele dia, resolveu observá-lo dentro daquela casa. Ele saíra bem cedo e "Elisha era um tolo, estava sempre preocupado com o tal Messias, grande coisa!", exclamou ela. Estava inquieta a andar pela casa quando Elisha retornou, estava com o semblante irritadiço. Mia, então, percebendo-o aborrecido, aguardou que adentrasse a casa para abordá-lo. Elisha havia retornado de uma das reuniões do sinédrio.

A população estava ansiosa com o Rabi de nome Yeshua, embora poucos se atrevessem a comentar a seu respeito, muitos acreditavam ser ele um homem de D'us.

Elisha tinha que fazer algo a fim de desmoralizá-lo perante o povo, aproximava-se a festa e com certeza ele ali se encontraria para disseminar suas ideias malditas. Entrou em seu lar em clima de tensão. Mia, sentada entre as almofadas da sala onde sempre se recolhia, não fora sequer notada. Elisha, sentando-se à mesa que se assemelhava a uma pequena escrivaninha, notou finalmente a presença de Mia que o observava com olhar penetrante.

– Sim, você está aí, o que quer? – inquiriu Elisha com tom de desprezo.

– Apenas auxiliá-lo – disse Mia com firmeza.

Elisha sorriu sarcasticamente.

– Diga-me, mulher, como pode me servir? Pois as mulheres nada sabem.

E Mia, atrevendo-se, falou:

– Diga o que o perturba, quem sabe D'us se agrada de meu coração e eu lhe respondo.

Elisha, então, pigarreou e disse:

– Está bem, a questão é simples, trata-se do Rabi que causa escândalos e ganha o apoio da população, temos que desmascará-lo diante do povo.

– Então é só isto? – disse Mia, que em sua mente tecia sórdido plano a fim de beneficiar-se.

Neste instante, espessas energias enegrecidas começaram a emissão fluídica que ia ganhando força em seu campo mental. Elisha, erguendo-se, falou:

– Diz como se tivesse a solução, tem?

– Claro, – aduziu Mia – não só tenho, como o auxiliarei a provar que este homem é a blasfêmia em carne.

– O que fará? – perguntou Elisha agressivo.

– Elisha, Elisha, – dizia Mia com deboche – tem a resposta em seu próprio teto, apenas peço que me dê tempo a fim de explicar-lhe como fará.

E Elisha, indo em sua direção, segurou-lhe pelo braço e gritou.

– Fale agora, mulher.

Mia, soltando-se de suas mãos, disse:

– Terá que confiar e no momento certo fará como lhe disser, apenas me diga quando e onde este Rabi aparecerá.

E Elisha respondeu, agressivo:

– Se mentir para mim, se falsear ou tramar, mato-a com minhas próprias mãos.

– Não precisará fazer isto, pois as suas mãos serão tão gratas a mim que se erguerão em louvor por eu estar ao seu lado.

E saiu do local sorrindo com malícia. Atrás de si o cortejo funesto a seguia.

Ela teria que incriminar Caleb, mas como? Deveria ser algo que a deixasse viúva e que ele pagasse com a vida. Estava tão absorta em seus pensamentos, mas quando seguia para seus aposentos ouviu a voz de Marta que parecia dialogar com Débora. O que falavam? Rumou lentamente a fim de não emitir qualquer som que quebrasse o diálogo.

– Senhora, temo por sua vida – dizia Débora.

– Não tema, Débora. O que poderá ocorrer nesta fuga? Estamos entrando na semana das festividades, veja os arredores, já têm caravanas que estão montando as tendas.

– Senhora, eu irei com vocês? – inquiriu Débora com insegurança.

E Marta, tocando em suas mãos, disse:

– Débora, não deixaremos você para ser punida por Elisha. Caleb providenciará tudo, não se inquiete, tudo terminará bem. Eu preciso de seus préstimos.

E a serva sorriu agradecida, aduzindo:

– Como deve ser o Egito, senhora?

– Creio que é uma terra misteriosa e bela, meu coração acelera só de pensar – disse Marta sorrindo.

Mia ouvira o suficiente, então Caleb continuava a praticar o adultério embaixo do nariz de Elisha, a raiva crescia dentro de Mia. Saiu cautelosa das proximidades, rumou para o seu aposento, lá jogou-se na cama.

Cretino, blasfemador, falava com fúria, jogando as almofadas por todos os lados. Não deseja meu cheiro, pois está enlouquecido pela beleza de Marta, como Elisha também está, eu a odeio, eu a odeio.

Neste momento ela parou e refletiu, "eu vou aniquilar Marta, acabarei com sua vida, sim, eu provarei para Elisha que ela não tem valor e farei Caleb sofrer por ter prosseguido com este caso. Como fui insensata, como jumento não vi a malícia daquele tolo, mas eu serei superior, e ele sofrerá, ah!, sofrerá", e começou a sorrir como se estivesse vendo as cenas de seus próximos atos.

* * *

Caleb havia vendido as joias de Marta, exceto o anel que lhe presenteara, este ele colocou em um cordão e o entregaria, afinal, era a prova de que ela pertencia a sua família, ela era a sua amada, eleita pelo seu coração. Segurou o anel e suspirou, "Marta, Marta, como te amo, você jamais será amada por ninguém como eu te amo. Senhor, guarda-a".

Rumou para a casa de Ananias a fim de saber quando Yeshua chegaria. Estava ansioso, pois sabia que sua vida e a de Marta dependiam daquele momento. Os pensamentos invadiam sua mente, por vezes não conseguia raciocinar com coerência, tamanha aflição que se alojara em seu peito, não conseguia mais ter a paz de antes. Ele desejava que tudo aquilo terminasse, somente assim, tendo Marta sã e salva ao seu lado, com seu filho, teria paz. No Egito seria diferente, lá Elisha não teria força. Ao chegar à casa de Ananias foi recepcionado por Reina que com alegria o saudou:

– *Shalom*, Caleb.

– *Shalom*, Reina, Ananias encontra-se?

– Sim, está com as filhas de Felipe, que vieram para a festa.

– Ora, que bom!

De fato, as duas jovens estavam a dialogar com Ananias acerca da vinda do Mestre e traziam notícias dos apóstolos.

Caleb adentrou o ambiente saudando as jovens que silenciaram e retiraram-se para outra sala. Ananias ficou feliz em ver Caleb, pois agora sabia com certeza da vinda de Yeshua, acercando-se do amigo, disse:

– Sei o que o traz aqui, pois bem, ao iniciar as comemorações, creio que o Mestre chegue sem fazer alarde, pois não deseja estimular a ira dos doutores do templo e sim levar a boa nova ao povo.

Caleb sentiu como se um peso saísse de seu coração, afinal, tudo estava caminhando para um desfecho onde não haveria erros.

Mia, contudo, já conseguia traçar seus planos. Depois da primeira ceia procurou se informar acerca dos horários de Caleb com o servo responsável pela guarda dos animais. Inteligente e astuta, naquela tarde, quando Caleb retornou, encontrou uma Mia diferente, branda e humilde, procurava agradá-lo se passando por mulher arrependida de seus atos cometidos. Iniciou seu diálogo desta forma:

– Senhor, meu marido, não desejo justificar meus atos, mas quero pedir desculpas por tudo que causei, sei que venho agindo erradamente e preciso muito de seu auxílio.

Caleb, não compreendendo tal conversa, disse ríspido:

– O que uma cobra peçonhenta como você deseja de um simples ser como eu.

– Desejo abrir meu coração e dizer que tudo que tenho feito é por amar Elisha, sim, eu sempre o amei e sei que você deve sentir isto em seu coração.

Caleb parecia desconfiado, então ela, notando sua desconfiança, prosseguiu:

– Crê que desejo sua derrota, mas engana-se, desejo ser apenas a esposa de Elisha, por isto concordei em me dar a ele, em ser sua esposa. Oh! Ajude-me, eu o amo.

– Então por que se casou comigo? – disse Caleb contrafeito pelo rumo da estranha conversa.

– Porque ele exigiu que eu tivesse bens, afinal, eu perdi tudo quando fiquei sem Efrat. Eu apenas amo – e chorou.

Caleb condoeu-se e disse:

– Se isto é verdade, me prove que posso crer em suas palavras.

– Sei que irá fugir com Marta e não narrarei nada a ele.

Caleb ficou lívido, “como aquela mulher sabia disto?”, pensou.

– Não sabe o que diz.

– Sei e pretendo auxiliá-lo, por favor. Quero Elisha livre para ser meu esposo, farei o que for preciso.

– E por que matou Job? Justifique seu ato cruel em nome do amor.

– Não, – disse Mia com fingido choro – apenas temi pelo meu filho, ele seria desprezado, mas hoje carrego toda esta culpa em meu coração – e batia no peito. – D’us me punirá.

– Ele a punirá, mas o que deseja?

– Ajudá-lo.

– Se quer me auxiliar, cale-se, assim talvez eu possa lhe dar algum crédito.

– É o que farei – falou com voz lamuriosa.

Naquela mesma noite, Mia saiu sorrateira pela casa vestindo um manto negro com capuz. Marchou pelas vielas sombrias até deparar-se com um local que era frequentado pelos soldados romanos e pelos homens de abastança, tratava-se de um escuso prostíbulo onde jovens eram escravizadas e subjugadas a uma vida infernal. Ao acercar-se do local, tomou cautela, pois sabia que poderia ser confundida com uma mulher de má vida. Levava um punhal e um saco de moedas que surrupiara de Elisha. Logo surgiu um homem de aparência obscura e disse:

– O que quer, servir nesta casa?

– Não, – disse ela – tenho uma jovem virgem que lhe renderia muito.

E o homem, olhando-a, falou:

– Entre para conversarmos.

Quando Mia adentrou, logo um homem tentou tocá-la, ao que ela arrancou o punhal, o dono da casa sorriu e falou:

– Esta não, ela está negociando uma joia para esta casa, uma virgem.

E os risos encheram o local onde a bebida era servida e mulheres eram tratadas como animais, suas vestes eram rasgadas, muitas eram arrastadas sem piedade.

Mia, então, falou:

– Pago para que fique com ela, ainda faço o que desejar, mas não deve deixá-la sair daqui.

Mia jogou a sacola de moedas sobre a mesa.

E o homem, então, falou:

– Por que deseja se desfazer dela? – olhando-a com desconfiança.

Mia, tocando o rosto, falou nervosa:

– Estou grávida e esta serva imunda deseja tirar-me o marido, tentando-o todo o tempo.

O homem sorriu cinicamente:

– Então veio ao local certo, tudo que desejamos são jovens ambiciosas e ardentes. Traga-me ela pela manhã, farei a oferta dela ao cair da noite.

Mia partiu do local aliviada. Débora seria a primeira a ser punida, sem ela, Caleb e Marta teriam que buscar os seus préstimos, como seria fácil. "É, sou feliz, pois D'us está comigo", pensava ela.

Naquela noite, Mia havia feito mais uma escolha que a conduzia mais e mais ao submundo espiritual. As sombras espessas a seguiam, tramando junto aos seus pensamentos.

O retorno para casa de Elisha deu-se sem grandes preocupações, e sentindo que Caleb poderia notar sua ausência, ficou na sala onde se serviam as refeições, como se estivesse a degustar um chá para aquietá-la.

Não demorou muito para Caleb descer à sua procura, temia que ela tivesse planos escusos, que estivesse com Elisha a delatar. Encontrou-a sentada com o manto ao colo.

– Vai sair? – disse ele.

– Já saí, fui ao jardim e temia ficar adoentada, então me cobri para contemplar o céu e respirar, estou muito cansada.

Caleb a olhava sem crer, mas como não havia outra pessoa acordada na casa, mandou-a para o aposento repousar em seu leito.

– Eu prefiro ficar aqui entre as almofadas – disse ele agitado.

E Mia, sentindo-se vitoriosa por dentro, falou com voz meiga:

– Obrigada, muito obrigada – e erguendo-se, foi feliz para o aposento.

* * *

Dan e Shayna se encontravam a caminho de Jerusalém. Dan alimentava em seu coração a esperança de ver Orlit, como desejava tê-la como sua esposa novamente... Estavam próximos a Jerusalém, já podiam ver as tendas erguidas na proximidade, sentiam-se aliviados, poderiam rever o velho amigo Ananias.

* * *

Naquela manhã, Mia despertara eufórica. Ela deveria forjar uma forma de conduzir Débora até o local onde combinara com o dono do prostíbulo. Erguera-se do leito, Caleb estava cedendo ao seu jeito de agir, sorriu cinicamente, arrumou os cabelos, lavou o rosto, ajeitou o véu, pôs uma bela túnica e rumou à procura de Elisha. Encontrou-o a degustar sua primeira refeição, estava absorto em seus pensamentos, ao vê-la, chamou-a.

– Mia, – falou com voz rouca e firme – venha sentar-se aqui.

Mia, olhando-o com paixão, sentou-se ao seu lado. Elisha, falou de forma informal e ríspida:

– Exijo que me fale o que está tramando.

E ela respondeu:

– Se confia em mim, necessito de seus préstimos.

– Fale – disse ele contrariado, gesticulando com as mãos enquanto comia.

– Preciso que mande Débora ao mercado perto da vila onde os romanos se divertem.

– O que pretende? – disse Elisha intrigado, quase engasgando.

– Só quero auxiliá-lo, confia em mim?

E Elisha pensou e disse:

– Está bem, farei o que me pede.

– Ótimo, não se arrependerá – e ergueu-se altiva.

Marta, naquela manhã, despertara aflita, seu coração estava acelerado como se algo fosse ocorrer. Pediu para que Débora trouxesse o seu alimento no aposento, não desejava encontrar Elisha ou Mia, estava indisposta, angustiada.

Débora, que sempre lhe servia com amor, desceu a fim de providenciar-lhe a primeira refeição. Contudo, ao passar pela sala, Elisha chamou-a. Débora, então, foi até ele.

– Débora, necessito que vá ao mercado na vila, próximo à casa onde os romanos tomam seus banhos.

– Senhor, é perigoso.

– Não seja tola, Débora, irá com Mia e nada lhe ocorrerá, esquece que pertence à casa de um fariseu?

– Não, senhor – disse a serva com temor.

– Então vá, sirva a sua senhora e fique pronta para ir com Mia ao mercado.

– Está bem – disse a jovem serva temerosa.

Mia sentia-se jubilosa.

* * *

As caravanas que chegavam traziam as pessoas para Jerusalém e o fluxo de transeuntes era intenso dentro das portas da cidade. Muitas tendas estavam sendo montadas com folhas de palmeiras para lembrar a perseguição do povo judeu.

Dan chegara à cidade e logo procurou estabelecer-se, a viagem fora exaustiva. Shayna parecia uma criança encantada com tudo, a beleza da cidade a cativava.

* * *

Caleb, contudo, acertava as últimas providências para sua fuga e de Marta, aguardava apenas a chegada do Mestre que, segundo as filhas de Felipe, em dois dias estaria em Jerusalém. Estava sentindo-se aliviado, principalmente por que Mia parecia entender-lhe o propósito, talvez ela só desejasse a sua fuga com Marta a fim de tornar-se a dona da casa.

* * *

O CALOR ERA intenso quando Mia e Débora partiram da casa de Elisha. A jovem relatara a Marta que Elisha pedira que ela fosse até o mercado, ocultara sem perceber que iria com Mia, pois acreditava que dentro de poucas horas retornaria ao convívio com Marta.

Mia, esperta e maliciosa, foi com Débora alegremente conversando, distraindo a atenção da jovem. Quando se aproximou do local planejado, o dono do obscuro estabelecimento já a aguardava com os escravos que o auxiliariam.

Mia se aproximou, cercaram ela e Débora. Débora assustada achou tratar-se de salteadores e ficou imobilizada, temendo pela sua vida e de Mia. No entanto, quando o senhor se dirigiu a Mia, ela tentou fugir.

E ele falou:

– É esta a serva inconveniente?

– Sim, é só levá-la.

Débora tentou correr, mas os escravos a seguraram fortemente empurrando-a para dentro do estabelecimento. Mia divertia-se vendo a jovem gritar e implorar para ela que impedisse a situação. Então Mia falou:

– Terá o que merece, sua alcoviteira – e saiu sorrindo.

Débora foi jogada em um quarto sem janelas e a porta foi trancada. Não conseguia crer que aquilo ocorria, tinha medo, chorava copiosamente implorando que a deixassem sair, no entanto, ninguém respondia, não sabia o que fazer, olhou a sua volta, havia uma cama improvisada, almofadas e uma jarra com água. Havia orifícios no teto que permitia a entrada da luz e do ar no cômodo. Sentou-se, ninguém a ouviria e nem a salvaria.

Mia retornou para a casa de Elisha e para justificar a ausência de Débora achou melhor informar Marta a respeito a fim de não despertar atenção. Ao adentrar a casa, encontrou Marta no jardim tomando um pouco de ar, ao vê-la, falou:

– Marta, venho trazer-lhe uma mensagem.

– Sim, – disse ela – o que há?

– Bem, Elisha não queria fazer isto, mas teve que enviar Débora a Jericó, pois recebeu mensagem que sua irmã está muito adoentada.

– Oh!, D'us! Mas ela disse que iria ao mercado – falou Marta.

– Sim, mas quando ela ia sair, chegou a mensagem e Elisha pediu para que reunisse seus apetrechos e partisse imediatamente. Parece que Orlit está muito mal – disse ela com fingida preocupação. – Bem, estou avisando, pois Elisha me pediu, agora preciso ver se meu esposo necessita de minha presença – e saiu sorrindo cinicamente.

Marta ficou abalada, como ela e Caleb fariam sem Débora, rumou preocupada para o interior da sua casa. E quanto a Orlit, o que acontecera para que ela necessitasse do auxílio de Débora? Quando Elisha chegasse, ela procuraria inteirar-se dos acontecimentos.

Mia, no entanto, aguardou a entrada de Marta e partiu sorrateira para o templo. Lá chegando, pediu para que chamassem Elisha, que estranhando o fato, rumou apressadamente a fim de saber o que ocorrera. Mia então falou como ele deveria proceder e Elisha disse:

– Mas por que desejou se ver livre de Débora?

– Ora, Elisha, confia em mim?

– Sim.

– Então aguarde e terá sua resposta.

Ao fim da tarde, quando Caleb chegou, estranhou o fato da casa estar silenciosa, não encontrou Mia em seu aposento, nem tão pouco Marta estava no jardim como fazia todo fim de tarde. Rumou para o aposento onde encontrou Marta, deixando a porta entreaberta, falou:

– O que há? Por que todo este silêncio?

Marta vendo-o, ergueu-se e rumou até ele:

– Amado, Débora teve que ir ficar com Orlit, minha irmã está muito adoentada.

– Calma, tudo ficará bem – disse Caleb acariciando seus cabelos. – Não chore, por favor, – abraçava-a com ternura e dizia – agora teremos que nos preparar sem Débora.

– Como faremos?

– Eu acharei uma forma, não se preocupe. Veja, – e pegando o anel que lhe dera, falou – recorda-se do anel? Agora quero que o use no seu pescoço.

– Mas, Caleb, é perigoso.

– Não é não, e depois, Elisha não notará, ele ficará por baixo da túnica.

E pondo o cordão em seu pescoço, disse:

– Recorda-se do Mestre?

– Sim – disse Marta.

– Em dois dias ele aqui estará, este será o dia de nossa fuga.

E Marta sorriu aliviada, mas temendo falou:

– E Orlit?

– Eu sei, amada, eu sei que está assustada, – disse ele andando pelo aposento a meditar – eu farei tudo para que saiba de Orlit e Débora, procure repousar, oremos por nós e Orlit – e beijou-lhe com afeto.

Mia, no entanto, a tudo ouvia, estava oculta atrás de um cesto que ficava no aposento, ela ouvira o suficiente para tramar o desfecho daquela situação. Marta, sentindo seu coração apertado, rumou para fora de seu aposento.

Mia estava enfurecida. Em seu coração, o ódio tomava conta, insuflando de maldade seus pensamentos. Aquele seria o momento de falar com Elisha, se o Mestre ali estaria em pouco tempo, teria que tramar o flagra e ele seria a peça fundamental, sim, Caleb e Marta pagariam com suas vidas.

Naquela noite, quando todos estavam se recolhendo, Mia procurou acercar-se de Elisha. O nobre doutor estava insone, andava de um lado ao outro em sua sala, sorvia um cálice de vinho, parecia que sua alma sentia algum fato ruim. Mia, então, surgiu na penumbra da sala, seus olhos eram um misto de paixão e ódio, sorriu para Elisha e, achegando-se a ele, falou com voz mansa:

– Elisha, tenho um pedido a fazer-lhe.

E ele, observando-a, ergueu uma das mãos como a dizer-lhe para falar. Então Mia prosseguiu, retirou o véu da cabeça deixando seus cabelos à mostra e falou:

– Se na lei o adultério é punido severamente, por que não apresenta a este Mestre uma mulher adúltera?

Elisha, olhando-a, sorriu e disse:

– Onde encontrarei tal mulher, Mia, onde poderei testar este Rabi com uma mulher adúltera? Acredita que elas brotam nas oliveiras? – disse ele sarcástico.

– Não, Elisha, mas sei de uma mulher que pratica tal ato e você poderá levá-la, junto com seu amante, ao Messias.

– Ora, ora, então você sabe que há uma adúltera? Então me diga quem é.

– Não, Elisha, isto você verá com seus olhos. Reúna seus doutores, os mais velhos, para aqui estarem depois de amanhã, eu lhe darei a hora, peça para que cheguem em silêncio, afinal tudo deve ser com total discrição, não desejamos assustar os amantes.

– Onde estão eles? – perguntou Elisha.

Mia, olhando-o com sarcasmo, falou:

– Bem próximos, bem próximos, agora tenho que ir, meu esposo me aguarda.

Elisha ficou a meditar, "onde Mia havia conseguido tal fato?", mas como não tinha nenhuma ideia acerca de quem seria, logo seus pensamentos foram adquirindo outro rumo. "Como o Rabi Yeshua reagiria na frente dos anciãos e do povo ao lhe apresentarem uma mulher pega no ato do adultério?", sorriu sarcástico. Ele mais uma vez conseguiria, D'us estava em sua casa, e ele, Elisha, venceria, se tornaria o homem mais ilustre do templo.

Naquela noite, Marta, ao desprender-se do corpo físico, foi acolhida por sua mãe. Ainda confusa, guardava em seu coração suas doces palavras.

Filha, D'us é justo e a sua medida não é a medida dos homens. Aproveite a oportunidade da misericórdia Divina e aprenda a servir. Se deseja a sua liberdade, aceite o momento e renuncie a você mesma.

As palavras dotadas de intenso magnetismo imprimiam em Marta certa aflição, seu espírito confuso balbuciava.

– Como posso renunciar a mim mesma?

As aflições emergiam em seu ser.

– Se tudo que eu faço é servir, e Caleb eu não posso deixá-lo – prosseguia Marta.

Neste momento, sua mãe, percebendo que a filha se debatia em angustiosos questionamentos, falou com suave voz:

– Confie em D'us, confie no Mestre.

As emanações balsamizantes foram envolvendo Marta que fora reconduzida ao invólucro carnal a fim de haurir forças de recomposição física. Sua mãe, ao seu lado permanecia em constante vigília, pois o ambiente da casa estava repleto de entidades enegrecidas que tramitavam pelos aposentos daquele local.

* * *

Após os irmãos de Yeshua terem seguido para a festa, ele também foi em secreto, junto aos discípulos. Ananias o aguardava, pois sempre que o Mestre seguia para Jerusalém, era em sua casa que pernoitava.

Naquela época, os judeus procuravam-no. Ananias, embora estivesse ocupado com os afazeres de sua casa, não deixou de enviar a Caleb a mensagem da chegada do Mestre, conforme o combinado.

* * *

Embora tudo fosse alegria, Débora encontrava-se aprisionada na terrível casa de prostituição. No quarto sombrio permaneceu por duas noites, não conseguia dormir, as noites sempre lhe causavam terror, as vozes, os gritos, os palavrões. Nestas horas ela ajoelhava-se e orava ao D'us de Israel.

Todas as manhãs uma senhora de aparência sofrida adentrava o seu aposento deixando-lhe a única refeição do dia e água. Débora implorava à velha que a libertasse, porém, ela nada falava, apenas limitava-se a entregar-lhe o alimento e saía. Neste dia, porém, fora diferente, a casa estava movimentada e a idosa disse:

– Qual o seu nome?

Débora, assustada, respondeu:

– Meu nome é Débora.

– Que nome horrível, aqui será chamada de Roxane, entendeu?

– Não, senhora, por favor, deixe-me ir, estou aqui injustamente.

– Cale esta boca, Roxane! Você foi escolhida pelo centurião, irá ficar esta noite com ele.

– Senhora, nunca estive com um homem, por D'us, me liberte – implorava Débora com angústia em seu tom de voz.

– Então sua tola, não sabe que existem homens que gostam de virgens? – e sorriu – venha e não tente fugir, devo prepará-la.

Débora acompanhou-a entre lágrimas, desceram até o local onde se banhavam, a serva idosa retirava suas roupas e uma mulher observava-a.

– É! Até que é bela, Roxane. Banhe-se, o centurião Atrus não se demorará, afinal, você será o prato principal – e gargalhava sem pudor, agrilhoada às perversas entidades do local.

Tal mulher era movida pela ação das criaturas que ali habitavam.

Débora sentia-se humilhada, mas sabia que não tinha como fugir. A horrível mulher a vestira como uma meretriz de luxo, poucas roupas, muitos braceletes e muito perfume.

Seu coração estava descompassado. Fora conduzida pela casa onde grandes pilastras se erguiam, vários quartos e salas com figuras de sexo pintadas nas paredes como a induzir as posições preferidas. Débora via algumas mulheres gordas, magras, embriagadas, com olhares pérfidos que a fitavam, era um antro de risos e lágrimas.

– Então, Roxane está pronta? – inquiriu o dono do recinto à horrível mulher que a preparara.

– Sim, como você pediu. Veja!

O homem olhou-a enchendo-se de entusiasmo pela beleza de Débora e disse:

– É, se o centurião Atrus não tivesse gosto por virgens, eu mesmo a teria provado antes de meus clientes – e sorriu com cupidez. – Leve-a para o aposento central, ele quer brincar com ela por toda a noite.

– Será que ela vai conseguir satisfazê-lo? – disse Amênia com voz estridente.

– Espero que sim, pois o preço foi excelente – disse o seu comparsa.

Débora estava apavorada, segurou nas mãos da idosa como a pedir ajuda, e foi conduzida ao amplo aposento. As duas mulheres se retiraram e Débora se pôs a chorar.

O aposento era constituído de cama, havia jarra com água, vinho e uma bandeja com frutas. Nas paredes, figuras sensuais em variadas posições. Ela sentou-se, não havia janelas a não ser uma grade entre o teto e a parede que deixava entrever o céu.

Ela ficou por horas a aguardar seu destino, não tinha forças para orar tamanho pavor de sua alma. Pensou em Reina, em Marta e logo a música começou a ser ouvida, olhou para as frestas onde percebeu o surgir de algumas estrelas. Logo os murmúrios e risos enchiam o ambiente, suas mãos suavam, pensou em tirar a própria vida, mas nenhum objeto cortante ali havia.

A porta rangeu e um homem forte adentrou o aposento, seu olhar duro pousou em Débora. Ele era alto e ereto, sua pele bronzeada e seu rosto de pedra olhava-a com profundidade. Logo Amênia ajoelhou e disse:

– Centurião Atrus, esta é Roxane, a jovem que lhe prometemos, ela é do seu agrado?

Ele observou-a por minutos e então falou:

– Traga-me o melhor vinho e deixe-me a sós.

– O seu vinho já está aqui – disse a pavorosa mulher.

– Deixe-me – disse o centurião irritado.

E a porta se fechou. Atrus caminhou até Débora, olhou seu rosto. Retirou sua pesada roupagem do exército romano. Débora, vendo a espada, pensou em matar-se, mas Atrus, notando sua intenção, disse:

– Nem tente ou será pior.

Ela tremia, sua boca estava ressequida. Então ele aproximou-se da cama e falou:

– Deixe-me vê-la. Venha, Roxane! – disse ele com voz ríspida.

Débora foi ao seu encontro, então ele tirou-lhe as vestes. Ela sentia-se envergonhada e tentava cobrir os seios, esconder o corpo, ele, porém, jogando-a na cama deitou-se sobre ela, que se debatia, porém ele, segurando-lhe os braços, forçou-a a recebê-lo. Débora lutava e gritava, lágrimas corriam de sua face enquanto Atrus, envolto pelos irmãos disformes, deixava que eles segregassem as sensações de seu corpo. Energia enegrecida tomavam proporções devastadoras em seu corpo, como se lavras brotassem de suas partes íntimas.

Após o primeiro contato, ele ergueu-se a fim de beber o vinho enquanto Débora chorava tentando erguer-se. Porém, ele retornou encantado pela beleza de seu corpo jovem e pelo vigor com que o enfrentara, achava divertido, chamou-a, mas ela não foi, então com um gesto brusco puxou-lhe pelos cabelos e disse:

– Sirva-me, eu quero que faça como estou mandando.

As entidades riam, galhofeiras.

Débora odiava-o, a raiva crescia em seu coração, ele mais uma vez usou sua força e empurrando-a, possuiu-a. Débora não soube quantas vezes foi obrigada a servi-lo.

Ao fim do seu tormento já sangrava bastante, sua boca mordida, seu rosto inchado pelos tapas, sua pele com hematomas. Ele dormia sob o efeito do vinho. Ergueu-se do leito, juntou forças para pegar um manto e abriu a porta do aposento. A casa estava tumultuada, ninguém vigiava, caminhou silenciosa, viu que a maioria estava embriagada. A porta do prostíbulo estava aberta, a noite e a liberdade esperavam-na. Seu corpo doía, sentiu alguém lhe segurar, era a serva idosa que lhe acenava com as mãos e indicou-lhe uma saída segura. Seguiu-a, entrou em um pequeno corredor, a idosa deu-lhe uma túnica e outro manto, abriu a porta que dava para o outro lado da cidade, nada falaram, apenas o olhar de gratidão.

Débora sumiu em meio à multidão, estava fora do prostíbulo, fora da cidade, viu as tendas que estavam erguidas, cobriu-se com o manto, deu alguns passos, sentiu o sangramento de seu ventre aumentar, mal conseguia manter-se em pé, foi caindo sem forças, ficou no chão.

Acordou em meio ao chamado de uma voz conhecida. Ao abrir os olhos não acreditou no que via, era Dan. Ela estava em um leito coberto de peles, ao seu lado uma jovem e bela mulher cuidava das feridas dos lábios e dos arranhões do pescoço.

– Débora, – disse Dan – o que ocorreu? O que lhe fizeram?

Ela não conseguia falar, o terror estava em seus olhos e nas lembranças.

Dan ergueu-se:

– D'us, como homens agem desta forma? Você foi abusada? Diga, quantos foram que lhe dilaceraram? Eu os levarei ao conselho.

Débora, então, falou:

– Romanos, centurião – seus lábios tremiam.

– Não diga mais nada, querida – falou Shayna.

O dia já raiava, Dan revoltado saiu da tenda, recordou-se da forma que a encontrou, seminua, jogada ao chão como um bezerro sacrificado, reconheceu-a, pois ele havia sentido em seu coração um forte apego por ela. Doce criança, agora não sabia o que fazer.

Shayna foi ao seu encontro:

– Marido, chame Ananias, ela está bastante ferida, precisa de um médico, está sangrando muito.

– D'us, quando nossas mulheres e filhos serão livres deste jugo romano? Por quê, Shayna? Por que o homem faz isto com nossas mulheres? Como um soldado faz isto, usa sua força contra uma mulher indefesa e só?

Dan chorava, pois em seu coração sabia que Débora havia sido abusada de todas as formas e cruelmente, pois os ferimentos denunciavam tal feito.

– Irei à procura de Ananias, faça o possível, por D'us, é uma boa menina – disse Dan.

– Sim, marido, farei – disse Shayna tentando acalmá-lo.

Shayna retornou à tenda. Devido ao sangramento Débora estava fraca, pálida, sua região genital fora dilacerada, os ferimentos eram externos e internos. Shayna não sabia como cuidar, apenas aplicava bandagens, que não estancavam o sangue que brotava dos cortes.

Dan rumou para a cidade a fim de encontrar Ananias. Não seria difícil, pois ele era muito conhecido, buscou informações em uma tenda de vinhos e logo chegou à casa. Foi atendido por Itti que, ao vê-lo, falou que o idoso não se encontrava. Dan, então, disse:

– Retornarei mais tarde.

Saiu preocupado, pois sabia da gravidade dos ferimentos de Débora.

* * *

Após a chegada do Mestre, Ananias havia enviado um mensageiro à casa de Elisha a fim de avisar Caleb. Quando o mensageiro chegou, Mia na surdina, procurou ocultar-se a fim de observar as atitudes de Caleb, que, vendo o escrito, sorriu com satisfação. Sabendo que Elisha não se encontrava, rumou para o aposento de Marta e disse-lhe:

– Amanhã bem cedo nós partiremos – disse eufórico a ela.

– Nós não havíamos combinado que você me daria um sinal? Que para Elisha você viajaria e eu iria depois?

– Amada, não há tempo a perder, isto seria se Débora conosco estivesse, mas estamos sós. Amanhã eu estarei com você antes da alvorada.

– Sairemos com Elisha debaixo desta casa? – disse Marta segurando-se para não desfalecer diante da proposta.

Caleb foi em sua direção e disse:

– Sei que está abalada com tudo que vem acontecendo, mas é preciso, perdoe-me se lhe peço por demais atitudes de coragem, – e segurando as suas mãos beijou-as, acariciou sua face e concluiu – é por nós.

E Marta, olhando-o com amor, balançou a cabeça em sinal de aprovação.

– Está bem, que D'us nos ajude – disse ela num sussurro.

– Ele está conosco. Agora devo providenciar todo o restante.

E feliz saiu deixando Marta com suas aflições.

Mia, com ódio e rancor, acompanhou a narrativa, saindo, andou célere até o templo e lá exigiu que Elisha a recebesse.

– Quer aniquilar comigo, mulher? – disse Elisha rispidamente.

– Quero auxiliá-lo, mas se atrapalho, retiro-me agora.

– Pare com suas lamúrias e fale, Mia. Não percebe que até eu tenho meus afazeres? O que deseja? Fale! – disse ele se alterando irritadiço.

– Consegui um encontro com os adúlteros.

Elisha sorriu e disse:

– Onde será isto?

– Traga todos os doutores idosos para sua casa bem cedo. Que eles não façam alarde, entendeu?

– Por que em minha casa?

– Ora, são conhecidos seus, moram próximos, deve ter cautela, descobri que a mulher planeja uma fuga com o amante – disse Mia astuta.

– Então que assim seja, mas de que me adianta tal feito se este Mestre aqui não está?

– Elisha, às vezes creio eu saber mais que você, – disse Mia irônica – o Mestre está em Jerusalém, saia pelas ruas e você o encontrará – e sorrindo com cinismo, retirou-se.

Elisha sentou-se na cadeira coberta por peles, passando as mãos pela face e tocando em sua barba, meditou: "quem será tal pessoa que pratica este ato? O que ela teria feito para conseguir isto? Melhor conferir se o Messias se encontra na cidade a fim de que tudo ocorra de forma sigilosa e correta". Ele desmascararia este blasfemador. Saiu atrás de provas acerca da presença do Mestre.

* * *

ORA, OS JUDEUS o procuravam na festa e diziam, onde está ele? E havia grandes murmurações, alguns diziam que ele enganava o povo, outros diziam que era o Messias. Ananias acompanhava-o junto com os apóstolos. Então, no meio da festa, subiu ele ao templo e ensinou a todos, e dizia o povo:

– Como ele sabe destas coisas não as tendo aprendido?

Yeshua, então, respondia-lhes:

– A minha doutrina não é minha, mas d'Aquele que me enviou. Se alguém quiser fazer a vontade d'Ele, pela mesma doutrina conhecerá se ela é de D'us ou se eu falo de mim mesmo. Quem fala de si mesmo busca a própria glória, mas o que busca a glória do que me enviou, esse é verdadeiro e não há nele injustiça. Não lhes deu Moisés a lei? E nenhum de vocês observa a lei. Por que procura me matar? – disse Yeshua mansamente.

E a multidão, então, respondeu:

– Tem demônio quem procura matá-lo.

Disse, então, Yeshua:

– Fiz uma só obra e todos se maravilharam, pelo motivo que Moisés lhes deu a circuncisão e no sábado circuncidado um homem. Se o homem recebe a circuncisão num sábado, para que a lei não seja quebrada, indignai-vos contra mim porque no sábado curei de todo um homem? Não julguem pela aparência, mas julguem segundo a reta justiça.

Então, alguns homens de Jerusalém disseram:

– Não é este o que procuravam matar? E ei-lo aí falando abertamente e nada lhe dizem?

Elisha a tudo escutava enfurecido, mas no seu silêncio a trama se desenhava a fim de derrotar o Mestre.

Outro homem falava:

– Porventura sabem verdadeiramente os príncipes que este é o Cristo?

O murmúrio era frenético. Todavia diziam:

– Bem, sabemos de onde este é, mas quando vier o Cristo ninguém saberá de onde é.

Yeshua continuava no templo ensinando e dizendo:

– Vocês me conhecem e sabem de onde sou, e eu não vim de mim mesmo, mas Aquele que me enviou é verdadeiro, o qual vocês não conhecem, mas eu O conheço, porque d'Ele sou e Ele me enviou.

Então, enfurecidos procuravam prendê-lo, mas ninguém lançou mão dele, pois ainda não havia chegado a hora. E muitos da multidão creram nele e alguns diziam:

– Quando o Cristo vier fará mais sinais que este tem feito?

Os fariseus ouviram que a multidão murmurava dele estas coisas e com os príncipes dos sacerdotes mandaram servidores para o prenderem.

Disse-lhes, então, Yeshua:

– Ainda um pouco de tempo estou com vocês e depois vou para Aquele que me enviou. Vocês me buscarão e não me acharão e onde eu estarei vocês não podem ir.

Então, os judeus disseram uns para os outros:

– Para onde irá este que não o acharemos? Irá porventura para os dispersos entre os gregos e ensinará os gregos?

Então falavam:

– Que palavra é esta que disse, "buscar-me-ão e não me acharão e onde eu estarei não podem ir"?

Após isto, o Mestre se retirou, pois, a multidão fazia grande alarido.

Elisha, revoltado, reuniu os idosos a fim de tramar.

* * *

DAN NOTARA NA multidão um profundo murmúrio, mas preocupado avançara célere para a tenda a fim de saber como Débora estava. Ao adentrar em sua tenda, encontrou Shayna a ministrar-lhe uma porção de ervas a fim de aliviar as dores que, intensas, a faziam gemer.

Débora estava pálida, lágrimas escorriam do canto dos olhos, o olhar parecia longínquo, como que a buscar em sua mente os segredos de sua juventude. Pensava em Abed, seu coração buscava o consolo das doces recordações do jovem samaritano que lhe perfumara os dias, suspirou. O que ela desejava era ter se casado com ele, ter uma singela vida onde os frutos de sua união encheriam o lar de alegrias, chorava por não ter tido a felicidade que almejava em seus sonhos. Recordou-se de Marta, a senhora fiel que sempre a ajudou, revia cada minuto de sua existência, a alegria de Job, sim, aquele menino que a encantara, como foi doce cuidar dele. Reina veio-lhe à mente, a bondosa matrona que sempre foi zelosa pela sua existência. Sentia que sua vida se esvaía aos poucos, olhou para Dan que se achegou, então pensou em Mia, na maldade que ela fizera, ela tinha que lhe falar para que ele avisasse Marta e Caleb sobre o que ela tramava.

Falou, então, com voz trêmula e enfraquecida:

– Dan, por D'us ajude.

Dan aproximou-se e abaixando-se ao seu lado falou:

– Não se esforce, ficará bem.

– Dan, – disse Débora – eu sei que D'us me levará.

– Não fale isto, Débora – disse Dan entristecido pelo destino da jovem.

Com muito esforço Débora falou:

– Por misericórdia, avise Marta que ... que ... foi ... Mia quem fez isto.

Dan ouvia tudo sem compreender.

– Diga a Marta que não deve confiar nela ... ela ...

Uma dor mais forte fez com que as palavras não saíssem. Dan, aflito, procurou erguê-la para que respirasse. Então Débora, respirando um pouco mais, visualizou a doce presença de Job a tocar-lhe nos pés, a sorrir envolto em intensa luz. Débora não teve dúvidas, apenas olhou para Dan e disse:

– Ela merece perdão... – e uma dor intensa arrancou-lhe a breve vida.

Dan chorou e intensa tristeza envolveu seu coração, pois sabia que Débora era uma boa serva.

* * *

Caleb tentou providenciar tudo para o dia seguinte, mas infelizmente a sua montaria só poderia estar pronta no outro dia, pois o animal que ele havia adquirido adoecera e o proprietário pedira que outro animal viesse para substituí-lo. Então, Caleb retornou para casa decepcionado, seu coração estava angustiado, pressentia que talvez algo fugisse do seu controle. Adentrou pela viela que chegava até a casa de Elisha, estava aborrecido, ele teria que avisar Marta. Mas como? Se Elisha estivesse em casa seria difícil mediante o risco que implicaria se por acaso os visse conversando. Sua mente estava fervendo.

Adentrou a casa na expectativa de que Marta estivesse só, porém, Elisha encontrava-se em casa esbravejando e, irritadiço, dava ordens a todos, requisitando a presença de Marta para a ceia da noite, reclamava a sua ausência de muitas noites e não lhe ter servido como ele julgava necessário.

Mia, a um canto da sala, tudo observava silenciosa e emburrada, pois odiava a presença de Marta, sua doçura, seu jeito certo lhe afligia a alma. Quando Caleb se fez presente, Elisha então o saudou:

– *Shalom*, irmão, – disse Elisha eufórico – sente-se, venha dividir comigo o pão da minha casa.

Caleb, então, aproximou-se:

– Vamos, Marta, traga água para que me lave – disse ele malicioso, pois já estava desconfiado de ambos, após as investidas de Mia acerca de uma mulher que cometera adultério.

Mia, astuta, notara seu intento e ficou em silêncio, observando a atitude de Marta, enquanto esta servia a ambos, sem sequer olhar para Caleb, que lhe retribuía a atitude de respeito.

A ceia transcorrera agitada, pois Elisha falava aborrecidamente do Messias, chegando a bater na mesa em uma mescla de fúria e indignação.

– Como estas pessoas tentam eleger este blasfemador como o Salvador de nosso povo? – dizia Elisha.

Caleb nada mencionava, preferia o silêncio.

Após a ceia, Marta retirou-se para seu aposento. Caleb fez o mesmo enquanto Elisha se recolhera à sua sala de estudos. Mia, contudo, maliciosa, fora atrás de Caleb, que, notando sua presença, disse:

– O que deseja, está me seguindo? – inquiriu ele em tom ríspido.

Mia com total desdém falou:

– Por que faria isto? Suas palavras não têm sentido, sabe que amo Elisha.

Caleb adentrou o aposento e permaneceu em silêncio. Mia percebendo que ele não iria ceder simulou que estava com sono se deitando. Caleb, então, sorrateiramente saiu pensando que Mia estivesse dormindo, rumou para o aposento de Marta. Ao adentrar, encontrou-a adormecida em seu leito, seus cabelos se espalhavam em meio às almofadas, parecia ter em seu semblante toda paz. Caleb, temendo assustá-la, tocou em suas mãos, o que a fez despertar:

– Caleb, o que há? – disse ela com voz rouca.

– Amada, não poderemos partir amanhã.

– Mas por quê? – disse Marta.

– Uma das montarias teve de ser substituída, e somente no dia seguinte poderemos ir, agora preciso me retirar antes que alguém nos veja – e beijando-lhe as mãos saiu.

No entanto, Mia estava a espreitá-los e correu célere para o aposento jogando--se no leito.

Quando Caleb a visualizou, retirou-se para outro local a fim de se refrescar, no entanto, Mia foi ao encontro de Elisha, que naqueles dias não conseguia conciliar o sono. Os acontecimentos lhe traziam instabilidade e angustiosas dúvidas que ele preferia não meditar a respeito. Percebendo a presença de Mia, falou:

– O que deseja?

– Elisha, temos que enviar mensagem aos anciãos cancelando a vinda deles aqui pela manhã.

O que deseja, Mia, aniquilar com minha honra, sabe que dei minha palavra, disse que levaríamos ao Rabi uma mulher adúltera para testá-lo.

– E você fará isto, mas os amantes só se reunirão no próximo dia, confie em mim – disse Mia.

Ele foi ao seu encontro e falou:

– Se fizer isto novamente eu juro que a degolarei.

– Não será preciso, Elisha, não será preciso.

– Está bem – disse ele em tom ameaçador.

* * *

Na manhã seguinte Dan despertara aflito pelas palavras de Débora, ele teria que providenciar o sepultamento da serva, o que faria com o auxílio de Shayna, que sempre ao seu lado se mantivera.

Aqueles eram os últimos dias da festa e Dan sabia que deveria falar com Ananias acerca do que ocorrera, porém, o murmúrio a respeito do Salvador crescia e os acontecimentos o prendiam. Shayna, no entanto, acercando-se dele falou:

– Marido, sei que o peso da morte desta mulher lhe cai nos ombros, mas devemos providenciar tudo a fim de avisar os seus familiares.

– Eu sei disto, Shayna, farei tudo nesta manhã, porém temo que o dia esteja atribulado.

– Devemos confiar em D'us – disse Shayna com doçura.

– É verdade, farei o melhor – saiu em busca de um sepultamento digno para Débora.

* * *

O dia estava belo, o sol preenchia o azul do céu, as árvores, o ir e vir das pessoas formavam um cenário multicolorido. Aquele era o grande dia de festa, Yeshua já se encontrava no templo, pondo-se em pé, a multidão se aproximou e ele pôs-se a falar:

– Se alguém tem sede vem a mim e beba, quem crê em mim, como diz a escritura, rios de água viva correrão em seu ventre.

E isto disse ele do espírito que haviam de receber os que nele cressem.

Então muitos na multidão ouvindo esta palavra diziam:

– Verdadeiramente este é o Profeta.

Outros diziam:

– Este é o Cristo.

Mas diziam outros:

– Vem, pois, o Cristo da Galileia? Não diz a escritura que o Cristo vem da descendência de Davi e de Belém, da aldeia de onde era Davi?

E assim entre o povo havia dissensão por causa dele. E alguns desejavam prendê-lo, mas ninguém lançou mão dele.

E os saduceus foram ter com os principais dos sacerdotes e estes lhes perguntavam por que não o trouxeram.

E estes responderam:

– Nunca homem algum falou como este Homem.

Então os fariseus disseram:

– Também vocês foram enganados? Creram nele alguns dos principais ou fariseus? Mas esta multidão que não sabe a lei é maldita.

Nicodemos que era um deles disse-lhes:

– Porventura condena a nossa lei um homem sem primeiro ouvir ou ter conhecimento do que faz?

E eles responderam:

– É também da Galileia, examina e verá que da Galileia nenhum profeta surgiu.

E cada um fora para sua casa.

* * *

Dan, em meio a toda a multidão que falara sobre o Messias, parecia perdido, não compreendia a situação que se estabelecera em torno do Mestre. As vibrações em Jerusalém estavam hostis, pois grande número de doutores, fariseus e escribas exigiam que atitudes fossem tomadas contra aquele homem.

Elisha, no templo, se empenhara em torno da grande turba de fariseus, elevando o tom de sua voz se fazia notar à frente dos idosos e do principado do templo. Explicou a melhor forma de deter o Messias blasfemador. Diante dos seus argumentos conseguiu que seleto grupo o acompanhasse no cruel desfecho que tramava.

Dan, no entanto, alheio a toda a confusão marchava em direção à casa de Ananias com as palavras de Débora ecoando em seu pensamento. Recordou-se do quanto, em outros tempos, sentira-se atraído por ela e lamentou sua desdita. Quando retornou de suas conjecturas estava em frente à casa de Ananias, se fez anunciar e mais uma vez Itti o recebeu, reconhecendo-lhe, falou:

– *Shalom*.

E Dan respondeu:

– *Shalom*, Ananias se faz presente? – inquiriu ele aflito.

– Não, o médico Ananias se encontra ausente.

E Itti, percebendo sua decepção, prosseguiu:

– Mas o doutor pode aguardá-lo se assim o desejar, pois não se ausentará por longas horas.

Dan, agradecendo-lhe com o olhar, sorriu e adentrou a casa de Ananias sendo conduzido a amplo salão onde sentou-se no aguardo do retorno do ancião.

As horas passavam céleres, quando Ananias retornou, o sol declinava e Dan impaciente já se preparava para sair. O ancião adentrou e feliz ficou em revê-lo, saudou-o com afeto e calorosamente o abraçou, no entanto, ao olhá-lo notou que algo o perturbava, então disse:

– Amigo, foi com grande alegria que recebi a notícia de sua cura pelo nosso Mestre em Jericó. Muitas pessoas buscaram a salvação; todos nas cercanias comentavam a cura dos dois cegos. Que bom revê-lo! O que o trouxe à minha humilde casa?

Dan respondeu-lhe:

– É bom estar com você, mas fatos obscuros me trazem aqui.

Ananias, observando-o, retrucou:

– Explique-se melhor, Dan.

– Conhece Débora? – disse Dan.

– Sim, uma boa serva da casa de Elisha.

– Ela me pediu que falasse com Marta, mas temo levar esta notícia, e como confio no senhor, venho aqui dividir minhas angústias.

– Diga, Dan, o que há com Débora? Ela foi para Jericó cuidar da sua esposa, Orlit, se é o que deseja saber.

Dan, então, angustiado, disse:

– Orlit está enferma?

– Sim, pelo que Caleb me disse. Mas o que Débora tem a ver com tal angústia, já que aqui não se encontra, e me parece que você nada sabe sobre Orlit?

– Débora está morta – disse Dan com a voz embargada de tristeza.

– Como? O que diz? Ela foi para Jericó, morreu lá?

– Não, Débora foi abusada em um prostíbulo, e morreu devido às agressões.

– Oh! D'us, como ela foi parar no prostíbulo? – inquiriu Ananias.

– Pelo que me confessou e o que conseguiu falar à Shayna...

– Espere, Shayna? Ela está em Jerusalém? Acreditava que você a tinha esquecido. Ouvi rumores de que um dos cegos deixara Jericó.

– Sim, mas agora ela retornou para minha companhia. Isto é outro fato que mais à frente conversaremos.

–Mas, diga-me, o que aconteceu? Conte-me.

Então Dan narrou todos os fatos que ocorrera com Débora, como a encontrou jogada ao chão, com vários homens perguntando de que família ela era.

– Até que eu a reconheci e a conduzi à minha tenda, infelizmente não pude salvá-la, mas o que me trouxe aqui é que Débora me disse que eu deveria dizer a Marta que Mia não é de confiança, chegou a dizer que a perdoava.

– D'us! – exclamou Ananias – agora faz todo sentido, devemos avisar Caleb, eles correm grave perigo.

– Mas o que está acontecendo? – disse Dan não compreendendo.

– Tudo se encaixa, oh!, D'us! Devemos partir agora.

– Mas, agora? – disse Dan. – Está tudo escuro e as ruas estão tumultuadas – completou ele.

– Tem razão, melhor enviar uma mensagem à casa de Elisha, ir para lá seria agravar mais ainda os fatos. Venha, devo enviar alguém.

Rumou ao lugar onde alguns servos ficavam, chamou um rapazola e entregou a ele a mensagem dizendo:

– Dê a Caleb.

Reina, notando o alarido na casa, estranhou e procurou observar o que se passava. Ananias, ao vê-la, sentiu uma grande tristeza em seu coração, pois deveria lhe contar a desdita de Débora, sua sobrinha. Achegando-se da idosa, falou:

– Reina, preciso lhe falar, aguarde-me no jardim que logo com você estarei.

A idosa, notando a tristeza de Ananias, refletiu em seu coração e pensou, "deve ser alguma notícia do Mestre", e foi para o jardim, que ficava ao fundo da casa em um pequeno pátio dotado de luzes e pequenos arbustos, onde a fonte da casa jorrava serena. Sentou-se em um assento de madeira rústico e em seu coração orava.

– Senhor, D'us de Israel, olhe para esta humilde serva de Sua casa, acalme meu coração, dê-me paz para compreendê-Lo e força para continuar a caminhar.

Dan e Ananias confabulavam sobre os fatos decorridos. Após toda a explanação do idoso, Dan aduziu:

– Infelizmente lamento pela casa de Elisha, nunca imaginei que havia tanta dor naqueles corações. Não cabe à minha pessoa qualquer julgamento de Marta ou de Caleb, quem sou eu para agir desta forma, hoje sei que todos podemos cair em meio ao turbilhão que é a vida, hoje, depois de tanto sofrer e fazer sofrer, eu sei.

– É, meu amigo, mas também sabe que as quedas amadurecem os corações, mas só podemos orar por aqueles corações, pois encontram-se envoltos nas emoções, somente D'us sabe como poderá agir ali e qual o propósito para toda esta dor e desencontro.

– Sim, somente D'us, Ananias, mas agora que sei que Orlit não se encontra tão bem, sinto que é meu dever buscá-la para junto de minha alma.

– Se seu coração sente desta forma, amigo, então faça, não devemos trazer amarguras em meio à nossa alma.

– Sendo assim, Ananias, partirei para Corazim e de lá irei para Jericó.

– Que a luz de D'us lhe guie – disse Ananias.

– Obrigado, amigo.

E Dan partiu em meio ao clarão da lua que despontava no céu de Jerusalém, ia com o coração cheio de esperança e a alma repleta de alegria, sim, ele buscaria Orlit.

Reina, quieta, permanecia a vislumbrar o céu repleto de pontos luminosos. Ananias acercou-se da matrona e falou:

– Reina.

– Sim, senhor – disse ela, erguendo-se.

– Não, sente-se, por favor.

E pousando as mãos sobre as dela como que a consolar, buscava as palavras para dar a notícia.

– Sabe que D'us conduz Seus eleitos ao campo dos justos.

– É verdade – replicou a matrona se inquietando.

– Então, D'us, que é todo sabedoria, tem uma finalidade para tudo e para todos, muitas vezes julgamos as atitudes deste D'us que não conseguimos entender, mas tudo que Ele faz é poderoso, pois qual D'us transformaria os homens ao longo de sua jornada? Qual D'us traria o poder e a glória de Israel? Como D'us não cumpriria Sua promessa?

– Sim, confio em D'us, Ananias, confio neste D'us que sempre nos honrou – disse Reina.

– Então, Reina, é preciso confiar mais um pouco, pois D'us levou Débora – disse o ancião com suavidade.

Reina nada falou, não havia palavras, apenas segurou as mãos do idoso e deixou que as lágrimas banhassem sua face sofrida e cansada pelos duros golpes de sua vida.

Entre lágrimas ela murmurou:

– D'us! Débora sempre foi uma boa serva, que ela possa Lhe servir – e chorava.

Ananias consolava-a recitando uma singela oração.

– *Quem, Senhor, habitará a sua tenda? Quem morará no seu santo monte? Aquele que anda irrepreensivelmente e pratica a justiça e do coração fala a verdade, que não difama com sua língua, nem fez o mal ao seu próximo, nem contra ele aceite nenhuma afronta. Oh!, D'us de Israel, tenha Débora em seu campo de consolo.*[8] – disse o ancião em lágrimas.

---

8 Salmos, capítulo 15, versículos 1 a 5.

De seu coração irradiações luminosas saíam como um cântico de luz que era conduzido a Débora como uma chuva de paz e conforto.

Enquanto isso, o rapazola foi célere pelas ruas de Jerusalém até a casa de Elisha. Quando lá adentrou, falou que havia uma mensagem para Caleb, a serva então chamou Mia, pois Caleb não se encontrava naquele momento. Mia foi ao encontro do mensageiro e o rapaz, um pouco desajeitado, disse:

– Esta mensagem só deve ser entregue ao senhor Caleb.

– Mas eu sou a esposa dele, eu a entregarei.

– Sinto, senhora, retornarei outro dia.

– Mas da parte de quem vem esta mensagem?

E o rapaz, desconfiado, disse:

– Somente ao doutor Caleb.

E Mia, irritada, o dispensou e adentrou à casa blasfemando.

– Que impetuoso, que D'us o castigue e seja degolado – disse ela enfurecida.

Sentia-se intrigada, "quem enviara aquela mensagem e o que estava ali escrito?", inquietara-se. Agora nada poderia fazer, melhor era aguardar os acontecimentos.

* * *

Marta em seus aposentos estava melancólica, seu coração ansiava a liberdade, pois sua alma parecia alerta, sentia em seu íntimo que algo ocorreria, se inquietava.

Ao ver-se livre das faixas que prendiam seu ventre, acariciou o bebê, como se ali encontrasse forças para se acalmar. Ela sabia que Caleb estava fazendo os últimos preparativos para a fuga, os animais ficariam escondidos próximos às tendas do lado de fora da cidade.

Naquela hora Caleb estava pagando a um servo que contratara para guardar todos os apetrechos da longa viagem. Rumava para casa de Elisha com o coração oprimido, sentia medo, um terrível medo que o angustiava, ao chegar à casa de Elisha, encontrou-o a blasfemar:

– Este homem traz a discórdia para o povo, é um blasfemador, um falso profeta.

Era a mesma cena dos últimos dias. Ao ver Caleb, chamou-o, pois em sua casa alguns anciões encontravam-se. Um deles reconheceu Caleb, pois sabia que sua família era de origem principal, erguendo-se falou:

– Vejo que já se tornou um homem.

E Caleb, olhando-o, falou:

– Sim, embora não siga os passos de meu pai – aduziu Caleb.

E cumprimentando a todos retirou-se, pois estava por demais ansioso.

– Infelizmente carrega o bom nome de uma das famílias que comandam o templo, mas não consegue honrar seus antepassados – disse um deles a lamentar.

– É triste ver o que estas correntes disseminam em nossa comunidade, aniquilam nossas origens – falara outro.

Elisha, tentando impressioná-los, falou:

– Agora que está casado com minha irmã e ela espera um varão, tudo será diferente.

– É verdade, espero que esta criança se inspire em você – aduziu um doutor.

E ele, sentindo-se lisonjeado, continuou com suas considerações fúteis e frívolas.

O ambiente da casa estava repleto de uma massa enegrecida que circundava todo o lar, entidades galhofeiras e perturbadoras tinham acesso livre, pois Elisha, em sua enceguecida perseguição, as mantinha a cada dia mais vinculadas a ele e ao seu lar.

* * *

O GOLPE FINAL se aproximava e as trevas evidenciavam em torno das circunstâncias.

Yeshua sentia as emanações que circundavam Jerusalém, sempre buscava o refúgio no Monte das Oliveiras. Lá, junto aos apóstolos, orava e se alimentava, pois nem sempre o Mestre permanecia em casa de Ananias, devido às constantes perseguições, preferia muitas vezes o monte.

Naquela noite, porém, Marta pouco repousava, seu espírito estava inquieto e não conseguia conciliar o sono, então, na madrugada, ergueu-se exausta a fim de se preparar.

Caleb, que não conseguia também adormecer, dirigiu-se cautelosamente ao seu aposento, no entanto, percebera que os anciões não haviam se retirado, o que o deixou mais alerta. Sabia que deveria auxiliar Marta a esconder a gestação, rumou para seu aposento de forma cautelosa e encontrou Marta desperta, tentando pôr a faixa, logo abraçou-a, beijando-lhe a destra com afeto e disse:

– Meu D'us, Marta! Tem que ser rápida.

– O que há? – perguntou ela aflita.

– Elisha trouxe hóspedes, temos que ser breves e silenciosos.

– Mas o dia ainda não clareou.

– Por isto mesmo, venha, deixe-me auxiliá-la.

Quando terminou de enfaixá-la, abraçou-a e disse:

– Sei que tudo dará certo – falou tentando acalmá-la.

Mia, no entanto, ao notar sua ausência, rumou para o aposento de Elisha a fim de acordá-lo, ao adentrar, sacudiu-o apressada:

– Levante-se! Eles estão juntos para fugir.

Elisha, sem nada compreender, ergueu-se e disse:

– Está louca? Quem vai fugir?

– Fale baixo, – disse Mia – venha ver com seus próprios olhos.

E Elisha, irritado, se ergueu e foram com cautela até o aposento de Marta. Elisha olhou para Mia, enfurecido, abriu a porta e surpreendeu Caleb auxiliando Marta.

– O que houve aqui? – disse Elisha ríspido.

Marta, ao vê-lo, abraçou Caleb num gesto de medo.

– O que está fazendo abraçada a Caleb? – gritou ele.

Mia logo interferiu:

– É simples.

– Cale-se, Mia, – disse Caleb – tomando a frente de Marta a fim de resguardá-la.

– Não vou me calar, eles são amantes.

Elisha, então, avançou para Marta e empurrando Caleb puxou-a pelas mãos. E Caleb, segurando-a, disse:

– Não toque nela.

– Ela é uma adúltera, adúltera, mulher maldita que se deitava com você, seu imundo – gritou Elisha.

Logo os doutores da lei que ali se encontravam foram despertos e ao perceber os gritos conduziram-se ao aposento.

– Vejam! Minha mulher é uma adúltera – apontava Elisha em desequilíbrio, pegando Marta com um puxão que a fez ir ao chão.

Caleb avançou empurrando-o e gritou:

– Não toque nela.

Abraçando-a, ergueu-a e disse:

– Seu lunático.

– Vejam, doutores, este impuro me trai com minha mulher, onde estão os servos?

Chamaram então os servos que logo se prostraram ao lado de Caleb segurando-o.

– Não toque em Marta – disse Caleb se debatendo.

Marta foi puxada por Elisha que lhe bateu na face e conduziu-a para fora do quarto gritando.

– Maldita! Eu lhe mato!

Os doutores, então, notando a fúria crescente, falaram:

– Controle-se, Elisha, levemos ao conselho sua mulher.

Elisha, alucinado pelo ódio, disse:

– Não, levemo-los ao Rabi Yeshua, quero desmoralizá-los e matá-los.

Os doutores se entreolharam.

Marta chorava trêmula, estava segura pelo cabelo que Elisha não soltava. Um dos anciãos, no entanto, falou:

– Não podemos condenar a ambos.

– Por que não? – gritou Elisha fora de si.

– Porque Caleb pertence à família que dirige o templo, seria uma derrota expô--lo, ele deve ser preservado.

Elisha, irritado, falou:

– Mas a lei é clara.[9]

– Devemos levar somente a sua mulher – aduziu um dos anciãos.

Caleb se desvencilhou dos servos e fora do aposento empunhava um punhal para matar Elisha.

– Solte-a, deixe ela livre ou lhe tiro a vida, maldito – dos seus olhos irradiavam intensa fúria.

No entanto, Mia, temendo o pior, por trás acertou-lhe a cabeça com um jarro que o fez ficar desacordado.

– Tranquem-no, – disse um dos anciãos – chamaremos o conselho agora.

Elisha esbofeteava Marta que tentava se defender das agressões.

– Será maldita para sempre, no dia que lhe vi devia ter sabido que era uma meretriz, prostituta maldita – cuspia-lhe na face.

Mia, segurando-lhe, falou:

– Deixe-a comigo, comemore, agora é o momento de sua vitória.

– Largue-me, – disse Elisha – minha vida acabou.

Saiu para sala onde guardava seus escritos, lágrimas de raiva rolavam em sua face.

– D'us, por que me amaldiçoou nesta vida? – indagava ele batendo os punhos contra as paredes, o ódio crescia feroz.

Mia, ao ver no nariz de Marta sangue e a face toda roxa pelos golpes de Elisha, aduziu resoluta:

– Isto é só o começo, maldita prostituta, não sabe o que lhe aguarda – cuspindo-lhe – você é o resto, é o resto de tudo que é imundo – e amarrou-lhe as mãos.

Marta, em sua tortura, lastimava, tremia, em seu pensamento pedia a D'us pelo seu filho.

– D'us, ajude-me, D'us, tem piedade deste ser que carrego em meu ventre, D'us, eu confio no Senhor.

Caleb ficou desmaiado, o sangue corria de sua cabeça, estava trancafiado em um cômodo.

Logo o dia amanheceu por completo e os anciãos foram se juntando diante da casa de Elisha. Os escribas informaram que Yeshua encontrava-se no templo.

Elisha, envolto em uma máscara de ódio, pediu para que trouxessem Marta, desatou-lhe as mãos e empurrou-a em meio aos anciãos.

– Maldita! Será eternamente maldita por todos os tempos, mulher.

Muitos cuspiam em sua face.

---

9 O homem que adulterar com a mulher de outro, sim, aquele que adulterar com a mulher do seu próximo, certamente será morto, tanto o adúltero, como a adúltera. (Levítico, cap. 20:20)

– Adúltera, levemos a adúltera – gritava os anciãos.

Mia a tudo assistia, feliz.

Quando começou a andar pelas ruas, muitos a chamavam de imunda e maldita, a multidão crescia, Marta estava tomada pelo pavor extremo, tremia, sabia que ia morrer.

"D'us!" – pedia em seu pensamento: – Salve-me! Salve-me!".

Era empurrada e erguida com tapas na face por Elisha.

– Maldita é, mulher – dizia ele.

Yeshua encontrava-se no templo, o sol despontara no céu azul de Jerusalém, os discípulos à sua volta acompanhavam os seus ensinos, o povo o seguia ouvindo-o, quando Yeshua, assentando-se, foi surpreendido pelos escribas e fariseus. Grande número de transeuntes e doutores o acompanhavam e no centro da turba estava Marta, aflita e trêmula, sentia que era seu fim, não ousava erguer a face, sem o véu que lhe cobria os cabelos, com parte de sua túnica rasgada pelos puxões violentos da turba, as mãos machucadas, os joelhos ralados e o nariz que sangrava, seu rosto era a pura vergonha e seu olhar traduzia o desespero. Sendo empurrada em meio ao povo, colocaram-na no meio e disseram:

– Mestre, esta mulher foi apanhada no próprio ato adulterando, e na lei nos mandou Moisés que tais sejam apedrejadas, o Senhor, o que diz?

E aguardavam eles o que ele falaria.

Elisha, em seu orgulho, aguardava com uma pedra na mão o momento de lavar sua honra.

Yeshua sabia que o propósito daqueles corações era tentá-lo para que tivessem motivo para acusá-lo.

Pedro reconheceu Marta, seu coração se constrangeu por ela, sua aflição se tornou intensa, pensou em Zimra e na família.

Marta não ousava se erguer, sentia um misto de desespero e dor, seu coração batia descompassado, ergueu seu pensamento a D'us pedindo em secreto, "D'us tenha piedade de mim". Repetia várias vezes em sua mente, foi sentindo as emanações do Mestre que começavam a asserenar seu coração. No entanto, enquanto eles, vorazes, aguardavam o Mestre, este, inclinando-se, escrevia com o dedo na terra, e como insistiam perguntando-lhe, Yeshua disse-lhes com voz branda, impregnada de magnetismo.

– Aquele que dentre vocês está sem pecado, seja o primeiro que atire a pedra contra ela.

As palavras, impregnadas de intensa luz, atingiram os encarnados e desencarnados que formavam a multidão. Os primeiros a sentirem os benefícios da intensa luz foram os desencarnados, que se escondiam em meio ao chão, como que sugados pelas forças sombrias da terra, enquanto os encarnados, tocados pela voz da consciência, soltavam as pedras, saindo os anciãos primeiro, um a um se foram em silêncio.

Até Elisha, vendo o que ocorria, foi forçado a deixar Marta em meio à situação.

Os apóstolos se afastaram e ao longe observavam a atitude do Mestre. Naquele momento era o silêncio, a brisa mexia com os cabelos de Marta, as lágrimas se misturavam à gratidão, não sentia alegria, mas em sua alma a luz resplandecia. Yeshua se aproximou e, não vendo ninguém além da mulher, falou mansamente:

– Mulher, onde estão aqueles que a acusam? Ninguém a condenou?

E Marta, erguendo a face, viu os olhos do Mestre pousados sobre ela, naquele momento a luz do Mestre penetrava em sua alma, Marta então respondeu-lhe:

– Ninguém, senhor.

Yeshua, estendendo as mãos para que ela se erguesse, disse-lhe:

– Nem eu também a condeno, vá e não peque mais.[10]

O toque do Mestre fez com que Marta haurisse forças para seguir. As lágrimas de angústia deram lugar à paz e à gratidão, ela não falou, apenas em seu coração agradecia a D'us e dizia em seu íntimo: "Este é o Messias".

Os apóstolos a tudo acompanhavam. Pedro, aflito, sentia-se grato ao Mestre por Marta não ter sido apedrejada. Felipe, o apóstolo, sentia em seu coração como se Marta fosse uma de suas filhas.

Algumas mulheres que seguiam o Mestre acompanhavam um pouco de longe. Marta, erguendo-se, olhou em redor, não havia ninguém mais para julgá-la, sentia seu coração envolto em grande alívio, pousou os olhos no Mestre que seguia calmo para junto dos apóstolos, agradeceu a D'us e, cambaleante, tentava se recompor. As mulheres que seguiam o Mestre aproximaram-se, e Marta ao vê-las assustou-se, mas logo uma delas disse:

– Não tema, nós seguimos o Mestre. Você está ferida, tem para onde ir?

E Marta, ajeitando suas vestes e sentindo o filho em seu ventre, disse:

– Não tenho ninguém.

Estava aflita e com medo, sua face doía, e a mulher, então, falou:

– Venha conosco. Nós cuidaremos de você.

E envolvendo-a, ajeitando-lhe o manto, retiraram-se com ela.

Felipe, que reconheceu suas filhas auxiliando Marta, sorriu com satisfação por perceber a atitude para com aquela estranha, que ele sabia de quem se tratava.

Quando o Mestre se aproximou dos discípulos, Pedro, então, falou:

– Mestre – em sua voz havia emoção.

E Yeshua, percebendo seu intento, falou:

– Pedro, ela também é filha do Pai que está no céu, nada me deve dizer acerca disto.

E Pedro, entendendo seu gesto, calou-se.

* * *

10 O diálogo entre Marta e Yeshua se deu em aramaico.

Ananias, o bondoso ancião, havia visto a turba carregar Marta e sem poder fazer com que parassem, decidiu adentrar a casa de Elisha a fim de colher notícias de Caleb. Temia que o amigo tivesse sucumbido ou talvez que ele estivesse ferido, pois sentia em seu coração que Caleb não iria entregar Marta ao suplício. O portão estava aberto, os servos estavam assustados e andavam a cochichar no pátio. Ananias entrou e, olhando em volta, perguntou a uma serva onde estava Elisha e Mia.

A serva, trêmula, falou:

– Somente Mia está na casa, senhor.

Então o ancião caminhou até a entrada da casa e sem medo se fez anunciar, já que a serva temerosa saiu sem perguntar-lhe mais nada.

Mia estava transtornada, andava esfregando as mãos uma na outra freneticamente. Quando notou a presença de Ananias soltou um grito:

– Como entrou aqui? – disse ela nervosa.

– O portão estava aberto.

– Ora, mas estes servos para nada prestam. Já soube o que ocorreu? – disse ela pálida.

– Não – disse o ancião calmo.

– Bem, é impossível que não tenha visto a turba passar.

– Não, – disse ele firme – o que há?

Ela, olhando-o assustada, disse:

– Caleb e Marta são amantes e Elisha a levou para ser apedrejada.

Ananias, então, disse:

– E Caleb? A lei diz que aquele que deitar com uma mulher casada é adúltero e deve ser julgado, ele foi?

– Não, – disse Mia – ele pertence à família do templo, não pode ser julgado, é um doutor, um homem nobre.

– Então o pecado é só do pequeno, daquele que nada possui? Onde está Caleb?

– Não ouse falar neste tom comigo – disse Mia retraída.

– Então terei que chamar a turba para julgá-lo, você não me deixa alternativa, pois se Marta é adúltera, ele o é muito mais por conhecer as leis.

Mia, pensando em Elisha e no novo escândalo que poderia cair sobre sua casa, disse:

– Ele está no aposento trancado.

– Deixe-me vê-lo.

– Não posso – disse ela em aflição.

– Então chamarei o conselho.

E Mia, a contragosto, levou-o até o local, o servo estava à porta como a evitar sua fuga.

– Abra – disse ela.

E Ananias encontrou o amigo caído, o sangue se espalhava pelo chão. Compreendendo que Caleb fora atingido fortemente e que poderia morrer, usou de sabedoria e disse:

– Se não deixar que eu o leve daqui agora, eu a levarei ao conselho e direi que você amarrou um homem do Templo.

– Está bem, leve-o daqui – disse Mia desejando se ver livre da situação.

Ananias, olhando-a, falou:

– Não diga nada a Elisha, pois se ele vier a morrer, você será a culpada.

– Não direi.

E chamando um dos servos, colocaram Caleb em uma montaria e o levaram dali. Ao chegar em sua casa, Itti assustou-se:

– Senhor! Senhor! O que houve?

– Precisamos auxiliá-lo, está muito ferido.

Reina, solícita, preparou os aposentos onde Caleb foi posto. Ananias temia pela vida do amigo, examinando o corte viu que era profundo, macerou ervas a fim de estancar o sangue, enfaixando sua cabeça. Sua respiração era fraca, porém dormia, pôs bandagens em sua face e aromatizou o ambiente a fim de despertá-lo. Caleb nada falava nem reagia, seus olhos continuavam cerrados. Ananias se revezava junto a Itti e Reina.

* * *

Elisha andava a vagar pelo templo, tudo o que ocorrera naquela manhã tirava-lhe as forças. Ver Marta sendo liberta do apedrejamento... Não compreendia porque todos se curvaram diante daquele Rabi, até ele sentia-se confuso e envergonhado, ajoelhou-se como que vencido. Sua mente buscou Marta, por que ela se entregou a Caleb? Aquele imundo, ele a tocara e a possuíra. E por que ela não havia feito nada para se justificar? Recordou que ela nada disse, aceitou sem queixas as palavras e o julgamento de todos, ela o amava, ela amava Caleb. O ódio cresceu em seu coração. Ele então pensou em Mia, mulher sórdida, cobra infiel, sabia de tudo e não lhe contara, deixou para falar diante de todos, sentia-se coberto de vergonha, ele, um homem da lei exposto, começou a clamar em voz alta.

– Por que D'us? Por que me deixou neste exílio, nesta vergonha? Eu não a perdoarei, ela não terá paz. Pensa que vai ficar com Caleb? Nunca!

Em sua revolta, erguendo-se pensou, eu mesmo matarei a ambos com minhas mãos, não serei visto como um homem tolo coberto de vergonha. Saiu do templo disposto a dar fim à vida de Caleb. No entanto, quando adentrou em sua casa somente encontrou Mia e mais ninguém.

– Onde está ele? – disse Elisha.

Mia, estranhando a sua ira, falou:

– Ele fugiu logo depois.

– Maldito! – disse Elisha – e você, mulher, o que fez?

– Nada – disse ela.

– Você já sabe da minha vergonha?

– Todos sabem que Marta é adúltera, mas sua honra foi lavada pelo sangue dela – disse Mia.

Elisha, empurrando-a fortemente contra a parede, disse:

– Eu fui o tolo desta cidade, até os romanos riem de mim. Marta vive e livre, anda por Jerusalém e você é a culpada de tudo – disse Elisha a sufocá-la.

Mia, quase perdendo o ar, empurrou-o e gritou:

– Está louco? Quer matar-me? Eu não deitei com Caleb, sua esposa o fez.

– Cale-se, – gritou ele – saia daqui agora.

E Mia, sentindo-se ameaçada, rumou para seu aposento em lágrimas de raiva. Então Marta havia sido salva pelo Rabi e agora que Caleb estava na casa de Ananias eles retornariam e seriam felizes.

– Por que Marta tinha que ser feliz? – dizia Mia. – Por que Elisha quer que eu saia dessa casa? – ela se jogou no leito, estava cansada de tudo e de todos, desejava apenas ser a dona daquela casa, a esposa de Elisha.

7. A mulher adúltera

Marta foi acolhida por uma das mulheres que seguiam o Mestre. Sua beleza era incomparável, sua casa era ponto de encontro dos aflitos e daqueles que desejavam o conforto do Mestre. Marta estava cansada e ferida, ao vê-la, a bondosa mulher condoeu-se, lavou sua face e os pés e auxiliou-a a tirar a túnica. Notando o estado sério, falou:

– Marta, deve repousar aqui até o povo esquecê-la.

Marta ouviu-a sem nada falar, desde o encontro com o Mestre ficara em silêncio.

– Sei que deve estar aflita pelo pai de seu rebento, mas tenha fé, ele virá ao seu encontro, não tema.

– Como sabe de Caleb? – disse Marta com voz baixa e trêmula.

– Sou uma mulher que já viveu em grande pecado, sei o que se passa no coração aflito de quem ama.

E Marta, olhando-a, respirou e disse:

– Não poderei mais continuar.

Então, a bela mulher pegou em sua mão e disse:

– Quando nosso coração se fere, leva com esta dor metade de nossos sonhos, mas se a luz nos alcança, a dor se faz menor e a bondade cicatriza nossa alma. Tenha fé, o Mestre sempre nos cura. Agora deite-se, eu vou lhe trazer algo para comer, precisa cuidar de seu filho.

Marta obedeceu, pois, seu corpo doía. Caleb não lhe saía do pensamento, "D'us, proteja Caleb", pensava ela.

Marta sentia-se culpada pelo desfecho daquela situação. Deitada naquele singelo aposento começou a refletir, se ela não tivesse cedido ao seu coração, se tivesse sepultado todo aquele amor, nada teria acontecido. Caleb talvez tê-la-ia esquecido, não deveria ter sido tão tola, feriu a ele e a seu esposo. "D'us, perdoa-me pelas minhas faltas", pedia ela. Recordou-se do olhar de Yeshua, de seu manto alvo que emoldurava sua face, as palavras que lhe disse "ninguém lhe acusa, nem eu"; sim, o Mestre a perdoara, salvara a vida dela e de seu filho, sentia-se reconfortada, amparada. Não deveria voltar para Caleb, ela já o havia feito sofrer e criado muita dor para todos. D'us lhe havia dado uma nova chance, um novo caminho, o melhor era que Caleb acreditasse que ela morrera, sim, ele merecia ser feliz, ela só lhe trouxera amargor e conflitos. Sentia-se cansada e aos poucos adormecera.

Pedro foi avisado que Marta estava amparada em secreto. O assunto, embora fosse muito comentado pelo povo, entre os apóstolos era fato esquecido, todos sabiam que Marta era prima da esposa de Pedro, e cada qual respeitava o amigo e seus familiares como se da própria família fossem.

"Aquele que não tiver pecado que atire a primeira pedra", as palavras do Mestre ecoavam naqueles corações. Pedro, no entanto, preocupado com o estado de Marta, decidiu que ele a levaria para Cafarnaum. Quanto a Caleb não sabia o que havia ocorrido, apenas orava por ele, pois sentia que seu coração necessitava de paz.

* * *

A NOITE TRANSCORRIA sofrida para Reina, ela se revezava com Itti e Ananias velando por Caleb. Aos primeiros raios de sol ele despertou:

– Onde estou? – disse ele agitando-se no leito.

Reina logo aproximou-se e disse:

– Está a salvo na casa de Ananias.

– Tenho que me erguer. E Marta? – dizia ele tentando levantar-se, mas sentindo-se tonto caiu ao leito.

– Acalme-se, Caleb – disse Reina.

– Marta! D'us! Ela vai morrer, preciso salvá-la.

Ananias, ouvindo o amigo, adentrou no aposento e disse:

– Graças a D'us você está bem.

– E Marta, Ananias? E Marta?

– Calma, ela vive – disse o ancião.

– Mas como?

– D'us em Sua bondade a salvou.

E Caleb, não acreditando, puxou o amigo pela túnica e disse:

– Não minta, eu quero a verdade.

– Ela vive, Caleb, o Mestre não deixou que fosse apedrejada.

– Oh!, D'us, obrigado, eu O honro, oh!, grande D'us de Israel – dizia Caleb. – Onde ela está? Diga-me! Ela está aqui? Preciso vê-la.

– Caleb, acalme-se, nós não sabemos para onde ela foi, mas eu a procurarei, tenha fé.

– Não posso deixá-la só, não entende, ela é tudo que tenho, ela tem um filho meu em seu ventre.

Reina, ao ouvir aquilo, afligiu-se.

– D'us! Caleb, Marta espera um filho seu?

Ananias, percebendo seu espanto e para não atormentar o amigo, solicitou:

– Reina, prepare um chá para Caleb. Ele precisa se aquietar.

A idosa, percebendo que falara por demais, retirou-se do aposento preocupada, sabia que se Marta tivesse outro filho sucumbiria. Itti, ao vê-la, falou:

– O que há, senhora?

– Estou apenas preocupada, Itti – disse ela confusa.

– Devemos confiar em D'us – falou a serva – quando nada podemos fazer, Ele fará da melhor forma, confiemos.

– É o que tenho feito, Itti – disse Reina.

E seguiu para a cozinha a fim de preparar a primeira refeição do dia.

Nur continuava sob os cuidados da casa de Ananias, a serva estava cada dia mais instável, logo nas primeiras horas daquele dia começou a gritar.

– A maldição vai cair nesta casa – dizia ela andando pelo aposento da casa como um fantasma a murmurar.

Nestes instantes, os espíritos que a perturbavam envolviam sua mente mostrando-lhe quadros os quais ela revelava.

– Ele virá aqui, eu o vejo – dizia.

Itti acercava-se dela e segurava suas mãos tentando acalmá-la.

* * *

Elisha não dormira, estava disposto a encontrar Marta e consumar o ato que lhe devolveria a dignidade. Ele percorreria toda Jerusalém atrás dela. Ela e Caleb não iriam permanecer unidos, dizia Elisha, pois isto seria a confirmação de sua desonra.

Seu olhar estava vago como se pudesse prever onde Marta se escondera. Andava de um lado para outro, até que o velho Ananias lhe veio à mente, "sim, ela estará lá". Rumou para fora de sua casa, ordenou a um servo que lhe preparasse a montaria, ele a arrastaria pelos cabelos por toda cidade.

* * *

Dan, após os acontecimentos trágicos, rumara para Corazim, em seu coração o sofrimento latente. Orlit estava doente, como pôde ser tão egoísta. Shayna notava em seu semblante as angústias, não sabia o porquê, na verdade ele estava tão transtornado que ela se limitou a ficar calada em oração, pois temia que Dan tomasse qualquer atitude que lhe privasse de sua presença.

Quando chegaram a Corazim, Dan permaneceu em silêncio, foram dois dias os quais ele meditava na melhor forma de dividir com Shayna sua decisão, não desejava feri-la. Shayna, no entanto, apesar de ter muitas tarefas em seu lar, sentia que Dan se distanciara mais, desejava que ele viesse ao seu encontro para que ela pudesse compartilhar com ele a alegria que sentia em seu ser, ela finalmente conseguira a dádiva da fertilidade, esperava um filho de Dan.

No final daquele dia, quando o cheiro dos cedros perfumava a casa e ela preparava-se para servi-lo à mesa, Dan chamou-a:

– Shayna.

E, solícita, ela foi ao seu encontro. O coração estava cheio de ventura, sua face irradiava ternura, ele finalmente desejava sua companhia. Dan, ao vê-la tão bela, disse:

– Tenho algo a dizer-lhe, Shayna.

– Eu também tenho, meu marido – disse ela sorrindo.

– Bem, se tem algo a falar-me, diga, parece ser algo bom, sua face está leve e calma.

– Sim, marido, estou muito calma, pois D'us nos abençoou, estou esperando um filho.

Dan ficou pálido, sua face transformou-se. Shayna, ao vê-lo assustado, falou:

– Não está alegre? Não quer este filho?

Dan olhou-a e disse:

– Este filho é bem-vindo, porém devo falar-lhe que partirei pela manhã para Jericó a fim de buscar Orlit.

Shayna ficou em silêncio, sentiu-se rejeitada, seus olhos encheram-se de lágrimas que começavam a banhar sua face. Dan viu que ela sofria, porém prosseguiu:

– Eu não posso mais ficar aqui como se Orlit não existisse, como se eu não sentisse sua ausência, ainda a amo e a quero junto a mim, sinto, mas você deve aceitar.

Shayna nada falara, seu coração estava em prantos, apenas ergueu-se e dirigiu-se para seu aposento, chorou compulsivamente. Dan notou que a havia decepcionado, mas não desejava mentir, nem feri-la, apenas queria ser honesto.

Naquela noite, Shayna, após o choro, meditou acerca do seu estado, carregava um filho de Dan, deveria fazer tudo para respeitá-lo e fazer com que este filho fosse amado. Decidiu aceitar Orlit, ela nada poderia fazer, deveria apoiar o esposo, pois o amava e compreendia a dor do seu coração. Então ergueu-se do leito e rumou em busca de sua companhia. Dan estava sentado no jardim observando as estrelas.

– Marido – disse Shayna com voz embargada de sentimentos.

Dan virou-se e, ao vê-la, sentiu um profundo aperto em seu coração, então falou:

– Diga, Shayna.

E ela, ajoelhando-se aos seus pés, falou:

– Nada tenho contra aquela que habita em seu coração, se ela o faz feliz, também estou feliz em vê-lo alegre e ditoso. Vá em busca de sua amada Orlit e eu a servirei como sirvo a você, ela será minha irmã, minha companheira nesta casa.

Lágrimas vertiam dos olhos de Dan. Shayna permanecia de joelhos com a face abaixada. Dan, então, segurou em suas mãos e com a voz firme falou:

– Não sou digno do seu amor, mulher, você me deu muito mais do que mereço e D'us fecundou seu ventre, hoje sepultei o homem velho.

Erguendo a face de Shayna continuou:

– Se D'us a honrou para ser minha esposa e dar-me a posteridade, é você minha amada, aquela que deve habitar em meu coração.

– Mas, e sua esposa Orlit? – disse Shayna.

– Ela está doente, eu desejava tê-la por perto, dar-lhe a alegria de minha companhia e meu afeto, pois você sabe que nunca ocultei do seu coração este amor, mas agora que você a aceitou, sinto-me mais aliviado. Partirei pela manhã e a trarei para partilhar de nossa felicidade.

– Sim, marido, traga Orlit, eu a recebo com meu coração cheio de alegria.

E Dan, sentindo que algo mudara em seu coração por Shayna, abraçou-a com ternura, pela primeira vez sentia que ela fazia parte de sua vida. A noite pontilhada de estrelas refletia a luz daqueles corações.

Orlit, em Jericó, se afainara a cada dia um pouco mais, seu esposo passava a ignorá-la, dizendo que fizera um mau negócio em tê-la como esposa. Orlit ouvia aquelas duras palavras sentindo-se a pior de todas as mulheres.

Naquela noite em especial, ele a humilhara na frente dos servos, dissera com rispidez que até os jumentos dão cria e que ela parecia seca como as pedras.

Orlit sentiu um enorme desejo de fugir, de não permanecer mais ali. A casa estava em profundo silêncio. Pensou em qual lugar poderia encontrar repouso, onde ele não a encontrasse, mil pensamentos lhe ocorriam, ergueu-se do leito e pegou suas joias, sim, ela fugiria, iria para casa de Zimra, lá ela teria sorte.

Por que ela deveria passar por tudo aquilo? Seu coração estava cansado e aflito. Aguardou até que as primeiras horas do dia se anunciassem, atravessou a casa em silêncio, levava consigo apenas um pedaço de fruta e algumas sobras de pão, abriu a porta vagarosamente e ganhou a viela do mercado. Lá ela encontraria transporte até Cafarnaum, pois várias caravanas abasteciam a cidade. E não demorou muito até encontrar uma que seguia viagem para lá.

Orlit cobriu sua face com o véu e para não ser molestada improvisou uma falsa barriga de gravidez, assim teria o respeito dos homens e seu esposo jamais a alcançaria.

Quando as caravanas partiram com as mercadorias que abasteceriam Cafarnaum, Orlit sentiu-se livre como na época de sua juventude. Recordou-se de Marta, como estaria sua irmã, seu coração se apertou, ela, porém, sentiu que sua vida nunca mais seria a mesma.

* * *

Dan, em Corazim, após o diálogo com Shayna, havia refletido em seu coração leal, a bondade o fez perceber que não deveria feri-la, estando ela naquelas condições, afinal, Orlit também sofreria em vê-lo com um filho seu no ventre de outra mulher. Seria melhor calar seus sentimentos, se D'us concedeu-lhe a dádiva de um filho, ele deveria permanecer junto a Shayna, isto era o mais sábio a fazer.

* * *

Quando o dia já ia alto, Elisha estava diante da porta de Ananias, seus modos nada cordiais causaram estranheza e balbúrdia pela casa. O idoso, ao perceber sua presença e temendo que algo ocorresse a Caleb, pediu a Itti e Reina que o conduzissem ao seu próprio aposento. Lá ele estaria seguro, pois tratava-se de quarto afastado das dependências da casa.

Reina e Itti fizeram grande esforço para manter Caleb de pé, pois o mesmo sentia-se tonto, cambaleante.

Ananias rumou lentamente para o portão principal onde recebeu Elisha. O nobre fariseu estava em uma túnica negra trespassada, o manto caía-lhe no ombro dando-lhe uma aparência nada agradável, seus olhos estavam profundos e a face endurecida.

– *Shalom* – disse Ananias com o pensamento em prece.

– *Shalom* – replicou Elisha sem muita alegria.

– O que deseja?

– Venho em busca de Marta.

– Mas ela não se encontra nesta casa – aduziu Ananias dando dois passos para trás já que Elisha adentrava sem sua permissão.

– Não duvido de sua palavra, mas quero olhar nesta casa.

E Ananias, olhando-o, afirmou um sim com a destra a fim de não o impedir, pois levantaria suspeitas.

Elisha adentrava os quartos onde jaziam crianças e enfermos, sentindo-se mal rumou para o último aposento, onde Nur sentada em estado de alerta o aguardava, ao vê-la, surpreso ficou. Ela causou-lhe repugnância, seu odor era desagradável, seus cabelos emaranhados e a face profunda, ela então falou:

– Procurando justiça?

Ele que já se voltara para sair, parou, virando-se a fim de interrogá-la, aproximou-se:

– O que sabe? – inquiriu ele.

E Nur, com as mãos trêmulas a esfregar freneticamente uma na outra, arregalou os olhos e falou:

– Sei de tudo, você deve matá-la, ela é uma peçonha, ela é o mal.

Elisha, então, disse:

– Como sabe de tudo isto?

– Eu vi o que ela fez, ela é uma mulher má, você deve lavar a sua honra e a do seu filho.

A velha segurava-o pelo manto causando-lhe extrema irritabilidade:

– Diga mulher, onde ela está? – gritou ele.

– Ela está lá, depois de ter matado seu filho, ela está lá – dizia fazendo gestos repetitivos.

– Quem matou Job? Marta também fez isto? – dizia ele agressivo com profunda dor no peito.

– Não, – dizia Nur quase sufocando – Mia fez, Mia o envenenou.

– Cale-se, é blasfêmia – e empurrou a idosa contra o chão.

– É verdade, senhor, ela fez por que espera seu filho – disse ela trêmula.

Elisha neste momento perdeu o controle e erguendo Nur como se erguesse uma pedra falou:

– Conte-me como ela fez.

– Ela me obrigou a auxiliá-la a dar o veneno todas as noites e manhãs.

Elisha, então, tirando do seu manto um punhal, cravou-o no peito da idosa sem piedade, saindo enlouquecido da casa de Ananias que o aguardava no salão.

Ananias não compreendendo o motivo apressado que o fizera partir, preocupado com Caleb, rumou para o aposento, enquanto Nur se esvaía em sangue, sendo envolvida pelas entidades as quais ela se ligara.

Nas vielas de Jerusalém, Elisha corria como enlouquecido, não conseguia pensar, todo golpe que sofrera, o filho, Marta, Caleb, Mia, todos seus inimigos, todos contra ele, e Job o pequeno não teve tempo de lhe herdar o ofício.

A dor em seu peito era tamanha que foi forçado a parar, apoiando-se pelas vielas, tentava vagarosamente chegar em sua casa, estava abatido, toda euforia do ódio explodira em uma dor sem fim. Quando visualizou o portão de sua casa desejou a morte para Mia, entretanto, a vingança seria mais cruel, respirou a fim de conter o ódio que o corroía. Os servos, ao vê-lo cambaleante, auxiliaram-no. Mia, ao perceber todo alarido, correu para auxiliá-lo também.

– D'us, Elisha, o que ouve? D'us! – exclamava ela aterrorizada pela possibilidade de perdê-lo.

Elisha nada falou, as emoções contidas em seu íntimo o corroíam atrozmente. Foi conduzido ao aposento, Mia auxiliava-o prestimosa, quando ele, segurando sua mão firmemente, disse:

– Deixe-me, deixe-me.

Ela, então, retirou-se, não compreendia porque Elisha estava tão ríspido, afinal, o que ela havia feito, por que a tratava como algo ruim? Agora que sua gestação começava a aparecer, sentia-se incomodada, não se achava mais bela, aquela silhueta a deixava entristecida, embora o filho que gerasse fosse de Elisha, não desejava ficar feia. Rumou para a cozinha onde ordenou que se providenciasse um chá para Elisha e os preparativos para a ceia. Olhou para a casa, agora somente dela, sentiu-se só, talvez se Marta e Caleb tivessem morrido tudo fosse diferente, suspirou pensativa, "onde ela poderia estar e com quem?" Aborreceu-se, o melhor seria esperar.

* * *

Logo que Ananias certificou-se que Caleb estava bem, retornou aos seus afazeres, sabia que deveria ao amigo notícias de Marta, mas sentia em seu coração o peso do último acontecimento. Elisha estava enfurecido e não pouparia Caleb ou a Marta.

Estava a meditar acerca do assunto quando um grito ecoou pela casa. Assustado, o ancião foi ao encontro do grito e deparou-se com Itti, e viu Nur caída no chão, inerte em uma poça de sangue, ele então pediu a Itti que chamasse outros servos para que os devidos cuidados fossem realizados com o corpo de Nur.

Naquele momento teve a convicção de que deveria ir atrás de Marta, pois a única pessoa que teria cometido tal feito seria Elisha.

Reina estava no aposento do idoso cuidando de Caleb que ainda estava convalescendo, quando Itti trouxe-lhe a triste notícia acerca da morte de Nur.

Ananias então partiu, caminhava pelas vielas de Jerusalém até que notou grande aglomerado de transeuntes, é que o Rabi havia curado um homem cego de nascença e isto causava burburinho, pois era sábado quando isto sucedeu e os vizinhos diziam:

– Não é este aquele que estava assentado e mendigava?

Uns diziam:

– É este.

E outros:

– Parece-se com ele.

Mas ele dizia:

– Sou eu.

Diziam-lhe, pois:

– Como se lhe abriram os olhos?

Ele respondeu:

– Um homem chamado Yeshua fez lodo e untou-me os olhos e disse-me: vai ao tanque de Siloé e lava-se, então fui, lavei-me e vi.

Disseram-lhe, pois:

– Onde está ele?

– Não sei – respondeu.

Levaram, pois, aos fariseus o que dantes era cego.

Ananias que a tudo observava sentiu em seu coração que deveria ir ao Mestre, pois lá talvez soubesse notícias de Marta.

Quando o homem foi levado aos fariseus estes também lhe perguntaram:

– Como passou a enxergar?

E ele respondeu novamente:

– Pôs-me lodo sobre os olhos, lavei-me e vejo.

Então os fariseus diziam:

– Este homem não é de D'us, pois não guarda o sábado.

E outros falavam:

– Como pode um homem pecador fazer tais sinais?

E houve dissensão entre eles, então falaram ao cego:

– Você o que diz daquele que lhe abriu os olhos?

E ele respondeu:

– É um profeta.

Porém, os fariseus querendo saber se o homem curado era justo, chamaram seus pais a fim de saber se ele era cego de nascença, seus pais falaram aos fariseus.

– Sabemos que este é nosso filho e que nasceu cego, mas como agora vê não sabemos.

– Que foi que lhe abriu os olhos? – perguntaram os fariseus.

Os pais responderam-lhes:

– Perguntem a ele mesmo, pois já tem idade para responder – diziam temerosos.

Então chamaram pela segunda vez o homem que havia sido cego e assim falaram:

– Da glória de D'us, pois nós sabemos que este homem é pecador.

– Se é pecador não sei, uma coisa sei, é que havendo eu sido cego, agora vejo.

E entreolharam-se com ira e perguntaram novamente:

– Diz como ele lhe abriu os olhos, que lhe fez ele?

E o cego falou:

– Já disse e não ouviram, para que querem ouvir? Querem ser discípulos dele?

Eles então o injuriaram e com rispidez falaram:

– Seja você discípulo dele, somos discípulos de Moisés, nós bem sabemos que D'us falou de Moisés, mas este não sabemos de onde é.

Então o cego que não era mais cego lhes falou:

– Nisto, pois, está a maravilha, que vocês não saibam de onde ele é e me abriu os olhos, pois nós sabemos que D'us não ouve os pecadores, mas se alguém é temente a D'us e faz a Sua vontade, a esse Ele ouve, pois desde o princípio do mundo não se ouviu que alguém abrisse os olhos de um cego de nascença, se este então não fosse de D'us, nada faria.

Então os fariseus tomados de ira disseram:

– Você é nascido todo em pecado e vem nos ensinar, a nós? – e o expulsaram.

* * *

André e Pedro conversavam, pois que após a cura do cego todos o seguiam. André, tomando a palavra, disse:

– Pedro, as filhas de Felipe levaram Marta para a casa de Maria e tenho sabido que ela está em estado de graça, não seria conveniente que a abrigasse em sua casa, irmão?

– Sim – disse Pedro, meditando acerca das palavras que o Mestre falou antes de curar o cego.

"Nem ele pecou nem seus pais, mas foi assim para que se manifeste nele as obras de D'us".

– Quero muito acolher Marta e sei que Zimra ficaria alegre em tê-la conosco, irei hoje à casa de Maria para que certifiquemos se ela está bem para a viagem.

Neste momento eis que Ananias os encontra e ao vê-los em conversa se aproxima cumprimentando-os:

– *Shalom*, irmãos.

– Que a paz esteja em seu coração, irmão – disse André.

– Venho pedir notícias de Marta, pois Caleb está sob meu amparo.

E Pedro, tomando a palavra, disse:

– O que houve, Ananias? Por que Caleb não estava presente aos fatos?

– Ele foi impedido de estar com ela, foi ferido, mas irá se recuperar. Elisha os persegue e temo por Marta e o filho que ela carrega.

André, então, falou:

– Ela estava sob os cuidados de uma das filhas de Felipe, mas já se retiraram de Jerusalém.

– E Caleb? Quanto a ele que pretende fazer? – disse Pedro.

– Eu o tenho escondido em minha casa, mas vou enviá-lo para Damasco, lá terá maior proteção.

Pedro, então, falou:

– Até que Elisha desista de tudo isto será melhor ocultar de Caleb onde Marta se encontra, para que não vá até ela e ambos não corram perigo.

– Sim, – disse Ananias – é melhor que ambos não saibam notícias de onde estão, apenas avisaremos as condições deles, dizendo que estão bem e seguros até o momento oportuno em que possam se reencontrar.

* * *

Então o homem que era cego foi de encontro a Yeshua, e o Mestre, sabendo que ele fora expulso, disse-lhe:

– Crê no Filho de D'us?

E o homem respondeu:

– Quem é ele, Senhor, para que eu creia?

Yeshua respondeu:

– Você já o tem visto, é aquele que fala com você.

Então o homem prostrou-se aos seus pés e o adorou. E Yeshua falou:

– Eu vim para este mundo para o juízo, a fim de que os que não vejam passem a enxergar e os que vejam sejam cegos.

Os fariseus que estavam com ele, falaram, ouvindo isto:

– Também nós somos cegos?

Yeshua falou:

– Se fossem cegos não teriam pecados, mas agora como dizem: vemos, por isto o seu pecado permanece.

E olhando aos demais falou:

– Na verdade, na verdade lhes digo que aquele que não entra pela porta no curral das ovelhas, mas sobe por outra parte, é ladrão e salteador, aquele, porém, que entra pela porta é pastor de ovelhas, a este o porteiro abre, e as ovelhas ouvem a sua voz e chama pelo nome as suas ovelhas e as traz para fora; e quando tira para fora as suas ovelhas vai adiante e as ovelhas o seguem por que conhecem a sua voz, mas de modo nenhum seguirão estranho, antes fugirão dele, porque não conhecem a voz de estranho.

Yeshua falava por parábolas, mas eles não entendiam o que era. Tornou, pois a falar:

– Em verdade lhes digo que eu sou a porta das ovelhas, todos quantos vieram antes de mim são ladrões e salteadores, mas as ovelhas não o ouvem. Eu sou a porta, se alguém entra por mim, salvar-se-á e entrará e sairá e achará pastagem. O ladrão não vem senão a roubar, a matar e a destruir, eu vim para que tenham vida e a tenham com abundância. Eu sou o Bom Pastor, o Bom Pastor dá a sua vida pelas ovelhas, mas o mercenário que não é pastor, de quem não são as ovelhas, vê vir o lobo e deixa as ovelhas e foge e o lobo as arrebata e dispersa as ovelhas. Ora, o mercenário foge porque é mercenário e não tem cuidado das ovelhas. Eu sou o Bom Pastor e conheço bem as minhas ovelhas e das minhas sou conhecido. Assim o Pai conhece a mim, também eu conheço o Pai, dou a minha vida pelas ovelhas. Ainda tenho outras ovelhas que não são deste aprisco, também me convém agregar estas e elas ouvirão a minha voz e haverá um só rebanho e um só pastor. Por isto o Pai me ama, porque dou a minha vida para tornar a tomá-la, ninguém a tira de mim, mas eu de mim mesmo a dou, tenho poder para dar e poder para tornar a tomá-la, este mandamento recebi de meu Pai.

Tornou, pois a haver divisão entre os judeus por causa destas palavras e muitos diziam:

– Tem demônio e está fora de si, por que o ouve?

E outros diziam:

– Estas palavras não são de endemoniado, pode porventura um endemoniado abrir os olhos de um cego?

Muitos, contudo, se estabeleciam entre eles.

* * *

Ananias se despedindo dos apóstolos rumou para sua casa a fim de organizar os preparativos para sua viagem a Damasco. Quando em sua propriedade adentrou, foi para seu aposento a fim de examinar Caleb e com ele falar.

Itti havia providenciado o sepultamento de Nur, pois a idosa não tinha parentes.

Reina encontrava-se à cabeceira de Caleb ministrando-lhe alimento, que ele sorvia com dificuldade, pois a cabeça doía-lhe e pesava. Quando Ananias adentrou o ambiente, Caleb sentiu seu coração acelerar, "será que o amigo tinha notícias de Marta?". Então, Ananias disse:

– Que bom, vejo que já está melhor.

Reina sorriu um pouco entristecida pelos acontecimentos.

– Sim. Caleb está melhor.

Caleb, então, falou:

– Marta, sabe de Marta?

– Acalme-se, Caleb, Marta está segura e vive com seu filho no ventre.

– D'us seja louvado, – disse ele com alívio – posso ir para junto dela?

Caleb parecia repetir as mesmas perguntas, sua mente confusa lhe tirava a lucidez das palavras, e ele logo esquecia das respostas.

Ananias tomou a palavra e disse:

– Elisha está sedento de justiça, que ele crê ser a verdadeira.

– Mas não posso deixar Marta para trás.

– Ela não ficará, será abrigada em local seguro.

– Preciso ficar próximo a ela.

– Não pode, Caleb, é perigoso. Quer pôr a vida de seu filho em perigo?

E, confuso, Caleb disse:

– Não.

– Então aceita a ajuda deste que lhe fala, aguardaremos as circunstâncias, o melhor a fazer será partir para outro local e aguardarmos. Providenciarei para que, pela madrugada, seu transporte esteja pronto.

E, erguendo-se, olhou para Reina como a convidá-la para que viesse a seu encontro.

– Caleb, devemos partir amanhã para Damasco.

– Como assim? Marta está lá?

– Não. É para que continue a viver.

A idosa, notando seu gesto, rumou logo em seguida ao seu encontro.

– Reina, – disse Ananias – Marta encontra-se sob a proteção de amigos do Mestre, ficará segura, porém devemos nos retirar desta casa, deixá-la vazia para que Elisha não venha nos perseguir, compreendeu?

– Sim – disse Reina com o coração aflito.

– Pensando nisto, irei para Damasco, mas desejo que você e Itti saiam desta casa e passem a viver em outro local, tomei a liberdade de conseguir um pequeno espaço próximo à saída de Jerusalém. É uma casa pequena, mas acolhedora, e possibilitará que você venha abrir esta propriedade quando o Mestre aqui desejar ficar.

Reina, então, falou:

– E quanto aos necessitados, onde ficarão?

– Eles ficarão junto a você e a Itti até que tudo se ajeite. Agora precisamos fazer os preparativos para a viagem, pois devo levar Caleb para a propriedade que possuo em Damasco.

* * *

Em sua casa Elisha jazia atormentado, os pensamentos em relação a Mia eram os piores, mas não desejava matá-la e, sim, vê-la sofrer. As influências das trevas insuflavam nele os piores pensamentos, sentia sua cabeça doer, seu peito ardia em angústias. A perda do filho... orgulho ferido... Pensava em Marta, ela nunca o amara, nunca lhe tivera temor e respeito, mas ele se encantava por ela, por sua beleza, sua pureza, agora ela era uma imunda, tocado por um imundo, odiava e ao mesmo tempo sentia que em seu coração havia sentimentos de amor por ela, ela lhe pertencia, ele a puniria, a castigaria até a morte. E esta terrível vingança lhe devolveria a honra de fariseu.

Pensou em Caleb, "covarde, ardiloso, onde teria se refugiado"?, sim, ele o encontraria e o arrastaria para as trevas, ele era um imundo que cobiçara sua mulher, um desonrado que burlara a lei, não era digno de ter o nome que tinha, nem de pertencer à família que pertencia.

O sono não vinha e Elisha, após longas horas insones, conseguiu breve repouso para o corpo exausto.

* * *

O sol não despontara ainda e Ananias e Caleb partiam em singela caravana para Damasco. Reina e Itti permaneceram a dispensar os cuidados aos aflitos até o momento oportuno em que se retirariam da propriedade. Caleb sentia dores fortes na cabeça, mas, auxiliado por Ananias, conseguiu seguir viagem.

* * *

Quando o dia clareou Orlit estava em Cafarnaum. Ao chegar ao mercado não foi difícil encontrar quem lhe informasse sobre a casa de Pedro.

Zebedeu encontrava-se à frente dos negócios e Orlit foi conduzida até sua casa, onde encontrou-se com Maria Salomé.

Orlit aproximou-se da casa, disfarçada, como se estivesse esperando um rebento. Maria Salomé ao vê-la condoeu-se de seu estado e falou:

– O que deseja, filha de Israel?

– Apenas saber onde posso encontrar Zimra, esposa de Simeão.

– Ora, donde vem?

– Sou sua prima, venho de Jericó e desejo fazer-lhe uma visita.

Então Salomé a conduziu pelas vielas de Cafarnaum em meio ao despertar da cidade. Ao chegar à casa de Zimra, ao vê-la, esta sorriu-lhe abraçando-a como uma irmã querida.

– *Shalom,* Orlit, onde está seu esposo? Venha, entre.

Orlit adentrou a casa, Sara logo veio ao seu encontro e, encantada, sorriu para Orlit. Hanna, a mãe de Zimra, providenciou água para que se lavasse e chá, a fim de se refazer. Após sentar-se, Orlit falou:

– Eu fugi de minha casa, não suportava mais aquele sofrimento, estou a lhe pedir auxílio.

E Zimra, ouvindo-a, falou:

– E o filho que carrega em seu ventre, o pai irá à sua procura, com certeza.

Então Orlit revelou:

– Foi a maneira que encontrei para não ser reconhecida pelo meu esposo, não há criança em meu ventre – disse ela lamuriosa.

– Oh! Orlit, posso ajudá-la, mas não posso mentir para seu marido caso ele aqui venha.

– Eu sei, Zimra, mas assim mesmo desejo ficar. Tem notícias de Marta? – disse ela ansiosa.

– Não – disse Zimra, temendo revelar tudo que sabia e deixá-la triste. – Mas tenho certeza que ela está bem, agora vou lhe preparar um aposento a fim de que repouse, creio que deve estar cansada.

– Sim, é verdade.

E, erguendo-se, ela mesma foi preparar um dos quartos que estavam vazios.

Com a constante participação de Pedro junto aos apóstolos, muitos fatos haviam sido modificados em sua casa, os servos foram libertados, restando apenas a idosa Minar, que fazia parte da família, as tarefas eram divididas entre elas, e Zimra passava parte do tempo cuidando dos peixes e distribuindo a fim de que fossem negociados.

As constantes ausências de Pedro faziam com que muitas vezes ela trabalhasse duro para manter tudo em ordem a fim de colaborar nas despesas junto ao grupo. Hanna, sua mãe, auxiliava-a e percebendo a situação delicada em que se colocava, tentou entreter Orlit.

* * *

Com o dia já claro, Pedro e André decidem ir até onde Marta se encontrava a fim de levá-la para Cafarnaum junto ao grupo que seguiria o Mestre. A casa era uma singela propriedade ornada com flores que perfumavam o ambiente. Marta estava de pé e preparava-se para ficar um pouco em oração, pois seu coração estava aflito. Sem notícias de Caleb sentia-se enfraquecida, sem ânimo para prosseguir. Quando

Maria veio avisar da chegada de Pedro, Marta foi ao encontro de ambos que a esperavam na simplicidade acolhedora daquela casa.

– *Shalom* – disse Pedro.

– *Shalom* – disse Marta, que agora não ocultava o adiantado estado em que se encontrava.

– Marta, estou aqui para levá-la para Cafarnaum. Como sabe, partiremos logo e desejo que fique em minha casa sob meu abrigo.

– Mas estou aflita, pois nada sei sobre Caleb.

– Não se inquiete, Ananias cuidou dele e ele vive sob sua proteção.

– Mas por que não veio ao meu encontro? – disse ela com voz triste.

– O melhor agora, Marta, é que parta, pois Elisha procura vingar-se de ambos, lavar a honra perdida, honrar a lei.

– Venha conosco e ficará bem.

E Marta, sem ter muito que falar, concordou:

– Ela pode viajar? – inquiriu Pedro a Maria.

– Creio que sim, apesar de estar com a face ferida creio que está bem.

– Então partamos agora.

Marta, reunindo forças, se despediu da bondosa mulher que a acolheu e se retirou com o coração repleto de gratidão.

8. O reencontro

Caminharam por alguns minutos e logo alcançaram a caravana que seguia junto ao Mestre. Marta ao ver Yeshua emocionou-se e num ímpeto de gratidão abraçou--o, tocando em seu rosto e sem erguer a face, ajoelhou-se e chorou dizendo:

– Mestre, Mestre eu não sou digna, eu não sou digna.

Yeshua, reconhecendo-lhe a alma, falou:

– Mulher, acredita que sou o Messias?

– Sim, o senhor é o Salvador.

– Então segue seu caminho e não peque mais.

E erguendo-se, Marta falou:

– Senhor, qual é o meu caminho?

E Yeshua, olhando-a, disse:

– O que está escrito na lei é o caminho, pois todo aquele que seguir a mim cumpre a vontade de Meu Pai.

E Marta o adorou e partiram todos para Cafarnaum, pois muitos o seguiam sem que lhe fossem discípulos. O percurso era lento, mas a luz que penetrara em seu coração ocupava o vazio de sua alma.

Elisha despertou com o sol alto, estava mais abalado. Sua intenção era constante, havia decidido o que fazer com Mia e chamou-a ao seu encontro.

Mia, naquela manhã, estranhou o fato dele não ter ido para o templo, mas quando ele solicitou sua presença sentiu-se mais segura. Então, ele, vendo-a e contendo seu ódio falou:

– Seu esposo não habita aqui, retira tudo que é seu desta casa.

– Mas, Elisha, eu não tenho um esposo – disse ela sem compreender.

– Ora, Mia, é óbvio que tem, o seu esposo vive e carrega um filho dele em seu ventre.

– Não, Elisha, este filho é seu, temos um acordo.

– Meu filho, Mia? Meu único filho está morto, o filho da mulher que era minha esposa, que você mostrou, com sua arrogância, que ela não tinha honra.

– Elisha, me perdoe se o feri, mas foi por muito amá-lo.

– Mia, eu a desprezo, ou acreditou que teria o meu amor, o meu respeito? Acha que eu dividiria a mulher que amo com outro homem?

– E quanto a este filho? Por D'us, você não está sendo justo – disse Mia.

Elisha, então, olhou com ódio e falou:

– Justo? Eu sou justo, sim, pois mesmo sabendo que você era uma imunda, permiti que vivesse sob meu teto, e o que me trouxe? Dor, perda, vergonha.

– Não fui eu que lhe traí dentro de sua casa, entre os aposentos de seu teto – disse Mia com raiva e chorando.

– Basta! – disse Elisha. – Ponha-se daqui para fora. Quando eu voltar não quero vê-la, nem a você nem a qualquer objeto seu.

Mia, em prantos, lançou-se aos pés de Elisha de joelhos, segurava-lhe as mãos:

– Meu amor, não faça isto, eu sucumbirei, por favor, faço o que você desejar, farei o que quiser, serei sua escrava, não me abandone.

Elisha, empurrando-a, saiu sem sequer olhar para trás. Naquele momento a dor era terrível em seu coração, Mia sentiu que perdera para sempre Elisha, não sabia o que fazer, ergueu-se cambaleando, olhou para o seu ventre crescido e disse:

– Eu a odeio, criança estúpida, só me tirou a minha beleza. E agora, o que farei?

Rumou para o aposento, reuniu seus pertences, alguns haveres e deixou a casa. Ganhou as ruas de Jerusalém em direção a uma estalagem que cobrasse pouco por um dia, caminhou horas sem ter nada que lhe desse o repouso, pois os haveres eram poucos. O que faria? Meditava ela.

O calor era intenso e sentia fome e sede, visualizou um local mais afastado, parecia uma pequena hospedaria, rumou com dificuldade até lá, o local era simples e sem muito luxo. Conseguiu um quarto escuro e úmido, deitou-se e pôs-se a chorar.

Elisha saíra atordoado por mil pensamentos, a cabeça doía-lhe, amaldiçoara Mia, andava sem direção, meditava acerca dos acontecimentos. Quando lhe surgiu à mente um pensamento que o despertara: "talvez Marta tivesse seguido o Messias"; na verdade era uma alma obscura que fizera a sugestão a Elisha, que acolheu a ideia. Decidiu então seguir o blasfemador, como ele mesmo falava.

* * *

Ananias e Caleb estavam quase chegando a Damasco, a viagem fora cansativa. Quando o ancião visualizou uma das sete entradas da bela Damasco alegrou-se.

Damasco estava localizada a nordeste do lago da Galileia, situada em uma planície. A bela Damasco devia a sua fertilidade aos rios Farfa e Abana, que com seus afluentes irrigavam as terras dotadas de um grande centro de comércio, era, junto com Jericó, uma cidade de grande importância comercial.

Ao adentrarem a cidade com suas grandes muralhas, o ancião sentiu-se aliviado, sabia onde deveria se abrigar, à Rua Baixa, uma singela moradia os abrigaria, pois já os aguardava.

Ananias possuía amigos e Caleb também, sendo fácil providenciar o local onde ficariam, a casa feita de pedras possuía uma sala principal arredondada e dois cômodos que serviam de quartos e cozinha, era como todas as outras casas, do lado de fora um simples fogareiro servia ao preparo de alguns alimentos.

Uma senhora de nome Abide os recebeu. Ananias conduziu Caleb até seu aposento, ele já conseguia ficar de pé sem as tonturas que o desequilibravam.

Em seu coração, Caleb temia que algum fato pior ocorresse com Marta, seus pensamentos diários eram para ela, compreendia que o melhor a fazer naqueles dias era esperar que a raiva de Elisha se amenizasse a fim de que se reencontrassem.

* * *

Marta, junto com os demais que seguiam Yeshua, nutria sua alma com as luzes do Mestre. Suas palavras sempre esclarecedoras enchiam seu coração de consolo e apesar de sentir muito a ausência de Caleb, entendia que não deveria vê-lo, ou estaria pecando contra aquele que a salvara, desconsiderando a dádiva de seu perdão. Seu coração estava sereno e já entendia que deveria servir a todos que lhe solicitassem o amparo.

Uma semana havia se passado quando ela adentrou o lar de Pedro em Cafarnaum. Zimra, ao vê-la, abraçou-a com o coração jubiloso.

– Marta, – disse ela – que o D'us de Israel seja louvado.

Tocando em seu ventre sentiu que a gestação estava chegando ao fim. O olhar enternecido de Zimra era um sinal de agradecimento para seu esposo.

Quando Orlit viu Marta, emocionou-se e foi ao seu encontro.

– Minha irmã querida, D'us lhe encheu de graça, está a esperar um rebento.

Marta abraçou-a, sentia falta de Orlit. Hanna então falou:

– Venha, sente-se, fez uma longa viagem, agora está em casa – e sorriu, chamando Minar para que preparasse um aposento.

Marta estava exausta, embora feliz de estar com a família sentia a ausência de seu amado. Após lavar-se e pentear os cabelos, notou que Orlit desejava falar-lhe, então, abraçando-a, disse:

– Fale, minha irmã.

– Elisha não veio por quê?

– Orlit, você não sabe?

– Sabe o quê? – disse Orlit.

– Eu quase fui apedrejada, o filho que espero é de Caleb – disse Marta com olhar triste.

– E como está aqui? – disse Orlit assustada.

– O Messias me salvou, ele me livrou da morte – falou Marta com gratidão sem fim, seus olhos estavam em lágrimas.

– E Caleb? – inquiriu Orlit inquieta.

– Espero esteja vivo, pois eu o amo e não desejo mal a este homem.

– Claro que não, ele é nosso primo.

– Eu sei – disse Marta triste, sentindo o bebê que mexia.

– Marta, você está sofrendo? – Orlit aproximou-se.

– Não mais, – disse Marta com resignação – eu sofro pela ausência do homem que amo, mas não sofro como antes, quando meu coração pesava de dor e agonia.

– E quando vocês voltarão a se ver? Ele precisa voltar.

– Orlit, eu prometi ao Mestre, eu prometi a D'us, não vê que tudo que ocorreu foi por minha culpa? Pela minha fraqueza fiz o homem que amo sofrer e quase morri, fiz meu esposo sofrer com a vergonha, não quero mais fazer mal a ninguém.

– Marta, não pode mais sofrer por tudo.

– Orlit, antes a minha dor do que a dor dos outros.

– Mas seu filho precisa do pai.

– Meu filho precisa de D'us e será amado, mas não vou fazer com que Caleb sofra, não quero vê-lo triste e aflito, melhor que pense que eu morri. Ele deve ter o direito de todo homem, uma mulher, um lar, uma família, ele é um homem honrado – disse Marta.

– E você, irmã, não é honrada? Não merece a alegria de um lar?

– Eu não sou honrada se faço o bem apenas a mim mesma, eu não sou honrada se faço outros sofrerem, eu não mereço um lar, pois que D'us me deu um esposo e eu o traí.

– Mas este Messias não lhe condenou.

– Ele não me condenou, mas disse para que eu não volte a pecar. Quem sou eu, Orlit, para duvidar da palavra deste Mestre que toca nossos corações? Quero servi-lo, quero viver uma nova vida que seja de dor, mas por amor.

Orlit, sem compreendê-la, lastimava em seu coração entristecendo-se.

Então Zimra adentrou o aposento desejando dialogar com Marta, pois temia que algum fato maior ocorresse, ao ver Orlit muda e seu olhar triste falou:

– Não devemos recordar do passado a não ser que este sirva de lição para não incorrermos em maiores erros.

Marta, ao ouvi-la, olhou tímida.

– Sei que está aflita, minha irmã – disse Zimra referindo-se a Marta, e tomando-lhe as mãos prosseguiu. – Aqui é sua casa, também cuidarei de você e de seu rebento, até que Caleb possa aqui estar junto a você.

– Não será possível – disse Marta com voz sufocada.

– Ora, por quê? – inquiriu Zimra.

– Não desejo causar mais contendas e maior discórdia.

– Não pense nisto agora, deixe que o tempo decida por você, às vezes nossas dores são como dardos a nos envenenar, é preciso o tempo para mostrar o que é real em nossa vida, nem sempre as nossas dores são guias de confiança.

E Marta, olhando-a com firmeza, disse:

– Não estarei mais com Caleb em nada, este amor nos serviu somente para espalhar vergonha e dor.

Orlit, tentando amenizar o sofrimento de Marta, falou:

– Pois saiba que você será bem-vinda em minha casa e esta criança me será como um filho – falou Orlit considerando voltar à sua casa e ao seu marido.

E abraçando-a, falou em seu ouvido:

– Estou com você, irmã.

* * *

Em Jericó, Belchior despertara sem notar a ausência de Orlit, pois como sempre fora homem de intenso labor, impunha-se uma rotina de árduo trabalho a fim de que sua riqueza prosperasse, ausentando-se de sua casa como se fora um dia normal.

No entanto, a serva de Orlit constatara a sua partida, afligindo-se pela notícia que teria que dar a seu senhor. Contudo, naquela manhã Belchior tinha que partir para Jerusalém a fim de resolver questões de monta junto aos romanos, que muito apreciavam os animais que ele fornecia para as competições, tendo enviado à sua casa a mensagem para sua súbita viagem, o que fez a serva ficar alarmada.

* * *

Orlit, contudo, após o relato de Marta mudou sua postura, sentada próxima ao jardim da casa de Zimra, meditava nas condições de sua irmã, a qual muito lastimava. Não seria justo deixá-la só, sob os cuidados de Pedro e Zimra, o melhor a fazer seria o retorno para sua casa e a tentativa de recebê-la junto a Belchior, buscando seu amparo e a influência protetora para ela e a criança que esperava. Estava a meditar, quando Zimra veio ao seu encontro com o olhar triste e falou:

– Orlit, Marta está magoada, temo que tome decisões que prejudiquem a ela e seu filho.

– Por que crê que ela está magoada? – inquiriu Orlit em tom surpreso.

– Ora, a natureza de Marta sempre foi frágil, ela sente-se culpada e ao mesmo tempo ferida, creio que sofre profundamente, olhe para ela, seu olhar está apagado.

– Creio que ela teme que algo pior ocorra a Caleb e a este filho, talvez ela deseje se isolar para garantir a vida deles, tenho pensado em levá-la comigo, voltar para meu esposo.

– Orlit, – disse Zimra – sei que suas intenções são boas, mas devemos aguardar, ela está muito fragilizada, temo que qualquer esforço possa prejudicá-la. Ademais, Caleb irá procurá-la, hoje encontra-se ferido, mas amanhã ele virá em busca da mulher que ama e do filho, não duvido do caráter honrado dele.

– Sim, você tem razão, mas eu irei retornar à minha casa, chega de escândalos, chega de sofrimentos maiores, alguém precisa ser como a rocha, amanhã eu partirei e quando falar ao meu esposo que desejo abrigar a minha irmã, tenho certeza que ele aceitará.

– D'us a ouça, que D'us a ampare.

E abraçando Orlit, Zimra ergueu-se e foi ao encontro dos seus afazeres.

O dia transcorria lento para Marta, ainda sentia dores em seu corpo, embora os ensinos do Mestre a comovessem, ela temia perder Caleb, temia que Elisha o matasse, não desejava causar maior mal à vida do homem que amava.

A criança em seu ventre se agitava e Marta nestas horas sentia extremo amor pelo filho que gerava, era como se aquele ser fosse a prova do amor que os unia. As lágrimas vertiam de seus olhos, ela temia a ausência de Caleb e orava, como se suas preces pudessem silenciar o amor que existia em sua alma.

– D'us de Israel, D'us de glória, derrama sobre seu servo Caleb, o seu olhar, cura-o, oh D'us, que Sua bondade o erga, que Sua força o guie, D'us dê-me a coragem de libertá-lo do meu laço, que eu não venha a feri-lo, ajuda-me D'us.

Pequenas luzes azuladas envolviam seu pensamento trazendo-lhe refrigério, e sua mãe ao seu lado a amparava.

Elisha partira de Jerusalém percorrendo todas as cidades que o Mestre costumava passar, seu temperamento arrogante dera lugar à obstinação e à crueldade; tornara-se um homem duro, sua face agora demonstrava a dor de seu íntimo. Olhos profundos demonstravam as noites insones, a face magra e o olhar perturbado diziam bem as intenções que ele tinha. Pagava por informações, aqueles que não o auxiliavam pagavam com a vida, ele tornara-se impiedoso, fazendo-se temido nas localidades em que passava. Sua tentativa de lavar a honra e tornar-se respeitado, conduzira-o para longe do templo, do qual ele se afastara por se sentir atraiçoado pelos doutores que o deixaram. Estava a vagar pelas cercanias de Corazim...

* * *

Quinze dias depois, os raios solares, embora mais amenos, banhavam Damasco.

Caleb, recuperado, aprontava-se para sua partida, desejava rever sua amada, aqueles dias em que ficara afastado só lhe serviram para confirmar o que sabia: Marta era o motivo de tudo em sua vida. Ela ocupara seu coração e seus pensamentos, nada tinha sentido sem sua presença que lhe trazia tanta felicidade e tranquilidade. Imaginava atravessar todo e qualquer obstáculo a fim de tê-la junto a si, nada, nada mais o impedia de ser feliz. Eles viveriam no Egito, longe de Elisha, longe de todos.

Ananias, contudo, temia pelo casal amigo, mas vendo a firmeza e recuperação de Caleb sabia que somente o amor poderia ter feito aquilo. Olhava-o com a ternura de um pai, pois o tinha como a um filho.

Ao vê-lo, Caleb aproximou-se e disse:

– Amigo, não tenho como lhe pagar, pois o que fez não tem preço, não nesta vida, tenha minha gratidão para sempre.

E o amigo abraçou-o dizendo:

– Tudo o que fiz foi por nossa amizade e por acreditar no amor que vejo no seu coração e no de Marta. Sei que D'us habita em suas almas e se D'us está no amor de vocês, é porque tudo faz sentido, D'us é soberano. Cuide de Marta, ela lhe é fiel, seja leal ao que sente e não se ausente da presença de D'us. O amor deve uni-los em D'us, nunca distante d'Ele.

– Sim, amigo, eu cuidarei de Marta e do nosso filho.

E tomando sua montaria, partiu com o coração repleto de esperança em direção àquela que era como o ar que lhe nutria a vida.

* * *

Em casa de Pedro, Marta recobrara a cor da face, mas o brilho do olhar permanecia apagado e a gestação avançava.

Confeccionava algumas singelas peças de tecido para seu filho, nestes momentos, seu olhar se alegrava, pois, era como se fosse a única recordação do amor que lhe restara. Saía sempre em companhia de outras mulheres e com a face coberta pelo manto a fim de não despertar suspeitas, pois sabia que Elisha a perseguia. Porém, procurava ouvir, sempre que podia, os ensinos do Mestre, gostava de participar também do auxílio aos enfermos, muitos vinham e ela auxiliava acomodando-os em grupos, a fim de que todos pudessem ouvir Yeshua.

Às vezes, apenas sentava-se junto aos grupos para ouvi-lo, misturando-se à multidão. Naquele dia, porém, algo diferente aconteceu, ela não permaneceu próxima às mulheres. A multidão era intensa, e ela terminou por ficar mais afastada, próxima a um grupo de cinco pessoas que se aproximavam, alguns soltavam gemidos como se estivessem muito enfermos e ela, notando a dificuldade, falou:

– Venham, eu conheço o Rabi, venham, posso levá-los mais próximos – disse com alegria em servi-los.

Eles a olharam e seguiam-na em meio à multidão que se espremia. Marta, contida com o pequeno grupo, foi surpreendida pela nefasta presença de Elisha. Ele surgira entre o povo, ela vira-lhe o semblante e então, recuou dizendo:

– Irmãos, não posso prosseguir mais.

E começou a tremer, sua voz ficou rouca, externando dificuldade que os irmãos que a acompanhavam perceberam.

Elisha, implacável, notou-a ao longe e célere rumou ao encontro do grupo. Marta fora cercada pelos enfermos que a conduziram devido à balbúrdia da multidão que desejava seguir o Mestre.

Elisha os alcançou como a águia atrás de sua presa. Marta ocultou a face como os demais enfermos, estava na tentativa de não ser pega. Elisha, tomando um deles, falou:

– Saiam, eu quero passar.

E o irmão infeliz aduziu:

– Deixe-nos passar primeiro.

– Ora, que atrevido, eu sou um doutor, você tem que abrir caminho para mim.

O homem, então, falou:

– Deixe-nos passar.

E Elisha, em sua obsessão, falou:

– Está a esconder alguém?

Marta, tímida, escondia-se por detrás de um deles.

Ficando Elisha impaciente pela ausência de resposta, avançou na mulher do grupo retirando-lhe o manto do rosto e mostrando sua face horrenda.

Atormentado pelo que viu, pôs-se a gritar em meio à multidão.

– Leprosos! Leprosos! São leprosos!

O tumulto geral se fez, muitos correram, enquanto o grupo dos enfermos se esforçava para sair do local. Marta seguiu junto a eles, pois não poderia revelar sua face. Caminhou com eles até a saída da cidade. Então disse:

– Irmãos, não temo vocês, o que posso fazer para aliviar suas dores?

E o grupo de seres disformes, olhando-a com admiração, aproximou-se:

– Não teme a dor?

Ela, então, aduziu:

– Eu sinto a dor em minha alma todos os dias.

– Mas você vai ser mãe, como pode não nos temer? disse a mulher da qual Elisha retirou o manto mostrando o rosto.

– Não temo porque sei o quanto dói a sua dor, deixe-me ajudá-la, assim minha dor será menor e meu filho não terá do que se envergonhar.

Então um deles que mancava, disse:

– Dá-nos de comer mãezinha, temos fome, temos sede, temos frio e dor.

E Marta, tocada de compaixão, falou:

– Trarei o que puder, abriguem-se na entrada da cidade, eu retornarei – e partiu com lágrimas nos olhos e alegria no coração.

Elisha fugira em meio à multidão. Alucinado com a possibilidade de adoecer resolvera sair de Cafarnaum a fim de retornar para Jerusalém, o horror da doença imprimia-lhe angústias as quais ele desconhecia.

9. Renúncia

MIA SOFRERA TODAS as privações que podia suportar até que encontrou acolhida na casa que Reina estava comandando. Não tinha outra opção a não ser a casa da idosa a qual abrigava outras criaturas necessitadas das coisas mais básicas para uma vida digna.

Ela agora nada dizia, ficava sempre calada limitando-se a alimentar-se e ficar horas sentada a olhar os transeuntes passar.

Itti, notando seu comportamento, condoía-se dela, porém, Reina ainda temia a proximidade de Mia. Certa tarde, enquanto a idosa preparava a ceia da noite, Itti falou:

– Senhora, sei que estamos sempre a servir os pequenos como o Mestre nos ensinou, mas não devemos também ampará-los com amor?

– Por que fala isto, Itti? – disse Reina.

– Porque não conversa com Mia, vejo o sofrimento naquela mulher.

– Ela está tendo o que merece – disse a idosa amargurada.

– Mas, senhora, Yeshua nos ensina a servir com amor, não com ódio.

– Não tenho ódio, Itti, apenas receio as tramas desta mulher infeliz.

– Mas não é no coração corrompido que devemos fazer brotar as leis do amor?

E Reina, olhando para Itti com admiração, disse:

– Está bem, o que deseja, Itti, diga-me.

– Que converse com aquele coração amargurado, pois sei que ela não aceitaria conversar comigo.

– Eu farei isto, eu farei, não por você, mas pelo Mestre – e sorriu.

Após a ceia, Reina notou que Mia não se alimentara, sua face magra e a barriga pontuda, que somente agora observava, talvez evidenciasse que algo ocorrera no seio daquela que lhe causara tanta dor. Notou que ela fora para o mesmo local onde os transeuntes passavam.

A pequena casa à beira da entrada para Jerusalém permitia que se vissem os viajores que entravam na cidade. Mia esperava por Elisha, seu coração amargurado alimentava a esperança de revê-lo. Às vezes sentia desejo de vingar-se, mas logo o fogo da intensa paixão dava lugar ao desejo de ser sua esposa. Reina, então, aproximou-se a fim de dialogar, o que fez Mia se assustar:

– Mia – disse a idosa notando o olhar assustado dela. – Posso sentar-me junto a você?

E Mia afirmou um sim balançando a cabeça.

– Faz uma semana que se encontra aqui e tenho observado que não fala o que ocorreu com você. Está grávida, Mia?

E ela, sentindo que talvez fosse a oportunidade de se vingar de Caleb, explodiu em um choro se curvando e apoiando a cabeça nas mãos. Reina condoeu-se e tocando-lhe nos ombros falou:

– Diga-me, o que há?

– Espero um filho de Caleb, porém ele me abandonou por Marta, ele sabia que o filho era dele e mesmo assim preferiu Marta – chorava convulsivamente.

Reina ficou perplexa com aquele novo fato, era verdade que Caleb se casara com ela, mas nunca imaginou tal atitude dele.

– E Elisha, por que não lhe acolheu, não é a irmã adotiva dele?

– Ele disse que trago a semente do mal em mim, e como não deseja criar este filho, expulsou-me.

Ela sabia que esta seria a forma de calar a dúvida que Reina trazia em seu íntimo, pois acusava-a de matar seu neto.

Reina, mais uma vez, se viu surpresa, não conseguia conciliar os fatos e calou-se. Mia prosseguia com seu lamento e por fim disse:

– Reina, por favor, diga-me onde posso encontrar meu esposo, pois nada possuo. Como cuidarei desta criança?

Condoída, mas ainda temerosa, ela falou.

– Confiemos, Mia, D'us nunca nos falta, ore, ore, pois com certeza suas preces serão aceitas – erguendo-se, pensativa, retirou-se.

O sol estava declinando no horizonte e Mia enxugando as lágrimas começava a vislumbrar uma saída para a situação em que se encontrava. Ela não permaneceria no silêncio, ela não seria mais uma criatura miserável de Jerusalém. Olhando para o ventre, disse em voz alta:

– Você será o filho de Caleb, o herdeiro de seu lugar no templo, isto eu juro, eu não padecerei mais nenhuma humilhação. E quanto a Elisha, este eu mesmo cravarei meu punhal nele.

Mordia os lábios com raiva até feri-los, tamanho ódio que sentia.

Reina, contudo, estava confusa, como Caleb pôde abandonar Mia naquele estado? Por que fizera tal maldade, será que ela deveria revelar seu paradeiro? Não, pensou ela, o melhor era aguardar os fatos, afinal, Ananias deveria conhecer a verdade, ele não haveria de concordar com tal insanidade. Mas e se porventura Caleb tivesse ocultado aquele fato, D'us! O melhor seria aguardar os acontecimentos. Itti ao vê-la na quietude dos pensamentos aproximou-se e disse:

– Senhora, o que a preocupa?

– Nada, Itti, o melhor a fazer é cuidar de nossos enfermos e auxiliar Mia, sem lhe perguntar muita coisa.

– Se a senhora pensa assim, que seja desta forma.

* * *

A noite vinha chegando e Caleb teve que parar, afinal, não era seguro prosseguir a viagem durante a noite. Procurou um local escondido da estrada e ocultou-se, temendo os salteadores que poderiam dilapidá-lo.

As primeiras estrelas surgiam e o perfume de algumas flores lhe enchia o coração de saudades de Marta. Não desejava recordar-se do desfecho final onde Elisha os flagrara, mas sim da primeira noite do lago, quando, com seu amor sem medidas, tocou-lhe os lábios. Como eram doces os lábios de sua amada, como amava o seu sorriso e a maneira como olhava, sim, Marta ocupava todos os espaços de sua alma, era ela sua alma querida. Pensou no dia em que ela lhe falou do filho, como fora temerosa em relatar o que ele esperava, sim, ele sempre desejara um filho dela, não importavam as consequências, ela pertencia-lhe como as estrelas pertencem ao céu.

Caleb recostou-se em uma pedra a fim de tentar repousar, mas a imensa saudade de Marta não permitia que sua mente se aquietasse. Era como se ela estivesse dentro do seu ser de tal forma que ele não conseguia deixar de tê-la gravada em seu pensamento, ela, sempre ela, desde a infância juvenil.

Aos poucos o sono o envolveu e seu espírito foi desperto em outro lugar. Via-se com roupas luxuosas imponentes, como um faraó egípcio, havia muitas pessoas a sua volta, mas uma mulher chamou sua atenção. Era bela e cativara-o, logo aproximou-se mais dele e quando ele a olhou teve horror, era Mia. Despertou assustado: "Mia em meus sonhos, oh, D'us! Eu não suporto esta mulher".

E tentando conciliar o sono pensou em Mia, como ela pôde ser tão vil, como pôde tramar tudo aquilo, ela era uma mulher perigosa, não desejava revê-la, pois temia as atitudes que pudesse ter para com ela, principalmente se ela se colocasse entre Marta e ele. O silêncio da noite o envolveu e o sono reparador veio-lhe ao encontro.

* * *

Elisha estava como que enlouquecido, desejava partir de Cafarnaum, mas de repente em seu pensamento vieram-lhes palavras que o fizeram mudar de planos.

– Fracassado e desonrado, está a fugir, você é medíocre.

As frases sugeridas acenderam no fariseu o orgulho. Não, ele não retornaria a Jerusalém, ele ficaria em Cafarnaum e iria à casa de Pedro, retornaria lá novamente na tentativa de vingar-se. Sim, ele vira Marta na multidão, viu sua face amaldiçoada. Os pensamentos lhe surgiam sem medidas.

Elisha já não conseguia discernir o que era seu do que era dos irmãos trevosos que o acompanhavam, eles riam tentando provocar um desfecho pior para Pedro e sua família. Sim, o apóstolo que andava junto ao Mestre deveria ser molestado, escandalizado, era assim que a turba enegrecida desejava, e Elisha era o elemento principal.

Sentindo-se tolo e ferido em seu orgulho, retornou à hospedaria, lá desejou entregar-se ao sabor do vinho que lhe permitiria uma noite de sono, embriagou-se sem medidas, pois somente assim sentia-se feliz.

* * *

Marta retornava à casa de sua prima, cansada e com passos lentos, pois o estado não lhe permitia andar com rapidez, atrasando seu retorno. Ao chegar à casa de Zimra, esta correu aflita:

– Marta! Marta, o que houve? Estávamos aflitos por você. Entre, Elisha está em Cafarnaum.

– Eu sei – disse Marta cansada e com a respiração ofegante. – Ele me viu na multidão, fui salva por um grupo de enfermos, aos quais devo minha vida.

– Oh, D'us! Quando isto irá terminar? Deve ir para Jericó em casa de Orlit, lá estará segura.

– Não posso, prometi aos enfermos que o Mestre irá curá-los, que irei levar-lhes alimentos, estão muito doentes – disse Marta com emoção.

– Então pedirei a Omar que leve o que necessitam, você não deve caminhar pelas vielas escuras, é muito perigoso.

– Eu irei junto, eles não aceitarão o auxílio de um estranho sem que lá me vejam.

– D'us, Marta, não pode pensar nisto agora. E seu filho? – disse Zimra preocupada.

– Não entende, Zimra, eles me salvaram, eu tenho que retornar, D'us está comigo.

– Está bem, mas leve a carroça, Omar irá com você.

– Minar, – disse Zimra à idosa que lhe servia – pegue provisões que possam suprir estes irmãos infelizes.

E a idosa serva falou:

– Senhora, só há pouco para seu consumo.

– Então vamos dividir o nosso pão, eles estão doentes.

E Marta, agradecida, pôs-se a auxiliar com o que poderia aliviar o sofrimento dos enfermos. A carroça foi rápida, e logo que saiu da cidade, Marta pediu que parasse. Então, com uma lamparina, fez um sinal e disse em voz alta:

– Estou aqui. Sou eu, a mãezinha!

Logo, dois deles surgiram por detrás da vegetação. O odor que exalavam era desagradável, mas Marta sem temor disse:

– Deixarei aqui as provisões para esta noite, amanhã trarei remédio para aliviar suas dores.

Omar a tudo observava sem nada falar, deixou os alimentos próximos à vegetação, pois eles não desejavam se aproximar. Marta pediu a Omar que retornasse à carroça a fim de que ela falasse com eles, e, aproximando-se, disse com voz delicada:

– Amanhã retornarei para cuidar de suas feridas.

Um deles, olhando-a, falou:

– Por que faz isto?

– Porque são meus irmãos, porque sofrem como eu sofro.

Dizendo isto, saiu a fim de retornar para casa. Omar, então, retornando com a carroça falou:

– Senhora, eles são leprosos, não os teme?

– Omar, não devemos temer o que vemos, mas aquilo que é oculto, pois existem enfermidades mais perigosas que devoram as almas e corrompem os corações. Entreguemos a D'us o nosso coração para alívio de nossos pecados e a cura de nossas dores.

Ao aproximar-se da casa de Zimra, Marta falou:

– Omar, não diga a ninguém que são leprosos.

– Sim, senhora.

– Não devemos preocupar minha prima com minhas atitudes e vou partir por estes dias.

– Está bem, senhora – disse o servo obediente.

E Marta, sorrindo-lhe, agradeceu:

– Que D'us cubra-lhe de virtudes.

* * *

O RETORNO DE Orlit a Jericó se fez sem grandes alardes. A serva que notara a sua ausência não revelou a ninguém o estranho acontecimento, o que a deixou em condição favorável, pois seu esposo estava em Jerusalém a tratar de negócios da família. Orlit, então, aguardou seu retorno, pois desejava falar-lhe. Sua partida de Cafarnaum se deu sem grandes alardes.

Marta sabia que a intenção de Orlit era tê-la sob sua responsabilidade, por isto aguardava a mensagem que a irmã iria lhe enviar confirmando ou negando-lhe asilo.

Na verdade, Orlit procurava compreender porque Marta não desejava estar com Caleb. O que de fato a fizera mudar bruscamente seu jeito de amar? Estava sentada em seu leito quando sua serva aproximou-se e disse alegremente:

– Senhora, enquanto esteve fora recebi notícias da moça que lhe vendia figos apetitosos. Ela reencontrou o companheiro, soube da notícia pelo rapaz do mercado que fornece especiarias para eles. E o mais maravilhoso, ele é um homem de posses e ela espera um rebento dele – disse a serva feliz com os fatos que ocorriam na vida de Shayna.

Orlit, naquele momento, se amofinara, Dan seria pai, e ela, como era inútil, não fora capaz de lhe prover a posteridade. Ergueu-se e saiu do aposento. A serva sem entender, calou-se.

Orlit fora respirar o ar do jardim, pois seu peito ficara oprimido, sentia-se sufocar, tudo acabado, tudo em vão. Não deveria mais alimentar nenhuma esperança, Dan agora vivia em alegrias que ela não fora capaz de lhe dar. Lágrimas vertiam de seus olhos, uma dor cruel rasgava seu peito, desejava gritar, blasfemar contra D'us, mas a dor a sufocava. Pensou em como seria o filho de Dan, lastimou-se, afinal, de que valia sua vida se não seria para gerar vida? Naquele momento, recordou-se de Caleb e Marta, até eles foram abençoados e ela era uma inútil, deixou-se ficar horas no jardim a meditar acerca de sua infeliz vida.

* * *

Dan, naqueles dias passara a ocupar seus pensamentos com o filho que chegaria. Tudo que fazia era pensando em seu filho, era a única forma que conseguia de manter os pensamentos longe de Orlit, pois mesmo tendo resolvido sepultá-la em seu coração, não conseguia, e também não desejava ferir Shayna, sua esposa doce e bondosa que sempre a seu lado estava servindo-o e dedicando-se a ele. Procurava ficar em oração quando não pensava em seu filho.

Naqueles dias em especial, pensava em ir a Cafarnaum para visitar Zimra e relatar-lhe da alegria de sua vida. Estava ele a meditar quando Shayna achegou-se tocando-o no ombro, trazia-lhe um chá para refrescá-lo. Seu olhar tímido parecia iluminado quando o fitava. Dan sentia o amor que saía daquele coração sensível, com que direito ele havia de feri-la ou sacrificá-la mais? Olhando-a, beijou suas mãos e aduziu:

– Esposa, vou a Cafarnaum por estes dias, não desejo que me acompanhe, pois temo por nosso rebento. Desejo fazer uma visita a Zimra e dar-lhe a boa nova para que todos compartilhem da nossa graça em D'us.

– Ora, marido, muito me alegra compartilhar nossa felicidade, não irei com você, pois sei que devo me resguardar, mas me agradaria muito se trouxesse de lá, cortes de linho para nosso filho.

– Sim, eu trarei, pois quero que se cubra como um rei.

E sorrindo, beijou mais uma vez suas mãos. Shayna sentia-se amada, sim, Dan estava feliz com ela, o que lhe trazia grande alívio à alma agradecida a D'us pela dádiva do filho que estava em seu ventre, pois sabia que se assim não fosse, jamais teria qualquer chance em seu coração. Na manhã seguinte Dan partira.

* * *

Quando os primeiros raios de sol banhavam a face de Caleb ele já se encontrava na estrada principal, desejava chegar a Cafarnaum o mais rápido que pudesse, não queria aguardar por mais uma noite, sentia o peito dolorido com tanta emoção contida.

Em Cafarnaum, Marta erguera-se a fim de cuidar dos enfermos que se abrigavam na saída da cidade, providenciou bandagens e pasta aromatizada, unguentos que aliviavam as dores dos infelizes, separou figos, pão, queijo de cabra para que se alimentassem.

Embora a gravidez não necessitasse ser mais ocultada, vestia-se sempre com uma túnica de linho negra e um manto a cobrir-lhe a cabeça, prendia-a na altura do queixo. Sua barriga já denunciava seu estado, tornando sua caminhada lenta e sofrida, pois os pés começavam a inchar causando-lhe ferimentos devido às sandálias que lhe apertavam na marcha.

O sol erguia-se no horizonte, os ventos se intensificavam por aqueles dias. Marta saiu sem que ninguém notasse, ia meditando pelo caminho, pensava em seu filho ao ventre, como seria após seu nascimento, se fosse um varão teria o nome de seu pai, se fosse uma menina se chamaria Asha, sim, este seria um belo nome, pois aquela filha representava todo amor, todo desejo que ela sempre tivera por Caleb. Infelizmente não poderia mais estar com ele, não seria justo para com ele, ela não podia continuar a desonrar as leis de D'us. Pensou no Rabi, nos ensinos, no quanto ele a ajudava a ver o amor de D'us em tudo, seu coração ficava leve quando sentia que auxiliava um irmão necessitado, sempre experimentava esta sensação quando se punha a ajudar alguém, sim, fora o Mestre que lhe ensinara este caminho.

Não demorou muito a sair da cidade e cruzar a vegetação onde avistava os enfermos que ali se ocultavam. Logo ouviu lamentos de dor e vozes que se confundiam com os lamentos. Notou que eles estavam a amparar um que parecia agonizar de dor. Marta, ao vê-los, condoeu-se; doentes a cuidar de doentes, D'us!, que dificuldades aquelas pessoas enfrentavam. Aproximou-se com o pequeno cesto depositando-o no chão e falou:

– Deixe-me vê-lo.

Ao que eles se afastaram temendo tocá-la, enquanto o agonizante dizia:

– Afaste-se, afaste-se.

Marta ajoelhou-se retirando-lhe os panos dos pés, notara que as carnes jaziam pútridas pingando viscoso líquido infectante. Pegou outras bandagens e o unguento, limpando-lhe o ferimento com cautela, o odor desagradável emergia daquele ser, limpou-o o quanto pôde, enquanto os outros olhavam-na com cautela e gratidão. Após acomodar o doente, serviu a todos o pão, distribuiu as bandagens e por fim falou:

– Desejo auxiliá-los, pois sei que se encontram em terrível aflição. Não disponho de meios para ajudá-los como necessitam, mas farei o que puder.

Então, um deles falou:

– Mãezinha, não nos teme?

– Temo àqueles que nos vigiam como lobos. Por que temer vocês se o que desejam é apenas a cura? Eu também já fui impura e hoje sei o quanto isto dói.

– Pode, então, nos levar até o Rabi? – disse a mulher.

– Quem sou eu, querida irmã, mas posso saber onde o Mestre se encontra a fim de irmos até ele.

– Então faça isto, abençoada filha de Israel, pois meus dias são findos e desejo libertar-me.

– Sim, eu farei isto, amanhã retornarei a fim de vê-los.

E deixando-os, partiu calmamente a fim de não os denunciar. Retornou para Cafarnaum e em prece pediu a D'us por eles.

* * *

Elisha, sedento de vingança, no entanto, deixava-se influenciar pelos irmãos que o acompanhavam na marcha terrena sugerindo-lhe pensamentos de perturbação. Rumara ansioso ao local onde pudesse espreitar a casa de Pedro e lá escondido, em meio ao muro de uma propriedade onde a vegetação crescia, ansiava flagrar Marta e Caleb, lavando a sua honra de doutor do Templo. Ele, Elisha, estava desonrado, mas isto seria por pouco tempo.

O movimento nas vielas iniciava-se cedo. Marta estava na rua e eis que Elisha a vê.

– Não! – exclamou.

O golpe para ele fora fatal, o ar fora-lhe roubado. Marta concebera, Marta concebera um filho de Caleb, aquela mulher apunhalava seu peito. Sentindo que perdia as forças, seus olhos começavam a embaçar e lágrimas de uma dor atroz irrompiam em seu semblante. Ódio e paixão se misturavam em sua alma como facas a trespassar seu ser, mil pensamentos tomavam-lhe a mente, mas a dor lhe fez cair de joelhos e Elisha, o doutor do sinédrio, caiu em prantos em meio à rua.

Marta seguia calma e alcançando o portão da entrada principal, se ocultou na casa de sua prima. Ao adentrar, lavou-se e juntou-se a Zimra e a Pedro que confabulavam, e vendo-os, cumprimentou Pedro, que prosseguiu com o diálogo:

– Esposa, aproxima-se a festa da dedicação, é natural que nós partamos com o Mestre, André e João estarão conosco, desejo que possa ficar em segurança, pois temo a atitude de Elisha contra sua prima.

Então Marta disse:

– Irmão, quando eu partir para Jericó a sua esposa ficará em segurança, não desejo trazer a esta casa a discórdia nem qualquer escândalo.

– Marta, sei que tudo que deseja é evitar escândalo, mas falo por você, a casa de Orlit não lhe é segura, deve partir para Damasco, ficar junto a Caleb, este é o caminho mais certo.

– Não, – disse Marta – não colocarei a minha vida e nem a de ninguém mais em perigo, não desejo cair mais em pecado.

– O que diz, Marta? Carrega um filho de Caleb em seu ventre, não pode negar-lhe.

E Marta, então, falou:

– Posso, é o melhor a fazer, pois o escândalo nasceu disto.

E o silêncio se fez entre todos. Logo, no entanto, fortes batidas se fizeram na porta da casa, eram como se pedras fossem atiradas. Omar, o servo, veio-lhe ao encontro lívido. E Pedro perguntou:

– O que é isto?

– Senhor, é Elisha que atira pedras em sua porta.

– Abra-lhe. Senhor, tenha compaixão de nós.

Zimra apressou-se para sair com Marta para casa de Zebedeu e lá permaneceram.

Elisha parecia endemoninhado, o ódio tomara-lhe a razão deixando-se comandar pelos irmãos das trevas, espumava blasfêmias pela boca e um ódio cruel e agressivo tomara-lhe as atitudes, começava a atirar pedras na casa. Pedro, ao abrir a porta, mantinha-se em oração, e com calma e forte magnetismo no olhar disse:

– O que se passa, Elisha? Seja bem-vindo à minha casa.

– Aquela adúltera está a carregar a prova do seu pecado no ventre e você a abriga? – dizia Elisha enlouquecido.

– Irmão, não existe ninguém em adultério em minha casa.

– Você é seguidor daquele blasfemador e blasfema como ele.

– Elisha, se eu blasfemo como ele, você também blasfema, pois por que não atirou contra aquela mulher a pedra que estava em sua mão? Não era você que lhe acusava? Porque, se você não a apedrejou, você a absolveu, então ela não lhe deve nada, irmão. Busque a paz em seu coração, ouça a voz do perdão.

Elisha, chocado pelas palavras de Pedro, saiu sem nada falar. Marta e Zimra já estavam prontas para sair por outra entrada, quando Minar chamou-as dizendo:

– O Senhor teve compaixão, não precisam mais sair.

Elisha caminhou em sofrimento, não sabia por que havia deixado de apedrejá-la. Queria apenas sua honra de volta. Sentou-se próximo a uma figueira e chorou sem saber o que fazer.

* * *

Com o clima mais ameno, Caleb viajara com extrema rapidez, desejava chegar em Cafarnaum pela manhã, logo ele estaria nos braços de sua amada.

* * *

Após Reina ouvir todo o relato de Mia, desejou não a julgar ou averiguar os fatos, calou-se e se propôs auxiliá-la como auxiliava a todos que ali buscavam acolhimento na dor.

Procurava sempre chamá-la para ouvir o relato de Itti acerca do Messias, o que Mia se negava a ouvir, sua mente estava entregue a outros propósitos.

Então, naquele dia, ela decidiu ir ao templo, pois sabia que existiam idosos e doutores que poderiam intervir por ela. Afinal, ela era a esposa de Caleb e carregava em seu ventre um filho dele. Diante deles, eles se casaram, não seria difícil adquirir um protetor que se interessasse por sua dor.

Procurou trajar-se de forma singela, e sem dar muitos detalhes do que pretendia fazer, rumou para o templo a fim de ver um que lhe fora testemunha do casamento e do sucedido que ocorrera em casa de Elisha.

Sendo Caleb um dos membros do Templo e pertencente a uma das famílias que o comandavam, ela poderia aproveitar-se da situação, e, resoluta, caminhou para lá. Aguardou por um tempo, até que um dos anciãos que conhecia a família e todos os acontecimentos, veio em seu auxílio.

Mia relatou a terrível condição a qual se encontrava e narrou a loucura de Elisha em ver seu nome desonrado e o fato de que seu esposo desaparecera, deixando-a, diante do acontecido, sozinha. O ancião falou:

– Com tudo que percebo ter lhe acontecido, deve retornar para casa de Elisha. Eu mesmo tomarei sobre mim a responsabilidade daquela casa para que seu filho não seja privado das necessidades que tem e para que a família possa se perpetuar. Mandarei servos à procura do seu esposo.

E Mia, sentindo-se amparada, muito lhe agradeceu. Ao sair do templo ela sorria. Célere marchou até a casa onde se abrigava e, com total convicção, falou a Reina:

– Retorno para casa de Elisha agora.

E a idosa, olhando-a sem surpreender-se, aduziu:

– Mas Elisha irá matá-la.

– Não, Reina, ele terá que me aceitar, pois encontro-me sob o amparo de um dos anciãos do Templo.

E Reina, entendendo-lhe o propósito, calou-se:

Mia partiu sem grandes afetos para com todos, estava sentindo-se como outrora, a dona da situação. Caminhava pelas ruas de Jerusalém com mil pensamentos em sua mente. Quando adentrou o lar, sonhando comandar, reuniu os poucos servos que ali se encontravam e disse:

– A partir de hoje estou no comando desta casa, seu senhor encontra-se lunático, incapaz de aqui estar, esta porta não deve ser aberta para ele, compreenderam?

E os servos, entreolhando-se, calaram. Ela, porém, prosseguiu:

– Todos os pertences da mulher adúltera devem ser queimados e o quarto principal, a partir de hoje, será meu. Agora andem, façam o que eu mando e tragam-me o que comer e beber.

"Sim, Elisha, a minha vingança será plena", e ria sozinha a andar pela casa.

* * *

No dia seguinte, Pedro partira com os demais discípulos para as cidades vizinhas, e Marta, desejando ir ao encontro dos enfermos que necessitavam de auxílio, se viu privada de tal ato, pois Zimra pedia que ela permanecesse em sua companhia até o momento em que fosse conveniente sua partida para Jericó ou Damasco, a escolha seria dela.

O dia estava nebuloso e logo uma chuva se aproximava refrescando a terra. Marta estava preocupada pelos enfermos com quem se afinizara, não desejava quebrar a promessa que fizera de auxílio. Quando o dia se fez alto, Marta sentiu um aperto em seu coração e não desejando preocupar Zimra, afastou-se dos afazeres singelos e buscou o frescor do pequeno jardim cercado de oliveiras, seu pensamento ia longe, sentiu saudades de Caleb.

Minar veio ao encontro de Zimra e falou-lhe que Caleb chegara. Zimra nada falou a Marta, retirando-se com a serva para recebê-lo, viu-o conversando com Hanna, que demonstrava alegria em tê-lo naquela casa. Sara, no entanto, correu ao jardim a falar:

– Caleb chegou, Caleb chegou.

Gritara com sua alegria infantil a sorrir para Marta, que sentiu seu coração acelerar. Zimra, ao vê-lo, aproximou-se e saudou-o.

– Caleb, que a graça do Senhor permaneça com você, que bom vê-lo, primo.

E ele, então, falou:

– E Marta, onde está Marta?

Zimra abaixou os olhos e disse:

– Lá atrás, próximo à moenda.

– Posso ir falar-lhe?

– Sim – disse sua prima.

Com o coração cheio de amor Caleb buscou Marta, mas não a encontrou. Marta não estava mais ali, a porta dos fundos que dava para outra saída, a dos servos, estava aberta. Marta ganhara as vielas de Cafarnaum, não desejava ver Caleb, não desejava amá-lo. Caleb não compreendia o que se passava, não a havia encontrado, então, retornou à sala principal e com o olhar preocupado disse:

– Ela não se encontra aqui, onde está Marta?

– Como assim? – disse Zimra. – Eu a deixei lá, meu D'us! Ela deve ter saído pela outra entrada.

– Eu irei até ela.

E dizendo isto Caleb buscou a outra saída tentando encontrá-la.

Marta caminhava com lentidão, desejava não ver Caleb, não conseguiria ser forte para se resguardar do amor que nutria por ele. Os pés doíam-lhe, parou, não adiantava feri-los, apoiou-se em uma árvore e tentou descansar por breves momentos.

Caleb, vendo-a, chamou pelo nome, e correu ao seu encontro. Marta desejava não vê-lo, mas já era tarde, ele alcançara-a.

– Marta, Marta amada – disse ele – o que fez, D'us! Que bom vê-la.

E aproximou-se, encantado pela beleza de sua face, pela naturalidade de seu estado. Ela não o olhava, abaixou a face. Caleb aproximou-se, ergueu seu queixo e ao olhá-la teve a certeza de que a amava ainda mais.

– Meu D'us! Como tive medo de nunca mais vê-la, – tocou em seu ventre – como você está cheia de graça.

E abraçou-a com amor, lágrimas vertiam do olhar de ambos, pois Marta sentia o quanto o amava, o quanto desejava estar com ele para todo o sempre. Entretanto, recordando-se do Mestre, nada falou, aguardando o momento oportuno para dizer-lhe o que se passava em seu coração. E ele vendo-a chorar, secou suas lágrimas e disse:

– Vamos para o Egito, nada mais temeremos, nada, minha vida.

– Eu não vou – disse ela com voz entrecortada.

– Como? Por que não irá?

– Caleb, eu não posso mais com você estar.

– Mas o que há? Não me tem amor?

– Não se pode apagar um pecado repetindo ele.

– Marta, não existe pecado entre nós, você está livre e eu também, D'us nos libertou – dizia ele.

– Não, Caleb, D'us nos salvou para O honrarmos, não para persistirmos em nossa desonra.

– O que está a falar? Se o Mestre a livrou, por D'us, Marta, não me faça sofrer, não faz ideia do quanto esperei por este dia, o dia em que você seria minha esposa.

– Como posso ser sua esposa, se sua esposa é Mia?

– Este casamento nunca foi real, D'us! Você sabe, Marta, que realmente não foi.

– Não irei com você, Caleb, não desejo cometer o mesmo pecado, eu vou honrar a minha palavra diante do Mestre.

– Mas que Mestre é este que a salva e a pune?

Caleb, você me ama? – perguntou Marta.

– Mais que a mim mesmo, mais que a este Rabi.

– Não diga esta blasfêmia, deveria ouvi-lo, ele nos ensina a viver para D'us.

– Eu não quero viver para D'us sem você, Marta – disse Caleb – não entende que lhe tenho amor? Que tem um rebento meu em sua carne? O que faz agora, ignora nosso filho? Nosso, Marta, meu e seu.

– Não, Caleb, não quero ignorar este filho, apenas não desejo envergonhá-lo ou escandalizar ninguém.

Caleb ajoelhou-se, pegou nas mãos de Marta e falou:

– Farei o que desejar, mas não me deixe sem seu amor – e olhava-a com ternura.

– Erga-se, – disse Marta – não sou digna deste gesto.

– Você é digna de todos os gestos. Que posso fazer para lhe oferecer amor?

– Caleb, eu não irei com você, por favor, entenda, amanhã partirei para Jericó.

– E o que fará de nossas vidas? Será serva de sua irmã? E o nosso filho ficará sem um pai? O que deseja, Marta?

– Servir ao Mestre, amparar os pequenos, ser uma serva de D'us.

– E eu, Marta, como ficarei?

– Sirva ao Mestre, poderemos estar mais juntos a ele, mas sem o pecado que nos condenou.

– Nunca servirei a este Mestre, nunca servirei a quem me tira você – disse Caleb ríspido.

– Não fale assim – disse Marta entristecida.

– Acaso não me ama mais, Marta? – inquiriu Caleb constrangido.

– Não é isto, Caleb, apenas desejo viver uma vida diferente, não quero ferir ninguém.

– É justo me ferir, ferir nosso filho, me rechaçando, isto é correto? Me diga, Marta, por que deseja fazer isto? É em nome deste Rabi que nem sabemos se é o Messias? – Caleb falava com mágoa.

– Não fale isto, – disse Marta – apenas não posso mais lhe acompanhar.

– Por D'us! O que se passa em sua alma? Apagou tudo que vivemos?

– Caleb, não desejo lhe ferir, você é comprometido, não precisa ficar comigo, me deixe – falou procurando o caminho de volta para casa de Zimra.

Caleb, notando sua atitude, caminhou à sua frente com passos firmes, fazendo-a parar diante de seu olhar, que expressava desespero e disse:

– Se fizer esta escolha, saiba que jamais seguirei a este Rabi, jamais, não posso aceitar que este homem seja profeta se me rouba a alegria que tenho em minha vida. Marta, ouça-me, eu atravesso todos os obstáculos para estar com você, não me abandone.

– Eu não desejo abandoná-lo – disse Marta com profunda dor em seu coração, pois amava-o – apenas não quero lhe ferir, tem o direito de ser feliz com qualquer outra mulher e não diga blasfêmias contra este homem bom, que me salvou a vida, ouça-o como eu o ouço, por favor, Caleb, me entenda.

Lágrimas banhavam sua face.

– Não posso ouvir quem me rouba a felicidade, e não desejo outra mulher, somente você, você é minha felicidade, meu bem precioso. Marta, amanhã partiremos.

E tomando-lhe as mãos, beijou-as com paixão.

– Venha, vamos retornar, devemos ser gratos a Pedro e Zimra, não sejamos como os tolos que ignoram a bondade – e saiu, puxando-a suavemente, fazendo-a caminhar.

A brisa estava fresca, trazendo pequenas gotículas da chuva que se aproximava. Marta silenciara, amava-o, mas temia cometer o mesmo pecado, seu coração se decidira, ficou quieta, não havia palavras que fizessem com que Caleb a compreendesse.

Ao entrarem à casa, Zimra sorriu aliviada pelo que parecia o desfecho de toda aquela triste e longa história.

Caleb, então, sentou-se a fim de repousar da longa viagem, Marta foi em busca de água a fim de lavar suas mãos e seus pés. Ajoelhou-se diante daquele que sempre amara e, com cuidado, lavou seus pés e suas mãos, o toque de suas mãos nas mãos de Caleb a fazia sentir amor, um amor que ela decidira sepultar. Após isto, providenciou-lhe o alimento, o que Caleb desejou provar em sua companhia. Ela nada dizia, sorria-lhe com certa tristeza que Caleb parecia não notar, tamanha a alegria do seu coração. Tocava-lhe na face, ansioso por tê-la em seus braços. Então, disse:

– Já tenho tudo planejado, amanhã partiremos para Damasco e depois para o Egito. Pedi para que Ananias providenciasse uma casa singela até que nosso filho venha ao mundo, ele será muito bem-vindo. Estava a pensar em um nome, mas desejava consultá-la, qual nome pretende lhe dar?

E Marta, olhando-o, sorriu tímida e falou:

– Asha, se for uma menina, e o seu nome se for um menino.

– Por que quer meu nome?

– Para jamais o esquecer, enquanto eu viver, quero pronunciá-lo sempre.

E Caleb sorriu feliz.

– Sabe que a amo, fala tudo com tanta doçura que toca meu coração. E a menina Asha tem um significado muito sugestivo, quer este nome mesmo?

– Sim, – disse Marta – este nome representa nossas intenções e tudo que nos moveu até hoje.

E Caleb, tocando suas mãos, falou:

– Está certa, foi o nosso desejo que nos conduziu a tudo isto. Quero que a partir de agora seja sempre minha mulher, não desejo ficar longe de você, deve sempre me revelar seus segredos, você me pertence como eu lhe pertenço.

– Mas ainda está comprometido com Mia – disse Marta com voz entrecortada.

– Eu nunca fui esposo dela, você sabe. Onde está a repousar? – perguntou Caleb.

E Marta, erguendo-se, timidamente falou:

– Deseja repousar em meu aposento?

– Sim, desejo ficar onde esteja, sou seu esposo a partir de agora.

– Não acha que será um escândalo se agir desta forma em casa de nossa prima?

– Escândalo, Marta?! – disse Caleb em tom alto. – D'us! Marta, olhe para você, o que tem em seu ventre é meu filho. É minha esposa, mas ainda não se comporta como tal.

E ela nada mais falou.

* * *

Elisha estava derrotado por toda aquela situação. Sua aparência desleixada, suas noites insones, provocaram nele certo desequilíbrio no qual sentia-se confuso.

Após a conversa com Pedro, abrigou-se na sinagoga local, orava incessantemente a fim de que D'us o ouvisse, passou o dia entoando orações até que decidiu que a melhor forma de ter sua honra seria a morte de Caleb. Marta padeceria, pois sem ele, ela jamais teria respeito pelo filho que esperava. Sim, a morte de Caleb seria a sua honra.

Ao sair da sinagoga rumou em direção à estalagem onde permanecera, o melhor seria seguir viagem no dia seguinte para Jerusalém, lá com certeza encontraria o paradeiro de Caleb e aí sim, teria a sua vingança.

No cair daquela tarde, Marta pôs-se em oração, seu coração estava decidido entre o amor a Caleb e a sua fé no Rabi Yeshua, nos ensinos que ela aprendia junto às demais mulheres que o acompanhavam. Ela não desejava ser um peso para ninguém, então, chamou o servo Omar em secreto e falou:

– Amanhã, ao cair da noite, separe a carroça e deixe-a pronta para que eu, amanhã, possa levar os alimentos aos enfermos, não diga nada a ninguém.

O servo, então, falou:

– Senhora, eu irei junto, pois pode ser perigoso.

– Não, Omar, amanhã desejo ir só.

O servo, contrariado, concordou.

Marta sentia enorme tristeza em seu coração, amava Caleb, mas não desejava permanecer em pecado, os ensinos que ela aprendera modificaram seu coração. Yeshua, o Rabi, recordava-se de seu olhar, de suas palavras, Marta chorava silenciosamente, sofria por ter que abandonar tudo e todos.

Caleb despertara leve, o repouso fora-lhe providencial, notara, contudo, a ausência de Marta no aposento, temia perdê-la, não sabia de fato o que estava ocorrendo em seu coração, ergueu-se a fim de procurá-la. Ela brincava com Sara quando um alarido se fez na entediada casa. Tratava-se de Dan, a quem Zimra recebeu com satisfação. Ao ver Caleb, Dan sentiu intensa alegria, e ao ver Marta, seu coração agradeceu a D'us, ambos estavam vivos, então os comentários acerca da pecadora salva do apedrejamento não eram invenções, Yeshua os salvara.

Dan então começou a falar dos motivos de sua visita, desejava compartilhar da alegria que existia em sua casa. Shayna, sua segunda esposa, estava a esperar um filho. A notícia fez todos se alegrarem. Marta, contudo, pensou em Orlit e no sofrimento que sua irmã sentiria quando soubesse desta novidade.

A noite transcorreu calma, Marta, contudo, sentia seu coração oprimido, recolheu-se mais cedo a seu aposento, sentia-se cansada. Caleb, porém, permaneceu em conversação com Dan até a madrugada. Quando adentrou em seu aposento, Marta repousava, seu coração apertou, tamanho amor que nutria por ela, aproximou-se temendo despertá-la, acariciou seus cabelos, sua face, seus lábios, pousou os lábios nos dela com delicada paixão. Marta despertou, ao ver-lhe a face, acariciou-o com amor, sentia seu coração pulsar junto ao dele, o abraço de Caleb a envolvia com ternura no silêncio da madrugada que embalava os sonhos daqueles corações.

Logo nos primeiros raios de sol Marta se ausentara, levara pequena bagagem, seu coração oprimido pelo amor que carregava, olhou para a casa de Zimra pela última vez e tomando a carroça, rumou para a saída da cidade. Tinha medo, mas não desejava permanecer com seu coração dividido. Logo alcançou a vegetação onde os enfermos jaziam, lágrimas banhavam sua face, a dor em seu coração era profunda, mas não poderia voltar atrás, era sua escolha. Desceu da carroça e adentrou o local onde os leprosos estavam, alguns dormiam, outros estavam em vigília, um deles, ao vê-la, falou:

– Esqueceu de nós?

– Não, – disse Marta – venho deixar-lhes mais provisões, pois estou a sair da cidade.

– E o Mestre, não nos conduzirá até ele?

– Não sei onde achá-lo.

– Por favor, mãezinha – dizia um deles que parecia ser o mais jovem.

– Não nos deixe, aqui tem um de nós que está muito enfermo, não conseguiremos retornar.

Marta lamentou e depois de um tempo falou:

– Para onde desejam ir?

O homem da face desfigurada disse:

– Para o vale.

– Mas eu não sei onde fica. Você sabe conduzir uma carroça? – disse Marta ao homem desfigurado.

– Sim, eu posso conduzir.

– Então ajude-me a levá-los para a carroça, eu irei com vocês até este lugar.

E assim, o pequeno grupo se ajudou e todos embarcaram na carroça. Marta ia à frente com o homem que conduzia os jumentos. Enquanto ela permanecia em oração, seus pensamentos agora eram de alegria em poder auxiliar àqueles irmãos.

Quando Caleb despertou não viu Marta em seu leito, sentiu sua ausência, seu coração se inquietou, ergueu-se e ao chegar à cozinha também não a encontrou, sentiu uma agonia e vendo Minar perguntou:

– Viu Marta?

– Não – disse a idosa com sua calma.

Aos poucos a casa foi retomando sua atividade e cada qual com seus afazeres, Caleb, então, angustiado, se aproximou de Zimra e disse:

– Marta saiu cedo e não retornou, acaso sabe onde ela foi?

Zimra falou surpresa:

– Não, mas creio que ela tenha ido levar alimentos aos enfermos, deve perguntar a Omar, ele sempre a leva.

– Como assim? Marta cuidando de enfermos? Desde quando Marta faz isto?

E Zimra, então, falou:

– Desde que encontrou o Mestre ela passou a ajudá-los.

– D'us! O que este Rabi fez com Marta?

Omar foi chamado e Zimra perguntou-lhe:

– Você levou Marta aos enfermos hoje?

– Não, ela me pediu para que eu ficasse, desejava ir só, levou a carroça.

– E onde eles ficam, é aqui em Cafarnaum?

– Eles ficam fora da cidade – disse Omar.

– Mas por quê? – inquiriu Caleb.

O servo calou-se. Então Caleb falou:

– Não pode ser, são leprosos, são leprosos, D'us! Como pôde deixá-la tocar neles?

E agarrou Omar pela túnica. Zimra então interviu:

– Caleb, nós não sabemos, pare, por favor, pare. Seu amor por Marta o está cegando.

Caleb soltou-o. Dan ouvindo todo o alarido correu em direção ao local onde Zimra tentava acalmá-lo.

– Irei atrás dela, leve-me lá – disse Caleb.

Dan também se ofereceu, os três saíram em direção à saída da cidade, porém, quando lá chegaram nada encontraram, a não ser restos de fogueira e bandagens que se acumulavam em um canto imundo. Caleb sentiu profundo desespero, e se Elisha a tivesse encontrado, D'us! Tantos pensamentos vinham-lhe à mente. Então falou:

– Retornemos a Cafarnaum, procuraremos pela cidade, eu seguirei mais à frente.

– Está bem – disse Dan, também aflito pelo sumiço de Marta.

Caleb foi à frente, porém nada encontrava, nem um vestígio, sentiu-se impotente, desceu de sua montaria, olhou a paisagem, passou as mãos pela barba e começou a lastimar em voz alta.

– D'us, por que me privou dela, por que D'us? O que está acontecendo?

Parecia extremamente desesperado, quando ouviu uma voz atrás de si.

– Ela o abandonou, Caleb.

E risos de deboche ecoavam pelo ambiente, as nuvens pesadas que ofuscavam o sol davam ao cenário uma terrível impressão. Caleb, virando-se, deparou-se com Elisha em seu aspecto doentio, ele ria.

– Ela abandonou o homem imundo com o qual se deitou.

Elisha prosseguia:

– Vejo que o Rabi conseguiu lavar sua mente e finalmente Marta viu que você era o resto de tudo que é imundo e desonrado.

Caleb respirava tentando conter-se. Elisha, no entanto, descendo de sua montaria avançou em sua direção.

– Agora somos só nós, Caleb.

– Nada tenho para falar a você – disse Caleb tentando desvencilhar-se de Elisha que se aproximava com rapidez.

– Então eu terei que me acertar com Marta e lavar minha honra com aquela criatura impura que ela traz no ventre.

– Elisha, você está louco, – disse Caleb – nada temos a lhe prestar contas.

– Como não? Você é um traidor vil, que cuspiu em meu lar, devorador de mulheres, conspirou nas minhas costas.

E apunhalou e empurrou Caleb contra sua montaria.

– Pare, Elisha, não pretendo manchar minhas mãos com o sangue de meu povo.

– Que povo? O que diz? Não tem povo. Quer cumprir as leis de Israel? Muito tarde para tal feito.

Segurando o punhal avançou em Caleb, que lhe segurou, empurrando-o. Elisha, porém, cortou sua mão e erguendo disse:

– Isto é só o começo, você jamais terá Marta, e jamais verá aquele bastardo que ela carrega – e o apunhalou mais uma vez no braço.

Caleb o empurrou fazendo-o bater a cabeça contra uma pedra ferindo-o. Elisha, entontecido e cambaleante, ergueu-se. Caleb subiu em sua montaria a fim de sair dali, no entanto, Elisha o puxou fazendo-o cair e jogou-se em cima dele, esmurrando-o com força. Caleb tentava se desvencilhar quando Elisha, erguendo mais uma vez o punhal, desejando feri-lo, foi empurrado para a lateral ferindo-se no peito mortalmente por seu próprio punhal. Caleb, horrorizado com o acontecido, viu Elisha debater-se amaldiçoando-o:

– Maldito é você, Caleb, nós ainda não terminamos, eu prometo fazer você me pagar por tudo.

E o sangue saía largamente de seu peito. Caleb, aterrorizado, fugiu, não desejava ali permanecer, não desejava ter ferido ninguém, seu coração acelerava, agora era um assassino, D'us! O que estava acontecendo? Adentrou a cidade com a túnica em sangue, seu braço ferido e sua mão ferida, chegou à casa de Zimra, que ao vê-lo, temeu que algo terrível houvesse ocorrido. Quando adentrou o pátio foi levado para um aposento a fim de que fosse cuidado. Hanna, a mãe de Zimra, pôs-se a auxiliá-la. Caleb, então, falou:

– Por D'us, nada digam a ninguém.

– O que houve? – perguntou Zimra.

– Elisha me apunhalou, ele se feriu e eu fugi, não desejava brigar, D'us!

– Acalme-se, Caleb, beba este copo de vinho. Minar irá cuidar de seus ferimentos.

Omar, que havia regressado, logo foi solicitado, Zimra, então, disse:

– Vá até onde puder em busca de Elisha, ele deve ser socorrido.

Caleb, debatendo-se de dor, falou:

– Eu preciso partir, Marta está em perigo.

– Acalme-se, D'us está com Marta, devemos confiar – falou Zimra.

– Você não compreende, Elisha prometeu matá-la e ao meu filho.

– Ele está ferido, Caleb, tenha calma.

Então ele aquietou-se.

– Devemos nos preocupar com Elisha na estrada ferido, foi profundo ferimento? – inquiriu Zimra ansiosa.

– Eu não sei, não sei se o feri profundamente.

– Oremos para que D'us tenha compaixão – disse Hanna.

Sara, a pequena garota, observava tudo sem nada entender.

Caleb, temeroso de ser repreendido, falou à sua prima:

– Peço-lhe que não diga nada do que tenha acontecido a Pedro, sinto-me envergonhado.

– Caleb, nada que tenha acontecido nesta casa nestes últimos dias será revelado a ninguém, jamais, eu lhe prometo – disse Zimra tentando tranquilizá-lo.

Omar percorreu uma boa distância até encontrar Elisha agonizando à beira do caminho, erguendo-o com dificuldade, o pôs em sua montaria e o conduziu à casa de Zimra.

Caleb estava mais tranquilo quando Omar adentrou o lar com Elisha quase sucumbindo. Correram a levá-lo a um aposento, Zimra e Hanna fizeram o possível para conter o sangramento, ele havia perdido muito sangue, estava pálido e delirante.

Dan, ao regressar, tomou conhecimento do triste ocorrido. Notou que o amigo estava impaciente e angustiado e resolveu ampará-lo em sua busca.

– Caleb, para onde Marta partiria? – inquiriu Dan.

– Como saber, depois que ela conheceu o Rabi, que chamam de Mestre, nada mais sei, parece outra mulher.

– Como assim? – questionou Dan.

– Ela estava me revelando, dizendo que nosso amor havia ferido muitas pessoas, e eu, o que sou? – falava Caleb andando de um lado para outro. – Acaso será que este Rabi sabe quantas noites insones eu tive por temer ficar sem ela, por amá-la de tal forma que preferia fazer tudo de novo a ficar longe? Então, este homem lançou sementes na cabeça de Marta e ela, ingênua e boa, as aceita como verdades, parece que se esqueceu do nosso filho, do nosso sofrimento para aqui estarmos unidos e não longe um do outro.

Dan, então, interferiu:

– Caleb, se o Rabi não a tivesse livrado do julgamento como você estaria agora?

– Morto, eu mesmo faria isto, ver a mulher que amo ser julgada e morta, eu mesmo faria isto, eu mereço a morte junto a ela, esta é a lei.

– Sim, amigo, falou bem, esta é a lei, porém este homem, o qual você desconhece, mostrou um novo caminho para aqueles que amam, o perdão! Marta foi perdoada, não a julgaram, veja isto como um sinal de novos tempos, irmão.

– O único sinal que vejo é que ela está perturbada com tudo isto, meu D'us! Ela estava a cuidar de leprosos, meu D'us! Como Marta pôde ser tão tola, são criaturas imundas, eu não vou permanecer aqui, vou em busca dela, mal consigo ficar entre estas paredes.

E Dan, vendo-lhe a aflição, falou:

– Então irei também, ela deve ter partido para Jericó, afinal, onde mais se abrigaria?

– Não sei, é como disse, ela está perturbada com estas ideias novas. Eu vou para Corazim, qualquer notícia deixe com Zimra, eu voltarei, se não a encontrar.

Pegando alguns apetrechos saiu sem se despedir dos demais.

* * *

Marta durante o percurso cuidava dos leprosos, ministrando-lhes água e alimento, passando-lhes unguento, trocando as bandagens e auxiliando-os quando se sentiam cansados. Seu coração estava leve, sentia-se menos triste ao auxiliá-los, quando o jovem que a chamava de mãezinha falou:

– Não deve ficar tão próxima, não desejamos que tenha o nosso fim, mãezinha, tem um filho em seu ventre, quem me dera se eu fosse este filho – disse o rapazola.

– Para onde vai depois que chegarmos ao vale? – perguntou a mulher que tinha a face deformada pela lepra.

Marta, olhando-a, disse insegura de suas escolhas:

– Não sei, não tenho para onde ir.

E a mulher, então, falou:

– Mas e o pai do seu filho, não deveria ir ter com ele?

– Não posso – disse Marta com sofreguidão, pois a lembrança de Caleb dilacerava sua alma.

– Ele repudiou-a? – insistiu a mulher a fim de auxiliá-la.

Não, ele me deseja.

E sem saber como explicar os fatos, completou:

– Ouviu falar da mulher adúltera que o Mestre salvou? – disse Marta.

Os demais, entreolhando-se, ficaram na expectativa da resposta da mulher.

E a mulher falou:

– Sim, viemos em busca de nossa cura devido a este fato, pois que muitos comentam, se ele, o Rabi, absolve da lei uma mulher pega em pecado, o que não faria por nós, criaturas atormentadas por esta maldição.

E Marta, surpresa, falou:

– Irmãos, a mulher pega em pecado sou eu.

– E por que, mãezinha, procura a morte junto a nós se o Mestre a salvou? – inquiriu o jovem doente.

E Marta, sem titubear, redarguiu:

– A salvação está no serviço ao menor, na acolhida àquele que necessita, não há salvação em meio a tanta dor, o que me salva é a fé que move o meu coração, por isto estou aqui para dizer-lhes que todo aquele que crê no Rabi é salvo.

– Mas tem um filho em seu ventre, não pensa nele?

– Penso e sei que antes de ser meu, este filho é obra de D'us em minha salvação, pois se assim não fosse, eu aqui não estaria. Foi por amor que concebi e D'us sabe que nunca houve pecado entre o meu coração e o coração do pai desta criança.

– Então pode viver com ele – disse a mulher.

– Não. Por que eu fui liberta pelo meu esposo, mas o pai desta criança continua preso à sua esposa, e o Mestre falou, vai e não peque mais. Por isto fugi deste amor, por amor ao Mestre mais do que a mim mesma, mais que a tudo, pois sei, em meu coração, que o meu sofrimento é a cota de dor que preciso para limpar minha alma, para que D'us me aceite em Seu tabernáculo, como a filha que regressa ao lar. E por amor a D'us, confio que Ele me conduzirá ao meu destino, e onde Ele me colocar, ali ficarei até o momento que Ele desejar.

E todos calaram-se meditando na fé daquela que o Mestre tocara.

* * *

Em casa de Zimra, Elisha deixava o corpo físico. A noite vinha colher do seu coração os frutos necessários para transpô-lo ao mundo dos espíritos.

No entanto, Elisha, o fariseu, sucumbia pouco a pouco com ódio profundo em seu ser e em sua dor maldizia D'us. Atraía, dessa forma, com maior rapidez, os espíritos trevosos que com ele se afinizaram. Seu ódio tecera ligamentos viscosos que o levavam a Caleb. Em seu pensamento a face do rival que lhe roubara a paz, a dignidade, a felicidade, a autoridade.

O ódio tornava-o fortalecido a tal ponto que seu desprendimento pouco se fez sentido por ele. Da carne renascera para o além em completo desequilíbrio, seu ódio rompera os laços do corpo e, fortalecido pela vingança, não notara o ferimento em seu perispírito. As energias enegrecidas que o auxiliaram em seu passamento tornaram-no pesado, lento, mas não ignorante da sua necessidade de reparação. Fora recepcionado pelo cortejo de espíritos trevosos a que se ligara. Logo notou os demais irmãos que vibravam na mesma sintonia, de horrendas expressões, usavam da lisonja, fazendo-o sentir-se o antigo doutor, e logo disseram:

– Aqui, nobre fariseu, será reconhecido se cooperar na perseguição ao Messias, este homem que rouba corações, e temos em nosso auxílio o seu propósito de vingança, somos a legião – disse um deles.

Elisha sentiu-se amparado, esquecendo da voz de sua consciência, que chamava a atenção, preferiu seguir o ódio, e então, falou com dificuldade:

– Se for para a derrota deste blasfemador, eu tudo farei, mas, antes, necessito vingar-me de Caleb.

E ao falar seu nome e pensar nele foi como que sugado por estranha força que o levou a ele.

Caleb estava perdido em meio às angústias que trazia em seu peito, o pensamento em Marta, a dor da perda e a tristeza de ter ferido Elisha.

A tarde já vinha trazendo o véu da noite, seus ferimentos doíam, elevou seu pensamento a D'us e fez singela prece:

– *D'us dos justos, erga-me, não me abandone diante dos meus inimigos. D'us, tirou de mim o que mais amo. D'us, o que deseja deste servo que se prostra diante do Senhor? Diga-me, D'us, qual sacrifício Lhe é aprazível, para que eu tenha Marta?*

Neste momento, Elisha o visualizara e desejando esmurrá-lo fora impedido por luz que emergia do pensamento de Caleb. Horrorizado com a sensação de dor que lhe trazia a emanação daquele pensamento, sentiu-se tragado por espessa nuvem que provinha dele mesmo, não conseguindo mais ver Caleb.

Caleb chorava comovido pela emoção de seu coração que se prostrava diante de D'us em um misto de dor e clamor para que conseguisse paz. Após a prece, prosseguiu com a viagem, não pararia enquanto não encontrasse Marta e seu filho.

Zimra e Hanna lastimaram o desenlace de Elisha e providenciaram o sepultamento. Como não havia quem lhe reclamasse o corpo ou a presença, elas fizeram conforme mandava os costumes da época. Entoaram orações e cânticos a fim de que Elisha fosse recebido no campo dos justos.

10. A notícia

Em Jericó, Orlit estava muito entristecida pelo fato de Dan vir a ser pai. Porém, demonstrava força por Marta, pois sabia da necessidade de amparar sua irmã. Naquela manhã já havia preparado as palavras a fim de que seu esposo fosse consultado. Dirigiu-se ao local onde ele se encontrava.

Homem extremamente ocupado, pouco dava importância, nutrindo por Orlit apenas um sentimento de posse, como se ela fosse um de seus cavalos ou camelos, animais aos quais muito apreciava. Orlit era como um pêssego fresco aos seus olhos, ele sentia-se feliz em tê-la sob sua guarda, mesmo sabendo que ela não conceberia filhos.

– D'us o proteja nesta manhã, marido – disse Orlit com timidez.

Belchior, olhando-a, agradou-se de suas palavras e replicou:

– Que deseja, mulher?

– Desejo a sua paz e prosperidade, meu esposo, e que viva longamente sob Israel.

– É mesmo uma mulher cativante, – disse ele sorrindo – achegue-se.

Fez ele com as mãos um gesto a fim de tê-la próximo a si.

– Sente-se aqui, pois sua presença tranquiliza-me.

Orlit achegou-se, e percebeu que seu marido estava feliz em tê-la ao seu lado, sentiu uma emoção percorrer o coração, e olhando a sua face dura e bronzeada sentia estranha alegria em tê-lo próximo a si também.

– Meu esposo, desejo falar-lhe.

– Diga – falou Belchior partindo um pedaço de pão.

– O senhor, meu esposo, abrigaria minha irmã, Marta, que está a esperar um rebento e foi abandonada pelo esposo que se encontra lunático?

Belchior franziu a testa não compreendendo, mas ao olhar para Orlit falou:

– Deseja que eu venha tê-la como segunda esposa?

– Se lhe apraz, que seja feita a sua vontade.

– Então traga-a até aqui para que eu, vendo-a, decida.

E erguendo-se para sair, foi surpreendido pela chegada de Dan em sua casa. Um servo veio anunciar a sua presença.

Belchior, sentindo-se constrangido, mandou que Orlit saísse. Dan adentrou a casa, sentiu-se impotente diante de tanto luxo, ele jamais poderia oferecer aquele luxo a Orlit, talvez ela estivesse feliz naquele palácio.

Ao chegar à sala onde Belchior se encontrava, Dan pôde finalmente conhecer o esposo de Orlit. Homem maduro, de expressões firmes, causava impressão pouco confiável. Seu olhar astuto observava Dan como a inquiri-lo sobre o que ali fazia. Dan tomou a palavra e disse:

– *Shalom*, venho da parte da irmã de Orlit, poderia conversar com ela em sua presença?

Belchior ficou em silêncio por breves instantes e então aduziu:

– No momento eu aqui não poderei permanecer, pois tenho assuntos importantes que requerem minha presença, mas chamarei minhas servas para que aqui fiquem junto à minha esposa no decorrer deste diálogo.

Dando-lhe um meio sorriso, pediu que aguardasse retirando-se.

Dan sentou-se em uma cadeira com peles de animais, os vasos chamavam-lhe a atenção, a casa era confortável e suntuosa. Não demorou até que duas servas adentrassem a sala e Orlit veio logo em seguida. Dan, ao vê-la, sentou-se inebriado pela sua beleza, seu coração acelerou, suas mãos tornaram-se trêmulas, a face de Orlit, a sua doce Orlit. Ao olharem-se ficaram como que imóveis, cada um tentava conter sua emoção, o desejo compulsivo de entregarem-se a um longo abraço, o abraço de duas almas que se queriam, que nutriam o amor no seu íntimo.

Dan, quebrando o silêncio, falou:

– Venho lhe trazer notícias de sua irmã.

– O que ocorreu? – disse Orlit com voz rouca.

– Ela fugiu, Caleb está a procurá-la, pois no estado em que se encontra necessita de zelo.

– Oh, meu D'us! Onde Marta estará?

– Tínhamos esperança de encontrá-la aqui.

– Conte-me como tudo ocorreu, por favor, Dan.

– Eu sei apenas que ela foi levar alimentos aos doentes, doentes estes que salvaram sua vida quando Elisha a perseguia.

– Meu D'us! Ninguém sabe onde estas pessoas estão? Pelo que conheço de minha amada irmã, deve ter para com eles uma dívida de gratidão, a qual ela fará de tudo para honrar.

– Orlit, estes doentes são leprosos.

Orlit ficou apavorada, a cor de sua face sumiu, ela não queria crer que Marta havia se misturado com criaturas impuras, criaturas imundas, as quais arruinariam a vida de sua irmã e do seu filho.

– Não, Dan, por D'us, não pode deixá-la junto a eles, por favor, traga Marta para mim, lhe imploro – dizia entre lágrimas.

– Faria isto se soubesse onde encontrá-la, Orlit.

– Mas eu sei, Dan – disse Orlit repentinamente como se algum bom anjo soprasse em sua mente.

– Onde? Diga-me que eu a trago para junto de você.

– No vale dos leprosos, somente lá que irá encontrá-la, é o que sinto em meu coração.

O que Orlit não percebia era que próximo ao seu coração, tênue luz fora irradiada pelo seu pai, que se mostrava qual fantasma por onde ela fosse, como se obrigado a viver a vida que fora desprezada com sua atitude suicida, embora se encontrasse em extrema agonia, percebia tudo o que transcorria com os entes que amava, e temendo que sua filha Marta tivesse o mesmo destino, tocara o coração de Orlit, o qual revelou o local. Dan, espantado com a convicção das palavras, disse:

– Eu preciso apenas de algumas provisões, pois é afastado este local.

– Sim, você terá o que necessita, porém, peço-lhe, se desejar salvar Marta, não diga a ninguém – disse Orlit.

– Não posso. E Caleb?

– Foi por ele que ela fugiu, salvemos a sua vida.

– E depois que a criança nascer?

– Eles se entenderão, tenho certeza, afinal, um filho sempre une um casal – disse Orlit.

E Dan, olhando-a, falou:

– Tem razão, um filho é o elo que fortifica o amor.

Orlit, sentindo-se ferida pelas palavras de Dan, redarguiu:

– Tenho certeza que sim, você deve ter prova disto.

E Dan, percebendo que a ofendera, silenciou.

Orlit ofereceu as provisões a Dan e disse:

– Conto com você, Dan, estarei orando para que a encontre.

– Eu a encontrarei.

E Dan, reunindo forças que não imaginara possuir, retirou-se.

* * *

A caravana de Marta chegara a seu destino, o tempo frio auxiliava para que a viagem fosse menos sofrida aos doentes. A carroça parou, os enfermos começaram a descida entre rochas e vegetação. O vale dos leprosos assustava alguns outros enfermos que transitavam. Marta, então, falou:

– Posso lhes acompanhar?

– Não! – disse o rapazola –, não deve aqui permanecer.

– Só desejo auxiliar.

– Já fez o bastante – disse o homem que conduzia a carroça – não venha, não entre neste vale de dor.

Marta, no entanto, desceu ao vale, sabia que havia outros que ela poderia auxiliar com seus cuidados.

À medida que os seguia pela trilha, percebia mulheres que se escondiam, homens disformes, doentes que cuidavam de doentes, viu comovida crianças mutiladas a chorar, a mendigar o pão da vida. Alguns diziam-lhe blasfêmia, outros pediam-lhe socorro. Marta nunca vira tanta dor em um só lugar, notava que havia cavernas das quais gemidos atrozes vinham ao encontro de seu coração. Entrou em uma fenda que havia em um rochedo, o ambiente úmido e o odor eram terríveis, corpos ao chão, choro e dor, trapos humanos se amontoavam. Marta chorava silenciosamente. Caminhou, seu coração enchera-se de compaixão, como se ali estivessem os entes queridos de sua alma. Chegara ao local onde uma mulher ferida cuidava de outra que não possuía o nariz e falou:

– Não a curou, onde está o Messias?

E ao ver Marta, disse ríspida:

– Quem é esta?

E Marta falou à mulher:

– Aquela que o Messias enviou.

Marta, esquecendo-se de seu estado, pôs-se a cuidar de todos, preparou bandagens, procurou ervas que pudessem ser maceradas e começou a levar o amor do seu coração aos pequenos de Israel.

* * *

Quinze longos dias se passaram, Caleb estava desfigurado, aparência de cansaço, a face magra e a roupa suja, um odor desagradável saía de seu corpo. Não era o mesmo homem, havia percorrido vários locais. Estava em Damasco, recordou-se de Ananias, o amigo fiel, sentiu-se enfermo da alma, nada lhe dava ânimo, apenas pensava em Marta. Sem alimentar-se, sem repousar, mantinha-se de pé por força do amor que lhe tinha.

Ao chegar à casa do ancião estava pálido e faminto, Ananias não podia crer que aquele era Caleb. Amparou-o, silenciosamente, pois sabia que algo terrível abatera o amigo. Caleb adentrou a humilde casa tonto, tremia, o ancião preparou-lhe chá e alimento. Caleb começou a comer, mas logo sentiu náuseas e colocou o alimento para fora, seu organismo não conseguia aceitar comida. Ananias preparou um banho para o amigo que nada falara. Banhou-se, deitou e exausto adormeceu vencido pela dor do seu corpo e pelas orações de Ananias, as quais não permitiam a entrada de Elisha no ambiente salutar de sua casa.

* * *

Dan finalmente encontrara o vale dos leprosos, mas não conseguia ter coragem de descer ao encontro daqueles que ali estavam. Meditou por alguns momentos, como se pedisse a D'us forças para lá adentrar, não sabia o que iria encontrar, mas recordando-se de Orlit, encorajou-se e pegou a trilha que até lá conduzia. Notou alguns moribundos ao longo do percurso, muitos o observavam, alguns se escondiam, outros mandavam-no embora. À medida que caminhava ia vendo as figuras humanas que ali viviam, ausentes dos cuidados necessários ao seu estado, notou que uma mulher o observava não se escondendo, então com o véu no rosto, ela falou:

– Você é Caleb?

E Dan, ao ver que ela pronunciara o nome do amigo, respondeu:

– Onde está Marta? Eu sou seu primo.

– Você é Pedro, o servo de Yeshua? – inquiriu novamente a mulher.

– Não, sou parente de Marta e vim para levá-la, onde ela está?

– Venha – disse a mulher.

E Dan acompanhou a estranha mulher, retornando para a estrada, como a deixar o vale. Então, Dan falou:

– Mas estamos saindo do vale, Marta não está aqui?

– Venha, ela está enferma, não poderíamos deixá-la aqui, ela é nossa irmã.

Dan sentiu o coração apertar. Caminhou na estrada até chegarem em pequena trilha onde árvores sombreavam o caminho. Havia um pequeno córrego e à beira de uma caverna um rapazola jazia à entrada com o olhar triste.

– Como ela está? – disse a mulher.

– Parece melhor – falou o rapaz com voz triste.

– Pode entrar – disse a mulher.

E o rapazola, então, interviu:

– Leve-a daqui, ela é nossa irmã, precisa de cuidados, nós não podemos cuidar dela – dizia ele entre lágrimas.

Dan entrou no local, havia uma pequena claridade que penetrava por entre as fendas rochosas. No local úmido e frio, uma singela fogueira trepidava, a um canto recostada, Marta gemia. Dan correu ao seu encontro ajoelhando-se, segurou em suas mãos frágeis, a face coberta deixava apenas os olhos aparecer.

– Marta – disse Dan.

E ela, ouvindo a voz familiar, abriu os olhos profundos, mas com intenso brilho.

– Dan, querido amigo, foi o Mestre que o enviou.

– Marta, – disse Dan – eu levarei você para Jericó.

Ela, olhando-o, disse:

– Não, amigo, não há mais tempo para isto, mas irá levar o que restou do amor em meu coração – respirava ofegante, como se intensa dor a dilacerasse.

– O que diz, Marta?

– Dan, leve com você minha filha que irá nascer, deverá chamar-se Asha e entregue-a ao pai.

– Não, você irá comigo agora. Vamos, vou erguê-la.

– Dan, – disse Marta – sabe que eu não posso ir, eu estou enferma e eu vou dar à luz, já sinto as dores.

– Não, você não está enferma, está apenas fraca – dizia Dan aflito.

Marta, então, falou:

– Não, Dan, não fique tão próximo.

E, empurrando-o com sutileza, retirou o véu da face, e Dan pôde perceber que as manchas brancas avermelhadas tomavam a mucosa, a boca e o nariz.[11]

– Já não há mais tempo para mim, mas tudo que fiz, fiz por amor a Caleb – dizia Marta ofegante.[12]

Puxando do seu pescoço o anel e o cordão singelo que trazia como recordação de Caleb, entregou-o.

– Deve dar isto à minha filha ou filho, é o único bem que possuo. Leve o meu bebê, faça o que for preciso, salve-o. Pegue ali – apontava ela para uma bagagem de couro –, abra-a.

E Dan abriu.

– Aí tem roupas limpas do meu filho, enrole-o, aqueça-o, ele é meu tesouro.

E Dan começou a chorar, sentiu em seu coração que Marta sucumbiria. Procurou dar-lhe algum conforto, aumentou o fogo para que não sentisse frio, forrou o chão com vários mantos que encontrou em sua bagagem e deixou-a a sós para o momento do nascimento do filho.

Do lado de fora da pequena caverna, notou aglomerado de doentes que, junto ao rapazola, oravam por Marta. A paisagem bela da natureza tornava-se mais sutil com as vibrações daqueles corações agradecidos. Dan, emocionado pelo que viu, sentou-se e junto a eles, orou, pois naquele momento percebeu que Marta levara alívio àqueles corações.

Marta pensava em Caleb, as lágrimas vertiam abundantes de seus olhos, orava a D'us:

– Meu D'us, perdão, pois pequei, pequei D'us por muito amar Caleb, mas em Sua misericórdia encontrei forças para aceitar o Seu amor, D'us. Prostro-me diante do Senhor para ofertar-lhe minha alma. Permita que este filho encontre a salvação e que Caleb possa encontrar nesta nova vida, a minha presença. D'us, perdoai-nos por muito nos amarmos, eu lhe entrego minha vida, D'us, para que meu amado Caleb não venha a conhecer o peso de Sua justiça e a dor do meu coração, pois que o amo oh! D'us, rogo-lhe misericórdia para nós.

As dores aumentavam a cada minuto. Sua mãe, Estela, encontrava-se próxima para o devido desligamento do corpo físico, pois seu corpo já demonstrava os sinais de intensa hemorragia que se seguiria ao nascimento de seu filho.

---

11 Levítico 13:46 – Por todos os dias em que a praga estiver nele, será imundo; imundo é; habitará só; a sua habitação será fora do arraial. (Nota do autor espiritual)

12 Nota da Editora: Marta tinha agido sob as sombras de seu desespero, já havia perdido a capacidade de pensar com clareza, com sensatez, perdido a capacidade de avaliar ponderadamente todos os fatores envolvidos em suas atitudes, como o risco a seu próprio filho. As situações em que nos envolvemos muitas vezes vêm de nossa incapacidade de pensar com clareza (seja por motivos internos, próprios da construção de nossa mentalidade, seja por fatores externos), e podem nos levar a outras situações piores, em que o raciocínio novamente será desestruturado. Porém, como o pensamento vem de nós, sempre teremos a oportunidade de mudar a forma de encarar aquilo que nos ocorre, e assim sair da posição de vítimas.

As orações dos enfermos reuniram naquele local outros irmãos espirituais que, agradecidos a Marta, vinham trazer-lhe o conforto que ofertara a seus entes queridos.

* * *

Caleb, liberto momentaneamente do corpo físico, sentia-se angustiado, envolto em uma nuvem de ideias geradas pelo sofrimento que sentia, notara que algo ocorria, mas, confuso, não conseguia se deslocar, permanecendo angustiado, preso às impressões do corpo físico.

* * *

A vigília por Marta permanecia. Dan lamentava por ter demorado a encontrar o vale, mas agora faria o impossível para salvar o filho de Caleb.

11. Morte e vida

A MADRUGADA SE rendia aos primeiros raios de sol quando doce choro ecoou pelo ambiente. Marta dera à luz sozinha a uma linda menina de olhos negros e pele morena. Trêmula pelo intenso esforço e fraca, pegou o pequeno ser ao colo, abraçando-a entre lágrimas. Grata a D'us, deixou que a pequena se aquietasse em seu seio, amava aquele ser. Sua respiração estava fraca, sentia o frio penetrar sua alma. Chamou Dan, que, ouvindo o gracioso choro, se emocionou com a cena. Marta enrolara a pequena, o sangramento, no entanto, não parava, aliás, continuava aumentando.

Dan pegou o pequeno ser e compreendendo que deveria partir imediatamente, falou:

– Eu cuidarei dela com minha vida, será como minha própria filha.

Marta esboçou sorriso, estava trêmula e pálida, sentia-se muito fraca.

– Diga a Caleb que eu sempre o amei.

Dan retirou-se, pois sabia que Marta estava morrendo e ele nada poderia fazer, saiu triste, desolado, com Asha aquecida em seus braços. O rapazola e os demais enfermos não se aproximaram e Dan saiu em meio à trilha.

A mulher que levou Dan até Marta, entrou, ela já estava tendo alucinações, chamava pelo Mestre, até que, aos poucos, luminosa figura foi revelando-se aos seus olhos, era a face luminosa de Yeshua que Marta trazia viva em seu pensamento.

Os laços foram se rompendo e Marta sutilmente foi levada pela sua mãe, adormecida pelas lembranças de Yeshua e um coro de orações acompanhava sua alma.

Os enfermos a sepultaram, fora um cortejo simples, vinte enfermos se prostraram em orações, gratos pelos dias em que Marta lhes revelou que o Salvador estava entre eles, que existia um Reino onde não havia dor e que todos seriam felizes e irmãos. Marta distribuía consolo e fé, não curava suas feridas, mas erguera aquelas almas ao Pai.

* * *

CALEB DESPERTARA ÀS cinco da manhã, sentira em seu peito extrema dor como se um elo lhe fosse rompido. Sobressaltado pensou em Marta. Marta! Algo havia acontecido, se pôs em oração, mas não conseguia orar. Saiu do aposento, sentia o ar lhe faltar, caminhou até a porta, ele tinha que partir, algo muito ruim ocorrera, ele sentia em seu íntimo. Começou a organizar seus apetrechos.

Ananias, vendo-o inquieto, foi ao seu encontro e falou:

– Caleb, não irá encontrar o que procura entre os vivos, o Senhor, nosso D'us, tomou Marta sob Seu tabernáculo.

– O que diz? Está louco, não é meu amigo?

– Não, Caleb, falo do que vi em meus sonhos.

– Eu não creio em sonhos, eu não creio neste Rabi que me privou de Marta e já nem sei se creio neste seu D'us.

– Caleb, não diga isto, aceite a cota da dor que D'us lhe impôs como sendo o melhor para você.

– Não, não vou viver sem Marta, e se D'us assim o fizer, eu O renego.

Enfurecido, saiu em desespero pelas ruas de Damasco. Não, não havia justiça ali. Caminhou até o sol erguer-se, e, sentado próximo ao mercado, sem saber para onde ir, adentrou uma taberna e embriagou-se a fim de tudo esquecer. Elisha, sorrateiro como a sombra, logo incutiu nele novas ideias sobre Yeshua e D'us, sugerindo que ele fosse para a Grécia a fim de afastá-lo do convívio com os discípulos do Mestre.

* * *

Em Cafarnaum, Zimra despertara aflita, orou firmemente para Pedro e os demais que acompanhavam o Mestre. Mas seu coração não demonstrava aflição por eles, então, Marta veio-lhe ao pensamento, D'us, o que poderia ter ocorrido? Orou por Marta. Quando sua mãe Hanna acordou e foi ao seu encontro, notando seu estado, falou:

– O que tem?

– Não sei, minha mãe, mas me sinto incomodada.

– Mas com o quê?

– Não sei, mas orei por Marta e Pedro.

– Então não ore mais, senhora, – disse Minar, a serva idosa que adentrava o ambiente.

– Ora, por quê? – disse Zimra.

– É que tive um sonho e um anjo me revelou que aquela que concebera não está mais entre nós, mas o fruto da vida deve ser preservado.

– D'us! – disse Zimra – tenho que saber notícias.

– Melhor aguardarmos, – disse Hanna – esperemos Dan ou Caleb regressar.

E o silêncio pairou naqueles corações.

* * *

Fora uma viagem longa, mas Dan contava com a misericórdia Divina, e Asha chegava em Jericó.

Orlit orava pela sua irmã todos os dias. Tornara-se dócil a Belchior a fim de agradá-lo, acompanhando-o em todas as festividades, cedendo aos seus apelos, tudo para que ele acolhesse Marta, sua amada irmã. No entanto, sua alma estava cativa do sofrimento de viver ao lado dele.

Logo o alarido se fez na casa e Orlit correu a fim de saber do que se tratava, pois, o esposo se ausentara em viagem de negócios. Ao ver Dan com pequeno ser que chorava ao colo, Orlit começou a chorar, sabia que ele conseguira, "finalmente trouxera Marta e o filho", pensou.

Orlit ao ver Asha, encanta-se pela pequena.

– Creio que tem fome – disse Dan exausto.

– Sim, parece que sim. Onde está Marta para alimentá-la? – perguntou Orlit feliz.

Dan, então, falou:

– Marta sucumbiu, D'us a levou, mas ela pediu para que Asha fosse entregue aos cuidados do pai.

Orlit silenciou ao ver aquele ser em seus braços. Mas logo falou:

– Caleb, Caleb é o culpado desta tragédia. D'us, o que farei com ela?

– Orlit, devemos respeitar o desejo de Marta – disse Dan. – Se ele não desejar Asha, eu mesmo a tomarei como filha.

– Não! – disse Orlit – ela é minha, é filha de minha irmã.

– Está bem, Orlit, agora precisa cuidar dela – disse Dan.

Orlit, chamando uma das criadas que dera à luz há poucos meses, pediu que amamentasse a pequena a fim de nutri-la, solicitou que Asha fosse cuidada como sua filha e que tudo fosse providenciado até que seu pai a buscasse.

Dan, então, narrou para Orlit os últimos momentos de Marta. Falou o quanto ela amava Caleb e que tudo que fizera, fizera por amá-lo.

– Este amor de minha irmã só levou ela à morte – dizia Orlit revoltada pelo desfecho daquela situação. – Se Caleb não a tivesse abandonado...

– O que diz, Orlit? Caleb nunca a abandonou.

– Ora, Dan, ele abandonou-a por cinco anos, minha irmã ficou esperando ele regressar do Egito.

– E o que adiantou? Seu pai entregou-a a Elisha.

– Não sei o que pensar, – disse ela com desânimo e começou a chorar compulsivamente – vou sentir muita falta de minha irmã, sinto muito por tudo isto.

– Acalme-se, Orlit. Tenha fé na bondade de D'us, Ele tudo vê e tudo sabe, confiemos!

– Sim, é verdade, mas não me conformo.

Dan, então, erguendo-se, falou com firmeza:

– Terá que aceitar.

E tentando mudar o foco do assunto, inquiriu:

– Posso me refazer em sua casa por algumas horas? Logo tenho que partir.

– Sim – disse Orlit surpresa e ao mesmo tempo triste.

Chamando uma serva, pediu que o acompanhasse a um aposento a fim de banhar-se e repousar.

A primeira noite de Asha em sua nova morada foi tranquila. A pequena era graciosa, tinha os olhos e os cabelos de Marta. Orlit olhava-a encantada, sentindo seus instintos maternos aflorar desejou ficar com Asha, porém, recordou-se da promessa de Dan a Marta, então, se Caleb aparecesse, ela entregar-lhe-ia a filha.

12. Reparando o passado

Dan despertara renovado em Jericó. Sabia que deveria partir, pois havia se passado muitos dias de sua partida de Corazim. Pensou em sua esposa Shayna, o coração apertou, como se ele estivesse fazendo algo errado. Ergueu-se, juntando sua pequena bagagem. Ao sair do aposento foi surpreendido por uma serva que lhe indicou o caminho onde tomaria sua primeira refeição.

Orlit encontrava-se acordada no aguardo de sua chegada, não havia conseguido dormir, pensava a respeito de muitos fatos e desejava conversar com Dan pela última vez. Dan, ao vê-la, sentiu uma alegria infantil penetrar sua alma, amava Orlit e sempre a amaria. O silêncio foi rompido pela sua doce voz:

– O senhor repousou bem? – inquiriu ela.

– Sim – disse Dan em meio sorriso.

O tempo jazia escuro e pequenas goteiras anunciavam uma breve chuva. Dan alimentava-se quando Orlit falou:

– Sei que não devo falar certos assuntos, mas vendo a pequena Asha recordo-me do dia em que você falava que nosso filho viria até nós por outros caminhos.

E Dan, olhando-a, completou:

– Sim e veio, basta olhar para Asha, ela veio para os meus braços e foi entregue aos seus, embora, – prosseguiu ele meio triste – eu não seja mais seu esposo, D'us cumpriu a promessa.

– Dan, – disse Orlit com a voz embargada de emoção – você sempre será meu esposo, pois o que trago em meu coração é amor, eu estou casada com outro homem, mas é a você que quero.

Dan ergueu-se e rumou ao encontro de Orlit, o desejo que ele tinha em seu peito era maior que ele, não se conteve e abraçando-a, disse:

– Perdão, Orlit, perdão por fazê-la sofrer, perdão por ter sido orgulhoso e medíocre, desacreditando do seu afeto. Hoje sei que se está distante foi por meu orgulho, por temer ser rejeitado.

– Dan, eu nunca o deixaria, pois te amo.

Uma brisa fria adentrava no ambiente; o toque sutil daqueles corações; Dan beijou-a com afeto, Orlit correspondeu-lhe com amor.

– Nós não podemos – disse ela tímida.

– Eu sei, Orlit, mas desejo tê-la como minha esposa e posso comprá-la.

– E causar o sofrimento de outra mulher e de seu rebento? Não, Dan, não posso permitir que cause dor àquela que lhe dará a posteridade. D'us já lhe deu outra esposa, eu estou no passado e é aqui que devo permanecer – disse Orlit com lágrimas nos olhos.

– Você nunca deixou de existir em meu coração, Orlit, nenhuma outra poderá substituir o afeto que lhe tenho, ninguém poderá ofuscar o seu brilho, pois que é sua voz que me faz ser o homem que sou. Sofro, sofro por não a ter, mas respeito sua decisão.

– Dan, se me ama como eu o amo, prometa que, se algo ocorrer comigo, tomará a filha de minha irmã como sua filha.

E Dan, olhando-a, respondeu:

– Ela é minha filha, embora tenha eu a certeza de que Caleb a abrigará, eu farei o que pede.

Beijando-lhe as mãos, Orlit falou:

– Meu coração com você estará e se algum dia D'us o permitir eu serei sua esposa como outrora fui.

Dan, então, falou:

– Devo partir, se precisar de mim, diga-me, que aqui virei imediatamente.

– Sim, Dan.

E Dan, recolhendo sua pequena bagagem, foi embora sem olhar para trás, mas aliviado por saber que Orlit o amava e principalmente, que ela o perdoara. O trajeto fora rápido para Cafarnaum. Dan sentia imenso desejo de narrar a Caleb que ele tinha uma bela filha.

* * *

Após Caleb ter deixado a casa de Ananias como que enlouquecido, rumou desnorteado para outras vilas. A cada momento se distanciava mais e mais da Galileia. Estava aflito, seu espírito sentia-se vazio como se sua própria alma tivesse sido roubada. Não se alimentava, Marta tornara-se uma obsessão que lhe corroía a alma.

O desejo de revê-la, de ouvir sua voz, de sentir seu toque, roubara-lhe a lucidez, a dor de não saber sobre o seu filho o deixava sem paz. Depressivo e sem esperanças vagava, o simples fato de pensar que sua amada pudesse ter sucumbido, causava-lhe uma profunda dor que lhe arruinava o pensamento. Neste estado de desequilíbrio, Caleb culpava D'us por tudo o que ocorria, já não desejava crer em mais nada. Acompanhado pelo espírito Elisha, Caleb se entregava às sugestões. A bebida excessiva tirava-o da dura realidade; nestes momentos, deixava-se envolver com algumas mulheres, para logo em seguida repudiá-las, pois Marta vinha-lhe à mente. Elas não eram Marta... caía em pranto convulsivo.

Elisha sentia-se vitorioso.

Nestas horas, o mestre essênio que tanto o auxiliara em vida, tentava aflorar em sua mente os ensinos de João Batista e do próprio Yeshua, o que Caleb repudiava.

A estação de inverno se aproximava, mas Caleb pouco se importava, preferindo o descaso de si mesmo. Ananias orava por Caleb na esperança de que o amigo regressasse à lucidez e a Damasco.

* * *

Dan chegara finalmente a Cafarnaum. Ao rumar para a casa de Zimra, foi cheio de jubilosa esperança a fim de dar a Caleb algum alento, alguma esperança, mas, deteve-se por alguns segundos. Elisha veio-lhe à mente, será que o nobre fariseu havia se recuperado? Já se passaram tantos dias, o melhor seria colher notícias.

O vento soprava gelado, ao entrar na casa, Orlit veio-lhe à mente, sim ela o amava e seria sempre a esposa amada de seu coração.

Minar notou sua presença e foi chamar os demais que estavam na casa. Hanna e Zimra vieram aflitas por notícias acerca de Marta. Dan foi acomodado, pois trazia as feições cansadas.

– Diga-nos, – disse Zimra – onde está Marta?

E Dan, tentando não lhe dar a notícia de chofre, argumentou:

– E Elisha, o nobre fariseu?

– Infelizmente D'us o levou – disse Hanna.

– Entendo, e Pedro, onde se encontra?

– Já faz muitos dias que não o vemos nem temos notícias, – disse Zimra.

Então, Dan aduziu:

– E Caleb?

– Não sabemos, creio que anda a procurar por Marta. Desde aquele dia nefasto ele não retornou – disse Zimra. – E Marta, tem notícia? – falou ansiosa e temerosa pela resposta.

Dan, sorvendo um pouco de vinho, olhou com tristeza para Zimra e disse:

– Marta morreu, D'us levou sua alma, mas teve compaixão de seu amor por Caleb, eles têm uma bela filha que se chama Asha, como ela mesmo disse em seus momentos finais.

– Oh! D'us! – lamentou Hanna.

– Onde ela morreu, Dan? – inquiriu Zimra.

– O local não importa – disse ele, tentando desviar o assunto.

– Importa sim, Dan, quero entender o que fez Marta agir desta forma.

E Dan, olhando-a, meditou por alguns segundos e disse:

– Ela já estava doente quando lá cheguei, fora como um anjo bom para aquelas criaturas, tanto que eles a amparavam com orações – disse Dan com lágrimas nos olhos.

– Mas onde ela estava e com que pessoas? – perguntou Zimra.

– Marta estava no vale dos leprosos, o pior lugar que se pode estar, quando cheguei até ela seus olhos brilhavam, entendi que nestes últimos dias sua fé a transformou.

– Como assim? – inquiriu Hanna.

– Ela perguntou: "foi o Mestre que lhe enviou?" Ela acreditava no Mestre, ela vivenciou esta fé naquele lugar.

E como o silêncio tomava o ambiente, Dan completou:

– Quem de nós renunciaria ao próprio bem em favor dos outros? Melhor não julgarmos. Marta está com D'us e somente Ele pode pesar seu coração.

– Oremos por ela, para que o seu perfume de amor permaneça em nossos corações – disse Minar chorando.

Naquele dia, a casa de Pedro se vestiu de luto, mais que isto, revestiram aqueles corações com a fé. Yeshua, o Messias, semeara em cada um o maior tesouro que um homem poderia ter, o pão da fé.

* * *

Em Jerusalém era inverno e a festa da dedicação ou festival de Chanucá[13] ocorria. Yeshua encontrava-se na cidade, caminhava com os discípulos no templo, no alpendre de Salomão, quando os judeus o cercaram e disseram-lhe:

– Até quando ocultará de nós se o senhor é o Cristo? Diga-nos a verdade logo.

E Yeshua, olhando-os com mansuetude, disse:

– Já lhes tenho dito e não creem. As obras que eu faço em nome de meu Pai, essas testificam de mim, mas vocês não creem por que não são minhas ovelhas, como lhes tenho dito. As minhas ovelhas ouvem a minha voz e eu conheço-as e elas seguem-me. Eu dou-lhes a vida eterna e jamais hão de perecer, e ninguém as arrebatará de minha mão. Meu Pai que me as deu é maior do que todos, e ninguém pode arrebatá-las das mãos de meu Pai, eu e o Pai somos um.

Revoltados com as respostas de Yeshua, começaram os judeus a se alterarem:

– Blasfemador, você não é da casa do Senhor, diz pela boca de satanás.

E pegaram outra vez em pedras para o apedrejar. Yeshua, no entanto, disse-lhes com firmeza e brandura:

– Tenho lhes mostrado muitas obras boas de meu Pai, por qual destas obras querem me apedrejar?

Os judeus entreolharam-se e um deles respondeu:

– Não lhe apedrejaremos pelas obras boas, mas pela sua blasfêmia, pois sendo você homem, se faz D'us a si mesmo.

13 A palavra hebraica Chanucá ou Hanucá significa consagração ou dedicação. O festival de Chanucá também é conhecido no meio judaico como Festa das Luzes. Em João 10:22, vemos Yeshua (Jesus) passeando no templo na comemoração dessa Festa da Dedicação; é a única passagem que se refere a essa festa. Não encontramos essa celebração no Antigo Testamento porque o fato que deu origem a esta festa ocorreu no ano 162 a.C.

Yeshua, então, falou:

– Não está escrito na sua lei: Eu disse: são deuses? Pois, se a lei chamou deuses àqueles a quem a palavra de D'us foi dirigida, e a escritura não pode ser anulada, aquele a quem o Pai santificou e enviou ao mundo, vocês dizem: blasfema, porque disse: sou filho de Deus? Se não faço as obras de meu Pai não me acreditem, mas se as faço, e não creem em mim, creiam nas obras; para que conheçam e acreditem que o Pai está em mim e eu n'Ele.

Procuravam, pois, prendê-lo outra vez, mas ele escapou de suas mãos e retirou-se para além do Jordão, para o lugar onde João tinha primeiramente batizado. Muitos foram até ele e diziam: na verdade João não fez sinal algum, mas tudo quanto João disse deste era verdade, e muitos acreditaram nele.

* * *

Em Jerusalém, os comentários acerca de Yeshua eram muitos, no entanto, Mia desprezava qualquer notícia que lhe chegava. Na solidão da casa, encontramos Mia sentada a um canto da sala onde Elisha guardava seus manuscritos; há meses não tinha notícias de Elisha, Caleb ou Marta. Sentia-se isolada de todos, seus dias eram enfadonhos, não havia amigos ou parentes, nem mesmo os servos lhe faziam companhia naquela casa que tanto cobiçara. Sentia apenas seu ventre crescer, era ela e aquela criança indesejável que Elisha plantara em seu ventre. Odiava a forma do seu corpo, antes bela e esguia, agora sentia-se gorda e feia.

Às vezes recebia a visita do idoso que lhe garantia a tutela dos bens de Caleb e Elisha, mas a solidão a feria. Não desejava viver uma vida só, gostava de festas e da lisonja, dos comentários, mas, presa naquela rotina temia o seu futuro, que a cada dia poderia ser incerto. Nestas horas recordava-se de sua vida, no quanto um dia fora feliz na singela casa de Elisha, quando servia Marta e ele. Recordou-se do amor daqueles dias, das loucuras que fizera para sentir o seu olhar, como o havia amado, mas o seu desprezo a fizera sofrer, tudo por culpa de Caleb e Marta, se eles tivessem fugido antes do casamento dela com o filho de Reina, tudo seria diferente, Elisha teria olhos para ela. Estava a lamentar, quando um servo veio avisá-la da visita de Reina. Infelizmente parecia ser a única criatura a preocupar-se com ela.

Reina preocupara-se com o destino de Mia, sabia que ela não teria amparo por muito tempo. Quando chegou à sala onde ela se encontrava notou sua melancolia, a barriga deixava claro que em breve ela daria à luz.

– Que a paz do Senhor esteja com você!

– Que D'us lhe abençoe – disse Mia, com desprezo em suas palavras. – O que deseja? Tripudiar sobre a minha solidão? – falou rancorosa.

– Não diga tolices, – disse Reina – venho por notar sua solidão e por que tem um filho em seu ventre.

– Bem, eu estou ótima, agora pode me deixar.

– Não seja orgulhosa, Mia, não tem senão a mim para lhe estender amparo.

– O que deseja, que caia de joelhos?

– Não, apenas que seja mais grata.

– Grata! Eu sou grata ao fariseu que me dá a tutela desta casa.

– Por quanto tempo? – inquiriu Reina. – Sabe que quando esta criança nascer terá que fazer escolhas.

– Eu farei – disse ela impaciente.

– Está bem, pensei que desejava notícias de Caleb.

E Mia, então, falou astuta:

– Lógico que desejo, como ele está e onde?

– Bem, pelo que sei, foi embora sem deixar notícias.

– Mas como? E Marta o acompanhou? Diga-me – falou segurando o braço de Reina.

– Não sei, agora pare de se agitar ou deseja que seu filho nasça agora?

– Não – respondeu Mia secamente.

Sentou-se e deixou que Reina narrasse mais uma das histórias acerca do estranho Rabi, que todos diziam ser o Salvador de Israel.

Na verdade, Reina comparecia à casa de Mia com o intuito de fazê-la aceitar Yeshua e passar a notícia das boas obras, mas Mia não assimilava nada, estava perdida em meio a tantas mudanças. Sabia que talvez o pior pudesse acontecer, mas calou-se.

* * *

Após alguns dias, chegava a notícia acerca do novo feito de Yeshua e alguns fariseus que a tudo presenciavam foram falar com os doutores, depois com os principais dos sacerdotes. E os fariseus formavam um conselho e diziam:

– Que faremos? Este homem faz muitos sinais, se o deixarmos assim, todos crerão nele e virão os romanos e tirarão o nosso lugar e a nação.

E todos começaram a temer.

E Caifás, envolto em espessas sombras que lhe insuflavam pensamentos, pois que era o sumo sacerdote naquele ano, falou:

– Vocês nada sabem, nem consideram que nos convém que um homem morra pelo povo e não pereça toda nação.

Desde aquele instante os judeus começavam a tramar para que Yeshua morresse pelo povo. No entanto, Yeshua não andava em Jerusalém nem manifestava sua presença, havia se retirado dali para uma cidade chamada Efraim e ali caminhava com seus discípulos.

* * *

Após Dan narrar todos os fatos acerca de Marta e sua filha, Zimra sentiu-se mais aliviada, pois acreditava no Mestre, no entanto, ela não suspeitava que Caleb havia abandonado tudo.

Orlit, no entanto, após a partida de Dan não se lastimava acerca do destino, com a pequena crescendo em seu colo sentia-se feliz em poder cuidar do bebê. Foi quando seu esposo regressou e ao vê-la com a criança ao colo, disse-lhe.

– Mulher, tomou chá de mandrágora?

E Orlit, sorrindo, revelou:

– Esta é a filha de minha irmã e está sob minha tutela, pois ela veio a sucumbir.

– Quer dizer que terei, a partir de hoje, uma filha?

– É o que desejo, – falou Orlit – porém não sei se isto ocorrerá, pois devo entregá-la ao pai, como última vontade da mãe.

– Então esta criança tem um pai? – disse Belchior curioso, e recordando-se de Elisha aduziu – eu mesmo a levarei a Elisha.

– Não! – disse Orlit.

– Como não? Até o momento você não me explicou por que sua irmã foi rechaçada pelo esposo, o que há, mulher? – inquiriu Belchior.

Orlit apenas silenciou, temendo perder a pequena Asha.

Então Belchior aproximou-se a fim de ver melhor a pequena. Era uma bela menina, de cabelos negros e pele rosada, seus traços delicados encantaram Belchior. Olhou para Orlit, ela estava feliz e então, falou:

– Não lhe prometo ficar com este rebento, pois se o pai vier reclamá-la, entregaremos esta criança.

Orlit, tentando ocultar os fatos e corrigir o que disse há pouco, falou:

– Pensando bem, o pai não reclamará, está morto, Elisha teve um acidente e foi ferido gravemente, por isto ela aqui está.

Belchior, então, disse, sem nada suspeitar:

– Que seja conforme a vontade de Deus, que esta casa seja abençoada sempre, pois que pedi um filho e o Senhor nos atendeu.

– Sim, o Senhor ouviu minhas súplicas e teve compaixão de minha vergonha de esposa.

– Que seja sua filha de agora em diante – disse Belchior satisfeito.

Orlit, ao olhar a pequena, sentiu o coração apertar, pois que trairia a promessa que fizera a Dan.

13. O despertar

As noites eram de tormentos para Caleb, a solidão o castigava, procurava por Marta em todos os lugarejos que passava, cada dia sua angústia aumentava.

"Não! Marta não poderia estar longe", pensava ele, e todo o amor que sentiam um pelo outro, o vento não dissipou de seu coração. Nestas horas, recordava de seu jeito de falar, do seu olhar, ela não o abandonou, apenas fora vítima daquele Rabi, ele a fizera distanciar. Caleb sentia raiva do Mestre e culpava-o pela desdita de sua vida. Não se alimentava.

No percurso para os vilarejos encontrava caravanas que vinham em busca do Mestre, Caleb fazia questão de dizer que o Mestre era um homem de má-fé, que desvirtuara sua amada. Às vezes os viajores se afastavam, outras vezes tinham-no como lunático, tal o estado em que se apresentava, olhos profundos, face magra. Uma dor que não passava o consumia dia a dia. Nestes momentos, o vinho era seu consolo, um consolo perigoso que Elisha o induzia a ingerir a fim de facilitar seu desalinho mental. Sim, Elisha estava cada dia mais atrelado a Caleb, em sua visão desejava vê-lo mendigar, sofrer até a morte.

* * *

Ora, em Jerusalém estava próxima a festa da Páscoa, pois muitos dias haviam se passado. Sabendo Yeshua que sua hora era chegada, acabada a ceia, levantou-se, retirou as vestes e ergueu-se, depois pôs água numa bacia e começou a lavar os pés dos discípulos e enxugando com a toalha que estava cingido, aproximou-se de Pedro, que lhe inquiriu:

– Senhor, o senhor lava-me os pés a mim?

E o Mestre disse-lhe:

– O que eu faço você não sabe, mas saberá depois.

Então, Pedro aduziu:

– Nunca me lavará os pés.

E Yeshua falou:

– Se eu não lavar, não tem parte comigo.

E Pedro, temeroso, falou:

– Senhor, não só os meus pés, mas também as mãos e a cabeça.

E o Mestre aduziu:

– Aquele que está lavado não necessita senão de lavar os pés, pois todo o resto está limpo, ora, você está limpo, mas não todos.

Pois o Mestre sabia que Judas estava atormentado.

Depois que lavou e tomou as suas vestes e se assentou à mesa, disse:

– Entendem o que lhes fiz? Vocês me chamaram de Mestre e Senhor, e dizem bem, porque eu o sou. Ora, se eu, Senhor e Mestre, lhes lavei os pés, vocês devem também lavar os pés uns dos outros, porque eu lhes dei o exemplo, para que como eu fiz façam vocês também. Na verdade, na verdade lhes digo que não é o servo maior do que o seu senhor, nem o enviado maior do que aquele que o enviou. Se sabem estas coisas, bem-aventurados serão se as fizerem. Não falo de todos vocês, eu bem sei o que tenho escolhido, mas para que cumpra a escritura, o que come o pão comigo levantou contra mim o seu calcanhar, desde agora lhes digo, antes que aconteça, para que quando acontecer, acreditem que sou eu. Na verdade, na verdade lhes digo, se alguém receber o que eu enviar, recebe a mim, e quem recebe a mim, recebe Aquele que me enviou.

* * *

NAQUELA NOITE, QUANDO as primeiras estrelas surgiam, Mia sentiu-se mal, o filho dera sinal que desejava nascer. Solitária, chamou um servo a fim de que fosse buscar Reina, pois era a única que junto a ela permanecia. Mia odiava aquela situação, sentia-se em desvantagem, sua beleza fora roubada por aquele filho que ela trazia em seu ventre. As dores começaram a incomodá-la, não demorou muito para que Reina chegasse. Ao adentrar a casa, que fora de Elisha, notou que Mia contorcia-se de dor, dando murros nas paredes a blasfemar.

– Eu não suportarei esta dor, tire-o de minhas entranhas.

– Acalme-se, Mia, – disse Reina preocupada com a criança – venha, vamos para seu leito.

E, tomando-a com cautela, levou-a ao aposento, deitou-a no leito e pediu à serva que lhe trouxesse água e bandagens, a vela e o pergaminho. Sabia que o Mestre se encontrava na casa de Ananias e pôs-se a orar pensando em Yeshua.

Mia contorcia-se, Reina pediu para que ela fizesse força a cada dor, ela, porém, negava-se. Pensava em Elisha e em toda dor que ele a fizera sentir. De tanto pensar nele, o seu espírito fora atraído para o lar antigo. Elisha adentrou a casa, ouvia os gritos e sem nada compreender, confuso, visualizara o quadro de forma disforme, logo uma intensa luz se fazia presente. Ele não conseguiu chegar até Mia em meio à neblina espessa de seus pensamentos. Uma voz branda o chamou:

– Elisha, está na hora de regressar, nada tem aqui.

Ele, sensibilizando as fibras de seu coração, tocado pela doçura daquela voz, disse:

– Não posso deixar minha honra sem ser restaurada.

– Elisha, deixe a D'us o papel de restaurar sua honra, venha conosco.

E o doutor rancoroso, disse:

– Se você tem parte com D'us jamais irei, pois, este D'us abandonou-me.

Em um lampejo de ódio profundo foi como que sugado até onde Caleb estava, pois existiam filamentos que os uniam.

* * *

NAQUELA NOITE, MUITOS irmãos trevosos se movimentavam pelas esferas de Jerusalém. Em casa de Ananias, o Mestre prosseguia com os discípulos:

– Na verdade, na verdade lhes digo que um de vocês haverá de me trair.

E os discípulos olhavam um para os outros sem saber de quem falava. Então Pedro fez sinal a um para que perguntasse quem era aquele de quem ele falava. E, inclinando-se ele próximo a Yeshua, falou:

– Diga-nos, Mestre, quem é?

Yeshua falou:

– É a quem eu der o bocado molhado.

E molhando o bocado deu a Judas Iscariotes. E falou Yeshua a ele:

– O que tem de fazer, faça-o depressa.

Os discípulos não compreendiam com que propósito ele dissera aquilo, pois Judas ficava com a bolsa e alguns pensavam que era para que comprasse algo para a festa. E Judas, tomando o bocado, retirou-se e a noite já caía. E logo após Judas sair, Yeshua falou:

– Agora é glorificado o filho do homem e D'us é glorificado nele. Se D'us é glorificado nele, também D'us o glorificará em si mesmo, e logo o há de glorificar. Filhinhos, ainda por um pouco estarei com vocês. Vocês me buscarão, mas, como tenho dito aos judeus, para onde eu vou não podem vocês ir, eu lhes digo também agora. Um novo mandamento lhes dou, que vocês amem uns aos outros, como eu os amei, que também vocês uns aos outros se amem. Nisto todos conhecerão que são meus discípulos, se se amarem uns aos outros.

E Pedro, então, perguntou:

– Senhor, para onde vai?

E o Mestre falou:

– Para onde eu vou não pode agora me seguir, mas depois me seguirá.

E Pedro, inquietando-se, perguntou:

– Por que não posso lhe seguir agora? Pelo senhor darei minha vida.

Yeshua, olhando-o, disse:

– Você dará sua vida por mim? Na verdade, na verdade lhe digo que não cantará o galo enquanto não me tiver negado três vezes.

E Pedro silenciou.

– Não se turbe o seu coração, crê em D'us, crê também em mim. Na casa de meu Pai há muitas moradas, se não fosse assim eu lhe teria dito, pois vou preparar-

-lhe o lugar. E quando eu for e preparar o lugar virei outra vez e o levarei para mim mesmo, para que onde eu estiver, esteja você também. Mesmo você, sabe para onde vou, e conhece o caminho.

Então, Tomé falou:

– Senhor, nós não sabemos para onde vai, como podemos saber o caminho?

Yeshua respondeu-lhe:

– Eu sou o caminho, a verdade e a vida, ninguém vem ao Pai senão por mim, se conhecessem a mim, também conheceriam meu Pai, e já desde agora O conhecem e O têm visto.

Disse-lhe Felipe:

– Senhor, mostra-nos o Pai que nos basta.

Disse-lhes o Mestre:

– Estou há tanto tempo com você e não me tem conhecido, Felipe? Quem me vê a mim vê o Pai, e como diz você: "mostra-nos o Pai?" Não crê você que eu estou no Pai e que o Pai está em mim? As palavras que eu lhes digo, não as digo de mim mesmo, mas o Pai que está em mim é quem faz as obras. Crê que eu estou no Pai e o Pai está em mim, crê ao menos por causa das minhas obras. Na verdade, lhes digo que aquele que crê em mim, também fará as obras que eu faço, e as fará maiores do que estas, porque eu vou para meu Pai. E tudo quanto pedir em meu nome, eu o farei para que o Pai seja glorificado no filho. Se pedir alguma coisa em meu nome, eu o farei. Se me amarem guardarão os meus mandamentos e eu rogarei ao Pai e ele lhes dará outro consolador, para que fique com vocês para sempre. O Espírito de Verdade que o mundo não pode receber porque não o vê, nem o conhece, mas vocês o conhecem, porque habita com vocês e está em vocês. Não lhes deixarei órfãos, voltarei para vocês. Ainda um pouco e o mundo não me verá mais, mas vocês me verão, porque eu vivo, e vocês viverão. Naqueles dias conhecerão que estou em meu Pai e vocês em mim e eu em vocês. Aquele que tem os meus mandamentos e os guarda, este é o que me ama e aquele que me ama será amado de meu Pai, e eu o amarei e me manifestarei a ele.

Disse-lhe Judas (não o Iscariotes):

– Senhor, de onde vem que se há de manifestar a nós e não ao mundo?

Yeshua, olhando-o com serenidade, respondeu-lhe:

– Se alguém me ama guardará a minha palavra e meu Pai o amará e viveremos para Ele e faremos n'Ele morada. Quem não me ama, não guarda as minhas palavras, a palavra que ouviu não é minha, mas do Pai que me enviou. Tenho-lhes dito isto, estando convosco, mas o Consolador que o Pai lhes enviará em meu nome lhes ensinará todas as coisas, e lhes fará lembrar de tudo quanto lhes tenho falado. Deixo-lhes a minha paz, a minha paz lhes dou, não a dou como o mundo a dá. Não se turbe o seu coração, nem se atemorize. Ouviu o que lhes disse: vou e venho para vocês, se me amassem certamente exultariam porque eu disse: vou para o Pai porque meu Pai é maior do que eu. Eu lhes disse agora, antes que aconteça, para que quando acontecer, vocês acreditem. Já não falarei muito com vocês, porque se aproxima o príncipe deste mundo, e nada tem em mim, mas é para que o mundo saiba que eu amo o Pai e que faço como o Pai mandou. Levantem, vamo-nos daqui.

A atmosfera estava pesada, irmãos se erguiam das profundezas da crosta terrena a fim de que as forças das trevas se manifestassem na gleba. O sinistro submundo emergia a fim de cumprir com seu papel. Espíritos rudes e animalescos eram convocados por falanges das trevas, mentes enegrecidas que habitavam no lado obscuro do orbe surgiam. As trevas se encarregariam de manifestar o espetáculo que traria luz ao mundo outra vez.

* * *

Em casa de Elisha, Mia sofria há mais de quatro horas tentando dar à luz. Reina preparou uma raiz para que a auxiliasse no nascimento, assim que ela fez mais esforço, um lindo e robusto menino nasceu, fruto de sua relação amorosa com Elisha.

Reina aninhou-o em seu colo. Depois de limpá-lo, levou-o até à mãe, mas Mia sentiu repulsa pelo filho, não desejava tê-lo ao colo, negando-se a amamentá-lo, o que causou grande tristeza em Reina, que se encarregou dos cuidados do bebê. Enquanto Mia, histérica, gritava para retirá-lo de sua presença, o pequeno encontrou, na solicitude de Reina, o amparo materno. Foi assim que Efrat, renascendo como Eziel, foi acolhido pela sua mãe sem que ela suspeitasse da bondade Divina. Mia estava extremamente desequilibrada e o melhor foi deixá-la em repouso até que recobrasse sua sanidade.

* * *

Yeshua pôs-se a caminhar com seus apóstolos para além do Ribeirão de Cedron, onde havia um horto no qual ele ficou com seus discípulos, porém, Judas também conhecia aquele lugar. Então, Judas se dirigiu para lá com os soldados que o haviam de prender. Yeshua, tendo consciência de todos os fatos que ocorreriam, quando viu os homens chegando, adiantou-se a eles e falou-lhes:

– A quem buscam?

– A Yeshua, o nazareno – responderam-lhes.

Então, o Mestre redarguiu:

– Sou eu.

E Judas estava com eles, porém, os homens recuaram e caíram por terra. Então, o Mestre, sabendo a que fim eles vieram, tornou a perguntar-lhes:

– A quem buscam?

– A Yeshua, o nazareno.

– Já lhes disse que sou eu, levem-me e deixem ir estes – disse o Mestre se referindo aos apóstolos.

Então, Pedro, que tinha espada, feriu o servo do sumo sacerdote, cortando sua orelha. E Yeshua interviu e disse a Pedro:

– Embainha sua espada, não beberei eu o cálice que meu Pai me deu?

Então os servos e os soldados dos judeus o prenderam e o conduziram primeiramente a Anás, por ser sogro de Caifás, que era o sumo sacerdote daquele ano. Pedro e os outros discípulos seguiram Yeshua.

Aquela noite, muitos irmãos encontravam-se preparados para a grande transição, pois sabiam que era chegada a hora. Espíritos de dulcíssima vibração teciam elos vibratórios a fim de que a palavra de Isaías se cumprisse. Naquela manhã, contudo, as turbas de irmãos trevosos tinham envolvido os homens de comando, aos quais Yeshua seria levado para julgamento. A atmosfera estava nebulosa, grande angústia penetrava os discípulos. A notícia corria pela cidade: o Mestre fora preso.

* * *

Itti, apavorada, se pôs a caminho a fim de relatar a Reina o ocorrido. Chegando, observou os gritos histéricos que vinham do aposento de Mia. Reina com a criança ao colo tentava acalmar o pequeno que choramingava. Então, a matrona ao vê-la, disse:

– Eu não sei o que fazer, está enfurecida, disse que este filho não é dela.

E dando o pequeno a Itti, revelou:

– Desde o primeiro minuto o rejeitou.

– Oh! D'us – disse Itti.

– Será melhor que o leve daqui. Ela está enlouquecida, não diz nada que faça sentido – disse Reina.

– Deve ter sido um parto difícil – aduziu Itti.

– Oh! O que faremos? – Reina estava inquieta.

– Senhora, trago uma notícia que não é boa.

– Diga, Itti – disse Reina.

– O Mestre foi preso.

– Como? – inquiriu a idosa com tristeza no olhar.

– Não sei, senhora.

– Oh! D'us, – disse Reina – leve este pequeno para casa, temo pela vida dele, pois a mãe está desequilibrada.

E Itti, acolhendo Eziel, levou-o.

Mia quebrava joias, cuspia e blasfemava.

– Foi tudo culpa de Elisha, sua culpa, por isto me perdi.

Reina, adentrando o aposento, falou:

– Mia, filha, aquiete-se, precisa se acalmar – e orava.

E com a oração, Mia parecia se calar. Reina havia levado um chá para que ela se tranquilizasse. Ela, com os olhos arregalados a sorver, aos poucos disse:

– Aquele ser não é meu, entende, é um monstro.

– Não diga isto, Mia, é seu filho.

– Não, ele é um monstro que veio me aniquilar, olhe como estou, veja e batia em sua barriga, eu deixei de ser bela – e explodia em prantos.

– Acalme-se – dizia Reina sem compreender o que de fato a fizera chegar àquele estágio.

O que Mia não percebia eram os irmãos que a mantinham sob seu domínio, imprimindo-lhe a sua atitude para com o filho, pois muitos sabiam tratar-se de um reajuste, o que a faria se libertar. Mia ficou imóvel, seu pensamento foi até Caleb e ela, então, disse à matrona:

– Leve o filho até o pai, Caleb deve ficar com ele – dizia ela, imaginando que aquela seria a forma de vingar-se de Caleb e Elisha.

* * *

Levaram, pois, Jesus, de Caifás para o tribunal. E era pela manhã; e não entraram no tribunal, para que não se contaminassem, pois desejavam comer a Páscoa. Saiu, pois, Pilatos para falar com eles, e perguntou-lhes:

– Que acusação trazem contra este homem?

Então, eles falaram:

– Se ele não fosse malfeitor, não lhe entregaríamos.

E Pilatos falou:

– Levem-no e o julguem conforme sua lei.

Eles, então, falaram:

– A nós não é lícito matar pessoa alguma.

Tornou, pois, Pilatos a entrar na audiência e chamou Yeshua e falou-lhe:

– Você é o rei dos judeus?

E o Mestre respondeu:

– Você diz isto de si mesmo ou disseram outros de mim?

E Pilatos respondeu:

– Porventura sou eu judeu? A sua nação e os principais sacerdotes entregaram-no a mim, que fez?

Respondeu-lhe o Mestre:

– O meu reino não é deste mundo, se o meu reino fosse deste mundo, lutariam os meus servos para que eu não fosse entregue aos judeus, mas agora o meu Reino não é daqui.

Pilatos, andando de um lado a outro, disse:

– Então você é rei?

Yeshua disse:

– Você diz que eu sou rei, eu para isso nasci e para isso vim ao mundo, a fim de dar testemunho da verdade, todo aquele que é da verdade ouve a minha voz.

E, então, Pilatos falou:

– O que é a verdade?

E dizendo isto retornou aos judeus e disse-lhes:

– Não acho nele crime algum, mas vocês têm por costume que eu solte alguém pela Páscoa. Querem, pois, que eu solte o rei dos judeus?

Então, todos envoltos na massa enegrecida das trevas, gritaram:

– Este não, mas Barrabás.

E Barrabás era um salteador.

* * *

O POVO SE agitava e Mia sentindo as emanações nefastas se agitava ainda mais. Erguendo-se do leito como que alucinada, via-se como rainha, coberta de joias e púrpuras. Com seus cabelos despenteados e a face pálida saiu do aposento. Reina, ao vê-la em estado tão enfermiço, condoeu-se e tentou confortá-la, mas Mia, agitando-se, empurrou-a e ganhando o pátio da casa saiu como enlouquecida pelas vielas de Jerusalém.

* * *

A LUZ DO sol banhava os lírios que se abriam naquela manhã. Ester fora ao encontro de Áulus a fim de saber notícias de Marta. Ao adentrar em sala iluminada, notou que o irmão se encontrava com suave expressão de alívio em seu semblante. Ao vê-lo, esboçou franco sorriso:

– Consegui a transferência de Marta para uma modesta morada a qual eu mesmo providenciei.

– Irmão querido, que D'us o cubra de bênçãos pelo alívio que traz ao meu coração de mãe.

– Mas o meu está compartilhando com o seu esse benefício, irmã Ester, afinal, Marta me é espírito querido, ao qual me sinto ligado por dádivas do Pai.

– Não duvido, irmão, de que seu nobre coração é afetivo e sincero. E quanto aos laços que a mantém ligada a Caleb?

– Estes foram devidamente desenovelados a fim de não lhe trazer as aflições do amigo. Ela não estará mais suscetível às impressões energéticas do irmão.

– Quando poderei estar com ela? – inquiriu Ester.

E Áulus, olhando-a com afeto, respondeu:

– Agora, pois, como já lhe disse, os colaboradores do campo de refazimento a levaram para minha morada e já chegou o momento de seu despertamento.

Ester, então, inquiriu:

– E quando você poderá estar com ela?

Áulus, então, replicou:

– Isto eu farei quando me for permitido, não tenho intenção de lhe desequilibrar com antigas recordações, as quais devem permanecer ocultas nesse momento.

– Mas ela com certeza desejará notícias de Caleb – disse Ester.

– Sim, irmã, o que é muito natural, dado o amor que os une, devemos dizer-lhe a verdade, que o nosso amigo está sob dolorosa provação, devido aos laços do pretérito.

– Toda esta situação me preocupa. E o nosso irmão Elisha, quando poderá despertar desta triste realidade? – inquiriu a matrona.

– Creio que o nosso irmão esqueceu que a justiça será sempre feita mediante as leis de D'us. Infelizmente ainda não despertou para as verdades do mundo espiritual e temo que venha a se comprometer mais, devido às constantes inclinações a determinados grupos do submundo astral. Devemos orar por ele, e também para que Caleb reaja e se reequilibre buscando a luz do nosso Governador Espiritual.

Neste momento, a sala se encheu de suave luz, era o irmão Clério que trazia notícias da crosta terrena.

Ester, então, se despedindo, retirou-se a fim de estar com Marta. Caminhou por alguns minutos, a natureza bordara aquela parte do vilarejo espiritual, as casas eram dispostas de forma que as árvores frondosas as emolduravam, trazendo-lhe a brisa e o doce perfume das flores. Logo deparou-se de frente à varanda que pertencia a Áulus. A casa era singela e as copas das árvores que a circundavam fortalecia a sua sustentação, o caminho era de pedras polidas e continha flores que enfeitavam o gracioso jardim.

Ao adentrar a moradia, deparou-se com Débora e Job que a aguardavam em saleta reservada. As janelas permitiam uma ampla visão do jardim.

Job, esperto, logo falou:

– Minha mãe ainda não acordou.

– Eu sei, querido, logo ela despertará.

Débora parecia emocionada, afinal, ela seria uma das primeiras a ver Marta. Ester adentrou o aposento, uma senhora de aspecto alegre estava junto a Marta, era a irmã de Áulus e impunha-lhe um magnetismo restaurador.

Logo Marta despertou. Ao abrir os olhos sentiu que parecia estar em outro mundo, sentia-se fraca e confusa, olhando as senhoras, não sabia se sonhava ou se estava desperta. Então, erguendo-se, auxiliada por Ester, recostou-se à cabeceira da singela cama e inquiriu:

– Onde estou? Eu morri?

Ester com calma respondeu:

– Você está em uma das moradas que Yeshua sempre falara.

– Então estou no reino dele? – disse Marta assustada.

– Sim, Marta, você está – disse Ester.

– E minha filha? E Caleb?

– Marta, eles estão bem, acredite-me.

– Sinto-me confusa – disse ela.

– Nós sabemos, é assim mesmo.

– Estou sonhando?

– Não – disse sua mãe.

– Como saber? D'us!

Naquele momento, Débora penetrou no aposento, Marta então entendeu o que se passava, logo Job veio, aproximou-se e a fitou com seu olhar infantil. Marta o reconheceu.

– Mãe! – disse o pequeno, e logo a abraçou com afeto.

Marta emocionada sentia os braços do filho, olhou-o tocando em sua face, beijando seus cabelos.

– D'us! Como o Senhor é misericordioso.

E por alguns minutos se manteve em estado de profunda gratidão, até que falou:

– Há quanto tempo estou aqui?

Débora, então, revelou-lhe:

– Marta, faz seis anos que está conosco.

– Por que não me recordo de nada?

– Talvez porque dormiu.

– Mas tantos anos dormindo?! Para quê?[14]

– Às vezes, querida, é necessário que assim fiquemos para nosso próprio bem.

– E quando terei asas? – perguntou ela com tom inocente.

– Você já as tem – disse Débora rindo.

– Então posso voar até meu amado Caleb?

– Ainda não, Marta, precisa saber de alguns fatos e não poderá se ausentar agora para ir lá.

– Por que não?

– A nossa morada está um pouco longe, é perigoso que vá sozinha até lá, aguardemos o irmão Áulus.

– Quem é ele?

– Ele é o responsável por esta vila, esta morada pertence a ele.

– E como poderei ficar aqui?

– Aqui todos somos irmãos, Marta, – disse Débora – não se preocupe, eu com você estarei, assim como a irmã Ester e a irmã Ismália, precisa se recuperar.

E Marta, acatando o que lhe dizia, calou-se.

Após este encontro, passado uma semana, encontraremos Marta a caminho de

14 Marta precisou ficar adormecida devido aos fortes laços que a ligavam à gleba, D'us, em Sua misericórdia, concedeu-lhe o benefício do repouso nas câmaras da colônia. (Nota do autor espiritual)

suntuosa construção onde o irmão Áulus a aguardava para diálogo fraterno.

Ao adentrar no amplo e arejado salão, algumas colunas se destacavam e ao centro, graciosa fonte fora erguida rodeada de flores, a um canto, pequenos grupos se formavam, logo Marta foi solicitada a adentrar no salão, onde o irmão Áulus a esperava.

Marta, ao entrar no ambiente, teve a leve impressão de ali já haver estado, mas manteve-se em silêncio. A paisagem que se descortinava pela janela era do pátio amplo e do lago onde muitos se acercavam das belezas naturais. Áulus se virou, seu olhar fraterno parecera extremamente familiar:

– A senhora pode assentar-se.

E Marta, sorrindo-lhe com gratidão, o fez:

– Senhor, quero agradecer-lhe a hospedagem em sua casa, não tenho como lhe pagar tal benefício.

– Irmã, não se preocupe, tenho acompanhado seu caso, e me parece que a irmã tem insistido em retornar à gleba para ter notícias dos que ama.

– Sim – disse ela com tristeza.

– No entanto, a irmã deve confiar na bondade de D'us e no momento oportuno terá seu pedido aceito.

– Mas me preocupo com Caleb e minha filha, eles estão salvos?

– Sim, estão salvos, o Pai sempre nos confortará. A irmã não desejaria ocupar o tempo em tarefa de socorro? – inquiriu o irmão.

Ela, olhando-o, disse:

– Como? Eu nada sei.

– Não é bem as informações que tenho. A irmã sempre auxiliou e por muito auxiliar veio a desencarnar.

E Marta, observando as feições suaves e bem traçadas de Áulus, pensou: "o que é desencarnar?". Ao que Áulus lhe respondeu sem que de fato questionasse, como se sua voz pudesse ser ouvida sem que ela falasse algo: "Deixar o corpo físico e entrar no Reino dos Céus". Marta então compreendeu o que se passava com ela.

– Sim, é verdade... – e, após uma pausa, retomou: – Em que posso ser útil?

– Há muitos irmãos enfermos, poderia nos auxiliar junto às caravanas, se assim o desejar.

– Sim, eu quero – respondeu Marta maravilhada pela habilidade de ser ouvida sem falar.

Áulus fitou-a e erguendo-se solicitou a presença de Clério, que não se demorou a comparecer.

– Irmão Clério, esta é Marta.

E Marta, olhando-o, teve a impressão de conhecê-lo, mas silenciou.

– Ela será sua colaboradora. Poderia ensinar-lhe a tarefa? – inquiriu Áulus.

– Sim, é com grande alegria que farei.

– E quando começo? – disse Marta.

– Agora, – replicou Clério – venha, vou lhe mostrar o local de onde as caravanas partem.

E Marta, erguendo-se, acompanhou-o.

Ester, ao saber que a filha fora conduzida às antigas atividades, agradeceu ao Pai com alegria em seu coração.

Segunda parte

1. Quinze anos depois da morte de Marta

O DIA RAIARA e logo um homem começou a gritar em meio a rua.

– Ande, levante-se daqui.

E um homem de aspecto insone, vestido de trapos tentava erguer-se.

– Saia imundo, não pode ficar à porta do meu comércio.

O homem nada falou e juntando os trapos que o cobriam, saiu. Andou um pouco, sentiu-se enjoado, não se alimentava há alguns dias. Exalava um odor forte de vinho, olhou a sua volta, esfregou as mãos na barba, a face maltratada, sulcos se formaram em torno dos olhos que, profundos, demonstravam as noites insones. Então o homem caminhou, foi para o porto de Cesareia, andava desolado. Sentou-se próximo a um beco, sentia-se um ser imundo, impotente, recordou-se da noite anterior, da bebida, das mulheres, uma forte angústia o assolava. Olhou as mãos enrugadas pelo sol, trêmulas, sentia frio, fechou os olhos e pensou em D'us.

A brisa que vinha do porto de Cesareia levou-o a pensar nela mais uma vez, onde estaria? Sentia rancor. "Por que o abandonara? O que havia ocorrido em suas vidas? Onde ele errara?", pensava. Uma angústia tortura sua mente e sua alma. "D'us, ajude-me a erguer-me, não consigo viver, não consigo ser o homem que um dia fui. Marta, por que me negou a sua companhia, por quê, D'us?" Naquele momento, lágrimas banhavam seu semblante, então sentiu um toque no ombro, com seu semblante baixo pensou: "deve ser para que eu saia deste lugar", mas ao erguer a face reconheceu aquele rosto que, com gentileza, disse-lhe:

– Tenha fé, amigo, posso lhe auxiliar?

E Caleb, sorrindo, falou:

– Felipe! Felipe! Sou eu.

E o amigo, sem conseguir crer no que via, o reconheceu, e com grande júbilo o amparou.

– O que faz aqui, Caleb? – inquiriu o apóstolo – por onde andou por todos estes anos?

– Por todos os lugares – disse Caleb com a boca seca.

– Por que está na rua? Onde mora?

– Não tenho lar, não tenho morada, vivo apenas cada dia – retrucou Caleb tristemente.

– Mas agora será diferente, venha, vamos à casa de um amigo, lá tem comida e poderá se banhar e trocar suas vestes.

– Não precisa se preocupar, – disse Caleb – estou bem – e começou a tossir.

– Não, não está, vamos – replicou Felipe.

E com a mão no ombro de Caleb, conduziu-o até singela morada.

* * *

Em Corazim, Dan ensinava seu ofício ao seu filho, um belo rapazola que o auxiliava no mercado. Shayna, aos dois observava enquanto ensinava para sua filha a arte da tapeçaria.

O tempo de fato passara, seu filho se tornara um rapazola de aparência suave e frágil; sua filha, de olhar despreocupado, era alegre e cativante. Embora D'us os tivesse abençoado com dois rebentos, Shayna sentia em seu coração que Dan não era feliz. Ele sempre procurava motivos para se ausentar a fim de visitar Asha, a filha de Orlit, uma encantadora moça pela qual Dan nutria extrema afeição.

Shayna nunca o vira com o semblante tão feliz junto dos filhos como o via quando junto a Asha. Sua doçura, seu jeito espontâneo de falar, lembrava bem a família de Orlit, a pequena era uma réplica de Marta. Shayna temia que os filhos tivessem menor importância no coração de Dan, que a tratava como sua filha, ainda mais agora que Orlit enviuvara.

Dan, notando o semblante distante da esposa, disse:

– Mulher.

E fazendo um gesto com uma das mãos, chamou-a para junto de si. Shayna ergueu-se e foi silenciosa ter com o esposo.

– Sim – disse com brandura.

– Amanhã irei a Cafarnaum ver Asha, temo que esteja a necessitar de algo.

– Mas ela está com Zimra, o que poderia lhe faltar? – falou Shayna um pouco contrariada.

– A presença de um pai – disse Dan.

– Dan, – disse Shayna – Asha tem pais por demais a cuidá-la. Pedro e você já me parece mais que o suficiente, não acha que deve se dedicar mais aos nossos filhos?

– Como sua boca fere-me, mulher, sabe da promessa que fiz a Marta no leito de morte e age como uma mulher tola e vazia – disse Dan com rispidez.

Então Shayna calou-se e Dan, aborrecido, ergueu-se e saiu a meditar.

* * *

Após Felipe ter cuidado de Caleb, este encontrava-se apreensivo devido às angustiosas recordações que a presença do amigo lhe impunha. Sentia-se frágil, abatido e velho. Sim, o tempo lhe cobrava as lembranças do homem que um dia fora, embora se mantivesse sempre na defensiva, seu coração estava ferido pelas duras realidades que se lhe impusera.

Felipe achegou-se do amigo e disse:

– Caleb, o Messias nos ensinou que devemos sempre amar o nosso próximo, e por muito amá-lo, amigo, é que venho com você falar. Sei de suas desventuras e não desejo julgá-lo, mas hoje é o momento de começar uma nova caminhada – falava Felipe com benevolência

Caleb, no entanto, reagiu com indiferença:

– Não fale neste Messias, neste impostor, neste homem que com sua palavra me roubou Marta – disse com rancor.

– Não fale em vão, irmão. Seu coração jaz amargurado, mas este Messias quer lhe dar a chance de uma nova vida, de sua salvação.

Caleb, então, olhando-o com profunda dor, disse:

– Salvação, vida nova, olhe para mim, eu sou o resultado deste homem, ele fez com que Marta me renegasse. Por amor a quem? Perdi minha vida, ela tinha um filho meu no ventre e hoje onde está ela? Onde está meu filho? Minha salvação?

Felipe, orando no silêncio do seu pensamento, disse:

– Sua filha vive e ama o Messias, o mesmo Messias que você renega ela abraça, como Marta o abraçou.

– O que diz? – inquiriu Caleb atordoado.

– Sua filha vive em Cafarnaum na espera do seu retorno faz quinze anos.

Caleb não poderia entender, seus pensamentos se tornaram confusos.

– Irmão, estava tão atormentado com sua própria dor que se esqueceu de orar, que se esqueceu de clamar a D'us para que a luz d'Ele lhe guiasse, mas a mão do Mestre me guiou até você, para que visse com os olhos do coração, e não com a dor do seu orgulho. Sua filha está viva.

– Você mente – disse Caleb com desprezo.

E Felipe, inspirado pela luz dos corações que amam a D'us em secreto, disse:

– O nome dela é Asha.

Caleb, então, caiu de joelhos e um pranto de sua alma irrompeu no singelo cômodo. Caleb chorou tocado nas fibras mais íntimas do seu espírito, chorou um misto de arrependimento e alegria.

Felipe, condoendo-se do amigo, amparou-o e disse.

– Dê graças ao Senhor que é reto e justo, que semeia em nossas dores o trigo da renovação para que nosso coração seja acalentado pelo Seu amor. Sua filha Asha o espera.

Naquela noite Caleb orou como há muito não orava.

E no brilho de cada estrela que surgia, Marta agradecia ao Pai por aquele instante.

2. O despertar de um homem

O DIA ENCHIA a casa de Zimra de luz, a casa estava repleta de sons e vozes que vinham da cozinha. Uma pequena donzela auxiliava a cozinhar, seus olhos negros penetrantes irradiavam alegria, sua voz firme enchia os cantos com suas canções.

Asha embelezava a casa. Minar, a idosa serva, estava curva e já sem forças para o labor, Asha então se punha a fazer o que a serva fazia. Orlit, encantada com a filha, se desdobrava em risos, pois Asha a encantava, era obediente e zelosa, cuidava da mãe com carinho. Mesmo sabendo que Marta fora sua mãe, tinha Orlit como mãe do coração. Adorava quando sua Orlit falava que ela muito se parecia com a mãe, e narrava com bondade, o amor de seus pais e de como Marta a havia entregue a Dan. Sim, Asha trazia em seu coração grande gratidão a eles, e a bondade nata de sua alma a fizera aceitar Yeshua sem medos ou receios.

Sabia do Messias e vivia a servir a todos. Amava profundamente Zimra e Pedro, e sentia-se como filha deles, pois, infelizmente, Sara partira sob dolorosa moléstia que levou também Hanna, e ela, então, após a morte de Belchior, fora com Orlit para Cafarnaum. Sua beleza era um misto do pai e da mãe, os lábios carnudos e o nariz lembravam Caleb, mas os olhos e o cabelo, a face rosada e o corpo esguio eram de sua mãe. No pescoço trazia o cordão com o anel que Caleb dera à sua mãe como prova de amor.

Naquela manhã, a casa se enchia com suas canções e alegria que logo foram suspensas pela chegada de Dan que trouxera presentes e mimos para Asha.

Orlit sentia-se feliz quando Dan estava em Cafarnaum. Sabia em seu coração que Asha era o elo que D'us enviara para aproximá-los. Logo que Dan chegou, Asha providenciou água para que se lavasse enquanto Orlit fazia as honras da casa, pois Zimra não se encontrava, fora levar alimentos para os enfermos e pobres que Pedro muito cuidava.

Orlit, então, falou:

– Como estão seus filhos?

– Bem – retrucou Dan sorrindo.

– Então por que não os trouxe? – inquiriu Orlit.

– Para não dar motivos de ciúmes. Sabe como Shayna se sente diante do que faço por sua filha – disse Dan balançando a cabeça.

– Ora, Dan, acredito que ela deva ter motivos sérios para isto, você mima por demais Asha, não devia agir desta forma, ela não é sua filha nem minha, bem o sabe.

– Para mim, – disse Dan – ela é parte de nossas vidas, sem ela jamais poderia vê-la.

– Dan, você é casado, pare de galanteios.

– Orlit, volte para Corazim comigo. Eu vou mudar para Jerusalém dentro de quatro luas, venha, vamos todos para Jerusalém, será melhor. Zimra irá auxiliar junto a Pedro, e sabe que sua presença é necessária junto a mim.

– Como pode me pedir isto, Dan? – disse Orlit assustada, pois sabia que já não era tão bela e temia que Shayna, sendo mais jovem, a humilhasse diante de Dan com sua jovialidade e beleza.

– Promete que irá pensar? – insistiu Dan.

– Está bem – disse Orlit.

Logo Asha adentrou o ambiente e Dan, então, falou:

– Gostaria de morar comigo e Orlit em Jerusalém?

– Ora, seria maravilhoso, – disse ela com voz doce e alegre – quando partiremos, tio?

– Quando convencermos sua mãe que devemos morar em Jerusalém.

E Asha, olhando para Orlit, falou:

– Seria muito bom, mãe, por favor, pense.

– Sim, eu pensarei – falou Orlit contrariada.

* * *

Naquela manhã, Caleb havia partido em busca de sua filha. Sua fronte antes abatida dava lugar a uma face corada, seu coração se enchera de esperanças, ansiava conhecer a filha. Como seria ela? Esperou por tanto tempo! Sua alma estava alegre. Meditava no tempo em que vivera exilado do mundo, dele mesmo. Orou a D'us, "Senhor, tem misericórdia de mim, tem compaixão de meus atos impensados, ergue meu coração, guia meus passos".

Tinha poucas posses, mas, auxiliado por Felipe, conseguira a montaria e tentava manter-se no caminho a fim de chegar logo a Cafarnaum.

* * *

Os anos de fato transcorreram para todos em Jerusalém. Reina acomodada à confortável banqueta deixava entrever seus cabelos brancos, sua face suave marcada pelas rugas do tempo. Reina, embora tivesse o coração cheio de júbilo, estava cansada, seu corpo já não lhe correspondia como outrora. Vivia em bela propriedade, o jardim ocupava sua visão, logo seu olhar se encheu de ternura, longe vinha Eziel, um jovem rapaz de semblante impetuoso e olhar profundo. O jovem vinha na companhia de sua mãe, por quem tinha verdadeira adoração, a ponto de fazer qualquer atitude que lhe deixasse orgulhosa.

Reina então suspirou, recordou-se que Eziel seguia fielmente o que a mãe desejava, e embora ela tentasse lhe falar dos ensinos do Mestre, este impunha logo um olhar arrogante[15] a falar que os cristãos eram bastardos, que ofendiam a essência das leis. Arrogante em sua juventude, não percebia que sua mãe se beneficiava do bom nome de seu pai e dos seus pertences.

Mia a obrigara a viver sob sua tutela, alegava não suportar a ausência de seu esposo e a tarefa da condução de seu filho. Na verdade, Reina se incumbira de todas as atividades da casa por amor ao filho de Mia. Temia que ela ousasse feri-lo, já que de tempos em tempos era acometida de intenso ataque nervoso o qual lhe furtava o equilíbrio, deixando-a ausente de atitudes coerentes. Nestes momentos, Reina era a única que a auxiliava com orações, alimentando-a e banhando-a, já que se confinava em seu quarto em profundo estado de fúria ou de prostração. Duravam dias e noites suas crises de nervos, no entanto, não apagaram sua beleza, pois Mia casara-se com respeitado e idoso doutor, o qual, em fim de vida concedeu-lhe suas honras e riquezas.

Mia aproximava-se com Eziel, estava trajada com profundo respeito, sua túnica trespassada e o véu cheio de pedras davam-lhe a impressão de respeitável matrona, mas o olhar perdido deixava-a com a aparência pouco confiável, então ela, com passos firmes e meio sorriso, falou:

– Ora, Reina, por que está aí amofinada? Não deu ordem aos criados para servir meu chá? Não sabe que preciso me alimentar?

– Sim – disse Reina com delicadeza.

– Espero que você convença Eziel a firmar compromisso com a bela jovem, filha do doutor Bartolomeu, são de família de grandes posses, no entanto, Eziel está à procura do amor.

– Minha mãe, – disse o jovem – não tenho pressa, meu pai lhe deixou o suficiente.

– O que seu pai deixou? – disse ela enfurecida. – Ele deixou vergonha e dor relegando-me ao desprezo para fugir com outra, a qual seu tio amava. Ele não é e jamais será um exemplo. Eu estou aqui, hoje, graças à bondade de outros que me socorreram – disse Mia. – Se não fosse por mim, Eziel, você nem estaria vivo hoje. Caleb, que seu nome seja maldito – disse ela com ódio.

Reina, notando que ela se descontrolava, falou:

– Parece-me que chegaram as novas túnicas que tanto desejava e algumas essências para seu deleite, Mia. Por que não vai se ocupar destes afazeres? Eu converso com Eziel.

---

15 Assim como nos livros *50 anos depois* e *Renúncia* (Chico/Emmanuel) o personagem Ciro reencarna como Carlos Clanagan e tem atitudes compelidas pelo meio e suas vivências destoando das qualidades expressadas na encarnação anterior, isso também ocorre na reencarnação de Efrat. A mesma situação encontramos ainda nos livros *Nas voragens do pecado* e *O cavaleiro de Numiers* (Yvonne A. Pereira/Charles), com os personagens Duque de Narbone, cognominado Capitão da Fé, e o personagem Henri Numiers. A situação narrada com Efrat/Eziel não é um fato isolado, mas faz parte do processo evolutivo dos espíritos, que necessitam de um período de reencarnação maior ou menor para sedimentar em si o processo de evolução moral. Ver ainda pergunta 117 de *O Livro dos Espíritos*, item "Progressão dos espíritos".

E Mia, entendendo que Reina vinha em seu auxílio, retirou-se. O jovem estava pálido.

Reina, então, em oração intensa falou:

– Filho, seu pai sempre foi honrado e deixou grande honra para você e sua mãe, não dê tanta importância ao que ela lhe diz, está ferida, pois foi preterida por outra, é natural que carregue esta dor. Acho que ela amava seu pai e se um dia ele voltar, ela o perdoará, é assim o verdadeiro amor. Quando amamos, Eziel, o nosso coração se enche de Deus, e então sabemos perdoar; mas não este perdão que logo depois quando você cai no mesmo local lhe diz, "eu já lhe perdoei, você está a fazer a mesma coisa", pois é assim que o egoísta ama, ele ama cobrando cada gesto de bondade. Aquele que verdadeiramente ama, filho, este nem se recorda do erro passado, pois ama; e aquele que ama está sempre pronto a erguer e amparar, pois a luz de D'us está nele.

Eziel sentia a verdade das palavras banhar sua alma.

– Então minha mãe não ama meu pai, pois tantos anos se passaram e ela não o perdoou, nem esquece – disse ele triste.

É por isto que devemos ajudá-la, pois sofre, e quem sofre desta forma não consegue ver D'us, pois está preso em sua agonia, em sua vaidosa dor.

– Por isto não desejo me unir a uma mulher por dinheiro ou honra, quero ser tocado pelo amor.

E Reina, sorrindo-lhe, falou:

– Então peça a D'us que lhe mostre a eleita de sua alma e Ele que é todo-poderoso lhe mostrará.

– Sim, é o que farei, embora não deseje ferir minha mãe, não me sinto feliz enganando as pessoas.

– Eu sei, filho, eu sei.

E Reina, olhando-o com entendimento, tocou em suas mãos:

– Acha que meu pai abandonou minha mãe por amar a esposa de meu tio? – inquiriu ele.

– Ora, filho, quem sabe do peso dos corações é D'us, eu nada sei destes fatos além do que foi dito. Apenas creio que se D'us sabe do peso de cada coração, sabe do valor de cada ato, para aquele que o fez e muito mais para aquele que recebe. Devemos pesar somente o nosso coração, deixemos as alegrias e tristezas dos outros corações entregues a D'us. Ele é justo e sabe o porquê de todas as coisas, o que é bom e o que é ruim, sabe julgar, pois conhece toda a verdade. E nós, Eziel, estamos longe desta perfeição que é o julgamento de D'us, mas, se seu pai tinha amor, eu lhe digo, nunca vi tanto amor naquele olhar e tanta afeição naquele coração, me recordo de seu desespero e de seu amor sem medidas – disse Reina com o coração constrangido, pois sabia que Caleb nunca amara Mia e que seu coração e sua loucura fora sempre Marta.

Pensou em Marta, sabia de toda trama, Orlit narrara os fatos a Itti que lhe contou.

Eziel, vendo seu olhar perdido, afastou-se, ele sabia que quando Reina ficava assim era porque estava meditando.

Logo Caleb preencheu os pensamentos da idosa, "o que lhe havia ocorrido, será que sabia que sua filha estava viva e era uma bela jovem, que amava os ensinos de Yeshua?".

* * *

Orlit pensava na conversa de Dan, quando a noite encheu o céu de pontos luminosos, seu coração parecia leve, então, olhando o céu, falou:

– Querida irmã, como você faria se estivesse aqui? Como decidir? Tenho medo de perder Asha e temo prejudicá-la mantendo-a aqui, logo Zimra partirá e seremos apenas nós. Tenho medo por ela, mas sei que ela deverá ter sua vida, deverá casar-se e ser uma mulher honrada. Talvez o melhor seja deixá-la partir com Dan e mais tarde eu irei para Jerusalém a fim de auxiliá-lo, sei, irmã querida, que D'us conosco está – e sem preocupar-se, Orlit adormeceu.

Naquela noite, no entanto, ela não dormira bem, sentia o coração pesar. Então, na manhã seguinte, Orlit foi ter com Dan. Asha havia preparado a primeira refeição e estava a servi-lo quando Orlit se aproximou e, ajoelhando-se próxima a Dan, disse:

– Eu deixarei Asha ir com você, mas devo dizer que ela deverá ficar sob os cuidados de Itti, a fim de que sua esposa não venha a se sentir ofendida.

Asha sorriu feliz e Dan, acenando com a cabeça, disse:

– Será como me pede.

Asha estava radiante, Zimra que a observava sentiu-se alegre ao vê-la cheia de ventura no semblante. Asha era como um pequeno raio de sol. Então, Orlit falou:

– Vá fazer sua bagagem, não deve atrasar seu tio, não seja desobediente com Shayna, recordo-lhe que, na minha ausência, deve obedecê-la.

E Asha, com olhos astutos, aceitou com gestos singelos. Dan estava satisfeito, pois sabia o quanto era importante o convívio de Asha com seus filhos.

* * *

Caleb marchava lentamente, embora seu coração se afligisse, ele sabia da condição de sua saúde debilitada e frágil.

* * *

Shayna, no entanto, inquietava-se. Todas as vezes que Dan ia para Cafarnaum seu coração enchia-se de temor, pois sabia dos elos de amor que Dan nutria por Orlit. Ela estava cansada de viver às margens destes sentimentos de Dan. Seu amor que antes a fortalecia, agora parecia atormentá-la, pois em seu coração, os filhos deveriam fazer com que Dan apagasse o amor de Orlit, mas o que ocorreu foi que Orlit se uniu a Dan por laços de uma filha que não lhes pertencia.

Nestes momentos, Shayna procurava a reclusão, prostrava-se e orava a D'us para que tivesse, em seu coração, compaixão e sabedoria, não queria desconfiar do amor de Dan pelos filhos, ela não deveria ter pensamentos maliciosos para com o esposo, o qual sempre fora sincero e justo. E se ela o amava, deveria contentar-se em servi-lo até os últimos dias de sua existência, sim, ela deveria ser o perfume do amor.

Shayna orava entre lágrimas sentidas de uma mulher que esperava o olhar do esposo, o afeto e a alegria que Dan jamais lhe concedera, pois em seu coração, somente Orlit estava. Embora Shayna vivesse nesta agonia atroz, jamais deixaria que Dan percebesse o sofrimento que esse amor lhe trazia, sabia honrá-lo e cuidava zelosamente de seu esposo e filhos, submetendo-se às tarefas incessantes de esposa e mãe. Muitas vezes enfeitava-se para o esposo a fim de que ele a notasse com um olhar de admiração, mas nunca fora notada, ela era o vaso que transporta a água, apenas o vaso. Orlit não, era como a garça que engole o peixe sem dividir com os demais. Shayna debatia-se com seus pensamentos, quando seu filho a chamou e ela, erguendo-se e se recompondo, foi resoluta ao seu encontro:

– Minha mãe, existe um homem que diz ser amigo de meu pai e o aguarda.

– Por que não disse que ele viajou?

– Eu disse, minha mãe, mas ele disse ser o pai de Asha e quer falar com você.

– Como? – inquiriu Shayna sem poder crer e correu célere ao local onde Caleb estava.

Então, ao olhar para Caleb, falou:

– O senhor procura meu esposo?

– Sim, eu sou Caleb.

Shayna sabia que isto representava a sua súplica atendida, então, tentando ser cordial e hospitaleira, falou:

– Entre, por favor, seja bem-vindo à minha humilde casa.

E chamando uma serva, solicitou água e vinho, porém Caleb disse que não desejava beber.

– Eu venho de muito longe e gostaria de falar com Dan – disse Caleb ansioso, pois segurava suas próprias mãos como a se conter.

– Entendo, mas Dan está em Cafarnaum, foi ver sua filha – disse Shayna a fim de ver sua reação.

Caleb ergueu a face com lágrimas nos olhos.

– Minha filha está em Cafarnaum sob a tutela dele?

– Não, ela vive com Orlit, sob a tutela de Zimra e Pedro.

– Bem, eu gostaria de solicitar-lhe hospedagem por esta noite, – e começou a tossir – pois estou cansado, seria incômodo? – questionou Caleb.

Shayna, então, apiedando-se dele, falou:

– Não será incômodo, existe na parte lateral de nosso comércio um pequeno aposento onde Dan fica, se o senhor não se importar de lá ficar – disse Shayna.

– De forma alguma, fico grato por seu gesto.

E Shayna, olhando para seu filho, pediu para que o conduzisse. Caleb estava magro e muito abatido, a viagem até a moradia de Dan o havia exaurido, mas sentia-se acolhido pela família do amigo, achara seu filho um rapazola simpático.

Caleb imaginava como seria sua filha, sentia seu coração constrangido, afinal, depois de tantos anos não sabia como falar com ela. Pensou no amigo, ele gostaria de saber de Dan como tudo ocorrera, ele é que deveria ter estado ao lado de Marta, mas com sua dor não fora capaz de retornar, fugira para longe, esquecera que marcara com o amigo o reencontro a fim de ter notícias. Fora egoísta, pensara somente em si mesmo e no ódio que nutria pelo Rabi, suspirou, "como D'us é bom".

Agora ele teria uma nova chance de reerguer sua vida, sentiu-se confortado.

"Marta! Como tudo poderia ter sido diferente se não tivesse tomado outro caminho", meditava Caleb. Ainda sentia a ausência de sua amada, fechou os olhos e recordou sua face, seu olhar, o gesto simples, o doce sabor dos lábios.

– D'us, que vazio! – exclamava ele. – Não quero viver, D'us, não quero viver – clamava Caleb, o coração doía-lhe como que trespassado por setas que lhe feriam, lágrimas rolavam a queimar seu peito.

Pensou no vinho, sim, a bebida sararia aquela dor, mas como que repreendido por estranha força, deteve-se e, recordando do amigo Felipe e de sua amada, orou e implorou a D'us forças para conseguir vencer a dor de sua alma.

– D'us! Ajude-me, sei que agi como um impuro, mas perdoe-me, D'us, sou como um deserto árido sem Sua presença, ajude-me – clamava Caleb.

Embora se debatesse em terrível aflição, à medida que foi orando, seu coração foi sendo acalentado. É que D'us, que tudo vê e tudo ouve, permitiu que Marta ali ficasse em silenciosa prece. Marta tocara-lhe o peito irradiando sutis vibrações de alívio e amor. Logo o clamor deu lugar à paz e a suave lembrança de seu semblante envolveu-o, não com a dor da perda, mas com a alegria do amor que jamais morre. Marta orava silenciosa, envolvendo no seu amor o ser que sempre amara e, no correr daquele dia, Caleb compreendera que o conforto da alma vem de D'us.

Dan, naquele mesmo dia partira para Jerusalém e com ele Asha a fim de comprar a propriedade que abrigaria sua família. Asha ficaria com Itti, pois muito apreciaria auxiliá-la junto aos enfermos. Então, Dan disse:

– Asha, creio que está chegando o momento de pensarmos em um enlace para você. O que pensa, tem algum rapaz que lhe agrade o pensamento?

– Não, não penso em nenhum rapaz, na verdade penso apenas em cuidar de minha mãe – referindo-se a Orlit.

E, refletindo um pouco, disse:

– Como era minha mãe?

Dan, surpreso, respondeu:

– Tão bela quanto você. E você possui o mesmo olhar de sua mãe – disse Dan tentando confortá-la.

– Não é disso que falo tio, como ela agia? Como falava, como se portava?

– Marta era muito calada, sempre servia a todos, ela falava muito com seu pai.

– Como eles se conheceram?

– Creio que desde que D'us os criou, pois, as famílias sendo tão próximas os uniu.

– Então, por que não se casaram? – inquiriu Asha.

– Creio que D'us desejava testar o amor deles – disse Dan.

A jovem pensou um pouco e depois acrescentou:

– Minha mãe devia amar muito meu pai.

– Sim, – disse Dan – ela o amava tanto que deu sua vida para que ele não caísse em pecado.

– E meu pai, por que nunca mais retornou? – falou Asha com pesar.

– Como saber, filha, mas está a falar nisto por quê? Falta-lhe o afeto de mãe e de pai?

– Não é isto, apenas me sinto triste quando penso neles, é como se a vida deles tivesse sido cortada – disse Asha.

E Dan, então, disse:

– Filha, D'us é o sábio dos sábios, ele não deixaria que nada fosse subtraído se necessário não fosse.

– É, tem razão, apenas gostaria que fosse diferente.

E prosseguiram a viagem.

* * *

Mia, apesar dos anos, não mudara. Diante da janela de seu aposento observava seu filho. Não, ele não iria trair sua confiança, faria o que ela desejava. Afinal, Elisha a havia abandonado, mas o filho que ele deixara em seu ventre a servia, sim, ele faria tudo para vê-la feliz.

Pensou em Caleb, "ora aquele tolo deve ter morrido, que o inferno o consuma", pensou ela. Respirou fundo como se o ar lhe faltasse. Depois de tantos enganos, ela, Mia, era vitoriosa, senhora do nome e bens. Esfregou as mãos no rosto, sim, ainda era bela, nada a afetaria. Inquietou-se, e se algo ocorresse ao seu filho e não a obedecesse? Ela então teria que aplicar-lhe um duro golpe, sim faria o possível para que ele pensasse que ela jazia doente. Sorriu maliciosamente, ela teria o seu nome inscrito no topo da sociedade: "Mia, a serva que virou senhora", e começou a rir como que enlouquecida.

* * *

Ao nascer do dia, Caleb partiu sem se despedir de Shayna, estava aturdido. Embora a noite lhe tivesse sido reconfortante, ele desejava atingir seu objetivo: conhecer sua filha e recomeçar sua vida. Sentia que poderia ao menos ter um sopro de vida que lhe possibilitasse recuperar o tempo.

Suspirou. Quanto tempo se passara e ele nem se importara com o filho que Marta lhe concedera. Tentava organizar as ideias: "como fora tão tolo, como fora tão negligente, por que se menosprezara a ponto de viver uma vida sem sentido? Por que esquecera que D'us existia?" Eram perguntas que ele se fazia, sem encontrar respostas. Às vezes tinha lampejos de suas atitudes indignas, quando pelo efeito do excesso de vinho se jogava em prazeres sexuais com mulheres que lhe causavam náuseas após o ato, por quê? Perguntava-se ele: "se amava Marta, porque deixava-se conduzir por estes caminhos sombrios?" Era como se ele próprio não se reconhecesse.

No entanto, Elisha andava vinculado ao seu campo mental e começava a compartilhar aqueles pensamentos, acalmava-se e recebia os benefícios da oração que Caleb irradiava naqueles dias.

Após a acolhida de Felipe, Elisha sentia-se enfraquecido, como se a vontade dele houvesse perdido a força que ele tanto impunha. Começava a ouvir os apelos de sua alma combalida e, por vezes, sentia que uma força o puxava, como se a única fonte que o fizesse permanecer junto a Caleb fosse a desonra e a ignomínia, era este fluxo que o alimentava. Em seu íntimo temia pelos efeitos das preces de Caleb que lhe causavam certo pânico, fazendo-o permanecer em seu martírio íntimo.

* * *

Em Cafarnaum, Orlit traçava caminhos junto a Zimra e falava com certa dúvida:

– Não sei se agi bem em permitir que Asha fosse com Dan – dizia ela.

– Ora, Orlit, Asha ama Dan como se fosse um pai, não vejo nenhum problema.

– Temo pelas convicções que ela tem.

– Aquele que ama o Mestre estará sob proteção – disse Zimra.

– Somos perseguidos – disse Orlit.

– Sim, mas em nada isto poderá alterar a nossa fé. Somos perseguidos, mas também somos a testemunha do amor do Mestre, não devemos temer, Orlit.

– É que Asha é tão jovem, e seu coração entregue à fé.

– Poderia desejar melhor caminho para a filha de Marta? – disse Zimra com doçura.

– Não, minha irmã foi o testemunho do perdão, não poderia ser diferente, se fosse, seria como negar a nossa fé no Salvador.

– Veja, D'us em Sua misericórdia deixou que Asha restituísse a fé e a coragem em seu coração para que se mostrasse ao seu esposo.

– Eu sei, Zimra, e agradeço a Marta por ela ter me confiado esta filha, desejo apenas que Asha tenha um bom marido, preocupo-me com ela – disse Orlit olhando para as mãos como se estivesse aflita.

– Existem tantos moços bons em nossa comunidade, devemos deixar a D'us o encargo de decidir acerca disto – disse Zimra.

– Sim, tem razão. E você sabe quando Pedro retorna? – inquiriu Orlit.

– Não sei, – disse Zimra com o olhar preocupado – apenas afirmo que após a assembleia em que ficou decidido acerca de levar a Boa Nova aos gentios, ele tem se empenhado na divulgação das verdades do Mestre com ardor. Às vezes percebo seu cansaço, mas não me queixo, pois como esposa devo com ele estar onde for[16].

– Então está ciente dos fatos que alguns dizem acerca de Roma? Você irá?

– Deixemos este assunto ao encargo de Pedro – disse Zimra tentando nada falar.

* * *

NAQUELES DIAS JERUSALÉM vivia sob fortes pressões, de um lado as perseguições aos cristãos, do outro as pressões constantes das falanges trevosas a perseguir os discípulos do Mestre, tempo de combate, tempos difíceis.

Itti vivia na cercania de Jerusalém, a casa humilde que acolhia os deserdados do caminho era berço do testemunho do evangelho nascente, as flores margeavam a casa trazendo-lhe frescor. Logo Itti apareceu no cenário, rústico tecido lhe revestia o corpo em uma singela túnica, olhos profundos de extremo cansaço, mas o semblante severo era como um rio que corria para fonte inesgotável do amor de D'us.

Itti amadurecera à luz das verdades cristãs. Sua face não lhe negava o passar dos dias de intenso serviço, no entanto, sua alma se expandia em alegria, pois Itti sabia vivenciar a fé e o amor a Yeshua. Ela cuidava dos enfermos e dos órfãos, muitos cristãos em sua acolhida se refaziam para o combate.

Naquela manhã, Itti fora agraciada ao ouvir o barulho da carroça. Percebeu a certa distância que alguém lhe acenava, sorriu, sim, era ela, Asha, a meiga Asha, trazia em sua face o sorriso infantil. Logo que a carroça parou, ela desceu com alegria, correndo para abraçá-la, como as crianças fazem ao ver um dos seus pais.

– Itti, Itti – dizia Asha a sorrir, abraçando-a com ternura.

– O que minha filhinha faz aqui? – disse Itti.

– Venho auxiliá-la – disse Asha a sorrir.

Dan também se aproximara e ao vê-la falou:

– Paz seja com você.

– Bendito é aquele que vem em nome do Senhor, – disse Itti – venha, vamos adentrar.

---

16 *Paulo e Estêvão,* pág. 239 e *Atos,* cap. 15 vs 7 e 11.

Ao entrarem notaram a presença de crianças e mulheres doentes, além de idosas, a pequena casa era um verdadeiro abrigo de almas.

Itti providenciou um lugar arejado para Asha repousar e Dan ficou em um aposento menor. Logo que se banharam, Dan inquiriu de Itti:

– Soube que Paulo está em Tarso?

– Sim, é verdade, as perseguições são muitas, os tempos andam difíceis.

– E Pedro? – inquiriu Dan.

– Não veio aqui ainda.

E Itti, olhando para Asha, falou:

– Estes dias tive uma visão com sua mãe, filhinha.

– Viu minha mãe? – inquiriu Asha com olhos em lágrimas. – E o que ela falou? – disse a jovem eufórica.

Itti então fechou os olhos como se fosse recordar e disse:

– Estávamos em um lugar como um jardim e Marta reluzia em sua face e disse-me "o que passou é passado, mas não devemos desperdiçar a oportunidade do recomeço, D'us nos mostra caminhos novos", não consigo recordar o resto, lamentou a serva.

– Será que ela falou isto para mim? – inquiriu Asha.

– Bem, eu não sei, mas creio que se você está aqui, em breve deverá saber – e sorriu-lhe.

– Palavras profundas – disse Dan meditando acerca de sua vida.

Talvez aquelas palavras fossem para ele, afinal, porque ele insistia em viver no passado, talvez o melhor fosse viver o presente, esquecer Orlit, mas como fazê-lo?

– Diga-me, Dan, o que o trouxe a Jerusalém? – inquiriu Itti quebrando o silêncio.

– Venho adquirir uma propriedade, acho que aqui minha família viverá melhor.

– Seria muito bom tê-los como vizinhos – disse Itti com seu semblante rosado.

– Como assim? – falou Asha.

– É que aqui bem próximo existe uma linda propriedade da qual os donos, romanos, desejam se desfazer.

– Bom, sendo assim, iremos agora mesmo vê-la – disse Dan.

– Calma, primeiro vamos nos acomodar e descansar, o que é seu, é seu.

E, erguendo-se, rumou para a cozinha acompanhada de Asha.

– E seu coração, filha, já tem um pretendente? – falava como a sondar a moça.

– Ah! Quem sabe D'us envia-me um jovem tão belo quanto meu pai e deixa-me tão feliz quanto minha mãe foi.

– Olha, filha, o que pede, o amor do seu pai pela sua mãe foi muito grande, mas ambos sofreram muito, então peça apenas um homem bom que lhe dê um bom lar e respeite seus desejos, isto é o melhor.

– Eu pensei que o melhor é amarmos – disse Asha despreocupada.

– Sim, mas para amar temos que ter um coração grande o suficiente para compreender as dores do outro e abrigar em nós toda alegria e tristeza deste por quem temos amor. Isto quer dizer que amar, filha, é um ato de renúncia constante, e poucas almas neste vale sabem o valor do amor. As pessoas buscam os prazeres momentâneos, querem as glórias do poder, ou as honrarias das viciosas paixões, e quando isto termina, o que eles dizem ser amor, acaba. Os homens são assim, amam o que os excita, e as mulheres buscam o brilho do que lhes cativa os olhos, mas no instante da dor, ambos se sufocam em suas desilusões, como se a culpa pelas nossas infelicidades fosse das atitudes alheias. Ceifamos o que semeamos, se semearmos dignidade, bondade, estaremos à luz de D'us e não temeremos os nossos sentimentos, seremos fortes no doar, generosos no amar, firmes no acolher e, principalmente, dignos no nosso renunciar. Entendeu, Asha? - inquiriu Itti com olhar no semblante da moça.

– Sim, creio agora que amor é um ato sublime que vem de D'us.

Itti, então, sorriu:

– Filha, tem razão, pois o que vem de D'us é puro, mas os homens ainda não conseguiram agir dentro desta pureza.

– Então ninguém ama? – perguntou Asha com seus grandes olhos negros.

– Sim, os homens tentam amar, mas somente aos anjos D'us concedeu a graça deste sublime sentimento em sua totalidade, somente os anjos sabem sobrepor o seu egoísmo e amar largamente, sem pensar em benefícios próprios.

– Mas os anjos têm egoísmo? – inquiriu Asha.

Itti, sorrindo-lhe, disse:

– Filha, todo aquele que é tocado pelo verdadeiro amor se despede do orgulho, do egoísmo e da vaidade. Se D'us permite que o amor os toque e se deixam estas mazelas para viver no amor, são anjos, os anjos do Senhor estão entre os homens e no momento propício D'us os toca, creia nisto – disse Itti.

E Asha em silêncio permaneceu, até que, inquietando-se, olhou para Itti e falou:

– Minha mãe foi um anjo?

– Minha filha, os anjos não são dignos de punição, são?

– Não – disse a pequena com o olhar inquietante.

– Então, o que Yeshua fez com a mulher pecadora?

E Asha em seu coração sorriu, sentindo a paz envolver seus pensamentos. E Itti, notando seu silêncio, aduziu:

– Não duvide da força do amor, ele transformará homens em anjos.

Naquela tarde, Caleb chegava em Cafarnaum, ansiava ver a filha, o coração jazia macerado pelas noites de preocupação. Aproximando-se da cidade, desceu de sua montaria e resolveu finalizar o percurso andando. Sentiu falta de ar, observou que a vila dos pescadores havia sofrido modificações, aqui e ali alguns transeuntes que murmuravam como que caídos. Caminhou vagarosamente, em seu coração temia a recusa de sua filha, temia o desfecho daquele dia, começou a orar: "Senhor

D'us, não me abandone, necessito de Seu amparo, seja para mim como o laurel a conduzir o viajor perdido, seja para mim o meu escudo, dá-me Sua fortaleza".

Encontrava-se à entrada da porta da casa de Pedro, o coração acelerado, pensamentos angustiados, retirou o pó das sandálias, e bateu.

Zimra abriu a porta e ao ver Caleb mal conseguiu falar. Era como se ela estivesse diante de uma miragem, seus olhos encheram-se de lágrimas que corriam em suavidade pela face amadurecida pelo tempo.

Caleb, ao notar seu pranto, fechou os olhos como se nenhuma palavra pudesse expressar o que ele sentia, a face maltratada pela dor. Caleb não parecia o homem que Zimra conhecera, envelhecera precocemente, Zimra, então, falou:

– Você é bendito, irmão.

E Caleb, caindo de joelhos, chorou copiosamente. Zimra, ajoelhando-se também, disse:

– Nenhum tempo está tão longe que não possa estar presente, hoje é o seu presente.

E, erguendo-o, conduziu-o para o interior da casa singela. Caleb notou a ausência de Sara e Hanna. Zimra, notando seu olhar inquiridor, adiantou-se e falou:

– Não sabemos o tempo do Pai, apenas sabemos que Ele nos convida para o Seu reino no tempo que lhe apraz.

– É verdade, prima.

– Onde ela está? – perguntou Caleb sem medidas, pois sua ansiedade o corroía.

– Sua filha Asha? Quer saber dela ou da mãe?

– Desejo saber das duas, pois meu amor é real – disse ele com o coração constrangido, com a voz embargada de emoção.

– Marta está e estará sempre em nossos corações, fiel a D'us, fiel a Yeshua – disse Zimra com emoção.

– Não fale mais deste assunto, eu não desejo carregar o peso desta atrocidade, pois já sofri por demais – disse Caleb entristecido.

Orlit, que entrara vindo do mercado, ouvira a voz, mas depois de tantos anos não supunha que Caleb havia retornado. Ao deparar-se com aquele homem envelhecido e abatido, ela se inquietou e se revoltou com sua presença. Ao ver que Orlit estava de pé na entrada da sala onde se encontravam, Zimra falou:

– Orlit, Caleb retornou.

Orlit, num rompante de mágoa, disse:

– Retornou para quem? Para quê? Você não tem vergonha? Sua honra onde está?

– Orlit, eu sei que errei – disse Caleb com voz mansa.

– Errou? Você matou Marta! – exclamou ela – você aniquilou com a vida dela e retorna?

Zimra, notando seu descontrole, intercede:

– Por favor, Orlit, acalme-se. Caleb deseja apenas conhecer a sua filha.

Orlit mais agitada ficou, sem medir as palavras disparou a falar sem piedade.

– Filha? Não esta filha! Qual filha Caleb possui? Quinze anos se passaram e Caleb desapareceu sem deixar uma mensagem e retorna para a filha que nunca buscou. Marta morreu pedindo que ela fosse entregue aos seus braços como prova de amor, deste amor maldito pelo qual ela morreu – dizia Orlit exasperada.

Caleb, então, erguendo a voz firmemente, falou:

– Basta! Você não sabe o quanto eu amei e amo sua irmã, você não sabe que ela morreu não por meu amor, mas por este profeta que a levou à loucura. D'us! Eu amei com todas as minhas forças, eu morreria em seu lugar, mas já não suporto me flagelar e implorar aos céus que me leve desta vida. O que é esta vida sem Marta? Você diz ser a irmã dela, mas eu lhe digo que ela era minha carne, meu sangue, o sopro que fazia minha vida ter significado. Como pode, Orlit, crer que eu viveria estes anos todos como um bastardo que não se importa? Crê que vivi? Sabia que sou o que restou de um ser, sou um resto de tudo que vivi como homem. Minha honra? Esta me foi tirada quando me voltei contra este Messias, tudo me foi tirado.

E caiu em meio ao silêncio contendo o pranto de sua dor.

– Eu lamento, Caleb, – dizia Zimra tentando confortá-lo. – Orlit está apenas magoada, a dor dela também é a sua.

– Não, – disse Orlit – a minha dor não é a dele, pois eu não levei Marta até a porta da morte, eu não a entreguei ao julgamento dos doutores, eu não tenho esta dor – e saiu aborrecida pela atitude de Zimra.

Caleb, de cabeça baixa, sentia o peso da culpa aumentar em seu coração. Naquele momento ele sentiu que jamais deveria ter abandonado Marta, que deveria ter fugido, que deveria ter agido de outra forma.

E Orlit, insatisfeita com a presença de Caleb, retornou à sala e falou:

– Você deveria procurar o seu filho com Mia, este sim é seu rebento, deixe-nos Caleb.

– Chega, Orlit, – disse Zimra – está em minha casa, respeite a dor de seu primo, por favor, saia.

E Orlit saiu.

Zimra sentiu-se infeliz com as atitudes de Orlit e pediu desculpas a Caleb.

– Eu não tenho filho com Mia – falou Caleb, enojado pelas palavras que acabara de ouvir.

– Bem, Caleb, Mia encontra-se em posição razoável graças ao filho que diz ser seu.

– D'us! Quando isto terá fim? Esta mulher vil jamais se deitou comigo, eu sinto náuseas só de pensar que ela conceberia um filho meu.

– Acalme-se – dizia Zimra.

– Por D'us! Eu só desejo conhecer Asha, somente isto.

– Caleb, Asha foi para Jerusalém com Dan, ela retornará em breve, agora descanse um pouco.

E Caleb, olhando a casa, recordou-se de Marta, da última noite que passaram juntos e, erguendo-se, seguiu para o aposento onde ele ficara na última vez. Zimra o levara até lá, pois sabia o quanto ele amava Marta e o quanto qualquer recordação faria seu coração feliz. Ao entrar no aposento, Caleb recordou-se de Marta repousando, dos seus cabelos, a sua face, sentou-se no leito, uma tristeza profunda invadiu o seu coração, seria ele culpado pela morte dela? Não, ele nunca a abandonara, na verdade ele deveria ter fugido antes de tudo. Colocou a cabeça entre as mãos e chorou, chorou pela ausência de Marta, pelo tempo perdido, chorou pela falta de atitude, chorou.

Zimra, no entanto, foi ao encontro de Orlit que estava transtornada no jardim da casa.

– Não quero ouvir nada – disse ela inquieta.

– Orlit, se não tiver caridade para com aquele que lhe bate à porta e lhe pede o pão do perdão, terá com quem?

– Não posso, Zimra, ele matou Marta.

– Pare com isto, Orlit, Marta não foi assassinada por Caleb. Marta fez uma escolha que se chama Yeshua. Fez o certo, que muitos de nós não faríamos, ela deixou um homem que a amava e que ela amava para não desonrar sua palavra diante de D'us. Caleb sempre a amou. Como pode julgá-lo se tem seu coração cheio de espinhos?

– Está a me julgar? – disse Orlit.

– Não, apenas desejo que veja o homem que ele é, veja o que Caleb se tornou, um homem fraco, veja seu sofrimento, magro, abatido, envelhecido pela dor, ele já carregou por muito tempo este fardo, deixemos que D'us o alivie, Orlit. Não se esqueça do pedido de Marta, se não fosse pela ausência de Caleb, você não teria tido o direito de ter cuidado de Asha. Mas agora é o momento deste homem ser feliz e ter o que lhe foi negado, um minuto de alegria e paz. Sei que teme perder Asha, mas não está a confiar no coração dela, não seria justo privá-la de conhecer o pai.

Orlit a tudo escutara com a cabeça baixa, sem dizer uma palavra. Zimra sabia que ela silenciava por temer seus pensamentos, então, afastou-se para que Orlit, a sós, meditasse em suas atitudes e na dureza de suas palavras. Orlit começou a chorar, lastimava ter agido daquela forma, lastimava os fatos que vinham ao seu encontro, como ventos fortes que anseiam varrer os campos revirando as folhas do passado dolorido.

3. O encontro

Em Jerusalém a manhã surgira límpida, embora se aproximasse a estação fria. Reina, no entanto, gostava de ir ao mercado, suas pernas, apesar de doloridas, guiavam-na pelas vielas de Jerusalém e gozava da formosa companhia de Eziel. Ela tinha com ele um grande laço, sempre procurava ensinar-lhe o que o Rabi Yeshua falava, mas sua mãe, Mia, no intento de gozar dos bens de Caleb, o educara como um fariseu, agarrado aos conceitos da perseguição e das ofensas que lançavam sobre o Mestre e àqueles que desejavam segui-lo. Reina, acanhadamente, tentava envolvê-lo, mas Eziel, embora tivesse um coração virtuoso era por demais orgulhoso, na verdade lembrava muito Elisha. Às vezes Reina temia que ele não fosse filho de Caleb e sim de Elisha, mas Mia nunca revelou nenhum fato a este respeito. Mas o que importava agora?

As areias encobriam os caminhos do passado com o pó do esquecimento. Estava ela a refletir quando o jovem veio ao seu encontro com passadas firmes e lhe deu amparo, e, sorrindo com franqueza, disse:

– Onde minha doce Reina pretende ir nesta manhã?

– Ora, Eziel, sabe que meus pés estão velhos, mas insistem em procurar o mercado.

E deu um pequeno sorriso que alegrou Eziel, que amava Reina como se ela fosse sua verdadeira mãe. Dirigiram-se ambos ao portão principal, mas Mia, em seu esplendor matinal, os interpelou:

– Ora, Eziel, você não tem que ir para o templo?

– Sim – disse o rapaz com reverência.

– Então por que perde tempo com esta criatura todas as manhãs?

E o jovem, condoendo-se de Reina, falou:

– Minha mãe, é esta criatura que prepara os banhos aromáticos que lhe renovam a beleza, e esta criatura tem todo zelo de buscar todas as manhãs as ervas mais frescas e os perfumes mais raros para promover os seus encantos. Então, deixe que eu a conduza para que não se demore.

– Filho! – exclamou Mia, – somente você me entende e me tem apreço, vai com D'us – disse ela jubilosa.

Reina se divertia quando notava que Eziel usava de astúcia com sua mãe, pois sabia que se não fosse pelo muito amor que ele tinha por ela, já teria deixado aquela casa. Mia era extremamente vaidosa e sua ambição não tinha medidas. Agora pretendia prender o rapaz a um compromisso com uma jovem que ele nem desejava, somente com a intenção de unir bens e poder.

Caminhavam em silêncio pelo mercado, parando em algumas tendas, quando Eziel viu uma linda jovem junto a Itti, ficou cativo de sua beleza, seu coração disparou, então, falou a Reina:

– Aquela não é Itti?

– Sim, meu jovem.

– E quem é aquela donzela?

Reina, notando seu interesse e sem perceber que se tratava de Asha, caminhou em direção a elas a fim de saber quem era aquela jovem. À medida que ia visualizando melhor, Reina ia se assustando, sua voz rouca pronunciara:

– Marta está viva!

Eziel, sem entendê-la, aduziu:

– O que diz?

Itti, notando a presença de Reina, foi solícita em sua direção.

– Senhora! *Shalom* – e abraçaram-se.

Logo, vendo que Reina estava assustada com a semelhança de Asha com Marta, falou:

– Esta é Asha, filha de Orlit.

E Reina compreendeu imediatamente que se tratava da filha de Marta e Caleb. Ficou encantada com os modos delicados de Asha que a cumprimentou com pudor e respeito. Eziel, que não retirava o olhar dela, adiantou-se a Reina e falou:

– Sou Eziel, filho de Caleb.

Asha deu um passo para trás como que assustada, aquele rapaz era seu irmão. Mil pensamentos cruzaram sua mente, ela apenas abaixou o olhar. Reina, então, se pôs a conversar com Itti e logo Dan aproximou-se cumprimentando-a e observando o jovem que olhava fixamente para Asha. Notou nele traços de Elisha que muito o impressionou.

Após retornarem, o jovem Eziel, encantado por Asha, disse eufórico:

– Nunca vi jovem mais bela, parece uma gazela primorosa.

– Ora, Eziel, tenha mais respeito por esta moça.

– Sim, eu terei, quero conhecê-la.

E Reina, assustada, disse:

– Não senhor, não deve fazer isto.

– Dê-me um motivo – disse o impetuoso Eziel.

* * *

Asha caminhou em silêncio, estava confusa, mas sabia que aquele não era o momento de fazer perguntas. Sentira uma forte atração por ele e temendo que ele fosse seu irmão, sentiu-se mal.

Dan conversava acerca da propriedade sugerida por Itti. Era magnífica e superava as suas exigências deixando-o satisfeito. Havia comprado grande chácara, poderia retornar para Cafarnaum, com Asha, a fim de dar a notícia.

* * *

Naquela noite, porém, Shayna estava sentindo-se febril em sua casa, seus filhos haviam se recolhido e ela sentia calafrios e tremores que a deixavam angustiada. Talvez fosse apenas um mal passageiro, recolhendo a lamparina rumou para seu aposento a fim de descansar. Porém, a noite toda ardeu em febre delirante, que não lhe permitia conciliar o sono, o corpo doía-lhe extremamente, tremia, gemia, as horas avançavam lentas e o seu estado se agravava.

Asha, em casa de Itti, após a ceia, procurou Dan, o qual tinha como um pai, e em quem confiava. Dan, sentado a contemplar as estrelas que tecia desenhos no céu de Jerusalém, notou a presença inquietante de Asha e falou:

– O que lhe faz ficar com o olhar tão pesado, minha filha?

– É que hoje no mercado quando me vi diante daquele jovem tive uma sensação diferente.

E Dan, sorrindo, falou:

– Seu coração bateu forte, Asha?

– Mais que isto, eu senti algo diferente por ele, não sei explicar – disse ela com voz tímida, embargada de emoção.

– Isto é normal, Asha, você está apenas se interessando pelos jovens de sua idade.

– Não foi isto que senti, pai.

– Então devemos esperar até que possa vê-lo outra vez para que saiba o que é.

– Pai, ele poderia ser meu irmão? – inquiriu ela com temor.

– Donde vem tanta imaginação, Asha? Seu pai nunca teve amor por outra mulher que não fosse sua mãe. Pare de pensar tolices e vá se recolher, amanhã será um novo dia.

* * *

Eziel não se continha, estava ansioso em seu aposento, a imagem de Asha vinha-lhe à mente o tempo todo, desejava vê-la mais uma vez, conhecê-la. Como faria? Meditava. Sim, no dia seguinte ele iria até a casa de Itti com o propósito de levar Reina e lá ele saberia como se aproximar. Nunca vira tão bela jovem, tão suave semblante, só de pensar seu coração disparava, seu corpo era tomado por sensações desconhecidas. Deitou-se tentando conciliar o sono.

* * *

Na manhã seguinte, Dan despertara apreensivo, não sabia por que seu coração jazia aflito. Rumou para o local onde os desprovidos de tetos se encontravam a fim de receber a primeira refeição. Asha já se encontrava junto a Itti auxiliando-a. Dan, então, olhando-a disse:

– Asha, desejo que venha comigo para que conheça a nova casa.

Ela sorriu e se despediu de Itti indo alcançar Dan, que se encontrava já na rua. Estava feliz, sim, ela poderia viver em Jerusalém se Orlit assim desejasse. O trajeto foi rápido, pessoas surgiam ao longo do caminho, o capim crescia enfeitando a estrada.

Ao longe podia avistar a suntuosa casa com colunas imponentes. À entrada principal, belas flores margeavam a casa. Asha sentiu-se bem, quando as portas se abriram a cena foi belíssima, majestosa cúpula se abria permitindo que uma estrela fosse desenhada. No pátio da entrada existiam belas flores e bancos de pedra, ao chegar à sala tinha colunas e janelas que deixavam o ar circular, um corredor fora visualizado. Asha correu por ele, salas dentro de salas se encadeavam, a casa era imensa. Os aposentos eram belíssimos, Asha amou cada recanto, sentia-se como uma princesa.

Então Dan perguntou:

– Crê que Shayna gostará?

– Sim, ela vai sentir-se como uma rainha romana – respondeu Asha. E sorriu com seu jeito meigo e infantil.

– Então devemos retornar para Cafarnaum amanhã a fim de podermos realizar todos os preparativos.

– Sim – disse ela batendo palmas.

Eziel, naquela manhã, fora ao encontro de Reina, que não estava disposta a sair. A idosa perecia de dor extrema nas pernas e desejava permanecer em seu leito. O jovem sabendo disto, contrariou-se, mas logo achou uma saída para ir à casa de Itti. Levaria a notícia a ela, a fim de que viesse ajudar Reina, sim, esta seria a desculpa perfeita.

Arrumou-se, colocando o seu manto listrado, sua túnica branca e as sandálias, foi célere a fim de vê-la. No entanto, quando lá chegou foi surpreendido pela ausência da jovem, sentiu-se decepcionado e quando ia partir, Asha adentrou a casa como um raio de sol que dissipa as trevas. Eziel sorriu e ela o fez também, sentiu-se atraída por ele.

Dan, notando o interesse do rapaz, pediu para que ele permanecesse e, desejoso de observar atentamente, solicitou a Asha que lhe servisse um chá. Eziel então sentou-se com Dan e começaram a conversar. Dan falava da Boa Nova do Mestre, mas Eziel só tinha olhos para Asha. Então, notando seu crescente interesse, revelou:

– Asha é como uma filha, o rapaz que dela se acercar deverá ter a mesma fé que a anima, ser cristão, amar Yeshua.

Eziel sentiu-se ofendido.

– Como pode exigir de um homem honrado que pregue contra o que provém de D'us? Este Yeshua é uma farsa, eu jamais seguirei tal homem – disse Eziel cheio de presunção e ira.

Asha, ao ouvir tão duras palavras, teve pena do rapaz e abaixando os olhos, começou a orar por ele, que nesta altura saíra aborrecido.

– Vê, Asha, este rapaz não serve para você, pois não é de D'us, se o fosse saberia que o Mestre é o Profeta, é o Salvador.

– Sim, meu pai, é verdade – disse Asha com decepção na voz.

Naquele momento Asha teve certeza que seu coração jamais seria o mesmo.

* * *

Uma semana se passou e Caleb permanecia sobre o amparo de Zimra. Seu olhar se modificava aos poucos, ganhava a lucidez de outros tempos, quando Marta era o motivo de sua alegria. Passava as horas a recordá-la, meditava acerca das suas atitudes e muito se envergonhava do seu medo, do seu egoísmo. Na verdade, pensara exclusivamente em si e temia que sua filha o rejeitasse. Sentia imensa dificuldade em aceitar Yeshua, embora respeitasse os ensinos no seu coração, ainda o via como o Mestre que lhe furtara a felicidade.

Naquele dia em especial, planejava ir a Betsaida. Sim, ele desejava ver a antiga propriedade em que vivera feliz. Conseguira a montaria, se ausentaria por poucos dias, mas necessitava rever seu passado. Partiu, uma nuvem de pensamentos o afligia, pensava se deveria prosseguir com tudo aquilo, afinal, não seria melhor continuar apagado no chão do esquecimento? Como saber se sua filha não o odiava pela sua atitude? "D'us! Como fui cruel", sentia a culpa a remoer-lhe. Sua boca estava ressecada, pensou em parar e saciar sua sede, pegou o cantil com água, porém, viu que uma sombra tentava enlaçá-lo.

Elisha, vendo-o na fragilidade dos seus pensamentos, estimulava-o:

– Fraco, ignorou sua filha, fraco, não é digno, é um imundo. Para que retornar? Mostre sua fraqueza, fuja, vá para a primeira tenda e embriague-se.

Aqueles pensamentos caíam-lhe na alma deixando-o aturdido e confuso.

– D'us! – clamou Caleb – ajude-me, Senhor, fortaleça-me.

E, naquele instante, tênue luz envolveu seu coração fazendo com que Elisha recuasse horrorizado. Caleb se recompôs e seguiu viagem.

Quando se aproximava da entrada da sua antiga propriedade, a recordação do semblante de sua amada fez seu coração acelerar, sentiu como se estivesse vivendo naquele tempo. Ia pegar o caminho principal e entristeceu-se, pois, a casa jazia ao abandono, os jardins sem cuidados, o mato crescia, ao chegar à casa, mais triste ele ficou, a casa fora parcialmente destruída, ninguém mais fora lá, a fonte abandonada, a porta de madeira quebrada. Adentrou, folhas por toda parte, pó, os objetos foram levados, somente a visão do lago o acalmou. Rumou para o aposento onde vivera momentos de amor com Marta, tudo vazio. Foi até a saída secreta que levava ao lago, seu coração batia acelerado, parecia que Marta lá estaria a esperá-lo com o coração cheio de amor para ofertar-lhe. Tremeu ao ver o lago, suas pernas estremeceram e ele ajoelhou-se em pranto. A dor de sua alma e o vazio o sufocaram, lágrimas vertiam de seu olhar, sentia como se flechas vazassem seu peito.

Caleb, então, suspirou e reunindo forças retornou tentando organizar a sua vida. Desejou reerguer a propriedade, guardou o animal e improvisou um acampamento na sala principal. Andou por toda a parte a fim de avaliar os estragos e ao cair daquela noite, quando as estrelas cintilavam, Caleb orou:

– *D'us, clamo por Ti, Senhor de Israel, clamo que me tire deste vale dos mortos, pois morto estou, Senhor, nada tenho neste vale, além do vazio do meu coração. Fui privado do sentimento, fui privado da alegria, fui privado da felicidade. Oh! D'us! Clamo por justiça, apazigua D'us, Sua ira, que ela não me conduza ao inferno deste vale. Rompe, oh! D'us, os grilhões do meu corpo para que eu exalte o Seu poder, a Sua força como outrora. Senhor, dê-me a confiança que necessito para voltar a viver.*

Caleb sentia a necessidade de se erguer diante de D'us, seu coração estava morto para qualquer mulher. Sentia saudade daqueles dias, ele não se sentia vivo, era como uma folha seca ao vento.

* * *

Na manhã seguinte a casa de Zimra encheu-se de barulho, era Asha que retornava com o coração coroado e feliz. Orlit a recebia com extrema afeição, temia que ela a abandonasse. Dan, no entanto, não parara, deixara Asha e seguira viagem, havia muitos dias que ele se ausentara.

Asha enchia a casa de alegria, e após todos os diálogos acerca da nova casa e de Jerusalém, Orlit falou:

– Minha filha, quero lhe revelar algo.

– Diga-me, então – falou a menina com alegria.

– É sobre o seu pai.

– Ora, meu pai foi para Corazim – disse ela com exaltação, referindo-se a Dan.

– Não, Asha, é sobre Caleb, seu pai verdadeiro.

– Sim – disse a menina.

– Ele retornou – falou Orlit com voz séria.

Ela, então, calou-se, seus olhos negros começaram a procurar em volta do ambiente. Então, Orlit revelou:

– Ele viajou e regressará amanhã, deseja conhecê-la. Você quer, minha filha? – perguntou Orlit.

Asha, então, disse:

– Eu sonho com isto todos os dias, D'us! – disse ela. – Como o Senhor é bom, eu tenho um pai e ele não me esqueceu.

E Zimra, que a tudo ouvia, sorriu de contentamento. O mesmo, no entanto, não fez Orlit que franziu a testa, sentiu que a razão de sua vida estava para ser arrebatada.

Asha, então, erguendo-se, correu para Zimra e falou:

– Como é ele? Forte, bonito, inteligente? Falou sobre mim? Por que não voltou antes?

– Calma, – disse Zimra sorrindo com toda a agitação dela – amanhã terá todo tempo com seu pai, agora precisa banhar-se para que seu pai a veja feliz e bela.

– Sim – disse ela.

E batendo palmas como se fosse uma festa, ergueu-se rindo de contentamento e se dirigiu para o aposento.

Zimra, vendo Orlit triste e aborrecida, disse:

– Aquele que não se alegra com a ventura do seu próximo, não sabe o que é amor.

E Orlit, olhando-a, retrucou:

– Estou triste, pois sei que a perderei – disse ela.

– Ou quem sabe, minha irmã, você a terá para sempre – retrucou Zimra e retirou-se.

* * *

EZIEL NÃO CONSEGUIA esquecer Asha, a bela gazela primorosa, sua mente, seu olhar doce, sua voz o deixava encantado a tal ponto que o rapazola já não se alimentava como antes, preferia a solidão do aposento ou os escritos do Templo, somente nestes momentos conseguia ficar com a sensação doce daquele olhar.

Reina, notando o estranho comportamento de Eziel, não desejou falar com Mia, pois sabia que ela seria contra qualquer donzela que se aproximasse dele, afinal, ela desejava outra moça para Eziel.

O fato é que a semana passou e o rapaz, inquieto por demais, chamou Reina para revelar suas atitudes distantes e as inquietudes de seu coração.

A idosa se acercou de Eziel naquela manhã, mais uma vez o rapazola não se alimentara. Olhando firmemente as flores que emolduravam o jardim, Eziel falou:

– Não consigo esquecer da moça chamada Asha, não serei feliz enquanto não tiver esta gazela, é ela que desejo como minha noiva.

– Ora, Eziel, – disse Reina – não sabe nada acerca do amor, como pode desejar uma moça que viu apenas uma vez? Esqueça estas ideias ou deseja que sua mãe adoeça? – disse Reina a fim de testar o rapaz.

– Não, não é isto que desejo.

E Eziel, calando-se, recordou-se do que Dan falara acerca do Mestre e, erguendo o olhar, disse:

– Crê mesmo neste Messias que foi crucificado?

– Sim – disse Reina, não compreendendo o interesse de Eziel.

– Pode, porventura, falar-me dele? Ensinar-me os ensinos deste Profeta?

E Reina, sorrindo, disse:

– Sim, meu filho, mas deve ter cautela, pois sua mãe não deseja que seja um seguidor do Mestre, isto lhe privaria das honras do Templo.

– Terei cautela, hoje à noite quando regressar, ensine-me sobre este Profeta.

– Está bem – disse Reina intrigada com os modos de Eziel.

* * *

ERA UMA TARDE agradável quando Dan chegou em sua casa, o coração cheio de alegria, notou que o silêncio imperava, os criados pareciam entristecidos e estranhou o fato de somente seu filho vir recebê-lo.

– *Shalom*, disse o rapaz de aspecto lúgubre e desolado.

– Ei, – disse Dan – o que é? Não tem festa para mim? – inquiriu ele com o coração apertado.

– Minha mãe está muito enferma e minha irmã está tão doente quanto ela.

– D'us! – exclamou Dan – deixe-me chamar o médico.

– Não há esperança, pai – disse o rapaz com voz cheia de sofrimento.

– O que diz? Por que não enviou recado?

– Minha mãe não me permitiu.

– Oh! D'us.

E correu, erguendo as mãos, para o aposento onde Shayna se encontrava. Incenso e ervas aromáticas inebriavam seu leito. Shayna encontrava-se pálida, olhos delirantes, boca ressequida, uma serva auxiliava com pano nos lábios para refrescá-la.

Ao ver Shayna naquele estado, Dan lamentou em seu coração não ter regressado antes. A serva, vendo sua presença, retirou-se enquanto Dan ajoelhava-se junto ao leito. Shayna, vendo-o, nada falou, seu olhar singelo deixou que lágrimas escorressem. Dan levou suas mãos até a face de Shayna acariciando-a e disse baixinho:

– Eu te amo, não me deixe, por favor.

Aquelas palavras que Shayna desejou ouvir durante anos caíam-lhe na alma como bálsamo a suavizar suas feridas. A espera pelo amor de Dan abrira na alma suave de Shayna feridas profundas que ela jamais lhe revelara. Naquele momento Dan se deu conta do quanto fora egoísta e cruel com ela, o quanto ela o amara durante anos, sem um gesto de seu coração, sem um agrado ou uma entrega verdadeira de sua alma. Dan sentia-se fracassado, e ali, naquele leito, estava a mulher que lhe amara mais que a ela mesma, ela estava morrendo. Dan apenas disse:

– Perdoe-me, Shayna! Perdoe-me pela minha ausência, pela minha falta de amor por você e pelos nossos filhos. Esqueci-me que o maior tesouro que eu tinha estava aqui. Busquei a alegria longe, no passado e no futuro, e a alegria verdadeira D'us me ofertava em seus braços, nos momentos do presente que eu desprezei, que eu não tive a nobreza de reconhecer em você. Estava muito ocupado com meu passado para ver o presente lindo que D'us me ofertava, a chance do recomeço.

– Agora pode viver com Orlit, – disse Shayna com dificuldade – pode ser feliz com ela, eu não me importo, pois sei que dei meu coração todos os dias a você. E agora, para vê-lo feliz, entrego minha vida a D'us e os meus filhos entrego a ela, para que ela seja mãe no meu lugar, como deve ser – dizia ela com voz fraca.

– Não, – disse Dan – não deve ser assim! – exclamou.

E, erguendo-se, chamou a serva para que cuidasse dela. Enviou um servo a Damasco a fim de chamar Ananias e foi para o templo orar[17]. Sua filha também estava enferma, mas resistindo melhor que a mãe. Dan sentiu o peso da culpa de todos os anos em que agiu com indiferença ao amor de Shayna.

– Por que, D'us, eu fui tão cruel? Por que aprisionei meu coração a Orlit e neguei o amor a Shayna? Quando ela tudo fazia para me ver feliz e bem, por que me deixara cegar por uma mulher que não me queria, que me abandonara, que era superficial?

Dan naquele momento começava a ver Orlit de outra forma, sim, esta paixão o enlouquecera, sentiu-se fraco e desesperado, chorou e clamou a D'us. Dan sentia o peso da dor de nunca ter libertado o próprio coração a fim de que o amor de outra mulher o tocasse e ali, diante da perda de Shayna, ele sentiu que fora um tolo, um tolo que vivera atrás de ilusão, pois a própria Orlit nunca o aceitara, mesmo após a viuvez, não tivera o amor verdadeiro em sua alma, movida pelo orgulho não o aceitara. Dan chorou copiosamente.

* * *

Caleb retornara a Cafarnaum com o coração pesado pelas recordações de seu passado, estava cheio de amargura e mágoa, sua aparência era de um doente que tentava se recuperar, olhos profundos, face magra, a tosse que não o deixava. Adentrou o pátio da casa de Pedro, o ranger do portão despertou a curiosidade de Asha que, naqueles dias, não conseguia fazer outra coisa senão esperar pelo encontro com o pai.

Caleb, então, ergueu a face a fim de ver quem o observava, suas pernas fraquejaram diante do doce olhar de Asha, a semelhança com a mãe o transportou ao tempo de sua juventude, era bela e delicada como sua Marta, ficou parado como se tudo de repente parasse também. Asha, no entanto, ao vê-lo não achou que fosse

17 Yeshua nunca impediu aqueles a quem curou de permanecer com suas crenças, muitas vezes dizia: vá e se apresente ao sacerdote, como em Marcos cap. 1:40 a 44.

seu pai, pois para ela ele era como um príncipe, um homem importante, cheio de orgulho e honras. Aproximou-se tentando saber o que desejava, talvez fosse algum mercador. À medida que ela se aproximava, Caleb tremia, a emoção tomou-o por completo quando notou o anel que dera a Marta pendurado em delicado cordão no pescoço dela. Caleb ajoelhou-se em pranto. Asha então compreendeu e ajoelhando-se junto a ele, falou:

– Meu pai, meu pai, não chore, estou aqui.

A partir daquele momento suas vidas nunca mais seriam as mesmas.

4. A promessa

Seis anos se passaram desde o encontro de Asha com Caleb. Agora ela era uma bela jovem adulta, seus traços continuavam firmes e delicados, lembrando sua mãe.

Caleb tornara-se um homem menos amargurado, Asha ensinara-lhe que o amor a D'us cura tudo se soubermos honrá-Lo em nossa alma. Porém, ela ainda entristecia por ele não aceitar Yeshua como o Salvador, embora não a proibisse de falar do Mestre e de continuar a seguir seus ensinos. Caleb culpava o Mestre pela perda de sua amada Marta.

Orlit morava com eles na casa de Zimra, pois ela havia partido para Roma com Pedro. Infelizmente naqueles dias tudo se tornara difícil para ela. Dan não falara mais com ela após a morte de Shayna, isolara-se de todos, vivia em Jerusalém com seus filhos, não tolerava ficar frente a frente com ela. Orlit acreditava que Dan viria buscá-la, mas se decepcionou com sua expectativa, pois ele não desejava nem vê-la.

Asha costumava visitá-lo, no entanto, ela sabia que não podia ir com Orlit, que se sentia amargurada e infeliz, envelhecia na solidão.

Por aqueles dias Caleb levaria Asha a Jerusalém, pois sua prima, a filha de Dan, estava comprometida com um nobre rapaz da sua região e Asha gostaria de vê-la antes do casamento. No entanto, Caleb, em seu íntimo, não desejava ir, mas para satisfazer a filha concordou. Partiram naquela manhã ensolarada, a viagem seria longa, embora houvesse intimidade para Orlit acompanhá-la, esta não o fez, alegando estar velha por demais para tais viagens. Sabia que Dan não a queria.

Após a partida de Caleb e Asha, Orlit se amofinava pelos cantos da casa, nada lhe dava prazer, já nem tinha fé em sua vida, vivia por viver, a beleza fora roubada pelo tempo, o amor de sua juventude também, restava apenas Asha. Suspirava tentando alinhar os pensamentos. Caminhou para a moenda onde as oliveiras refrescavam a casa, pensou em sua vida, sentiu-se uma mulher feia, lágrimas começaram a descer de sua face. Por que tudo acontecera de forma diferente do que desejava? Pensou em Dan, o que ela fizera para merecer este castigo, esta punição?

* * *

Em Jerusalém, Reina vivia seus últimos dias. A matrona senil, já não conseguia se levantar, o que muito incomodava Mia.

Sentada em uma cadeira revestida de peles, a matriarca da família, Mia, observava o ir e vir dos servos. Sua pele envelhecera dando-lhe um aspecto de mulher madura, sulcos se formavam em torno dos olhos deixando-lhe desesperada, o excesso de maquiagem dava-lhe um semblante mais pesado. Os cabelos esbranquiçados eram tingidos com hena, ela não conseguia vencer o tempo, e isto lhe fazia muito mal, pois seu humor mudava constantemente. Necessitava sempre estar rodeada de pessoas a satisfazer seus desejos, com roupas, joias e festas. Adorava festas e aproveitava para arrastar Eziel com ela. O torpor do dia a dia a fazia ver a realidade, estava meditando em como se livrar de Reina. Sabia que o filho amava a idosa, mas ela não suportava pessoas enfermas que lhe causavam contratempos. Suspirou ao ver Eziel, como estava igual a Elisha, o mesmo ar imponente, a mesma aparência que a fizera cair de paixão, de um sentimento que a enceguecera. "Elisha!", lembrou ela com o mesmo sentimento de outrora.

Eziel então falou:

– Minha mãe! – despertando Mia de seus pensamentos. – Diga-me o que deseja? – disse Eziel.

– Ora, filho, é Reina, não posso mantê-la aqui causando este transtorno a todos.

– Como, minha mãe? Ela só tem a nós e depois os servos cuidam dela.

– Chega de desculpas, filho, tudo isto me faz mal, sabe que sou uma mulher doente – e começou a chorar. – Oh! Meu D'us, crê que eu sou má filha, – prosseguia ela dissimulando um gesto nobre – eu devo tudo a Reina, mas meu coração não suporta vê-la assim. Agora me entende?

Eziel, aproximando-se, amparou a mãe abraçando-a sem suspeitar que ela, em seu íntimo, alegrava-se em não ter Reina sob a sua tutela.

– Está certa, minha adorada mãe, eu mesmo providenciarei que ela vá para um local mais adequado. Hoje mesmo ela partirá, assim terá mais paz em seu coração – e, olhando-a, saiu entristecido para as ruas de Jerusalém.

O sol ia alto, as ruas empoeiradas, cobriu o rosto a fim de não inalar o pó das vielas. Meditava a caminho do templo, em seu coração sentia o peso de ter que levar Reina para outro local.

Ao chegar ao templo, procurou o local adequado à oração a fim de aliviar suas angústias. Prostrou-se diante de D'us e orou por toda a manhã a fim de obter a resposta que tanto ansiava, até que, após horas de oração, veio-lhe à mente Itti, sim, ele iria até Itti a fim de explicar os motivos. Grato a D'us, saiu do templo rumo à casa de Itti que ficava na entrada de Jerusalém. Ao chegar à casa singela onde pessoas se amontoavam à espera de socorro, ele, como doutor, passou sem ser tocado pela pequena multidão que ali estava. Adentrou a modesta casa sem grandes dificuldades. Itti, ao vê-lo, temeu por Reina, pois sabia que ela continuava muito enferma.

– *Shalom* – disse ela apreensiva.

– *Shalom*, – respondeu ele secamente – venho falar-lhe acerca de Reina.

– Venha aqui nesta sala, ficaremos mais acomodados.

E, levando-o para pequeno cômodo onde a luz do sol penetrava criando mosaicos nas paredes rústicas, solicitou que ele sentasse.

– Diga-me, o que se passa? – falou Itti com o semblante mais ameno.

– Bem, não posso manter Reina sob os cuidados de minha mãe, ela está fragilizada com o estado dela, sabe como minha mãe é frágil.

– Sim – disse Itti.

E antes que o rapaz completasse, disse:

– Quando posso buscá-la?

– Hoje mesmo, agora se for possível.

– Sim, será.

E, chamando um dos servos a fim de providenciar a carroça, foram em busca de Reina.

Ao chegar à casa de Eziel, Itti entrou a fim de falar com Reina. Ela estava em cômodo afastado, somente uma serva cuidava da idosa que estava pálida e frágil. Ao ver Itti sorriu, pois sabia que seria cuidada pela serva leal que, ajoelhando-se junto a ela, disse:

– O Senhor lhe quer sob a tutela d'Ele a fim de que se restabeleça e sirva-Lhe.

– É tudo que mais anseio – disse a idosa com dificuldade em sua voz rouca.

– Então iremos para minha casa.

Eziel chorava em seu coração embora as lágrimas não externassem. Reina representava em seu coração sua mãe, sentia-se ferido por ter que ficar longe dela, no entanto, sabia que sua mãe, Mia, faria qualquer coisa para se ver longe do sofrimento de Reina. Segurou as mãos de Reina até que estivesse acomodada na carroça e disse:

– Eu a visitarei todas as manhãs, prometo.

– Sim, meu filho, eu aguardarei.

E partiram deixando apenas o pó das lembranças para trás.

Mia a tudo observara feliz da ampla janela do seu aposento. Não desejava se misturar com aquelas pessoas, ela era melhor, muito melhor, sentia-se superior a tudo e a todos.

* * *

Após alguns dias de exaustiva viagem, Caleb chegou a Jerusalém. A imagem da cidade despertara nele conflitos antigos. Logo avistaram a casa de Itti, onde se hospedariam. A tarde caía lenta.

Itti ao ver Asha encheu-se de júbilo e a recebeu com caloroso abraço e com saudações alegres cumprimentou Caleb.

Logo que se acomodaram, ela providenciou sopa de lentilhas a fim de confortá-los, oferecendo vinho e pão para acompanhar. Logo Caleb soube que Reina ali se encontrava, ele não supunha voltar a vê-la após tantos anos.

Aquela seria uma viagem de muitas surpresas. Então ele soube que Mia estava viva e bem, a raiva cresceu em seu íntimo, afinal, por causa daquela víbora muitas coisas horríveis ocorreram.

Após a conversa inicial com Itti, Caleb desejou ver Reina. Então, a antiga serva os conduziu até ela.

Reina repousava em agradável aposento, o leito rodeado de mantos e almofadas, a janela deixava entrever as primeiras estrelas trazendo agradável aroma dos jasmins e o perfume do cedro. A lamparina acesa dava aconchego à idosa, a um canto ervas aromáticas e água. Uma serva fazia-lhe companhia.

Caleb adentrou com Itti, pois Asha estava cansada por demais desejando recolher-se. Ao vê-lo, Reina não o reconheceu, afinal, Caleb não retornou a Jerusalém desde os dias trágicos de outrora. Então, Itti com gentileza acomodou-a de forma que ficasse sentada para dialogar com Caleb, e disse:

– Recorda-se deste irmão, Reina?

Ela focara a visão e então disse em tom baixo:

– Não o conheço, diga-me: quem é?

E Itti a sorrir falou:

– Caleb, aproxime-se para que ela o veja de perto.

E o fez sentar-se próximo a ela, que em silêncio permanecia, como se não cresse no que via.

– Sou eu, Reina, – disse Caleb com delicado bom humor – o tempo me castigou, mas sou eu.

– Caleb, então ainda não sabe? – disse ela com voz fraca.

– Não sei o quê? – disse ele sem entender.

– Filho, Mia deu à luz um filho seu, foi por causa deste filho, raiz de sua família, de seu sangue nobre, que ela conseguiu as facilidades de uma vida de luxo. Foi sua raiz que a fez prosperar, mas agora, – dizia a idosa com sofreguidão – agora temo por ele, Mia é má e o subjuga, o manipula, seu filho merece outra sorte, Caleb, tome-o sob sua guarda.

– Não é possível tal fato, Reina, eu nunca me deitei com Mia, jamais a tive como esposa, por muito amar Marta e porque ela me enoja.

A idosa então se afligiu:

– Então minhas suspeitas se confirmam, ele é filho de Elisha.

– Sim, – disse Caleb – ela carregava um filho de Elisha no ventre, pois desejava me atrair e ficar com todos os meus pertences, ela e Elisha foram amantes.

– Quanto pecado, D'us – disse Reina angustiada.

E preocupada com Eziel disse:

– Caleb, ele é um bom rapaz, apenas está sob a influência dela. Poupe-o de toda esta tragédia. Eziel crê ser seu filho, crê ter a raiz de um nobre.

– Isto não me importa, pois tudo que quero já tenho, minha filha Asha, ela é meu tesouro, quanto a este rapaz, eu me ocultarei dele.

E Reina suspirou aliviada, pois temia que Caleb se vingasse ferindo Eziel, seu filho do coração.

Após aquele diálogo, Caleb rumou para a parte externa da casa. Sentia-se irritado com tudo aquilo, aquela mulher fora infiel e agora vivia sob a tutela de pessoas influentes, gozando dos bens de sua família. Pensou em Marta, "se não fosse Mia nada teria ocorrido", estranhas sombras começavam a envolver Caleb alimentando sua repentina irritação, fazendo com que ele perdesse o controle de suas emoções. Caleb sentiu-se ultrajado, ele acabaria com toda aquela farsa, Mia pagaria por tudo, por toda tragédia que conduziu sua amada até aquele Profeta. Passou as mãos na barba, olhou o firmamento, como se pedisse a proteção de D'us e não percebeu que Asha se achegava ao local com olhos brilhantes, enlaçou o pai carinhosamente e falou:

– Meu pai, este lugar deve lhe trazer recordações felizes de minha mãe.

E Caleb disse com voz cheia de emoção:

– Sim, foi aqui que sonhei que teria sua mãe para toda existência, planejávamos fugir, ir para o Egito, viver uma vida singela, com as bênçãos de D'us. Ainda me recordo de sua voz, mas agora tenho você, minha doce filha, você é meu conforto.

– Pai, você ficará com minha mãe no reino do mestre Yeshua. Ela o aguarda lá – disse Asha com fé em suas palavras.

– Este reino, minha filha, foi o que levou sua mãe, não me fale deste reino, deste Mestre, sabe que não o tenho em meu coração.

– Pai, não diga isto, pois somente com ele em seu coração poderá estar com minha mãe e comigo – dizia Asha com voz triste.

– Não fale tolice, tudo perdi por causa deste reino.

E Asha, compreendendo a dor e a amargura de seu pai, calou-se.

Elisha, no entanto, os espreitava, sentia em seu íntimo que ali se encontrava a forma de aprisionar Caleb, de levá-lo à ruína.

Na manhã seguinte, Eziel, aflito por notícias de Reina, dirigiu-se para a casa de Itti a fim de vê-la. O inesperado aconteceu, Eziel foi recebido por Asha. O rapaz, agora quase um homem feito, ao vê-la calou-se, sem palavras que pudessem expressar sua emoção, era ela, a linda e formosa moça de outrora. Ao reconhecê-lo, Asha sentiu estranha sensação de alegria, seu coração se descompassou, e ficaram a se olhar até que Itti, notando o estranho fato, foi ao encontro da jovem que estava de pé à porta.

– *Shalom*, a paz do Senhor – disse Itti.

– Como ela se encontra? – inquiriu Eziel sem olhar para Itti.

– Muito frágil, venha. Ela ficará feliz em vê-lo.

Eziel rumou célere para o aposento. Reina estava pálida, suas forças se apagavam como uma vela que chega ao término. Cercada pela presença de Itti ela se esvaía a cada minuto, desligando-se do seu corpo cansado e doente. Ao ver Eziel esboçou um sorriso, seu olhar cheio de ternura buscou sua mão.

– Filho – disse ela com fragilidade.

– Sim, eu estou aqui.

– Não tema por mim, cuide de sua vida, seja reto e bom e me fará feliz.

– Eu farei tudo que me ensinou, porém, terei que contrariar minha mãe.

– Por quê? – disse a idosa.

– Não posso assumir o compromisso com a moça que ela escolheu, temo que esta não seja a vontade de meu coração.

– Faça o que seu coração manda Eziel, no coração está também a vontade de D'us, creia nisto.

– Sim, eu creio

Naquele momento Asha adentrou o aposento trazendo chá para a idosa. Eziel ao vê-la inquietou-se, os seus olhos brilhavam, tamanho desejo de falar-lhe. Reina viu seu semblante se modificar e lamentou em seu coração pelo fato que naquele momento ela percebia: Eziel estava apaixonado por Asha. Logo que ela se retirou do aposento, Reina falou:

– Esta moça não serve para você, é uma seguidora do Mestre.

E Eziel, olhando-a, aduziu:

– Quem sabe ela necessita de um doutor que lhe diga a verdade acerca deste Messias.

– Não faça isto, Eziel, Asha é uma moça muito boa.

E ele, tentando acalmá-la, disse:

– Nada farei, fique em paz.

Ao retirar-se do aposento, Eziel viu a figura de Caleb junto a Asha, ela o servia com afeto sem medidas e ele acariciava sua face com desvelo de um pai que teme perder o bem mais precioso. Eziel sentiu um estranho ciúme lhe possuir as estranhas e dirigiu-se a Itti que o aguardava na sala junto a outros enfermos. Ele revelou interesse por Asha falando:

– Aquele que está junto àquela moça é o esposo dela?

– Não, – disse Itti – é o pai.

– Pensei que o pai dela fosse outro – disse ele com desenvoltura, pois recordava-se do encontro que tivera.

– Não, aquele é Dan, é como um pai do coração.

– Entendo.

E, despedindo-se, deixou o local aliviado com a perspectiva de se comprometer com ela.

* * *

Os anos haviam castigado Dan, a perda de Shayna o fizera amargo, pois julgara perder a única mulher que verdadeiramente o amara sem pedir nada em troca, sem exigir nada, apenas o amava, suportando sua dureza, sua constante indiferença. Seus filhos haviam crescido e sua filha em tudo o consultava, demonstrando respeito pelas decisões do pai.

Naquele tempo, muitos dos apóstolos já não viviam em Jerusalém, e os gentios começavam a aprender com Paulo acerca do Mestre. Dan tornara-se cristão, vivia em constante vigília, embora morasse em uma bela propriedade.

Quando o sol ia alto, os servos vieram ao seu encontro, ele estava absorto em seus pensamentos, quando Caleb lhe surgiu diante dos olhos. Rever o amigo era uma grande alegria, logo buscou abraçá-lo fraternalmente. Sabia que Asha devia estar com ele, pois muito gostava de sua filha. Ao ver a bela filha de Caleb, sentiu-se feliz e confortado. Asha foi ao encontro da filha de Dan, enquanto ele e Caleb conversavam, caminhando pela propriedade. Então, Dan lhe falou:

– Irmão, será que a fé que anima Asha anima seu coração?

Caleb, um pouco perturbado pelos fatos que acabavam de chegar ao seu conhecimento, tinha o coração pesado e após meditar disse:

– Não, irmão, não confesso uma fé que não vive em meu espírito, embora veja que a Boa Nova se espalha, não consigo amar este Messias.

– Entendo, – disse Dan – mas o que espera para Asha? Não poderá privá-la de ter sua fé e seguir Yeshua.

– Nunca o fiz, ela o segue tomando as precauções naturais, pois as perseguições partem dos judeus. O nosso povo se aniquila, embora não percebam os judeus induzem os romanos a verem os cristãos como uma ameaça ao povo deles.

– O que sabemos ser uma blasfêmia, temo por Paulo, preso tantas vezes. Mesmo Pedro, dando testemunho diante deste povo, ainda assim eles nada aprendem – disse Dan.

– Não sei, não desejo me envolver, na verdade estive ausente neste período – falou Caleb.

– É verdade, quando o Mestre foi sacrificado na Páscoa todos pensavam que era o fim, no entanto, na festa da colheita o espírito de D'us tocou os apóstolos e a verdade se revelou. Como o próprio Messias disse, "ide, fazei novos apóstolos, batizai, levai a boa nova", e hoje, o espírito de D'us toca a todos erguendo-os diante do povo – disse Dan, tocado de paixão pelo Mestre.

– Mas se tem esta fé, por que não perdoa Orlit? – inquiriu Caleb.

Dan silenciou e respondeu:

– A minha fé me fez perdoar Orlit, mas a minha razão me diz que falhei com quem sempre me ofertou amor, então não consigo me perdoar de todas as minhas atitudes, e quero honrar aquela que me conduziu ao Mestre, Shayna. Ela se revelou muito mais que uma mulher, ela se revelou minha esposa diante de D'us.

– Mas, e seu amor por Orlit? – inquiriu Caleb.

– O amor, Caleb, não pode ser amor quando erigido na ilusão, na luxúria. O amor terá que ser amor em qualquer infortúnio, quando amamos nos despimos de nossas almas e revelamos o que somos sem medo, o amigo me compreende? Nos momentos difíceis não me revelei para Orlit por temer a reação dela, e no momento em que ela me encontrou não teve compaixão, e sim medo, horror por aquele homem caído e cego. Mas Shayna, ela me viu, ela me amou mesmo me vendo como réprobo, como ser mísero, sempre tolerando minhas mazelas, sempre se calando quando eu a feria com meus espinhos.

E Caleb sentindo que o amigo se angustiava falou:

– Compreendo, mas sem querer abusar necessito de seu auxílio.

– Em que posso eu lhe ajudar? – disse Dan parando próximo a uma figueira.

– Bem, – iniciou Caleb – é sobre o filho de Mia, você sabe que não sou o pai deste rapaz.

– Sim, eu sei – disse Dan.

– Porém, esta mulher usa meu nome e se apodera de tudo que tive, não é justo que as coisas assim permaneçam.

– Talvez, meu amigo, o passado deva ser sepultado, será melhor para todos – disse Dan e o silêncio se fez.

Naqueles dias que se sucederam, Eziel ia frequentemente à casa de Itti e tornara-se amigo de Asha. A forte atração que eles sentiam entre si começava a preocupar Itti que a tudo acompanhava sem falar com Caleb.

Mia, no entanto, começava a desaprovar o comportamento de seu filho, notara a mudança brusca, afinal, o que ele fazia todas as manhãs? Por que ia sempre visitar Reina? Mia ficava na espera de respostas que nunca chegavam.

Após duas semanas que se encontravam em Jerusalém, chegou o dia do casamento da filha de Dan. Os noivos estavam felizes e a festa durou três dias.

Enquanto isso a saúde de Reina se enfraquecia cada dia mais. Naquela noite em especial, a idosa já estava visualizando o mundo espiritual. Itti ao seu lado permanecia em prece, logo sua respiração tornara-se difícil. Ao visualizar Débora em seu aposento, a idosa sorriu e ao olhar para Itti falou:

– O Senhor me chama.

Itti, então, compreendeu que era chegado o momento, beijou a fronte de Reina que cerrou os olhos para não mais despertar. Reina desencarnava tranquila, amparada por Débora e Marta que a conduziram ao campo de refazimento. Eziel foi avisado e sentiu-se muito fragilizado. Quando chegou à moradia de Itti já estava aflito e entristecido, ao adentrar desejou ver Reina a fim de providenciar o seu sepultamento.

Asha, ao vê-lo, condoeu-se de seu semblante, pois naqueles dias tornaram-se muito amigos, ele, notando sua suave presença, procurou o seu olhar e Caleb que ao longe observava se irritou com o fato de notar que algo havia entre os dois.

Após o sepultamento, Caleb chamou Asha para dialogar, estava inquieto e temeroso. Sentado próximo ao jardim aguardava pela filha que sem demora surgiu com o olhar melancólico. Caleb, então, disse:

– Minha filha, venha, aproxime-se.

E ela com suavidade o fez.

– Asha, notei o interesse deste rapaz chamado Eziel por você, não o conheço e muito me preocupo com este fato.

Asha mansamente replicou:

– Meu pai, Eziel era como um filho para Reina, sei que não o conhece, pois sempre que aqui vinha, o senhor estava na propriedade de Dan.

– E acha que está correto, minha filha, receber um homem sem seu pai ao lado? – falou Caleb com tom severo.

– Não, meu pai, porém estava em casa de amigos e jamais fiquei a sós com ele, sempre na presença de Reina ou de Itti – disse ela com tom respeitoso.

Caleb, temendo que algum interesse ela tivesse por este rapaz, disse:

– Pois bem, eu não desejo que tenha liberdades com este rapaz.

– Meu pai, por que age assim? – exclamou Asha como que decepcionada.

– Ele é um fariseu e você uma cristã, fariseus perseguem cristãos.

– Mas Eziel jamais faria isto, ele conhece os ensinos de Yeshua, Reina o ensinou.

– E o que isto muda, minha filha? – disse Caleb em tom inquiridor. – Ela morreu conosco e não junto a ele, ele é um fariseu, amanhã partiremos – concluiu Caleb.

Asha, porém, disse:

– Deixe-me despedir dele.

– Não estou compreendendo, filha, acaso este moço tem algo com você para que se despeça?

– Meu pai, – disse Asha com voz entrecortada – é que eu gosto da companhia dele – disse envergonhada.

Caleb ficou estupefato e, erguendo-se, disse:

– Não se iluda, Asha, ele é um fariseu, nunca se interessará por uma cristã, o melhor a fazer é seguirmos o nosso destino, ou deseja renunciar a sua fé por ele?

E ela, erguendo o semblante, com voz triste falou:

– Tem razão, meu pai, partiremos pela manhã, posso me recolher? – disse com voz entrecortada.

– Sim – retrucou Caleb satisfeito.

Asha se recolheu, seu coração estava aflito, pois nutria por Eziel um sentimento maior que a amizade. Porém, seu pai fora sensato, "o que ele desejaria de mim?", pensava enquanto lágrimas escorriam de seus olhos.

Caleb permaneceu no pequeno jardim a olhar o céu que se enchia de pontos luminosos, meditava acerca da conversa, infelizmente, Asha parecia gostar daquele rapaz de ar imponente. Ele deveria levá-la para longe, não deveria permanecer em Jerusalém, afinal, Eziel era o filho de Mia e ele não perderia a sua filha para aquela família, não. Asha era a única herança de seu amor por Marta, ele não permitiria tal aproximação, jamais.

* * *

Embora Eziel tivesse grande apreço por Reina, sua mãe não nutria o mesmo sentimento. Logo que ele retornou para casa, Mia foi ao seu encontro.

Eziel jazia na sala onde guardava seus manuscritos, sentia-se vazio e decepcionado com sua mãe que não se interessara em ver Reina ou mesmo ir ao sepultamento. Estava sentado meditando com seus pensamentos quando Mia penetrou no recinto. Ao vê-lo acabrunhado, ela aproximou-se e com voz fingindo tristeza, disse:

– Ah!, meu D'us, que Reina possa estar com os justos, eu sinto tanto a sua ausência.

Eziel, ao ouvi-la, disse secamente:

– Deveria ter cuidado dela e não a levado para longe.

– Meu filho, como fala assim com sua mãe? Sabe que era um tormento vê-la no sofrimento, por isto ela foi morar com Itti.

Eziel sentiu que sua mãe só desejava agradá-lo tentando justificar a sua ausência, então, lamentando em seu coração, ergueu-se e disse:

– Eu sei, minha mãe, apenas estou cansado – replicou ele.

Mia, contudo, notara a diferença que ocorrera naqueles dias com Eziel e aduziu propositalmente:

– Espero que agora tenha tempo para visitar a sua prometida.

Eziel, então, parou diante dela e com o olhar perdido buscou a face suave de Asha e, retirando-se, deixou Mia intrigada pelo silêncio.

"Sim, algo ocorria com Eziel", pensou Mia, mas o que seria ela iria descobrir, enviaria algum servo para observá-lo pela manhã.

* * *

Naqueles dias de ausência em Cafarnaum, Orlit sentia-se inquieta, recebera notícias de Zimra através de um mensageiro que havia regressado. Zimra narrara a dificuldade dos cristãos e o quanto eram perseguidos e sacrificados. Orlit sentiu uma aflição profunda, mas a mensagem narrava também a fé viva que muitos nutriam pelo Mestre.

Orlit tentava manter os pensamentos firmes na expectativa de que Zimra regressasse logo. Pensou em Asha e sentiu-se aliviada por ela não ter ido com eles. Pensou em Dan, como deveria ter sido o enlace de sua filha, como ela gostaria de ter participado da festa. Logo percebeu que deveria preparar o alimento a fim de levar aos enfermos que se abrigavam em sua modesta casa, onde os apóstolos e simpatizantes do Cristo se reuniam a fim de propagar a Boa Nova e levar consolo àqueles que necessitavam. Rumou para a cozinha onde Minar já se encontrava a cortar alguns legumes, sorriu e se pôs a auxiliá-la.

* * *

Itti naquela manhã ficou surpresa por deparar-se com Asha em oração antes mesmo que o sol surgisse. Ela estava com o semblante abatido e lágrimas vertiam de seus olhos.

Itti aguardou que ela finalizasse sua oração e aproximou-se a fim de abraçá-la. Asha, ao vê-la, chorou copiosamente em seus braços, até que Itti falou:

– Minha filha, o que se passa neste coração, é por Reina que chora? – questionou Itti acariciando seus cabelos.

– Não – disse ela enxugando o semblante – eu sei que Reina se encontra no reino de Yeshua, junto a minha mãe. Estou triste por amor, amor a Eziel, oh! D'us, ele é um fariseu! – suspirou ela.

– Minha filhinha, – disse Itti surpresa pelo desabafo dela – Eziel é um rapaz bom e tem o coração cristão, só não sabe, não se inquiete por isto, tenho certeza que ele sente o mesmo por você.

– Tem? – inquiriu ela.

– Sim, vejo como a olha, tem tanto amor em seu olhar.

– Mas meu pai não quer ele junto de mim – disse Asha como a pedir um conselho.

Itti, então, recordando que Eziel era filho de Mia, aduziu:

– Então obedeça seu pai, ele sabe o que é melhor para você, filha, é para isto que tem pai. Quem poderia escolher para você melhor a não ser o pai? Confie na decisão de seu pai, ele deve ter sábios motivos.

E Asha, silenciando, compreendeu que o seu amor deveria ser esquecido.

* * *

Caleb despertara aflito naquela manhã, saltou da cama e sentiu um súbito medo em seu coração. O que ele não percebera era a figura sombria de Elisha vinculada ao seu pensamento. Elisha estava próximo sondando cada emoção, observando cada pensamento, então ele agora poderia arruinar com Caleb em seu bem maior, sua filha. Sim, Caleb sofreria por tudo que o fizera sofrer, estimulou nele a ansiedade e o desconforto da ausência de certeza acerca dos fatos.

Fechando os olhos, Elisha pensou em Mia e como que impulsionado por esta energia foi tragado até o seu lar. Mia estava desperta à frente de um espelho, se autoadmirava quando sentiu estranho calafrio percorrer seu corpo. Olhou para a janela a fim de notar se o tempo esfriara, logo percebeu que o dia seria quente, inquietou-se remexendo o corpo.

Elisha foi como que invadindo seu campo energético com tanta facilidade que ele mesmo estranhou. É que Mia estava exatamente na mesma sintonia, logo sentiu certa melancolia penetrar seus pensamentos. De repente começou a pensar em seu passado, na antiga casa em Betsaida, na vida como serva de Elisha, suspirou recordando de como o amara. Pensou em seu casamento, o dia mais infeliz de sua existência. Efrat veio-lhe à mente, certa irritação agitou-lhe, como se fosse ter uma crise nervosa repentina. Ergueu-se irritada, logo pensou em Eziel, ela iria descobrir o que ele estava escondendo, chamá-lo-ia para o diálogo, não se submeteria aos caprichos de seu filho, rumou célere para acordá-lo.

Mia não notava que Elisha a comandava com sutileza, no entanto, quando chegou ao aposento de Eziel estancou bruscamente, ele não se encontrava, pegou sua túnica e desceu com rapidez até o local das refeições. Eziel encontrava-se no portão do átrio, Mia o visualizou pela ampla janela, não, ela não o chamaria, ela o seguiria. Aguardou até que o portão se fechasse e saiu dando ordens aos servos a fim de que se apressassem a conduzi-la com discrição pelas vielas de Jerusalém.

Eziel se perdia em meio aos transeuntes, mas logo era visualizado, pois muitos se afastavam a fim de que passasse. Ia caminhando, seu coração estava inquieto, desejava falar com Asha, declarar seu amor, seu interesse, desejava ardentemente tê-la, senti-la, seu semblante encantador, sua voz meiga, era linda demais. Ele desejava vê-la e confessar que faria qualquer coisa para tê-la. O que ele não supunha era que sua mãe o espreitava ao longe. Mia, tendo mil pensamentos, estava ansiosa, pois conhecia o caminho para o templo e Eziel tomara outro rumo.

* * *

Caleb fora ao encontro de sua filha, que silenciosa estava. Ao vê-la tão quieta inquiriu:

– Está sentindo-se bem, minha filha?

E Itti, ao vê-lo questionando, balançou a destra como se pedisse para não o fazer. Asha, ao notar o olhar de seu pai de afetuosa preocupação, retrucou:

– Meu bom pai, é apenas indisposição, não tema, partamos a fim de chegarmos em nossa moradia, já providenciei todos os apetrechos para a viagem – disse ela com voz meiga e obediente.

Caleb, então, aliviado, retirou pequena sacola com algumas moedas e deu a Itti, dizendo:

– Irmã, isto é para os seus irmãos que estão em maior necessidade, não é muito, mas para eles será necessário.

Itti recebeu com gratidão, pois sabia que Caleb fazia com sinceridade a singela doação. Ao saírem da modesta casa, o sol já erguido dava à paisagem encantador aspecto, as flores margeavam o pequeno jardim, pássaros cantarolavam. Asha aproximou-se de Itti a fim de abraçá-la, algumas crianças as observavam brincando ao redor. Idosos saíam para tomar o ar da manhã, um bebê ao colo de sua mãezinha se nutria e Caleb ajeitava a bagagem na carroça para a partida. Uma rajada de vento ergueu nuvem de pó, ao longe Caleb ouviu uma voz que chamava sua filha:

– Asha! Asha!

Era Eziel acenando-lhe como que desprovido de qualquer orgulho, é que ele notara a carroça e Asha abraçada a Itti, mas não via Caleb.

Assustada, Asha procurava visualizar quem lhe chamava. Itti manteve suas mãos firmes nas de Asha como que temendo pelo desfecho daquele encontro. Caleb, que arrumava a bagagem, soltando as amarras se entrepôs à frente de sua filha como a dizer que quem a estivesse chamando não era bem-vindo. Logo a nuvem de pó sumiu e Eziel estava a alguns passos de Caleb, que à frente de Asha inquiriu:

– Quem é você?

Eziel, desconcertado com aquela recepção, aduziu:

– Sou Eziel, e não foi minha intenção desonrar sua filha.

– Como não? Fala o nome de minha filha como se fosse o próprio marido? – disse Caleb ríspido.

Asha desejava falar para seu pai que ele era amigo, mas Itti conteve seus ímpetos e, achegando-se de Caleb, falou como num sussurro:

– Por favor, irmão, somos cristãos, não é bom tratar um fariseu assim.

E Caleb, contendo a sua indignação, baixou a fronte e disse:

– Estamos de partida.

Eziel, notando a súbita mudança no comportamento, ergueu a voz e falou:

– Senhor, eu desejo desposar sua filha.

E Caleb, atordoado com tudo aquilo, falou:

– Infelizmente Asha já está comprometida.

– Como assim? – inquiriu Eziel.

– Ela irá se casar com o filho de Dan.

E Asha, que de nada suspeitava, abaixou o semblante em desespero profundo, não conseguia acreditar que seu pai fizera um contrato de casamento sem consultar seu coração.

– Somos famílias muito unidas e Asha já era prometida ao filho de Dan, se é que me entende, doutor.

E Eziel, notando a severidade do assunto, balançou a cabeça como a concordar. Seu coração estava despedaçado, não olhou para Asha, ela estava com semblante baixo. Itti segurava-a firmemente, como a sentir em sua própria alma a dor dela.

Mia, contudo, parada em uma das vielas ao longe os observava, não reconhecera Caleb, pois muito diferente estava, nem poderia ver Asha, pois estava com o véu e o semblante coberto pela figura paterna. Entendeu que se tratava de outra mulher e que deveria ser importante para Eziel ter ido até aquele local imundo. Estava aflita, o que afinal ocorria ali? Manteve-se escondida até ver a carroça seguir.

Eziel ficou ainda imóvel à frente da casa de Itti, estava paralisado, aquela jovem que ele amara desde o primeiro minuto iria casar-se com outro. Ele sabia que Dan era um homem honrado e que possuía bens, era um homem afortunado, embora não gostasse de demonstrar a sua riqueza, desejando sempre se manter longe de festividades e do templo. Olhou para Itti que acolhedora falou:

– Deseja entrar, Eziel?

– Não – falou ele com uma dor que partira sua alma.

E sem nada falar, saiu vagarosamente a pensar.

Itti adentrou a sua humilde casa meditando acerca dos acontecimentos, apesar de muito atarefada, ela tentava entender o que estava ocorrendo. "Caleb havia entregue Asha em casamento ao filho de Dan, D'us, como ele pôde pensar em tal ato?", estava Itti a meditar quando uma das tarefeiras, moças que a auxiliavam, veio chamá-la dizendo que uma senhora de modos soberbos lhe aguardava. Itti deixou sua tarefa e pôs-se a caminho da sala onde deparou-se com a figura de Mia que trazia o semblante severo e olhar inquiridor. Logo Itti falou:

– *Shalom.*

E Mia cravou-lhe o olhar como a fulminá-la de intensa energia. O silêncio imperava e logo após analisar o ambiente, disse:

– O que ocorre aqui, Itti?

Itti, com cautela e sabedoria, disse:

– Bem, sabe como o povo está necessitado e aqui vem em busca do que lhe falta.

– Não seja tola, serva. Falo da presença de Eziel nesta casa imunda – gritou Mia descontrolada.

– Ele sempre veio aqui por Reina – disse Itti com voz mansa.

– Não há Reina nenhuma aqui, quero saber quem é aquela mulher e aquele homem.

– Eu nada sei, pergunte ao seu filho. Precisa de algo mais?

Mia caminhou em sua direção com ímpetos de agredi-la, mas o olhar severo de Itti fez com que se retirasse com ódio.

– Sua maldita! – exclamou Mia pondo-se a caminho de sua casa com mil pensamentos a corroer sua alma.

5. Obediência e resignação

Após longo percurso o silêncio foi quebrado por Caleb.

– Creio que podemos pernoitar aqui – disse ele tentando saber da filha o que ela achava de sua decisão. Caleb temia fazer Asha sofrer, mas naquelas circunstâncias era o melhor caminho.

Asha, ao ouvir seu pai, falou com respeito:

– Sim, meu pai, seria ótimo local.

Após alimentar os animais e providenciar água para eles, Caleb sentou-se próximo a Asha que, silenciosa, preparava o alimento. A brisa soprava fazendo com que o local ficasse ameno e refrescante, as estrelas começavam a cintilar, e a sopa de lentilha perfumava o ambiente. Asha, então, após a refeição, achegando-se de seu pai, falou:

– Meu pai, por que não me disse que eu era prometida ao filho de Dan?

– Por que eu pretendia sondá-lo a fim de saber se ele estava comprometido. Como sabe, Dan sempre lhe teve amor paterno e seu filho sempre foi um rapaz honrado, com a mesma fé que anima a ele e a você, filha.

– Ele está comprometido? – questionou Asha como se fosse um apelo aos céus.

– Filha, se estivesse comprometido jamais teria falado que você é prometida a ele – falou Caleb como que surpreso pela inocente pergunta.

Asha então calou-se resignada pela escolha de seu pai, agora tentava rever em sua mente o semblante daquele que seria seu futuro esposo, embora estivesse próximo no casamento de sua irmã, ele quase não falara com ela. Fechou os olhos e recordou-se do semblante queimado, os olhos grandes, cor de amêndoa, a boca firme e séria, era um belo rapaz, talvez o amor surgisse quando eles pudessem conversar, pensou Asha.

Caleb, no entanto, incomodado com o silêncio que imperava, disse:

– Melhor repousar, pretendo chegar a Cafarnaum logo.

E Asha, calma e quieta, recolheu-se.

* * *

Orlit encontrava-se na moenda junto a Minar a selecionar ervas que seriam aproveitadas para uso doméstico. Quando ouviu o som da carroça, ergueu-se feliz, pois em seu coração ansiava notícias de todos, mas especialmente de Dan. Logo visualizou o semblante abatido de Asha, olhos profundos e a face magra, Caleb estava sério.

Então, após cumprimentá-los, rumou com Asha para o aposento a fim de saber o que se passava. Asha estava silenciosa, da viagem guardara apenas a paisagem, os transeuntes e a doce presença de Eziel em seu coração, ela nunca sentira algo parecido por outro rapaz. Orlit, vendo-a com o olhar distante, achegou-se e abraçando-a, falou:

– O que há? Não parece a Asha que saiu daqui feliz, o casamento não foi bom? – disse Orlit com doçura.

– Não é isto – falou Asha com a voz embargada de emoção, como se fosse romper em pranto doloroso.

– Então me confesse o que sufoca seu coração, minha filha.

– É que eu gosto de um rapaz.

– Ora, que bom! – exclamou Orlit – ele é de boa família, seu pai já sabe? – disse animada.

– Sim, ele procurou meu pai para me pedir em compromisso.

– Hum! Então este rapaz é de boa família – aduziu Orlit alegre.

– Meu pai já firmou compromisso para mim.

E Orlit, espantada com tal fato, disse:

– Como assim? Caleb já lhe deu em compromisso? Com quem?

– Com o filho de Dan – disse Asha tristemente.

Orlit mal se conteve e disse:

– O que há com este homem? Como pode fazer isto? Irei falar com ele, isto não está correto.

– Não, minha mãe, – disse Asha segurando as mãos de Orlit – deixe, meu pai sabe o que é melhor para mim, e depois este rapaz é um fariseu, não compreenderia minha fé.

– Tem certeza, Asha? Não desejo vê-la sofrer como sua mãe.

– Como minha mãe? – inquiriu Asha.

– Sim, como sua mãe, ou acredita que ela foi feliz? Minha doce criança, esqueça este assunto, repouse, depois trarei sua refeição.

E Orlit, revolvendo-se de ira, foi ao encontro de Caleb que estava terminando de alimentar os animais a fim de descansarem da longa viagem, quando viu Orlit caminhando a longas passadas em sua direção.

– Então você comprometeu Asha sem perguntar se o coração dela quer isto? Não se envergonha de fazê-la sofrer? – disse ela desafiadora.

– Ora, Orlit, não lhe devo explicações de minha conduta – retrucou Caleb.

– Deve sim, pois eu criei sua filha, e se não fosse por sua loucura de amor, Marta talvez estivesse viva.

Caleb se impacientou e disse:

– O que lhe incomoda é que é o filho de Shayna o escolhido?

– Não, o que me deixa triste é ver você agindo como meu pai agiu com Marta, sabendo que ela amava você, deu-a a Elisha.

E Caleb, abaixando a cabeça, disse:

– Orlit, o rapaz pelo qual Asha despertou interesse é Eziel, o filho de Mia. Acha que agi por capricho ou prefere vê-la sob as ordens de Mia?

Orlit calou-se e suspirou:

– Não sei o que dizer, apenas salve Asha, não permita que esta mulher se aproxime, por D'us.

– Eu não deixarei – disse Caleb com firmeza.

* * *

Após a primeira semana sem Asha, Eziel encontrava-se completamente diferente, já não tinha entusiasmo em sorrir e nem manifestava interesse pelos fatos do templo, onde tinha compromissos. Mia estava assustada com seu comportamento e desejosa de uni-lo a outra jovem. Achegou-se dele naquela tarde cálida.

– Eziel – disse ela com voz austera.

– Sim, minha mãe.

– Sabe que o tempo passa rápido e que dentro de alguns anos talvez não me tenha mais ao seu lado.

– O que deseja? – disse ele sem rodeios na expectativa de que sua mãe fosse breve.

– Bem, desejo que você honre sua palavra e marque o casamento com a filha do doutor Bartolomeu.

Eziel, ao ouvir isto, ergueu-se e disse:

– Só farei isto depois de regressar de minha viagem.

– Mas qual viagem? – inquiriu Mia com olhos atentos.

– Eu terei que partir amanhã a negócios do Templo, agora devo sair.

E pondo seu manto, retirou-se pelas vielas de Jerusalém, caminhou pelo mercado com o pensamento em Asha. De repente se viu diante da casa de Itti, muitos pedintes estavam nas cercanias como que a aguardar pela ajuda da matrona. Eziel achava aquilo repulsivo, e abriram caminho para ele passar que, sem dificuldades, adentrou na modesta casa. Itti, ao vê-lo, ficou lívida e pensando que ele ali estivesse para repreendê-la falou:

– *Shalom*, o que deseja?

– Saber onde ela está?

– Quem? – questionou Itti, com harmonia em suas palavras, pois não pensava que se tratava de Asha.

– Quem? – disse Eziel – Asha, é óbvio, ou crê que aqui estou por outro motivo?

– Não sei – disse Itti, tentando não cooperar com Eziel.

– Eu sei que você sabe, – e retirando uma sacola de moedas colocou em suas mãos – diga-me, por favor.

E Itti, sentindo-se ofendida, falou:

– O seu dinheiro é bem-vindo se for para os necessitados, mas se for para comprar minha palavra, fique com ele.

E Eziel, notando sua resposta, disse:

– Você irá se arrepender disto.

E pegando a sacola de moedas retirou-se, saiu em direção à propriedade de Dan a fim de sondar o que se passava. Seus pensamentos atordoavam seu coração constrangido pela ausência de respostas, o peso moía sua alma. Após alguns minutos observando a propriedade, procurou abrigar-se no templo a fim de organizar seus pensamentos.

Itti, após vê-lo sair daquela forma, entristecera-se, sabia o quanto Reina amava Eziel, o quanto tentara fazê-lo um seguidor da boa nova, seu coração apiedou-se da atitude equivocada que ele tomara. Pensou em Asha, por que aquilo ocorria, qual a finalidade de tudo aquilo? Então, elevando seu pensamento a D'us, orou rogando compaixão para com Eziel.

* * *

Aquela primeira semana, após a partida de Asha, veio carregada de notícias primorosas para a casa de Dan. Caleb enviara uma mensagem a fim de relatar os acontecimentos que se desenrolavam em Roma e a fim de dar-lhe as últimas notícias de Éfeso e do grande desejo de ver as famílias unidas pelo enlace de Asha e de seu primogênito.

Era uma bela manhã, as nuvens encobriam o céu de Jerusalém trazendo pequenas gotículas que, misturadas ao sol, davam uma aparência multicolorida à paisagem da propriedade de Dan. Este encontrava-se a meditar nos acontecimentos que surgiam.

Dan, com o olhar sereno, pensava em voz alta como se D'us pudesse responder-lhe no mesmo tom:

– Senhor, Caleb deseja enviar Asha a Nathanael. D'us, como farei tal ato se nem sei se meu filho a deseja? – inquiria ele aos céus.

Andava pela extensa varanda de sua ampla casa, o vento vinha-lhe sobre os cabelos esbranquiçados, ao longe viu seu filho a cuidar dos animais com zelo.

Era um belo jovem, apesar da fragilidade na aparência, o semblante era firme e o coração, o mesmo de sua mãe.

Dan ficou a meditar. Sim, ele chamaria o filho a fim de sondar o que sentia por Asha. Dan, durante a ceia, convidou o filho a ficar mais próximo.

Nathanael, que nada notara de diferente no pai, acercou-se sorrindo, olhos vivos e brilhantes. Cuidava dos negócios da família com desvelo e respeito pelas decisões de seu genitor, respeitava as leis de Israel e cultivava em seu coração a chama viva da boa nova. Dan muito se orgulhava de seu filho, estava ele a sorrir para seu pai quando este disse:

– A comida está do seu agrado, filho?

– Sim, meu pai, devemos agradecer esta dádiva quando tantos não têm.

– Sim, devemos, e acima de tudo, filho, devemos repartir o nosso pão com os famintos – disse Dan.

– Sim, meu pai, tenho providenciado o trigo para Itti toda semana, assim como os grãos de lentilha e o leite de cabra, para que sua bonança seja duradoura.

E partindo o pão, Dan falou:

– Filho, sabe que seu pai está velho.

– Não diga isto, – disse Nathanael – o senhor está cada vez mais sábio e generoso.

– Filho, – retrucou Dan – o que acha de se casar?

Nathanael engasgou, tossiu e ruborizado falou:

– Como?

– Sim, filho, é um belo jovem, sinto falta de uma jovem donzela a entreter este lar e lindos rebentos a me chamar de avô.

Uma rajada de vento forte fez as portas baterem e grande quantidade de folhas penetrou o salão como um sopro divino.

– Vê, até a natureza se manifestou.

– Meu pai, eu nunca imaginei estas coisas, pois pensava que minha irmã traria a este lar os rebentos.

– Filho, sua irmã segue o esposo, cabe a você me dar esta alegria. Tem alguma jovem em seu coração?

E ele, tímido, disse que não.

– E se seu pai lhe disser que tem uma moça para você, aceitaria?

– Bem, meu pai, você sabe o que me cai melhor na alma.

E Dan, satisfeito pela resposta, disse:

– O que acha da donzela Asha?

Nathanael fechou os olhos como se a imagem de Asha estivesse ali, ele a notara na festa, seu semblante doce, seu sorriso suave, sim, era ela perfeita, mas ele não se sentia merecedor de tão formosa flor, suspirou e abrindo os olhos disse:

– Muito me agradaria meu pai.

E Dan, surpreso com a descoberta do amor secreto de seu filho, disse:

– Então está pronto, iremos a Cafarnaum a fim de que você a tenha como esposa.

Nathanael mal cabia em si de alegria, em seu pensamento agradecia a Yeshua, pois jamais sonhara que teria como esposa aquela com quem ele sonhara.

* * *

Mia estava inquieta, sabia que Eziel se afastaria cada dia mais, seus pensamentos estavam nebulosos e naquela noite aproximou-se de seu filho a fim de falar-lhe.

Ele estava silencioso no átrio olhando o céu como a meditar em uma saída para aquela situação.

– Filho, – disse ela – o que se passa com você?

– Nada – retrucou ele.

– Sabe que tem um compromisso e deve honrá-lo.

– Não quero falar disto.

– O que diz, Eziel?

– Já lhe disse, partirei pela manhã.

– Para onde?

– Resolverei assuntos do Templo.

– Eu posso acompanhá-lo, ando cansada de Jerusalém.

– Minha mãe, não posso levá-la agora, em outra ocasião prometo, e não se aflija, eu honrarei o meu compromisso com a filha de Bartolomeu – disse Eziel a fim de ver-se livre da presença de sua mãe.

Elisha a tudo espreitava, vinculado a Mia, sondava as emoções de Eziel. Mia retirou-se inquieta.

Naquela noite Eziel saiu pelas vielas de Jerusalém, estava sentindo-se sufocado, desejava ir atrás de Asha, e acercando-se mais uma vez da casa de Itti visualizou alguns servos que estavam do lado de fora a conversar.

Acercou-se com singeleza e vendo que dialogavam acerca das estrelas, abeirou-se deles e com seu conhecimento explicou que elas orientavam nas viagens, e um jovem, sem muitos escrúpulos, simpatizou-se com Eziel e começou a falar que desejava viajar, que ficava muito feliz quando pessoas vinham visitá-lo. Então Eziel perguntou:

– E aquela moça e o senhor de onde vêm?

E o rapazola forçou a mente e disse:

– Ah! Sim, a moça boa de semblante suave é de Cafarnaum, mas tem muitos outros que vêm de lugares alhures.

E Eziel, sorrindo para o rapaz, retirou algumas moedas e disse:

– Tome, isto deverá lhe auxiliar quando for viajar.

E este, sem saber o porquê de aceitar, nem questionou. Eziel retornou para casa feliz, partiria para Cafarnaum, ele encontraria Asha.

* * *

Orlit estava atarefada tentando organizar os quartos da melhor forma, pois Dan e Nathanael logo seriam hóspedes, seu coração se jubilava, finalmente ela poderia vê-lo. Dan!, suspirou Orlit tentando conter seu coração. Teceu novos lençóis a fim de que ambos não sentissem a ausência do conforto que tinham em sua casa. Muita coisa mudara em sua vida, de mulher afortunada e cercada pelo luxo tornara-se simples e serva dos humildes.

Asha fora o motivo de toda renúncia, ela não desejava ficar sem a filha do coração e optou por viver ali, naquela singela casa cercada dos humildes, meditava Orlit.

Estava a pôr flores nos vasos e essência na água a fim de que estivesse perfumada para ser utilizada. A luz penetrava fraca no ambiente avisando que o dia se despedia.

Orlit começou a sentir o delicioso aroma do grão de bico, o peixe assado aromatizava o ambiente, de repente pensou em Asha, em como ela estava nervosa, fechou o aposento e dirigiu-se até o quarto de sua amada filha.

Asha estava sentada, pensava olhando o pôr do sol, a janela trazia-lhe o cheiro dos cedros misturados à comida. O barulho da carroça avisava que os hóspedes chegavam, vozes enchiam a casa, risos e cumprimentos, ela suspirou. Orlit, então, interrompendo seus pensamentos falou:

– Ora, menina, não trançou o cabelo? Onde está o véu que lhe presenteei? Como uma futura noiva se apresenta ao noivo?

E, aproximando-se, ergueu o queixo de Asha e disse:

– Filha, honra seu pai e sua mãe, sei que aparecem dificuldades, mas este é o melhor caminho para você.

Asha não falara mais sobre Eziel, procurava cumprir seus dias no auxílio constante às crianças e aos idosos, reunia-se nas pequenas assembleias de mulheres que serviam ao Cristo. Olhando para Orlit, disse:

– Eu farei o que meu pai desejar.

Orlit, sorrindo, trançou seu cabelo e enfeitou seu rosto com o véu de seda de cor marfim.

– Agora espere até que possa servir seu futuro noivo.

Asha tremia, um frio percorria seu ventre, não sabia se Nathanael se agradaria dela.

Dan chegara à casa de Pedro e ao ver Caleb, calorosos abraços trocaram, ambos felizes com o futuro enlace dos filhos.

Caleb notou a face feliz do filho de Dan, o que era um excelente sinal, melhor ser sua filha amada por um homem cristão do que ser a esposa do filho daquela víbora. Caleb notara que Nathanael recordava Shayna em suas expressões faciais. Então, iniciou-se o diálogo em torno de Pedro.

– Sim, Pedro é um exemplo de fé – retrucou Caleb.

E Nathanael, desejoso de falar, inflamou o verbo e disse:

– Sim, não podemos esquecer dos testemunhos que Pedro demonstrou inúmeras vezes.

– É verdade, meu filho, recordo-me de certa feita em que, estando ele a falar ao povo, sobrevieram os sacerdotes, os saduceus e sentindo-se ofendidos pelo que ele pregava ao povo acerca de Yeshua, levaram-no para a prisão – disse Dan.

– Sim, mas muitos homens creram em sua palavra – disse Nathanael.

– É, meu filho, e como não crer em Pedro, lembra-se da cura de Enéas?

– Eu não me recordo – aduziu Caleb.

– Ora, irmão, não se recorda? – inquiriu Dan.

Neste momento, Asha adentrou no ambiente trazendo o alimento e pondo-se a servi-los. Caleb a observou, pois estava bela como sua mãe, o que despertou em seu coração doces emoções há muito adormecidas. Então, olhando Asha para o pai, disse:

– Meu pai, se me permite narrar.

E Dan, feliz, respondeu para Caleb:

– Asha, você é uma filha para mim, assenta-se conosco e fala de Pedro.

E Caleb, jubiloso, consentiu com a destra, ao que Asha, com voz doce, narrou:

– Aconteceu que em Lida havia um homem chamado Enéas e enfermo em uma cama se encontrava há muitos anos, pois não andava, e Pedro, tendo sido tocado de compaixão por este homem, achegou-se dele e falou: "Enéas, Yeshua lhe saúda, levante-se e faça sua cama", e no mesmo instante ele levantou e muitos de Lida salvaram-se e se converteram – falava Asha com os olhos cheio de fé.

Nathanael que, embevecido pela sua doçura, a observava desejoso de cativar-lhe o olhar, aduziu:

– Sim, mas também fez outra cura, pois havia em Jope uma discípula chamada Tábita que ficou enferma e "morreu". E como Lida era perto de Jope, sabendo que Pedro estava ali, enviaram dois varões rogando-lhe que não demorasse em vir ter com eles. E Pedro com eles foi. Quando lá chegou, Pedro foi conduzido até onde estava o corpo e, pedindo que todos saíssem, orou, pôs-se de joelhos e rogou, e voltando-se para o corpo disse: "Tábita, levante-se", e ela abriu os olhos e vendo Pedro, sentou-se e dando-lhe as mãos, levantou. E todos se maravilharam quando ele a apresentou aos que ali estavam. Todos creram no Senhor e toda Jope comentou – falou Nathanael com os olhos repletos de lágrimas.

Asha se encantou por ele saber tanto acerca daquele a quem ela tinha amor. Caleb, notando o olhar surpreso de Asha, deixou que ela ali ficasse até o fim da ceia.

Orlit, a fim de não causar constrangimento, naquele dia procurou manter-se longe, apenas organizando tudo. Foi Minar que, ao final da ceia, conduziu cada qual ao seu aposento.

Dan, ao adentrar no ambiente, notou a singela delicadeza da arrumação. Os lençóis pareciam novos, a água com perfume, tudo como ele gostava, desconfiou que Orlit ali estivera em cada detalhe, estranhou não a ter visto. Sentou-se no leito, pensou em Shayna, será que ela aprovava sua atitude? Orou: "Senhor, permita que Sua bondade possa guiar-me, que Sua luz possa conduzir meus pés e sua palavra seja sempre viva em meu coração".

A brisa noturna invadia o aposento quando Nathanael solicitou a presença de seu pai, ansioso ao pé do leito, qual menino assustado. Dan, vendo-o, falou:

– Filho, o que lhe inquieta?

– Será que Asha me viu como um homem?

– Por que se incomoda com este pensamento?

– Pai, sempre estivemos próximos, temo que ela me tenha como um irmão.

– Filho, de fato somos todos irmãos em Cristo, não se aquiete com este pensamento, amanhã será um novo dia, eu e Caleb conversaremos a respeito do enlace de vocês, e vocês dois poderão conversar.

– Está bem, meu pai, tem razão, vou repousar.

As estrelas brilhavam e Asha, sentada em seu leito, observava o céu enquanto Orlit penteava seus cabelos.

– E então, Asha, – inquiriu Orlit – como vê Nathanael?

– Ora, vejo como toda noiva.

– Então sente que seu coração pode amá-lo?

– Não sei, sempre o vi como irmão, mas hoje observei-o de outra forma – disse ela com timidez.

– Como assim, minha filha? Irmãos são irmãos, não observamos de outro jeito – completou Orlit.

– Tem razão, mas fiquei tão admirada pela forma que ele falou dos feitos de Pedro – disse ela com voz entusiasmada.

– Bem, se você o admira já é um passo para gostar dele – disse Orlit.

– Mas eu gosto, – aduziu Asha – apenas não tenho aquela emoção que tinha com Eziel.

E Orlit, preocupada, disse:

– É melhor esquecer este rapaz, oremos para que D'us dissipe as dúvidas de seu coração, para sua felicidade, filha.

– Sim, eu sei.

– Então vamos dormir, amanhã será um longo dia.

E Asha, erguendo-se, pôs-se de joelhos a orar.

Caleb estava com seu coração sereno, sim, ele fizera bem em escolher Nathanael para Asha. Com certeza no dia seguinte eles poderiam conversar melhor acerca do casamento, tudo seria rápido e sem alarde e Asha poderia viver com Nathanael sob a proteção de Dan.

Quanto a ele, realizaria seu maior desejo: retornaria para Betsaida, viveria na antiga propriedade a qual ele não conseguira reerguer totalmente. Ali ele teria todas as recordações felizes de sua amada Marta, sentiria novamente o perfume dos seus cabelos, o doce sabor dos seus lábios. Como era doce tê-la em seus braços, fechou os olhos e sentiu seu coração acelerar, uma saudade sem fim penetrava sua alma como uma lâmina a trespassar seu coração. "Marta! Marta!" – sussurrou ele em um gemido de dor.

A madrugada surgia, Dan estava dormindo e tendo sonhos que lhe restituíam as forças do corpo físico quando tênue luz se fez no ambiente. Sua alma, desprendida do invólucro, visualizou o semblante doce de Shayna que, reluzente, se aproximava como uma abelha cativa da essência da flor. Dan dirigiu-se a ela e logo lágrimas emergiam de seus olhos e prostrando-se de joelhos falou:

– Minha esposa amada, não sou digno de seu amor.

Shayna, que a ele com ternura olhava, ergueu-o do chão e disse:

– Venho aqui hoje restituir-lhe a paz.

– Mas eu tenho a paz – disse Dan.

– Não, meu amado esposo, a paz nasce do perdão que damos a nós mesmos, eu não sinto paz em você.

Dan abaixou o semblante e com timidez disse:

– É verdade, tenho sido meu próprio algoz me culpando por tudo que lhe fiz, você sabe, minha esposa.

E Shayna, tocando-lhe no coração como a espargir uma onda de luz, falou:

– Você fez o melhor, eu não tenho o direito de exigir nada, pois aquele que ama apenas ama e nada necessita, se assim não for, não será amor e sim egoísmo, meu esposo. O amor é amor e por ser amor se basta e nos satisfaz a alma, precisa perdoar aquela que culpa, precisa ver em Orlit a fragilidade daqueles que buscam no amor a cura para suas chagas.

– Orlit? – inquiriu ele – mas ela foi o motivo de eu ignorá-la. Esqueceu isto, Shayna?

– Ela necessita mais do seu amor do que eu, Dan. E o que seria dela sem suas doses de amor? Você fez ela suportar os duros golpes da existência, uma existência vazia de amor, onde o ouro não a preenchia, nem a beleza exterior, nem mesmo a graça da maturidade veio lhe enfeitar os dias. Orlit é uma irmã nossa em Cristo e necessita de seu amparo, agora que a idade avança rasgando o véu das vãs futilidades terrenas dê o seu amor, Dan, pois aquele que ama é feliz.

– E você, Shayna, será feliz me vendo amá-la?

– Meu esposo, que direito tenho eu de privá-lo das alegrias momentâneas deste mundo? Sei que seu amor é leal ao meu coração, mas você pode dar de si àqueles que necessitam, dando-lhes um pouco do lenitivo da paz. Perdoe Orlit.

E Dan, erguendo o olhar, falou:

– Sim, eu a perdoo – disse ele com voz embargada.

Naquele momento Orlit adentrou o aposento amparada por Marta. Sem muito compreender, viu Dan que se aproximava e cheio de compaixão a abraçou.

* * *

Aquela manhã começava cheia de esperança para Eziel que partira de Jerusalém para Cafarnaum. Seus passos iam cheios de atitude, ele falaria com ela, ela não iria negar-se a recebê-lo, pensava ele.

* * *

Asha despertara receosa, mas conformada, sabia que seu pai a amava e desejava-lhe o melhor. Penteou-se, cobriu com o véu seus cabelos e quando foi para cozinha a fim de auxiliar no preparo da primeira refeição, viu seu pai e Dan que já se alimentavam junto a Nathanael.

Minar auxiliava em tudo enquanto Orlit organizava pequena bagagem com mantimentos. Então, Asha, aproximando-se, falou:

– Para onde iremos?

E Orlit, olhando-a com afeto, disse:

– A Damasco, a fim de preparar o enxoval das núpcias. Seu casamento se aproxima, seu pai acertou os detalhes com Dan, e tenha certeza, Nathanael muito se agradou de você – disse Orlit cheia de alegria.

– Mas não desejo partir de Cafarnaum.

– Ora, Asha, o que tem fazermos uma viagem para comprar peças de linho e seda? Faz tanto tempo que não faço isto, estou feliz, deve se alegrar.

– Mas meu pai não possui toda esta riqueza.

– É, tem razão, mas Dan, sim, e por muito amá-la é que deseja vê-la como uma princesa no dia de suas bodas. Alegre-se, filha! – exclamou Orlit.

– Não posso me alegrar quando têm tantos necessitados do pão a mendigar um teto, uma vestimenta.

– Filha, deixe de pensar um pouco nos aflitos, D'us também quer a alegria dos homens. Você merece este momento, agora arrume sua bagagem e partamos.

A pequena caravana partiu rumo a Damasco. À frente seguiam Dan e Caleb, atrás ia Orlit e Asha, Nathanael estava junto a elas. A paisagem descortinava-se diante deles quando Nathanael, desejoso de ouvir Asha, falou:

– Foi próximo a Damasco que Paulo deu seu testemunho diante do Mestre.

– Conhece o fato? – disse Asha.

– Sim, – falou Nathanael, e começou a narrar – do céu veio intensa luz que lhe dizia, "Saulo, Saulo, por que me persegue?", e ele falou, "quem é, Senhor?", e disse a luz, "eu sou Yeshua a quem você persegue, duro é para você recalcitrar contra os aguilhões", então, Paulo que era Saulo falou, "que quer que eu faça?".

E Asha, tomando a palavra, falou com a voz cheia de emoção:

– "Levante-se, entre na cidade e lá será dito o que lhe convém fazer", e Saulo, erguendo-se da terra, abrindo os olhos não via ninguém.

– Sim, – disse Nathanael – então sabe da conversão de um perseguidor?

– Sim, eu sei – disse Asha com olhar tímido.

– Então deve saber que muito admiro seu tio Pedro pela sua humildade.

– Como assim? – perguntou Asha.

– Ora, um verdadeiro homem de D'us que não se coloca em orgulho ou vaidade, fiquei a saber de sua conduta reta diante do centurião Cornélio quando este se prostrou aos seus pés admirando-o e ele disse, "erga-se, pois também sou homem".

– Sim, é verdade.

E Nathanael, olhando-a com ternura, falou:

– Sabe que sigo os ensinos do Mestre e sempre que possível viajamos para junto daqueles que pregam as verdades do Cristo?

– Não imaginava que seu pai fizesse isto – disse Asha espantada.

– Sim, nós fazemos tudo em secreto, meu pai teme pelos filhos, então usamos o nosso comércio em auxílio da boa palavra – disse ele sorrindo com sua boca que lhe emoldurava a face em um sorriso sincero e afetivo. – Quando for minha esposa terá que me acompanhar – disse ele.

E Asha, sorrindo, falou com voz baixa:

– É meu dever seguir meu esposo, e isto muito me alegrará.

Orlit, que a tudo ouvia, sentia que logo Asha se apaixonaria por Nathanael esquecendo-se de Eziel. Seu coração agradecia a D'us.

Naquele fim de dia, quando pararam a fim de abrigarem-se dos perigos da noite, Dan, após a ceia, olhou para Orlit e se aproximando dela, disse:

– Orlit, você poderia me acompanhar até o córrego para encher meu cantil com água fresca?

O local era acolhedor, árvores e um singelo córrego brotavam na vegetação, a fogueira trepidava e a tenda havia sido montada, os animais alimentados descansavam. Orlit ergueu-se estranhando a atitude de Dan, mas vendo nos seus olhos um brilho que há muito ela não via, com ele caminhou. Dan, olhando as estrelas que surgiam no firmamento como pérolas, disse, recordando-se do sonho e da face de Shayna:

– Orlit, desejo pedir-lhe perdão por tê-la ignorado todo este tempo. Sei que muitas vezes fui cruel e egoísta com seu coração de mulher, mas hoje reconheço, confesso que na crença em Yeshua devo ter para com todos, amor e compaixão. Você sempre me foi fiel, enquanto esposa jamais me negou seu seio afetuoso e se um dia o fez, foi por eu muito tê-la ferido com meu orgulho vão. Sei que a morte de Shayna deve ter acendido em sua alma as chamas de nossa união, mas Orlit, eu nunca de fato me separei de você. Todos os anos em que vivi com Shayna nutri esta paixão por você que me consumia, digo paixão, pois, se fosse amor não a feriria e tampouco a culparia por minha cegueira.

Orlit tudo ouvia com o coração acelerado.

– Perdoe-me, assim como eu a perdoo.

E Orlit, vendo a paisagem, silenciou um pouco e disse:

– Dan, você nunca me feriu por desejar fazê-lo, não tenho o que perdoar e sei que o importante agora é mantermos a união pelo bem de Asha e de seu filho.

– Orlit, – disse Dan – você pode morar comigo em Jerusalém?

E Orlit, que esperava tanto por aquele momento, disse suavemente:

– Dan, de que lhe serviria, estou velha e cansada, deixe que Asha cuide de você, eu devo seguir meu caminho – disse ela com tristeza no olhar.

– Não fale isto, Orlit, qual pode ser seu caminho? – questionou Dan, tocando nas mãos dela com delicadeza.

A tarde se findara levando mais um dia. Orlit, olhando para Dan, retirou o véu de sua cabeça, deixou à mostra seus longos cabelos e com voz entrecortada disse:

– D'us! Eu esperei tanto por este dia, esperei tanto por você, Dan, veja meus cabelos, estão cinza, – e olhando para as mãos falou – minhas mãos já não possuem o viço de antes, tantos anos se passaram para mim, – suspirou ela – o que posso lhe ofertar? Você necessita do vigor juvenil para aquecê-lo – disse ela com tristeza.

Dan, segurando suas mãos com firmeza, falou:

– Orlit, o que diz?

– Estou velha – falou Orlit.

– Seu coração não envelheceu, – aduziu Dan – foi o seu corpo que envelheceu, assim como o meu, – e pegando suas mãos fez com que tocassem em seu semblante – estou cheio de marcas, Orlit.

E ela, olhando para seu semblante, notou as rugas em sua face e com singelo sorriso disse:

– Estamos velhos.

– Sim, Orlit, estamos, diga que aceita ficar em minha casa após o casamento de Asha. Será minha companheira nestes dias difíceis.

No céu alaranjado brilhavam os pontos luminosos que se refletiam no olhar de Orlit, que em seu coração agradecia a D'us. E Dan, vendo as frágeis lágrimas que escorriam em sua face, abraçou Orlit com ternura e compaixão dizendo:

– Que bom, Orlit, tê-la comigo, que bom.

Após as compras realizadas em Damasco, necessárias ao casamento, o retorno se deu tranquilo. No entanto, em Cafarnaum, Eziel vasculhara todo o vilarejo na esperança de encontrar Asha, o que não ocorreu, deixando-o decepcionado pelo desfecho de sua viagem.

6. O enlace

03 MESES DEPOIS...

Faltavam quinze dias para a data tão esperada. Caleb se desdobrava em sua vigília para que nada saísse errado. Dan solicitava do amigo que fosse para Jerusalém com antecedência a fim de evitar alardes desnecessários.

Naqueles dias as perseguições aos cristãos estavam intensas e Dan temia pela sua casa e por todos que amava.

Caleb, junto à singela mesa, meditava acerca dos acontecimentos. Pedro escrevera à comunidade cristã, suas palavras firmes e fortes ecoavam na mente dele.

Por que, que glória será essa, se, pecando são esbofeteados e sofrem? Mas se, fazendo o bem, são afligidos, isto é agradável a D'us, porque para isto foram chamados, pois também Yeshua padeceu por nós deixando-nos o exemplo para que sigam suas pegadas, e ele não cometeu pecado e nem em sua boca se acha engano.[18]

"Para que tudo aquilo?", pensava Caleb no que se referia Pedro a Roma; as perseguições eram muitas; ensinavam nas catacumbas; havia morte e dor.

Caleb se inquietava, pois sabia que Asha daria sua vida em honra a este Senhor, em seu coração temia, mas confiava que o casamento com Nathanael a livraria daquele desfecho. De repente analisou a morte de Tiago, filho de Zebedeu, fora só o início de tudo aquilo.

– D'us, se eu pudesse mudaria tudo aquilo – disse ele em tom alto, o qual despertou a atenção de Orlit que se achegara para lhe falar.

– Mudaria o quê? – falou ela em tom ameno a sondar.

E Caleb, erguendo a face, disse:

– Tudo, Orlit, tudo.

– Toda a bagagem está pronta para a partida amanhã, devo deixar tudo na carroça? – disse ela.

– Sim, – falou Caleb – quanto mais cedo sairmos melhor, e Asha onde está?

– Foi para seu aposento, amanhã será um dia longo.

– É verdade. Vá se recolher também. Deixe que eu cuido do resto.

– Tem certeza? – falou ela.

– Sim – disse Caleb rumando para o pátio da casa onde as estrelas já cobriam o céu de Cafarnaum.

A brisa vinda do lago invadiu o ambiente enchendo-o de um odor adocicado, como se fosse de tâmara. Caleb olhou o céu e disse:

18 1 Pedro 2:20.

– Marta! Minha Marta! Nossa filha cresceu, irá se tornar uma mulher, espero que esteja feliz.

Fechou os olhos com uma dor em sua alma que não passava; naquele momento uma brisa mais forte encheu o ambiente e a face de Marta veio-lhe à mente com tamanha clareza que ele pensou que ela ali estivesse. Abriu os olhos, olhou ao redor, apenas o silêncio, a carroça e os animais que descansavam. Suspirou.

Marta ali estava, atraída por seu coração, estava a tocar sua face como a sussurrar em sua mente, "eu te amo".

Logo pela manhã a caravana partiu. Asha, Orlit, Minar e Caleb estavam felizes. Orlit sabia que ela estava comprometida com Dan, seu coração jubiloso confiava no Senhor; Minar, a serva idosa, partiria para Betsaida com Caleb, ele não desejara ficar sem a agradável companhia dela. Asha aceitara seu destino alegrando-se com a felicidade de seu pai.

Em Jerusalém, Dan notara a agitação de seu amado filho, ele estava eufórico, a felicidade era nítida em seu semblante. Vendo que o jovem já se preparava para sair, chamou-o:

– Filho, – disse Dan, erguendo-se da confortável cadeira em que estava e caminhando em direção ao jovem, pôs a mão em seu ombro e disse: – quero presenteá-lo.

– Meu pai, você já me deu o melhor de todos os presentes, Asha.

– Ora, eu nunca pensei que nutrisse por ela este amor secreto.

E o jovem, meio que envergonhado, retrucou:

– Nem eu sabia, meu pai, mas sinto como se sempre a amasse.

– D'us, meu filho, D'us tem Seus mistérios, – disse Dan – agora venha, eu quero que veja.

E caminharam pelo extenso corredor onde salas se encadeavam dentro de salas até que pararam em frente a uma grande porta talhada em majestosos mosaicos.

– Entre – disse Dan.

Nathanael jamais adentrara em tal aposento da casa. Desde quando era pequeno aquele local nunca fora aberto. Quando abriu, confortável sala se descortinou ao seu olhar, eram móveis belíssimos, almofadas, flores e jarros, as amplas janelas davam a visão da entrada da casa. Outra porta estava a sua frente, Nathanael abriu e encantador aposento se revelou, a cama suspensa, véus desciam do alto, grande baú ornava o lugar, em cima de uma mesa uma caixa chamou sua atenção, aproximou-se e seu pai falou:

– Abra, filho – com voz embargada de emoção.

Eram as joias de Shayna, braceletes, cordões, anéis, tiaras, joias de todos os gostos reluziam diante de Nathanael.

– Meu pai não posso ficar aqui, este deveria ser o aposento de minha mãe.

– Meu filho, sua mãe muito honrada ficará. Não se esqueça de enfeitar minha velhice de rebentos que me encherão os dias de luz – disse Dan emocionado.

E seu filho, abraçando-o com amor, disse:

– Eu o honrarei, meu pai, sempre.

* * *

MIA ESTAVA CADA dia mais desgostosa com as atitudes de Eziel, que em tudo a desagradava, rompera o laço que seria a união perfeita para sua família, estava à frente das constantes perseguições aos cristãos, sempre no templo ou com cartas às sinagogas.

Eziel se tornara arredio aos seus conselhos e não a deixava escolher sua esposa. Mia, no entanto, estava sempre a espreitá-lo, sabia de suas visitas constantes à casa de Itti e não entendia porque ele não a deixava. Sentia que talvez a resposta para toda aquela agitação fosse esta estranha ligação.

Não demorou muito para que ele logo descesse ao encontro de sua mãe.

– Tenho assuntos importantes a resolver, não me aguarde para a ceia – disse Eziel com a face dura e o olhar profundo, denunciando as noites insones e a dor de seu coração.

– Está bem, meu filho. Você deixa-me? Abandona-me?

– Você bem sabe que existem servos que podem me achar, não diga isto – e, erguendo-se, beijou sua fronte e rumou célere para o portão a fim de sair.

Logo, um servo de aspecto pouco confiável apareceu e Mia, balançando a destra, indicou para que o seguisse.

Eziel rumou a passos rápidos para a casa de Itti, a qual naqueles últimos dias passava por fortes privações.

Itti já não abrigava tantos doentes e crianças, infelizmente, o rancor e o ódio de Eziel privaram ela de fazê-lo. Todas as noites ele ali passava a fim de colher notícias que Itti se negava a dar.

Naquela manhã ela estava aflita, sabia que nada poderia fazer para impedi-lo de se encontrar com Asha. Logo ele se anunciou e Itti, humilde como sempre, foi recebê-lo.

– Senhor, – disse ela – o que traz?

– Mulher, eu já lhe privei de muitas coisas e estou ficando sem paciência, diga-me onde está Asha.

– Eu não sei – dizia ela.

– Você mesmo disse que ela um dia retornaria e agora eu só poupo você por memória de Reina. E estes cristãos que aqui se prostram em adoração a sua palavra, isto me enoja, mas você pagará com a vida – insistiu ele.

E Itti, sentindo que chegara no seu limite, disse:

– Amanhã Asha aqui estará.

E Eziel, aproximando-se, falou:

– Por que você não me disse antes, mulher? Por quê?

– Não podia, agora que sabe, deixe-me cuidar dos necessitados.

– Não, – disse ele arrogante – mas pensarei a respeito, poupando seus moribundos.

Itti chorou, sabia que não adiantava implorar e temia falar com Caleb ou Dan colocando a vida deles em risco. O melhor seria que Asha mesmo dissesse a ele que nunca poderia ser sua esposa. Respirou cansada, não havia mais ninguém na singela casa a não ser três doentes que se despediam do mundo.

Itti lamentou por tudo com lágrimas amargas a regar sua alma. Pensou em Yeshua, em Paulo, em Tiago, Pedro e orou a D'us:

– *D'us por que me desamparou, por que se alonga das palavras do meu pranto e não me auxilia?*[19]. *Oh! Yeshua, salve-me!* – e lágrimas sufocaram suas palavras.

A chegada em Jerusalém trouxe para Asha antigas recordações acerca de Eziel, mas sentindo que estava para se casar repudiou de sua alma as lembranças e as sensações que isto lhe causava.

Quando chegaram à propriedade de Dan, Asha estranhou:

– Ora, meu pai, não ficaremos na casa de Itti? – falou surpresa.

– Não – disse Caleb secamente, como que a evitar um assunto que não o agradava.

Asha, então, calou-se, pois Dan aparecera para recebê-los.

– *Shalom* – disse ele com braços abertos, e logo foi saudado por Caleb.

Asha olhava a casa onde ela moraria, era tão linda.

Orlit, ao ver Dan, sentiu seu coração acelerar, a mesma emoção da juventude, ele abraçou-a e todos adentraram.

– Bem, todos serão acomodados. Quanto ao meu filho, lamento, está à frente dos negócios da família. Logo a ceia será servida.

E cada qual foi conduzido a um aposento. Asha, no entanto, ficou com Orlit e logo falou:

– Não deveríamos ficar com Itti?

– Ora, Asha, o que diz? A casa de Itti cheia de enfermos, não filha, não mesmo, seu pai agiu certo – disse Orlit.

Após o descanso, Dan chamou Caleb para palestrar antes da ceia. Caleb foi ao encontro de Dan um tanto apreensivo.

– Pois bem, meu amigo, aqui estamos prestes a unir nossos filhos – disse Dan.

Caleb sentou-se a fim de apreciar a paisagem.

– Dan, – disse ele – o que houve em casa de Itti?

– Infelizmente nossa irmã padeceu perseguições por parte de um jovem doutor, por isso ela não mais atende aos enfermos, nem mesmo poderá usar da palavra consoladora, por isto pediu para que ficassem aqui – disse Dan.

– E por que não erguemos a nossa voz? – disse Caleb.

– Não, Caleb, nem a voz nem a espada, nós apenas damos o nosso testemunho como o próprio Yeshua fez – disse Dan com suavidade.

---

19 Salmo 22.

– E onde está a união e a compaixão?

– Caleb, não é pela espada e sim pela fé que venceremos.

– Não penso assim – disse Caleb.

– Eu o entendo, irmão, eu o entendo.

– Não pretende deixar Asha e seu filho darem a vida por isto? – inquiriu Caleb preocupado.

– Caleb, não podemos ir contra os desejos dos dois, precisa asserenar sua alma, eles estão com o Senhor, nada vai acontecer.

– Assim espero – disse Caleb.

Logo Nathanael retornou e todos foram cear. No decorrer da ceia, Asha disse:

– Meu pai, amanhã poderemos visitar Itti? Sinto saudades.

– Não – disse Caleb com firmeza.

– Mas o que há com ela, está doente?

– Não, filha, é que existe uma perseguição, alguém está vigiando Itti.

E Asha entristecida ficou.

– Mas se eu for com você nada lhe ocorrerá – disse Nathanael, desejoso de agradar sua futura esposa.

E Dan interviu:

– Sim, é apenas uma visita de parentes, Caleb, e nós temos muito o que preparar.

– Poderei ir amanhã, meu pai?

E Caleb, com aperto no peito, disse:

– Está bem, pode.

Após a ceia Nathanael levou Asha até o jardim onde a lua iluminava as flores.

– Está tão bela, Asha – disse ele com intenso brilho no olhar.

– Seu coração é generoso – retrucou ela.

– Sabe que dentro de alguns dias será minha esposa. Está feliz com isto? – perguntou Nathanael para ter certeza que Asha tinha o mesmo sentimento que ele.

Ela, com o olhar tímido, disse:

– Sim, eu saberei honrá-lo.

E ele, suspirando de amor, beijou-lhe as mãos.

Orlit observava o jovem casal e sentindo que já era o momento de intervir, chamou Asha alegando estar cansada.

* * *

EZIEL MAL CONSEGUIA dormir, estava agitado com a possibilidade de reencontrar Asha. Sim, ela seria sua de qualquer forma, ele não se privaria de sua presença, não tinha importância o que sua mãe desejava, ele não seria como um vaso que ela muda de lugar. Ele teria o que desejava, e o que ele desejava era aquela bela jovem. Elisha envolvia seus pensamentos como um animal que vigia a presa.

O sol não despontara no céu de Jerusalém, o dia estava fresco, mas Eziel se encontrava à porta de Itti que, desperta pelo insistente batido, abriu a singela porta e surpresa ficou ao vê-lo.

– Deixe-me entrar – disse Eziel com voz firme.

E Itti deu dois passos para trás.

– Então, – disse ele retirando o manto – onde ela está? Chegou?

Itti, com paciência, falou:

– Ela virá.

– Então eu aguardarei – e sentou-se em singela cadeira.

Itti afastou-se orando. Sabia que Asha havia chegado, pois recebera notícias que por aqueles dias eles estariam em Jerusalém. Ela mesma se negou a dar-lhes abrigo, sendo forçada a falar das suas dificuldades com o jovem doutor.

Algumas horas depois ela ouviu um barulho de carroça e não demorou para que a porta anunciasse que Asha estava ali.

Eziel, no entanto, ergueu-se e dirigiu-se para outra sala a fim de falar com ela a sós, pois temia deparar-se com Caleb.

Itti, temerosa, abriu a porta e Asha feliz enlaçou-a como uma criança desprovida de qualquer timidez. Nathanael acompanhava-a, o que deixou Itti pálida e aflita.

Asha, notando-a desconcertada, falou:

– O que há que não me deseja a paz do Senhor? Está bem, Itti? – disse com voz suave.

Então ela respondeu:

– Sim, é que não esperava vê-la tão cedo.

– Bem, tenho que acompanhar meu noivo, ele trabalha e está fazendo um grande favor em deixar-me em sua companhia.

– Sim, – disse Nathanael – eu não posso ficar, tenho que ir, antes da ceia aqui estarei.

– Posso ficar com você esta manhã? – disse Asha.

– Sim, – disse Itti sorrindo – sim.

E Nathanael, tranquilizando-se em vê-la feliz, sorriu.

– Itti, – disse Asha – estou feliz em estar aqui, mas onde estão os enfermos? – inquiriu ela sem suspeitar de nada.

Foi quando Itti falou:

– Asha.

– Sim.

– Alguém a procura e deseja lhe falar há alguns meses.

– Quem? – perguntou ela com o olhar assustado e curioso.

– Ele aguarda aqui.

E puxando com delicadeza a sua mão, levou-a até uma sala próxima.

Eziel estava de cabeça baixa, mas quando notou que ambas se aproximavam, ergueu-se, seu olhar tomou o brilho de muitos meses. Asha ficou perplexa em vê-lo, não havia palavras entre ambos, foi quando Itti falou:

– Estou na sala ao lado. Se precisar de algo me chame – disse ela saindo com cautela a fim de não atrapalhar o desfecho daquela situação.

– Quanto tempo, – disse ele quebrando o silêncio – esperei tanto para revê-la – falou com voz emotiva.

– Não esperava revê-lo – retrucou Asha com voz trêmula, seu coração acelerado, suas mãos transpiravam.

Eziel, então, como que para certificar-se de que ela era real, aproximou-se a ponto de sentir sua respiração. Asha abaixou os olhos e ele, com sutileza, ergueu sua fronte encantado pela doçura de sua face, pelo olhar misterioso, pelo mar de emoções que ela despertara em seu coração.

– Asha, – disse ele – eu sinto muito sua ausência, peço que aceite ser minha esposa, pois eu te amo – disse ele com paixão, puxando-a para si.

Asha, assustada pelo comportamento de Eziel, afastou-se empurrando-o.

– Eu lamento, Eziel, mas não posso aceitar. Estou comprometida, irei me casar dentro de alguns dias – disse ela em tom ameno, temendo sua reação.

Eziel, vendo-a repudiá-lo, ajeitou sua túnica e falou:

– Eu não aceito sua recusa, não posso aceitar isto.

– Eziel, – disse Asha – eu não sou a moça certa para você, bem o sabe.

– Por quê? – perguntou ele ríspido. – Porque é seguidora deste Messias? O que me importa isto, eu esmago estes blasfemadores que se intitulam cristãos.

– Por que, Eziel, nos persegue? Por quê? – disse Asha com tristeza, pois em sua alma guardava sentimentos para com ele.

– Eu faço qualquer ato de compaixão se você se casar comigo, Asha.

– O que há com você? Não percebe que devo honrar meu pai e meu futuro noivo?

Ele, então, aproximou-se dela e tomando suas mãos, disse com voz firme e seca:

– Seu pai? Seu noivo cristão? Asha, por que tem sido tão difícil entre nós? Crê mesmo que irá se casar? Acha que D'us não está comigo?

– Não, Eziel, não disse isto, apenas não posso ser sua esposa.

– E o que seu noivo irá lhe oferecer? Uma vida medíocre escondida naquele palácio romano, é isto que deseja, Asha? Viver no claustro unindo-se a um homem a quem não ama? Olhe para mim, Asha, eu te amo e serei capaz de fazê-la me amar, mas este filho de Dan, o que ele fará por você? Será que desperta as mesmas emoções? – disse ele beijando suas mãos, geladas de pavor.

– Por favor, pare, Eziel – dizia ela quase chorando.

– Está bem, será como deseja, eu não a perturbarei, apenas desejava ofertar vida, uma vida feliz – disse ele com voz calma. – Poderei revê-la ao menos para conversarmos?

– Melhor não – disse ela constrangida.

– Peço-lhe, por ser seguidora deste Messias, pode ter compaixão de mim? Diga que sim, prometo não a ofender – insistiu ele.

– Somente amanhã, pois me casarei dentro de alguns dias.

– Está bem, – disse Eziel com um brilho no olhar – agora necessito partir, e saiu sem nada falar.

Itti logo apareceu a fim de falar com ela:

– Minha filha, me desculpe, mas não pude evitar.

– Não diga nada, Itti, eu a entendo, é ele quem a persegue?

E Itti afirmou com tristeza.

– Meu D'us, – disse Asha – nunca pensei que ele faria tal coisa, sinto-me culpada. Oh! Itti, me perdoe, eu causei tudo isto.

– Não, filha, não, ele agiu desta forma porque quis. Agora preste atenção. Eziel não desistirá, não venha amanhã. Entendeu, filha, não venha. É melhor retornar à casa de Dan e conversar com seu pai, precisa sair de Jerusalém, deve casar-se logo, sem festa, sem alarde, entendeu, filha?

– Sim – disse Asha.

– Agora retorne, eu digo a Nathanael que precisou regressar, vá.

E Asha saiu triste da singela casa. O servo que seguia Eziel, no entanto, aguardava para ver quem era a jovem que o seduzia, e logo que viu Asha não teve dúvidas que aquela jovem era a causa de todos os problemas de sua senhora.

Asha foi pensativa para casa de Dan. Quando chegou encontrou Orlit a cuidar dos afazeres da casa, Minar auxiliava-a, tudo estava ficando belo. Asha desejou falar-lhe, mas silenciou, talvez ela resolvesse tudo aquilo. Foi para seu aposento, viu uma linda túnica nupcial, o véu bordado, a tiara que a enfeitaria, sentiu um aperto no coração. Não, ela iria ao encontro de Eziel, e imploraria pelos seus, pediria para que ele deixasse Itti, e se ele desejava perseguir alguém, que este alguém fosse ela.

* * *

O SERVO RETORNOU à casa de Eziel, estava convencido de que descobrira a causadora de toda aquela desordem. Ao ver Mia aproximou-se, ela estava aborrecida, dispensou os cuidados de sua beleza e o convidou a entrar na antiga sala que era de Elisha.

– Então, o que me traz?

– Senhora, devo dizer que durante todos estes meses eu segui o seu filho até o templo, hoje eu permaneci fiel à casa da cristã Itti, e de lá saiu uma jovem formosa logo após o seu filho ter partido, e o mais estranho é que esta jovem chegou ao local cedo, depois dele, acompanhada – disse ele eufórico.

– Então ele tem uma jovem, por isto cancelou seu compromisso, deve ser uma destas miseráveis que se aproveitam destes rapazes inexperientes. Eu mesma irei falar com esta jovem alcoviteira, obrigada, agora saia – disse Mia com estranho brilho no olhar.

"Eu vou acabar com este enlace de Eziel, ele irá fazer o que desejo", confabulava ela.

* * *

Eziel saíra com ódio da casa de Itti. Ele aniquilaria todos, somente Asha ficaria. Elisha, vinculado a Eziel, desenhava toda a trama. Dessa forma ela não teria escolha, não teria aonde ir, se voltaria para seus braços. Ele não suportaria a solidão que o corroía, era devastador o que sentia. Ele poderia dar-lhe tudo, tudo, no dia seguinte ele seria generoso para com ela, levaria uma prova, sim, uma joia de família.

Estava sentindo-se confuso, pois da mesma maneira que desejava ferir a todos para tê-la, desejava oferecer-lhe o melhor para que sentisse que ele a amava, que a faria feliz. No entanto, uma figura infeliz sondava seus pensamentos, era Elisha.

* * *

A noite desceu rápida em casa de Dan, alguns parentes distantes já chegavam para a cerimônia, outros eram membros das comunidades cristãs que se achegavam a fim de participar do casamento, desejando aos noivos alegrias e prosperidade.

Asha, no entanto, calara-se, acanhada com todas as circunstâncias. Permaneceu em oração no singelo aposento que dividia com Orlit.

Seu pai notara sua ausência no decorrer do dia e resolveu buscar sua doce presença. Foi ao seu aposento, ao abri-lo deparou-se com uma cena que há muito não via, Asha ajoelhada orava, seus longos cabelos lembravam os de sua mãe, até mesmo a silhueta frágil. Caleb se emocionou e, sem desejar perturbar, ia se retirar quando ela falou:

– Pai, fique, preciso lhe falar.

– Sim, minha filha, sente-se mal? Algo a desagrada? Não compareceu à ceia, seu noivo lamentou – disse Caleb preocupado.

– Não, pai querido, apenas estou cansada, mas desejo lhe falar.

E erguendo-se foi até seu pai, sentando-se aos pés dele falou:

– Pai, sabe que o amo, e que farei tudo para vê-lo feliz?

– Sim, minha joia, eu sei que é uma filha preciosa, dádiva dos céus.

– Meu pai, sabe que honrarei meu compromisso com Nathanael – disse ela com voz suave.

E Caleb, passando as mãos em seus cabelos, disse:

– Nunca duvidei disto, minha filha e se eu o escolhi é para seu bem.

– Eu sei, meu querido pai, e devo dizer que gosto muito de meu noivo, é um bom homem.

– Que bom – disse Caleb.

– Mas se algo, meu pai, ocorrer para feri-lo ou a qualquer um que eu amo, quero que saiba que farei tudo para que ninguém sofra.

– Por que me diz isto, filha?

– É por tudo meu pai, é por tudo.

– Eu estou aqui, minha filha, jamais deixarei que algum mal lhe aconteça – e erguendo a face de sua filha, disse – falemos de coisas alegres. Hoje, Dan e eu decidimos antecipar seu enlace para daqui um dia.

– Mas por quê?

– Minha filha, amanhã a irmã de seu noivo chega e como será uma cerimônia singela, apenas para nós e alguns irmãos em Cristo, não devemos fazer alarde, sabe bem que Dan é homem conhecido, não seria bom que houvesse comentários – disse Caleb pensando em Eziel.

– É verdade – disse Asha pensando em contar acerca de Eziel, mas depois de breve silêncio disse: – Amanhã poderei ir levar esta boa notícia à Itti?

– É seguro? – perguntou Caleb.

– Sim, meu pai, é seguro.

– Então vá, agora preciso descansar, amanhã será um dia longo para todos – e beijando sua face, recolheu-se em seu aposento com o coração tranquilo, sem suspeitar das aflições de sua filha.

* * *

Naquela noite Eziel estava inquieto, após a ceia acercou-se do aposento de sua mãe.

Mia encontrava-se diante do espelho a olhar para sua face, estava velha e isto a incomodava, não desejava ficar velha e feia. Penteava os cabelos quando seu filho penetrou no recinto.

– O que deseja, meu filho? – disse ela com voz seca, pois estava aborrecida com a atitude dele em ocultar-lhe a verdade. – Bem sabe que me recolho cedo. Diga, o que há? – insistiu ela ao vê-lo de pé em silêncio.

Então, após alguns minutos, disse:

– Preciso de uma joia sua, minha mãe.

E Mia, num rompante de descontrole, ergueu sua voz irritada:

– Como? Para quê?

Eziel ficou calado, sabia que ela estava descontrolada.

– Eziel, você está a me esconder algo?

– Sim, – disse ele com firmeza – eu amo uma jovem.

– D'us! – disse Mia temendo ouvir tal declaração. – E quem é ela, Eziel, de que família, qual a sua linhagem?

– Não sei, apenas a amo.

– Pois lhe digo que deve ser uma meretriz, uma destas alcoviteiras que deseja seus bens.

– Não, minha mãe, não diga isto, ela é pura como água, ela é linda e sincera.

– Está lunático, querem pegar tudo que tem na cama – exclamou Mia.

– Eu não preciso de sua permissão para casar.

– O que diz? Desafia-me, Eziel? Ofende sua mãe por qualquer meretriz? – gritava como que enlouquecida.

Eziel retirou-se deixando-a a sós.

Mia, então, erguendo o verbo falou:

– Eu o amaldiçoo, filho do mal, é um filho mau – e caiu em pranto convulsivo. – O que fiz D'us, para merecer isto?

Eziel sentia-se triste, mas não deixaria sua felicidade nas mãos de sua mãe, não, ela não o entenderia. Recordou-se de Reina, sentia saudades dela, mas ela também não desejava vê-lo com Asha, foi para seu aposento decepcionado.

* * *

O DIA SURGIRA embaçado, o calor era sentido, embora as nuvens anunciassem chuva. Asha ergueu-se e saiu cedo, antes que seu pai despertasse, beijou sua amada Orlit e disse:

– Vou, pois necessito muito falar com Itti.

– Está bem, – disse Orlit – não demore, amanhã será seu casamento, necessita de cuidados.

– Sim, eu não demorarei – disse ela com delicadeza.

No caminho alguns transeuntes iam e vinham, um perfume adocicado enchia aquela estranha manhã. Ao chegar próximo à casa de Itti, Eziel já a aguardava. Estavam próximos à estrada que ia para Cesareia e Eziel, aproximando-se dela, disse:

– Asha, vamos caminhar até as muralhas, o dia parece ameno para isto.

Ela concordou, embora soubesse que poderia ser perigoso. Itti não a viu, portanto para ela, Asha não foi ao encontro e nem Eziel, já que as horas passavam e ambos ali não se encontravam. Durante a caminhada Eziel retirou pequeno embrulho e falou:

– É para você.

Asha, então, falou:

– Não posso aceitar, sabe bem que irei me casar.

– Asha, por favor, fuja comigo.

– Não fale assim, Eziel, sabe que isto não é correto diante de D'us.

A paisagem matinal se abriu diante deles, a brisa envolvia os semblantes balançando o véu de Asha, mostrando a sua face doce e agradável.

– Eziel, se tem tanto amor por mim, peço-lhe, deixe Itti em paz, pare de persegui-la.

– Por que me pede isto? Ela negou-se a me auxiliar, tantas vezes, vendo-me sofrer com sua ausência, se não fosse minha dureza, hoje não estaria a falar com você – disse ele.

E fazendo com que Asha passasse próximo à muralha que se cobria de majestoso tapete esverdeado, falou:

– Peço-lhe, Asha, case-se comigo e não perseguirei nenhum seguidor deste Messias.

E ela, olhando com ternura, falou:

– Não posso faltar com a minha palavra.

– Então aceite meu presente, eu lhe peço – disse ele triste.

E Asha, para não lhe causar mais tristeza, aceitou.

– Abra – disse Eziel.

E um lindo colar de safira reluziu diante dela.

– Oh! – disse Asha – nunca vi nada tão belo.

– Que bom que gostou, gostaria que no dia de seu enlace você o usasse. É meu desejo que, pelo menos, algo meu a faça feliz – disse ele com voz cheia de paixão.

E ela, inconscientemente, falou:

– Sim, eu farei, pois não desejo feri-lo.

– Não me fere, Asha, não me fere.

– Poderei ir ao seu casamento? – inquiriu ele.

– Não, isto não será bom.

– E quando será o seu enlace, pelo menos para que ore a D'us por sua alegria.

– Será amanhã – disse ela com voz sussurrante.

– Então é melhor retornarmos, deve ter muito que preparar.

– É verdade – disse ela não compreendendo a súbita mudança de Eziel, que parecia aceitar todos os fatos.

E caminharam até a propriedade de Itti, onde cada qual seguiu seu caminho.

Asha retornou feliz para casa de Dan, teve o cuidado de pôr a joia em uma parte escondida de sua túnica a fim de não chamar atenção.

* * *

Naquela manhã Mia despertou tarde, o coração palpitava, o ar parecia fugir-lhe. Olhou em redor e notou que sua caixa de joias estava aberta, ergueu-se de um salto e tomando-a nas mãos viu que seu colar de safira fora retirado. Passou as mãos nos cabelos e começou a meditar. O que faria? Sentou-se e pensou em quem poderia auxiliá-la em tal circunstância. Após algum tempo eis que lhe surge o desfecho de sua vingança. Eziel nunca mais a destrataria!

Eziel passara toda a manhã a meditar em cada detalhe de seu plano. Parecia que as ideias estavam como que brotando em sua mente, quadros eram mostrados delineando passo a passo do que fazer. Ao final daquele dia ele já havia tomado todas as providências para o dia seguinte, que seria o dia em que ele estaria para sempre com Asha.

7. O dia do enlace

A CASA ESTAVA repleta de música e alegria, flores ornavam os ambientes, o aroma da comida exalava.

Asha se preparava, sua túnica reluzia, Orlit mal conseguia conter a emoção.

– Minha filhinha se casa hoje, que alegria, Senhor – dizia ela a prepará-la –, todos estão aqui, você avisou Itti, não é minha querida?

– Sim – disse Asha, mas ela sabia que esquecera. E agora como faria? Lamentava em seu coração.

Dan andava de um canto a outro organizando a bebida que seria servida. Nathanael estava ansioso em seu aposento e Caleb sorria feliz por aquele dia.

No entanto, naquele mesmo momento em casa de Itti uma comitiva de homens chegara a bater à porta. Itti resolveu abrir, pois ouvira o barulho feito pelos animais e logo foi abordada por um homem de aspecto hostil.

– É aqui que Itti mora?

– Sim – disse ela estranhando.

– Você é seguidora do Cristo? É cristã? – inquiriu o outro homem.

– Não sei por que me pergunta isto – disse ela, temendo.

E uma gargalhada forte se ouviu.

– Você não é Itti, a cristã?

– Sim – disse ela trêmula.

– Levem-na – ordenou, pegando-a em meio à viela.

Logo uma pequena multidão se juntou e alguém falou.

– Ladra, ladra, cristã ladra, apedreje, apedreje – gritou uma mulher que lhe cuspia na face.

Itti não sabia como, apenas tudo acontecia. Sentiu que chegara a sua hora. A primeira pedra foi lançada acertando-a na face e o sangue logo jorrou, logo vieram outras e o povo se aglomerou como que enfurecido, como que enlouquecido. Em pouco tempo tudo cessou e o povo se dispersou. A casa ao abandono ficou com os moribundos sem ter quem lhe desse de comer ou de beber.

Mia a tudo assistia silenciosa, foi para a casa da antiga serva de Reina, vasculhou tudo à procura da joia, mas nem a joia, nem a jovem ali estavam. Partiu irritada para casa, sem se importar com o malfeito que planejara, somente as sombras a acompanhá-la.

* * *

Asha estava belíssima, cabelos trançados no pescoço, o colar que recebera de Eziel lhe ornava deixando-a mais bela. Orlit acreditara que aquela joia fora presente de Caleb e nem questionara tal fato.

Nathanael em sua túnica já estava sendo anunciado quando intenso alarido se fez no pátio, eram soldados e Eziel estava com eles. A cerimônia foi interrompida, Caleb estremeceu, todos pararam e Eziel, junto com um soldado, apontou para Asha:

– É esta, ela roubou o colar de minha mãe, prendam-na.

Asha não acreditou, afastando-se assustada. Nathanael adentrou à frente de sua noiva sendo golpeado com uma espada. Caleb avançou em Eziel a fim de esmurrá--lo; Orlit gritava; os criados corriam; Dan puxou Asha pelas mãos.

– Venha, fuja! É uma cilada, fuja! – e pondo-a em uma carroça fez com que se afastasse com outros irmãos que fugiam.

Caleb fora preso; Nathanael seguia agonizando; Orlit tentara fugir, mas fora golpeada – sangue e desespero.

Dan apenas ajoelhou na expectativa da morte libertá-lo. Caleb blasfemava, mas Eziel quis poupá-lo, pois imaginava que Asha voltaria para salvá-lo.

* * *

15 dias se passaram...

Caleb estava preso, sem ver a luz do sol, em uma prisão subterrânea, sem conseguir respirar. A umidade deixava um odor insuportável no ar, frio e fome eram suas companhias. Dan, ao seu lado, tossia enfermo, a febre o consumia, ninguém ouvia seus gritos.

– Será que ele conseguiu pegá-la? – dizia Caleb a Dan.

– Não, meu irmão, se assim fosse ela teria nos libertado.

– D'us, ouça-me! D'us, eu preciso saber de minha filha.

– Acalme seu coração, homem. De que adianta tudo isto? Quer que ela morra por nós?

– Não! – disse Caleb enlouquecido pelo ódio que nutria por Eziel. – Eu juro que me vingarei.

– Caleb, de nada isto serviria – dizia Dan. – Tenha calma, oremos a D'us e a Yeshua.

– Não, eu não vou orar a ninguém – e se desesperava em angustiosas lamentações.

* * *

Após sua fuga, Asha manteve-se escondida em Cesareia, não podia retornar, tinha que seguir fugindo. Eziel continuava a procurá-la; abandonara a sua mãe à própria sorte, em sua obsessão por Asha.

Mia, em sua bela casa, se amofinara em seu leito, acometida por repentina moléstia que a obrigava a curvar-se, devido a dores no baixo ventre. Estranhas massas disformes sugavam-lhe as forças, deixando-a durante horas presa em seu leito. Sentindo-se fraca, seus pensamentos pesavam em seu coração, enquanto almas enegrecidas gargalhavam diante de seu sofrimento.

Eziel era motivo de extremo desgosto para ela, que, agora fraca e doente, sentia-se enlouquecer. Sem mãos caridosas que a auxiliassem foi relegada ao esquecimento, até mesmo de seus servos. Entre soluços de raiva e desespero, clamava a D'us, mas somente as sombras a envolviam.

Eziel, mesmo avisado sobre o estado de sua mãe, continuava a procurar Asha, que foi forçada a seguir para Sidom, de onde conseguiu ir para Roma. Nada mais havia no coração dela a não ser a fé em Yeshua.

A solidão e o vazio das noites castigavam sua alma, nem sempre tinha um abrigo, nem sempre tinha alguém para secar suas lágrimas, mas sempre procurava uma forma de seguir os passos do Cristo. Naqueles dias de trevas para seu coração encontrou real conforto quando pisou em Roma. Pedro e Zimra a aguardavam, o clima era frio, o vento congelava, as roupas não eram suficientes para aquecê-la, a face magra, os olhos profundos, mas sua fé continuava viva. Quando viu Zimra caiu de joelhos, e Zimra amparou-a com abraço generoso.

Pedro, então, disse:

– Minha filha, está em casa agora, aqui você não será mais Asha, mas a filha de minha alma.

E enlaçando-a foram pelas ruas de Roma em meio ao nevoeiro daqueles dias de lutas cristãs.

* * *

Na prisão, Caleb exclamava:

– Senhor, estou só neste vale de pedra, Dan se foi, já não sei quantos meses se passaram, já não sei quantos anos... sinto-me só e o frio me dilacera. D'us, como está frio, frio...

Caleb desencarnou em meio às angustiosas dores morais de seu coração, no entanto, fora tragado por oscilantes necessidades de justiça de sua alma.

Era noite em seu coração, não sabia quanto tempo estivera naquele deserto, a treva o envolvia, então, chorou:

– D'us, onde está D'us? Marta, por que me abandonou, eu aqui estou a buscá-la!

Caleb gritava em meio ao nada, a noite o envolvia, chorou, chorou, quando ouviu suave voz que lhe falava.

– Eu estou aqui, Caleb, aqui, jamais o abandonarei.

E Caleb, de joelhos, olhava, mas nada via.

– Marta! Marta! Onde está, Marta?

– Aqui – dizia Marta a ampará-lo, pois ao seu lado estava.

Caleb não percebia e se desesperava, blasfemando:

– D'us, você não é D'us... me priva do amor, da luz, onde está, D'us?

E Marta, triste ao seu lado, em silêncio orava "perdoa-lhe, Pai".

Eram dias incontáveis, minutos que não se passavam, noites sem fim e Marta ali.

* * *

SÉCULOS DEPOIS...

A luz penetrava em doses benfazejas pelo ambiente, Áulus entrava, sua face iluminada saudava Marta.

– Irmã, que bom que atendeu ao meu chamado, tem feito todo tipo de tarefa abnegada. Marta, sabe que necessita partir para certas esferas de evolução, não pode permanecer aqui, já cooperou por demais, necessita haurir conhecimentos em outras moradas, será transferida, como já deveria ter sido, não posso mais mantê-la aqui.

– Por favor, eu peço uma última chance.

– Marta, todo este tempo temos cooperado, sabe do movimento que ocorrerá sobre a gleba terrena e não posso mantê-la aqui.

– Áulus, meu amado irmão, eu sei que posso ajudar Caleb.

– Não pode, Marta, quantas vezes já tentou, quantas vezes, minha irmã, promoveu encontros de resgate e sempre a mesma falha?

– Não posso deixá-lo aqui, não há felicidade enquanto os que amamos sofrem, se ele sofre eu sofro, se ele está neste vale de dor eu com ele estou, até o fim.

– Se você assim o deseja.

E sentou-se a fim de observar-lhe a alma.

– Áulus, eu não sou digna do Cristo, sou um ser impuro, quero me manter nas zonas trevosas da gleba terrena recolhendo cada irmão caído para que cada mãe, cada pai, cada filho sinta a alegria do recomeço como eu tanto desejo sentir. Serei feliz fazendo isto. O serviço do Cristo é este, amar, eu quero amar e onde houver a dor eu estarei.

– Marta, não sou eu quem decide, mas aquele que tudo sabe, o que tudo conhece, que tudo vê. Quando você fala, sua alma reluz, sabe que não poderei estar sempre junto a você.

– Sim – disse ela.

– Então, minha irmã, parta e quando estiver pronta, siga com aqueles que a amam e a esperam por tanto tempo. Que o Cristo nos ampare.

FIM

CONHEÇA TAMBÉM O PRIMEIRO VOLUME:

16x23 cm
352 páginas

CONHEÇA TAMBÉM:

O Evangelho de Maria Madalena

José Lázaro Boberg

Estudo • 14x21 cm • 256 pp.

Neste livro, José Lázaro Boberg busca reconstruir a verdade sobre Maria Madalena, uma das personagens femininas mais fortes da literatura antiga e que está presente nas reflexões espíritas. O que dizem os outros evangelhos? Ela foi esposa de Jesus? Foi prostituta? Foi a verdadeira fundadora do cristianismo?

Além do aborto

Ângelo Dias • Carlos Henrique (espírito)

Romance mediúnico • 14x21 cm • 288 páginas

Temos em *Além do aborto* três lindas e comoventes histórias de três personagens femininas que se interligam através dos tempos pela lei da reencarnação.

Marília, nascida no século 18; Cenira, que viveu sua juventude em 1920; e Roseli, que teve sua história contada a partir da década de 70.

Nas trilhas do umbral - Trilogia

Mônica Aguieiras Cortat/ Ariel/Eulália/Tobias e Fabrício (espíritos)

Romance mediúnico • 14x21 cm

A trilogia de romances mediúnicos ditados à médium Mônica Aguieiras Cortat termina de forma surpreendente, dada a enormidade de informações minuciosas sobre o umbral, uma dimensão vibracional densa, criada e mantida por fluidos emitidos pelos pensamentos, desejos e vontades dos espíritos encarnados e desencarnados.

CONHEÇA TAMBÉM:

Carta de Paulo aos romanos

Donizete Pinheiro

Estudo • 15,5x22,5 cm • 192 pp.

Donizete Pinheiro, autor do sucesso *Terapia da paz*, transcreve a carta do apóstolo dos gentios aos romanos e, com sua sensibilidade e conhecimento espírita, analisa cada parágrafo desse escrito, fazendo luz sobre o pensamento de Paulo acerca da fé, da justiça de Deus e das verdades pregadas por Jesus.

Estamos aqui para quê?

Jean Kulcheski

Estudo • 14x21 cm • 176 páginas

Com uma forma leve e envolvente de tratar assuntos complexos que, na correria do nosso cotidiano, vamos postergando para mais tarde, *Estamos aqui para quê?* nos instrui de maneira delicada, porém impactante, estimulando-nos a refletir e almejar nossa melhora constante.

Tão longe, tão perto

Théophile Gautier

Romance • 14x21 cm • 240 pp.

Considerado o primeiro romance com temática espírita, conta a história de Guy de Malivert por quem Lavínia se apaixona. Mas, não correspondida, ela se torna reclusa em um convento, onde desencarna ainda jovem. Lavínia, porém, busca por seu amado e ele, após receber suas visitas e conviver com ela através de aparições surpreendentes, também acaba se apaixonando por ela – e isso causa uma reviravolta em sua vida (e na história).

CONHEÇA TAMBÉM:

Getúlio Vargas em dois mundos
Wanda A. Canutti • Eça de Queirós (espírito)
Romance mediúnico • 16x22,5 cm • 344 pp.

Getúlio Vargas realmente suicidou-se? Como foi sua recepção no mundo espiritual? Qual o conteúdo da nova carta à nação, escrita após sua desencarnação? Saiba as respostas para estas e outras perguntas, agora em uma nova edição, com nova capa, novo formato e novo projeto gráfico.

A vingança do judeu
Vera Kryzhanovskaia • J. W. Rochester (espírito)
Romance mediúnico • 16x22,5 cm • 424 pp.

O clássico romance de Rochester agora pela EME, com nova tradução, retrata em cativante história de amor e ódio, os terríveis fatos causados pelos preconceitos de raça, classe social e fortuna e mostra ao leitor a influência benéfica exercida pelo espiritismo sobre a sociedade.

Das coisas que ouvi e senti de Jesus
Ana Paula Vecchi • Natanael (espírito)
Romance Mediúnico • 14x21 cm • 200 pp.

Natanael, o autor espiritual, foi um doutor da lei que viveu no tempo de Jesus e, assim como sua esposa Séphora, se apaixonou por sua doutrina. Agora, ele vem encantar a todos com suas narrativas de quando o Mestre viveu na Terra – e também nós assistiremos as pregações de Cristo, despertando aquilo que há de melhor em nós, enchendo nosso coração de esperança.

Não encontrando os livros da **EME** na livraria de sua preferência,
solicite o endereço de nosso distribuidor mais próximo de você através de
Fones: (19) 3491-7000 / 3491-5449
(claro) 9 9317-2800 (vivo) 9 9983-2575
E-mail: vendas@editoraeme.com.br – Site: www.editoraeme.com.br